零边际成本社会

一个物联网、合作共赢的新经济时代

Jeremy Rifkin

[美] 杰里米·里夫金◎著

赛迪研究院专家组◎译

THE ZERO MARGINAL COST SOCIETY

The Internet of Things,
the Collaborative
Commons, and the Eclipse
of Capitalism

中信出版集团 · 北京

图书在版编目（CIP）数据

零边际成本社会：一个物联网、合作共赢的新经济
时代 /（美）杰里米·里夫金著；赛迪研究院专家组译 .
-- 3 版 . -- 北京：中信出版社，2017.10〔2024.1 重印〕

书名原文：The Zero Marginal Cost Society

ISBN 978-7-5086-8155-9

　I. ①零…　II. ①杰…　②赛…　III. ①互联网络 - 应
用 - 商业模式 - 研究　IV. ① F716

中国版本图书馆 CIP 数据核字〔2017〕第 222690 号

零边际成本社会：一个物联网、合作共赢的新经济时代

著　　者：［美］杰里米·里夫金
译　　者：赛迪研究院专家组
出版发行：中信出版集团股份有限公司
　　　　　（北京市朝阳区东三环北路 27 号嘉铭中心　邮编　100020）
承 印 者：北京通州皇家印刷厂

开　本：787mm×1092mm　1/16　　印　张：29.75　　字　数：465 千字
版　次：2017 年 10 月第 3 版　　印　次：2024 年 1 月第 9 次印刷
京权图字：01-2014-0421
书　号：ISBN 978-7-5086-8155-9
定　价：69.00 元

《零边际成本社会》是一本发人深省的读物，是杰里米·里夫金长达40年思想的集大成之作。

——《金融时报》

第十六章 │ 人类的未来：生物圈生活方式

势不可当的零边际成本社会

美国著名的社会学家杰里米·里夫金在其新作《零边际成本社会》中提出了令世人震惊的观点，即互联网带来的近乎零边际成本的社会在未来 30—50 年内将终结资本主义的经济形态。这一结论听起来似乎有违常理，原因有两个：首先，我们习惯上把互联网视为一种新的手段，用来提高现行经济社会的生产效率，促进人们文化生活的丰富多彩；其次，我们从来不相信世界上有"免费的午餐"。

坦白地讲，在内心深处，我愿意相信作者对未来社会的预言是真的，这是因为自圈地运动兴起的资本主义革命把广大的社会资源圈成"你的""我的"和"他的"，就连我们的食物、饮用水、社会关系、好点子、时间，甚至是 DNA（脱氧核糖核酸），都变成了可以在市场上交换的私有财产，人的本质几乎异化殆尽。与此同时，资本主义工业革命带来了严重的空气污染。如果全球气温再上升 2 摄氏度，50% 与人类相伴的生物就将灭亡；再上升 5 摄氏度，人类自身也将不复存在，这是地球村公民目前面临的最大问题。

要青山绿水，还是要快速增长的 GDP（国内生产总值）？这是目前许多国家共同面临的重大抉择。当前，世界各地的新工业革命建设方兴未艾，正在引领我们的社会向青山绿水的生态环境和 GDP 之间的和谐迈出坚实的步伐。然而我们可能未曾想过，互联网技术的进步和应用的深入才是这一社会进程最重要的催化剂，是互联网使人类社会理想国的实现变成可能。

资本家以追逐利润为生，资本主义制度以个人财富的积累为本，资本主义的经济模式以通过垂直整合攫取垄断边际利润为要务。残酷竞争下出现的先进技术不断把生产力发挥到极致，满足了人们日益增长的物质需求和上层社会的贪婪欲望。凭借这种追逐利益和财富最大化的本能，资本主义先后衍生了三次重大的、由通信／能源矩阵引发的工业革命，为人类文明的进步提供了巨大的能量。较之通信／化石能源矩阵掀起的第二次工业革命，当前的互联网／可再生能源矩阵具有分布性、扁平化和接近零边际成本的鲜明特点，为社会协同共享创造了史无前例的充分条件。

的确，互联网产业在过去的 30 年也曾遭遇过关于资源匮乏的忧虑，但随着 IPv6（互联网协议第六版）的出现、动态频谱技术的诞生、存储极限的突破和二维码的应用、云计算的普及等，通信互联网产业的资源、特别是移动互联网的资源向零边际成本迈出了具有跨时代意义的一步。在今天，以免费的风和太阳光作为资源的可再生能源正在欧洲、北美、印度等国家和地区勃然兴起，这些国家和地区诞生了数以千计的以个人和家庭为投资和消费主体的微智能电网合作社，在满足自需的同时并网分享。根据预测，世界将在 2028 年全面进入太阳能时代，也就是能源的边际成本逐渐为零的时代。

零边际成本社会

VIII

THE
Z E R O
MARGINAL
COST SOCIETY

近乎免费的通信互联网之所以重要，是因为它为人类的即时协同提供了可能，近乎免费的能源互联网之所以意义重大，是因为它为人类社会化生产的动力源提供了无尽的共享空间。如今在美国，年轻人共享汽车正在成为时尚，通用汽车公司与 RelayRides 网站合作提供综合租车出行解决方案；在世界各地，利用开源编码协同开发软件、基于众筹模式的产品协同设计正在大行其道；在互联网上，协同生产和共享消费的维基百科、谷歌翻译和慕课正在让专家和学者们渐渐失去往日的身价。可以说，协同共享让知识产权的概念变得更加开放，让"你的""我的"和"他的"不再泾渭分明，让生产者和消费者合二为一。

如果你是个乐观者，相信你已经观察到了一些正在发生的改变："随时使用，何必拥有"的价值观正在被世人接受，云计算正在产生巨大的潜力；纽约街头每增加一辆共享汽车，没有必要上路行驶的汽车就会减少 15 辆；由于人类基因工作组实现了开放式的协同研究模式，世界基因测序的边际成本便在 10 年内降至原有的百万分之一，生物制药企业的垄断利润将风光不再。由此，我们不难想象，当千家万户都是为刚性需求而不是为拥有财富而购买房子，杜甫所讴歌的"大庇天下寒士俱欢颜"的境界岂不是早已实现？换言之，如果把 2008 年 7 月国际油价每桶 147 美元视为资本主义疯狂的巅峰的话，那么在全球金融危机蔓延之后人们会恍然醒悟——他们原来拼命用各种金融杠杆撬来的财富其实都是闲置的社会资源。

我们没有必要去继续指责第二次工业革命形成的产业垄断巨头们从我们身上攫取了大量的财富，因为正是他们的贪婪竞争才促进了技术进步，最终为人类带来了互联网和可再生能源。我们也不必喋喋不休地抱怨第二次工业革命带来的自然环境失衡，因为正是这种危机才引发了人类生物圈意识的觉醒。我们今天要做的就是为这个协同共享社会的到来而欢呼并身体力行之。

我们一方面应该对里夫金先生的社会使命感充满钦佩，但同时我们必须看到，三大互联网（通信、能源和物流）的基础设施建设尚需进一步完善，三大互联网的有机融合需要全人类的共同努力，只有协同才能对经济产业部门产生更实际的影响，而且资本主义社会为人类长期积淀的财富价值观和自我封闭的习惯也不会一夜之间消失殆尽。比如在美国，大的电信运营商正在极力阻挠国会通过关于在全国范围内建设免费 Wi-Fi 的议案；在德国，大的电网集团还在以安全为由给合作社生产的绿色电能并网分享设置障碍。事实上，大量以消耗资源为代价的传统产能仍然阻碍着许多国家工业转型的进程，因此，全球平均气温在 21 世纪末上升 3.5 摄氏度的可能性依然存在。就连在互联网领域，新贵们依然在沿用传统产业寡头的做法，通过垂直整合获取巨大的边际利润，这些阻碍都为人类社会的历史性进步提出了严峻的挑战。

尽管在实现人类社会可持续发展的征程中一定会充满曲折，或许你也会认为作者推崇的这种社会形态不过是 21 世纪的乌托邦，或许互联网最终会沦为资本主义经济形式的帮凶，但我们应该乐观地看到，全球可持续发展的趋势已经不可阻挡，零边际成本社会的基础正在一步步夯实，正如里夫金先生在书中反复强调的，"千禧一代"没有"婴儿潮"一代的物资匮乏情结，他们更习惯在网上团购，更有兴趣参加慕课学习，更乐于共享汽车和分享衣物，更关心环保和生态环境，更期待与遥远的志同道合者协同创新，而不愿炫耀财富，更不迷信权威和广告。

这就是希望！

罗文

工业和信息化部副部长

要"真枪真刀"地解放科技生产力

2013 年,我代表《经济参考报》报社邀请杰里米·里夫金先生来中国交流时,他在演讲中一再重复的一句预言给我留下深刻印象:在分布式太阳能、风能等得到充分发展和利用的未来,人们可能像今天通过互联网近乎免费地生产和消费信息一样,借助能源互联网近乎免费地生产和消费能源。

摆在读者面前的《零边际成本社会》,可以说是里夫金先生对他在《第三次工业革命》一书中这方面观点的进一步阐述和发挥。如果回溯得更远一些,读者可能记得,20 世纪 80 年代,他还写过一本中文名为《熵:一种新的世界观》的著作。从那本书中,我们可以发现,这位多产的趋势学家思想演绎的理论原点乃是热力学第三定律。

如果说 21 世纪注定是一个远甚于 20 世纪的"颠覆时代",那么在《零边际成本社会》一书中，里夫金先生将这个时代的颠覆聚焦在了彼此密切相关的两个方面，一是技术和基础设施的嬗变，即由通信互联网与逐渐成熟的能源互联网、物流互联网融合而造就的物联网革命。他在新作中描绘道："物联网将把这个集成世界网络中的所有人和物都连接起来。物联网平台的传感器和软件将人、设备、自然资源、生产线、物流网络、消费习惯、回收流以及经济和社会生活中的各个方面连接起来，不断为各个节点（商业、家庭、交通工具）提供实时的大数据。反过来，这些大数据也将接受先进的分析，转化为预测性算法并编入自动化系统，进而提高热力效率，从而大幅提高生产率，并将整个经济体内生产与分销产品和服务的边际成本降至趋近于零。"

二是因这种革命而日益凸显的市场经济的体制性悖论：竞争与创新驱动生产效率持续提升和边际成本持续下降，可是当边际成本趋近于零时，商家将无法收回投资，利益相关方也无法获得满意的利润，行业巨头会因此争取市场份额以建立垄断，阻碍"看不见的手"引领市场达到生产和消费近乎零边际成本的最有效模式。针对这一似乎无解的矛盾，里夫金预言，资本主义时代正在淡出世界舞台，新兴的物联网正在催生一种改变人类生活方式的新经济模式：协同共享。在未来几年，几乎所有的经济领域都将引进"零边际成本"模式。在全球协同共享模式和各经济体依赖性不断深化的背景下，人类正迈入一个超脱于市场的全新经济领域。

姑且不论这种几乎与经典社会主义不谋而合的经济模式对未来社会的构想如何，互联网以至"互联网＋"时代带来的种种效率提升和成本下降的趋势，正在真实地发生着。里夫金在新作中勾勒了这样三个方面的变化：

现在已经有上百万的"产消者"（prosumer，即消费自己生产的商品）在全球范围内以接近零边际成本的方式制造"绿色电力"

（green electricity）。据估计，全球有将近 10 万名业余爱好者采用 3D（三维）打印技术以近乎零边际成本的方式生产自己所需要的商品。同时，600 万名学生正在参与大型开放式网络课程（"慕课"）。近乎零边际成本的网络课程不但由世界知名教授授课，学生的学分还能得到大学的认可。在这三个例子中，虽然前期成本相对较高，但都有增长指数曲线，就像过去几十年间将计算机运算的边际成本降低至接近于零的指数曲线一样。在未来 20—30 年里，各大洲和全球网络中的产消者将以近乎零边际成本的方式生产并共享绿色能源、商品和服务，并且通过在线虚拟课堂学习，将经济带入一个商品和服务几乎免费的时代。

同样地，生活在发展中国家的我们，也日益感受到这种新的数字化技术和力量的影响。它不仅是更为便捷的工具，更是快速拓展发展空间的力量。无论是旅游、租车、零售等典型消费经济，还是金融、电信、传媒、医疗等高壁垒行业，甚至一些更为复杂、高端的领域，也开始互联网化和移动互联网化。毫不夸张地说，梦想一旦插上互联网的翅膀，便会成为绚丽多彩的现实。君不见，只因牵手淘宝而"触网"，原本名不见经传的天弘基金便异军突起为行业翘楚。

"互联网 +"的重要延伸便是物联网。它正在被广泛应用于绿色农业、工业监控、公共安全、城市管理、远程医疗、智能家居、智能交通、环境检测等领域，并以其强大的生命力、渗透力和扩散性深刻地影响着人类社会的生活方式、产业形态、商业模式、价值观念乃至生态环境的变革。

全球著名管理咨询公司麦肯锡把物联网视为改变生活、商业和全球经济的 12 大颠覆性技术之一。美国高科技资讯研究机构福雷斯特公司预测，到 2020 年，全球物物互联的业务与现有的人人互联业务之比将达到 30 : 1；思科系统公司（简称思科公司）预测，到 2020 年，物联网将通过节约成本和增加收益，创造 14.4 万亿美元的价值。越来越多的研究者意识到，物联网不仅打破和颠覆了传统思维，而且将触发生产力的革命和跃迁。生产者协同制造、敏捷生产、动态联盟、大规模协作等生产方式和创新模式将被无限激活和放大。

有识于此，越来越多的国家和地区将物联网确立为培育核心竞争力的战略重点。美国已明确将物联网上升为国家创新战略的重点之一；欧盟制订了促进物联网发展的 14 点行动计划；日本的 U-JAPAN 计划将物联网作为四项重点战略领域之一；韩国的"IT839 战略"将物联网作为三大基础建设重点之一。可以说，全球新一轮物联网浪潮与物联网产业发展的竞争大幕已然拉开。发达国家一方面加大力度发展传感器节点、核心芯片、嵌入式操作系统、智能计算等核心技术，另一方面加快标准制定和产业化进程，谋求在未来物联网的大规模发展及国际竞争中占据有利位置。

为应对这场全新的变革和竞争，中国也开始了积极的部署和行动。2011 年，工信部制定了《物联网"十二五"发展规划》，提出要重点培养 10 个物联网产业聚集区和 100 个骨干企业，实现产业链上下游企业汇集和产业资源整合。北京等 28 个省市先后制定了发展物联网产业的规划政策，积极打造智慧城市，发展物联网示范工程，培育物联网产业，研发物联网核心技术。随着中央和地方政府一系列产业支持政策的出台，国内物联网产业已初步形成环渤海、长三角、珠三角以及中西部地区等四大区域集聚发展的总体产业布局。

青铜时代、蒸汽时代、电气时代、信息时代……历史变迁的一个个节点都表明，科技创新是人类社会进步与发展的原动力。然而，与以往相对单一或特定领域技术革命不同的是，当今人类正在进入一个信息技术、生物技术、新能源技术、新材料技术等交叉融

合，技术环境和基础设施深刻变化，进而可能带来经济社会发展
"指数级增长、数字化进步和组合式创新"（见埃里克·布莱恩约弗
森和安德鲁·麦卡菲所著《第二次机器革命》一书）的新时代。

对于在"三期叠加"中艰难转型的中国来说，这无疑是一个
千载难逢的机遇。如何将这稍纵即逝的历史机遇化作推进中国经济
社会转型升级、健康可持续发展的契机成为摆在当代中国人面前的
严峻考题。我想，终极答案可能只有一个：通过"真枪真刀"的改
革，最大限度地突破思想牢笼，最大限度地破除利益固化藩篱，最
大限度地激活市场主体，最大限度地解放和发展以科技创新为先导
的生产力。

杜跃进

《经济参考报》总编辑

一种新的经济体系正在登上世界舞台。自从 19 世纪初期资本主义和与之对立的社会主义出现以来，协同共享是第一个生根的新经济范式。21 世纪上半叶，协同共享伴随着资本主义市场蓬勃发展，并且已经开始改变我们组织经济生活的方式，它极大地缩小了收入差距，实现了全球经济民主化。

随着新闻中不断报道中国有望接替美国成为第一大经济体，新经济范式的出现变得更加迫切。为了解中国在不断发展的协同共享中可能扮演的领袖角色，我们需要对工业时代的经济史演变进行研究。

每一种伟大的经济范式都要具备三个要素——通信媒介、能源、运输机制。每个要素都与其余要素互动，三者成为一个整体。如果没有通信，我们就无法管理经济活动；没有能源，我们就不能生成信息或传输动力；没有物流和运输，我们就不能在整个价值链中进行经济活动。总之，这三种操作系统共同构成了经济学家所说的通用技术平台。

19世纪，蒸汽印刷机和电报被发明，随着全国铁路系统中的机车被联网到无缝通用技术平台，又依靠储量丰富的煤炭资源，第一次工业革命得以发生，英国自此一跃成为世界霸主。20世纪，集中供电、电话、广播和电视、廉价石油、国家道路系统中的内燃机车相互融合，共同完成了第二次工业革命的基础设施建设，推进了美国的世界领导地位。

第一次和第二次工业革命的技术基础设施为通信、发电、物流和运输的改善推波助澜，扩大了容量，并增加了经济活动潜在的商业影响力，使商业生活走出小区域，走向全国市场、全洲市场，乃至全世界市场。第一次和第二次工业革命提高了生产效率，降低了生产能源、产品和服务的边际成本。更廉价的能源、产品和服务大大刺激了消费者需求，使就业率激增，从而提高了亿万人的生活水平。

如今，在资本主义经济的各领域中，一种新的经济范式正在演变，有可能进一步降低边际成本，使之接近于零。这让许多商品和服务近乎免费，种类也更加多样化，并能够在协同共享上分享。在过去10年里，亿万消费者转变为互联网产消者，开始在网上以接近免费的方式制作和分享音乐、视频、新闻和知识，从而削减了音乐产业和出版行业的收入。因而，零边际成本现象在整个信息商品产业中铺就了一条"毁灭之路"。

今天，从虚拟空间中的软件和电子商品到现实世界中的实体商品，零边际成本现象随处可见。无处不在的通信网络正在与初期的可再生能源互联网、处于萌芽状态的自动化物流和交通运输网络相连接，以此扩大全球影响力，从而建立一个分布式的神经网络，这就是第三次工业革命。超级物联网涵盖范围更广，其目的是在担当全球大脑的、不可分割的智能网络的整个经济链中，将所有事物与所有人联系在一起。120亿个传感器已经安装在自然资源、道路系统、仓库、车辆、工厂生产线、电网、零售商店、办公室和家庭

零边际成本社会

XVIII

THE
Z E R O
MARGINAL
COST SOCIETY

中，不断将大数据输送到通信网络、能源互联网和物流互联网。思科公司预测，到 2020 年，将有超过 500 亿个传感器连接到物联网。另一项预测则估计，到 2030 年，将有超过 100 万亿个传感器连接到物联网。

企业和产消者将能够与物联网相连接，并使用大数据和分析方法来开发预测算法，这种算法可以提高工作效率，提高生产力，减少能源和其他资源的使用。在现实世界中，它可以将许多实物的生产和销售的边际成本降低到接近于零，使之接近免费，从而不再受到市场力量的约束。

例如，在接下来的几十年里，不管是为住房供暖、运行电器、为办公场所提供电力、驱动车辆，还是经营全球经济，我们在社会和生活中所使用的大部分能源的边际成本都将接近于零。数百万的先驱们已经将他们的住房和办公场所改造成了微型发电厂，以现场获得可再生能源。即使是在太阳能和风能设备的固定成本完全回收前（通常仅需 2—8 年），获得能源的边际成本也接近于零。与化石燃料和铀核电这些本来就有一定成本的能源不同，屋顶的阳光和吹过建筑物的风都是免费的。物联网将使产消者能够监测自己的用电量，优化能源效率，并在能源互联网上与其他人分享多余的绿色电力。

同样，成百上千的爱好者和创业公司都已开始使用免费软件，利用廉价的再生塑料、纸张以及其他当地现成的材料，以接近于零的边际成本制作自己的 3D 打印产品。这种制造过程使用的材料仅为传统工厂生产所需材料量的 1/10，从而减少了对地球资源的消耗。到 2020 年，产消者将能够在协同共享上与他人分享自己的 3D 打印产品，乘坐无人驾驶电动和燃料电池汽车出行，这些出行工具将以边际成本接近于零的可再生能源为动力，而自动化物流和运输网络将会为这一切提供支持。

物联网平台具有分布式、点对点的性质，使那些由社会企业和产消者组成的数百万小型参与者聚集到一起，形成全球性协同共享系统，构建横向规模经济，从而淘汰垂直整合价值链中剩余的中间人，使过去让边际成本居高不下的利润暴跌。在未来的时代，每个人都会变成产消者，可以更直接地在物联网上生产并相互分享能源和实物，这种方式的边际成本接近于零，近乎免费，这与我们已经开始在互联网上进行的制造和分享信息产品的行为相似。通过组织和衡量经济活动进行基本的技术改革，预示着经济实力从少数人到多数人的流动以及经济生活的民主化。

美国在第二次工业革命中担任领头羊，而中国则将目光投向了第三次工业革命，成为最早打造物联网基础设施和相应的协同共享机制的超级大国。2010年，中国的综合国力跃居世界领先地位，随后即宣布了架设物联网的计划。该计划聚焦于智能能源互联网和自动化物流与运输网络，旨在将其与通信网络联网，建立第三次工业革命的基础设施。当时，中国政府预计在2015年前投资8亿美元，进行物联网的初步打造。根据中国工信部之前的预测，到2015年，中国物联网的市场份额将超过800亿美元，2020年将超过1 660亿美元。

2013年12月，中国政府还在另一方面迈出了巨大的一步——它宣布正在投入820亿美元的前期资金，建立第三次工业革命的分布式"能源互联网"，该互联网将被作为物联网技术平台和基础设施的核心。根据该计划，在全国范围内的街道和社区中，数以百万计的个人以及成千上万个企业都能够参与进来，以接近于零的边际成本生产自己的太阳能和风能绿色电力，并将其在全国能源互联网上分享。

此外，中国还在大力发展3D打印产业。北京航空航天大学正在使用3D打印技术制造复杂的火箭和卫星零件。2014年，中国的另一家 3D 打印公司盈创仅在 24 小时内就利用廉价的可再生材料建造了 10 座小房子。建造这些房屋需要的人力劳动非常少，每座房子的成本不到 5 000 美元。这样一来，就有可能在中国等发展中国家以接近于零的边际成本，制造数百万座价格低廉的房屋。2014 年，中国最大的小型商用和家用台式 3D 打印机生产商——北京太尔时代科技有限公司发布了其最新款的产品"UP"。该公司与美国领先的 3D 打印机生产商齐头并进，同时充分展开竞争，有望在未来几年占据全球市场相当大的份额。

从当时的生产力发展来看，第三次工业革命很可能远远超过第一次和第二次工业革命。数十亿人和数百万组织连接到物联网，从而使人类能以一种从前无法想象的方式在全球协同共享中分享其经济生活。这个连通性的转折点甚至有可能超过 20 世纪电气化所带来的经济活动，以及随之产生的电话、广播和电视的传播。据网络解决方案供应商思科公司预测，到 2022 年，物联网所节约的成本和产生的收入将达到 14.4 万亿美元。通用电气公司在 2012 年 11 月发表的研究报告中称，到 2025 年，智能工业网络可能实现的效率提升和生产力进步将几乎覆盖每个经济领域，影响"大约一半的全球经济"。

随着新互联网企业的蓬勃发展，协同共享的共享经济在中国呈指数级增长。当得知阿里巴巴这家曾经对西方网民来说名不见经传的中国互联网企业正准备于 2014 年在华尔街进行首次公开募股时，美国等许多国家都感到非常惊讶。在这次公开募股中，阿里巴巴计划筹得 200 亿美元以上的资金，这样，这家互联网巨头的市值将会达到 2 000 亿—2 500 亿美元，超过了互联网公司 Facebook（"脸书"）、亚马逊和 eBay 的市值。

1999 年，34 岁的英语教师马云与 17 名同事一起创建了阿里巴巴，办公地点为马云在杭州东城区的一间小公寓。阿里巴巴集团及其旗下的企业淘宝和天猫在互联网上销售各种商品，从重型机械到名牌服装，一应俱全。2013 年，阿里巴巴拥有 2.31 亿名活跃用户以及超过 800 万个活跃卖家，这些人在网上的花销共计 2 480 亿美元。阿里巴巴等在线虚拟零售商将它的成功归于其与实体店相比接近于零的边际成本。在未来的几年里，网购有望增长 27%，投资者们十分看好阿里巴巴集团的未来前景。

然而，阿里巴巴集团也面临着激烈的竞争。腾讯计算机系统有限公司（简称腾讯）成立于 1998 年，它现在是世界第五大互联网公司，地位紧随谷歌、亚马逊、eBay 和 Facebook 之后。腾讯 2013 年的收入超过了 604.9 亿美元，并积极参与虚拟世界的方方面面。它的即时通信服务腾讯 QQ 软件是世界上最大的网络社区。腾讯推出的微信服务每月有 3.5 亿名活跃用户，同时在线发信人数有时会超过 1 亿。腾讯还提供微博服务、在线游戏、社交网络服务、拍卖网站、在线视频对等发布平台、在线旅游服务以及像 PayPal（贝宝）这样的在线支付服务。

年青一代的中国人已经在从消费者转变为产消者，在新兴的协同共享机制中，以接近于零的边际成本制作和共享音乐、视频、新闻、知识、汽车、房屋、工具、3D 打印产品，他们很快还会生产和分享可再生能源。

在未来几年里，中国的汽车共享服务行业将逐渐超越欧美国家。康迪科技公司的电动汽车共享服务将汽车共享业务提升到了一个新的水平。2012 年，该公司与汽车制造商吉利公司合作，并与杭州市政府签订协议，在该市打造 750 个多层车库，停放 10 万辆康迪电动汽车。车库采用自动贩卖机式管理，为需要租车的任何人提供快速渠道。我们可以看到，汽车共享服务在杭州非常流行，并且已经传播到了上海、山东、海南等地。

在过去几年里，房屋分享在中国也如雨后春笋般地快速发展。

途家网是 2011 年成立的一家互联网创业公司，提供 8 万套短租公寓和房屋的信息。途家网这样的互联网公司之所以能超越全球性大型连锁酒店，是因为它们能够以接近于零的边际成本，将成千上万名公寓住户和业主与数百万的潜在住客连接到一起。反过来，公寓住户和业主之所以能将他们的房间以远低于传统酒店的价格出租，是因为这些房间的固定成本已经收回。由于日常管理费用和运营成本巨大，连锁酒店根本无法与边际成本趋近于零的廉价短期租赁服务相竞争。

如果说途家网主要为经济条件较好的游客提供非合租服务，那么蚂蚁短租网和游天下短租网则为手头不那么宽裕的旅客提供每晚仅需 23—50 元的短租服务。当时预计到 2014 年年底，协同共享的房屋分享服务将在 2012 年的基础上猛增 6 倍，总价值达 29 亿元，这标志着中国即将迎来房屋分享时代。

在中国，服装也通过善淘网（Buy42.com，该网站致力于在其网络平台上将服装分配给资助贫困人群的慈善事业）这样的互联网创业公司被广泛地分享。同时，一些像 sharism.org 这样的小型新兴社会企业家组织也经常主办研讨会，并持续提供教育课程，介绍协同共享中共享经济的哲学原理和日常实践，帮助中国的年青一代做好准备，在新时代实现从所有权制到使用权制的飞跃。

在零边际成本社会，一旦固定成本完全回收，极端生产力就会减少生产、分销和回收经济商品和服务所必需的信息、能源、物质资源、劳动力和物流成本。从所有权转到使用权，意味着更多的人在协同共享上分享更少的东西，这就大大减少了新产品的销售量，从而降低了资源消耗，进而减少排放到大气中的温室气体。换句话说，向零边际成本社会急剧迈进，并在协同共享上以接近免费的方式分享绿色能源和一系列基本商品和服务，是最具生态效益的模式，也是切实可行的最佳可持续经济模式。向零边际成本的目标迈进，就是为人类在地球上创造一个可持续发展未来的最终基准。

协同共享有大规模破坏传统资本主义市场的潜力,其速度比很多经济学家预计的要快得多,因为其有效率高达10%。《新资本主义宣言》(*The New Capitalist Manifesto*)作者、《哈佛商业评论》(*Harvard Business Review*)特约撰稿人乌玛尔·哈克(Umair Haque)认为,在买入门槛更低的情况下,协同经济具有"致命的破坏性",因为它能够在许多经济领域削弱本已严重不足的利润空间。他写道:

> 如果那些被正式称为消费者的群体消费减少10%,而对等共享增加10%,那么,传统企业的利润率就将受到更为严重的影响……也就是说,某些行业必须转型,否则就会被淘汰。

我们开始见证混合经济在许多发展中国家的出现,即一部分是资本主义市场,一部分是协同共享。这两种经济体系通常相辅相成,有时又相互竞争。它们在彼此的领域寻求协同性,以相互提升价值,互惠互利。在其他时候,它们激烈竞争,都想吸收或取代对方。然而,资本主义市场已经成熟,而协同共享则是一个方兴未艾的新体系。

在这种新的混合经济中,民间团体扮演了越来越重要的作用,原因在于互联网上的大部分活动以及不久后即将扩张的物联网既具有社会性,也具有商业性。虽然物联网对市场上的电子商务具有推动作用,但它也孕育了社会经济和非营利部门的发展。物联网具有的分布式、协同式和横向规模结构旨在让数以百万计的人们聚集在巨大的协同共享体系中,生产并分享他们所制作的东西,这往往是免费的。这也解释了为什么年青一代越来越多地在协同共享中创造社会资本,而不仅是传统市场上的金融资本。他们正在学习在非营利动机的推动下,相互分享自己的大部分经济生活,这预示着经济史上的一次巨变。其结果是,在世界各地的许多国家,社会经济或非营利领域会比民营企业市场增长得更快。

虽然非营利领域在欧美国家比较发达，但它在中国的增长更加迅猛，中国已经赶上了西方国家。1990 年，创造社会资本的非营利组织几乎不存在。而今天，在中国有几百万家非营利组织，它们的影响力越来越大。在很大程度上，这是由于网络的使用权和今天正在发展的物联网的推动，让它们能聚集和积累社会资本，并在协同共享下分享其生活中的重要部分。

如果所有东西的生产和分享都是免费的，那么就会失去创新与提供新商品和新服务的动力，因为投资者和企业家无法收回前期成本。因此，大多数经济学家对从交换经济到共享经济的伟大转型感到疑惑。然而，数以百万计的产消者可以在社会共享中免费地进行相互协作，创造新的信息技术和软件、新形式的娱乐、新的学习工具、新媒体、新的绿色能源、新的 3D 打印成品、新的对等健康研究方案以及新的非营利社会创业企业，使用开源法律协议，从知识产权的束缚中解脱出来。其结果是创造力的激增，增长程度至少与 20 世纪资本主义市场经济所经历的创新动力不相上下。

在新兴的协同共享中，创新和创造力的民主化正在孵化一种新的激励机制，这种机制很少基于经济回报，更多地基于推动人类文明进程的社会福祉，而这种激励机制正在取得成效。

资本主义市场将有可能继续在中国和世界各地蓬勃发展。边际成本足够高的商品和服务将继续存在，以保证其在市场上的交换和足够的利润，从而确保投资能产生相应的回报。一些全球公司也可能将在未来很长时间内继续存在，尽管它们发挥的作用越来越小，将主要作为网络服务和解决方案的聚合器，使它们在协同共享中找到价值，成为未来时代强大的合作伙伴。金融领域也将是协同时代的重要组成部分，参与构建第三次工业革命物联网的基础设施。然而，资本主义市场将不再是经济生活的主宰者。我们正在进入一个部分超越市场的世界，在这里，我们正在学习如何在一个相互依存性越来越强的全球协同共享中共同生活。

随着物联网基础设施和相应的协同共享机制的构建，中国向零边际成本社会的迈进将确保其在第三次工业革命时代中的领袖地位，并为一个更公平、更可持续、更繁荣的后碳生态文明铺平道路。

杰里米·里夫金

零边际成本社会

XXVI

THE
ZERO
MARGINAL
COST SOCIETY

第一章

‖

伟大的转变：从市场资本主义到协同共享

　　资本主义时代正逐渐离我们远去，尽管这一进程并不迅速，却是大势所趋。与此同时，一种改变我们生活方式的新型经济体制应运而生，它就是"协同共享"（Collaborative Commons）。事实上，当前的混合经济中已蕴含资本主义市场和协同共享两种元素，两者既相辅相成，又存在不可避免的竞争。有时，两者能够通过互利的方式反哺自身。但更多的时候，其竞争的本质促使两者相互吞并或取代对方。

　　市场资本主义与协同共享两种经济模式之间的较量将是一场历时弥久的鏖战。但显而易见的是，即便对抗刚刚开始，拥有超过百年历史的资本主义体制已经力不从心，尽管它曾充分表现了人类的本性，并规定了日常生活中经济、社会和政治等包罗万象的社会框架。虽然我认为资本主义在未来50年左右的社会架构中仍将占有一席之地，但 21 世纪下半叶，它能否在经济体制中保持主导地位是极不确定的。关于经济模式的大转型，虽然在现阶段其迹象并不明显，但协同共享模式已进入攀升期。到 2050 年，协同共享很可能在全球大范围内成为主导性的经济体制。日益合理化、智能化的资本主义制度将继续繁荣发展，并且在整合网络服务和解决方案的基础上发展成为新经济中强大的合伙人。而这也就意味着，资本主义体制将丧失在经济中的主导地位。

我很清楚，这个预言对绝大多数人来说简直难以置信。资本主义体制不可或缺的理念深深扎根于人们的脑海中，就好像人们要靠空气呼吸一样。在过去几个世纪里，哲学家和经济学家曾根据自然法则做出了伟大的判断，但这次不同的是，经济体制不是自然现象，而是人类产物。

在经济体制的演变中，资本主义的表现可圈可点。同历史上其他的经济体制相比，虽然资本主义体制的生命期相对较短，但它给人类历史带来的深远影响（无论积极或消极）仅次于人类由原始社会过渡到农业社会。

具有讽刺意味的是，资本主义的没落并非由"敌对势力"所致，资本主义大厦的门前没有蓄势待发的狼群摧城拔寨。恰恰相反，瓦解资本主义的正是昔日将其推向顶峰的运行理念。在资本主义内部架构中一直以来隐藏着一个矛盾，这一矛盾曾将资本主义推向了主导经济的地位，现在却加速了它的灭亡。

—— 大势所趋：社会发展的最佳状态

资本主义的宗旨是将人类生活的方方面面带入经济领域，将人们所需物品以商品的形式在市场中交换。几乎所有日常所需都被纳入资本主义范畴，包括食物、饮用水、手工制品、社会关系、好创意、时间，甚至是决定我们是谁的 DNA，它们都被定价并在市场上

零边际成本社会

002

THE
ZERO
MARGINAL
COST SOCIETY

销售，而市场一直以来都是商品交换的特殊地点。今天，几乎我们日常生活的方方面面都或多或少与商业交易相关。也就是说，市场定义了我们。

但矛盾也在于此，资本主义的运行逻辑是它的成功即意味着失败。且听我细细道来。

现代资本主义之父亚当·斯密在其著作《国富论》中指出，市场的运作模式同牛顿发现的万有引力定律如出一辙。在自然界中，任何作用力都对应着唯一的反作用力。同样，在自我调控的市场中，供给和需求相互平衡。如果消费者对商品或服务的需求增加，那么卖家的售价就会随之上涨；如果售价过高，需求则会减少，进而迫使卖家调低价格。

法国启蒙运动时期的哲学家让·巴蒂斯特·萨伊（Jean-Baptiste Say）是古典经济学理论的另一位早期代表，他同样借喻牛顿力学，提出经济活动本身是持续性的。与牛顿第一定律相似的是，萨伊认为经济活动一旦启动即持续运转，除非有外力产生反作用。他说道："产品一旦被生产出来，它的自身价值就从这一刻开始全部作用于市场中的其他产品……一个新产品的诞生对其他产品的影响是即时性的。"[1]下一代新古典主义学派的经济学家改良了萨伊的说法，认为新技术提高生产率，使卖家能够以更低的单价生产出更多的产品。大量供应的低价产品提升了自身的需求，迫使竞争者研发新技术来提高生产率，从而以比对手更低的价格赢回更多的老客户或吸引到新客户。这个循环的运转同永动机的运转机制相似。新技术和生产率提高带来的低价意味着消费者可支配的资产更多，而这反过来将刺激卖家展开新一轮的竞争。

然而，以上情况也存在一个隐患：他们都是基于"市场是竞争的"这一假设。问题是，如果一个或几个卖家有能力一家独大从而消除竞争并建立垄断或寡头，那么卖家就可以使价格保持在高位，因为买家几乎没有替代方案，这种情况在交易中的商品或服务是必需品时尤为突出。此时，垄断者几乎没有必要研发新技术提高生产率、降低售价或维持竞争力。在历史的长河中，我们已经对垄断者司空见惯了。

但从长远角度来看，新的市场参与者会不断涌现，他们将带来技术突破，提高生产率，降低垄断商品或服务替代品的售价，从而动摇垄断者在市场中的地位。

现在，我们用这些资本主义经济理论的假设可以得出一个有逻辑的结论：设想一个资本主义体制，它的运行逻辑经得起任何质疑，它的竞争过程可以带来"生产率极限"和经济学家所说的"最优公共福利"。这就像一个游戏的残局：激烈的市场竞争迫使终极技术诞生，将生产率提高到理论上的最高点，在这种情况下，每一个新产品的生产成本接近于零。换言之，如果不考虑固定成本，则每生产一件额外产品的成本为零，这意味着产品几乎是免费的。如果这种情况发生，那么资本主义的血液（利润）就会枯竭。

在市场交换型经济中，利润是从差价中赚得的。例如，我是本书的作者，我把书卖给出版商，换得的是预付款和未来的版税收入。在读者拿到这本书之前，书的生产还要经过诸多环节，包括编审、排版、印刷、发行、经销和零售。参与流程的每一方都提高了交易价格，在原价格的基础上加入了足以使其获利的差价。

但写书和卖书的边际成本降低到接近于零时会发生什么呢？事实上，这种现象已经出现了。越来越多的作家把自己的作品定价定得很低，甚至绕过出版商、编辑、印刷公司、批发商、经销商和零售商，在互联网上免费发表。在这种情况下，营销和发行图书的成本接近于零。仅有的成本是写书所消耗的时间、购买计算机和接入互联网的支出。电子书创作和发行的边际成本几乎为零。

零边际成本现象已经破坏了出版业、传媒业和娱乐产业的旧格局，越来越多的信息以几乎零边际成本的方式提供给数十亿受众。今天，全球超过 1/3 的人口通过手机和计算机以相对低廉的成本生成自己的信息，并通过视频、音频、短信以接近零边际成本的方式在互联网世界分享。零边际成本革命的触角正在延伸到其他商业领域，例如可再生能源、3D 打印和在线高等教育。现在已经有上百万的产消者（消费自己生产的商品）在全球范围内以接近零边际成本的方式制造绿色电力。据估计，全球有将近 10 万名业余爱好者采用 3D 打印技术以近乎零边际成本的方式生产自己所需要的商品。[2]同时，600 万名学生正在参与慕课。近乎零边际成本的网络课程不但由世界知名教授授课，学生的学分还被大学认可。在这三个例子中，虽然前期成本相对较高，但都有增长指数曲线，就像过去几十年将计算机运算的边际成本降低至接近于零的指数曲线一样。在未来二三十年里，各大洲和全球网络中的产消者将以近乎零边际成本的方式生产并共享绿色能源、商品和服务，并且通过在线虚拟课堂学习，进而将经济带入一个商品和服务几乎免费的时代。

这场零边际成本革命中的很多佼佼者认为，在近乎免费的商品或服务更加流行的同时，他们也会创造出其他利润可观的商品或服务，甚至可以帮助资本主义重整旗鼓。《连线》杂志（*Wired*）前任编辑克里斯·安德森（Chris Anderson）以世界上第一家一次性大众剃须刀生产商吉列公司为例，提醒我们免费赠品一直都被用来吸引潜在消费者购买其他商品。吉列公司历来免费赠送剃须刀，旨在吸引消费者购买适合该剃须刀的刀片。[3]

同样的道理，现在很多艺人允许上百万歌迷在网络上免费分享自己的音乐，目的就是希望能培养出忠诚的歌迷届时付费观看现场的演唱会。《纽约时报》（*The New York Times*）和《经济学人》杂志（*The Economist*）向数百万读者提供免费的预览版新闻，而一定比例的读者会付费订阅以读取完整版的内容。从这个角度看，"免费"是构建付费用户基础的市场工具。

但是，渴望"一切都免费"的想法本身就是十分短视且幼稚的。随着经济生活中越来越多的商品和服务转向近乎零边际成本甚至免费，资本主义市场将进一步萎缩至更加细化的市场领域，靠利润为生的企业只能倚仗高度专业化的商品和服务存活在经济体的边缘，且其用户群还在不断流失。

对近乎零边际成本经济模式的怀疑是可以理解的。商业领域很多思想老旧的人无法想象商品或服务接近免费时经济的走向：如果利润枯竭，资产毫无意义，市场是多余的，那到底什么才是重要的？

有些人已经提出这样的疑问。令他们欣慰的是，几个伟大的经济学家在很久之前就审视了这个问题。约翰·梅纳德·凯恩斯（John Maynard Keynes）、罗伯特·海尔布隆纳（Robert Heilbroner）和瓦西里·列昂惕夫（Wassily Leontief）都思考过引领资本主义前行的致命矛盾。他们都提出过这样的疑问：在遥远的未来，新科技是否会让生产率足够高、价格足够低，最后导致零边际成本模式的出现。

奥斯卡·兰格（Oscar Lange）是 20 世纪早期美国芝加哥大学的教授，他注意到了成熟资本主义体制下潜伏的谜题。因为，追求新技术以期提高生产率并降低价格从根本上会威胁到体制本身。在 1933 年经济大萧条的阵痛期，他提出了这样的疑问：生产方式私有制能否无限期持续以促进经济增长？或者，科技发展到某一足够发达的阶段，是否会成为资本主义体制进步的桎梏？[4]

兰格发现，当一个创业者完成技术创新，能够以低价提供商品或服务时，较之仍陷于传统生产方式的竞争者而言，创业者享有暂时性优势，而竞争者的早期投入则不可避免地贬值。竞争者迫于压力，也会研发出自己的技术创新作为回应，从而再次提高生产率并降低价格，如此循环，周而复始。

但在成熟产业中，很多企业已经抢占了足够大的市场份额成为垄断或寡头，它们不遗余力地阻碍经济进步，竭尽所能地确保资本不因技术过时而贬值。兰格写道："当维护已投入成本成为创业者首要关注的问题时，那么经济进步的步伐一定会戛然而止，至少会大幅放缓……这种现象在垄断市场尤为明显。"[5]

实力较强的产业领导者通常会尽力阻碍新竞争者的涌入和新技术的研发。通过放缓或停止新技术的研发，不但保护了先期投入资本的价值，而且阻碍了资本投入新的赢利领域，形成了一个正反馈回路。如果资本不能进入新的赢利领域，经济就会陷入长期停滞。

兰格用严肃的措辞描述资本家相互剥削的恶果：

> 如果不能打击为保护先期投资而阻碍经济进步的做法，或者打击没有成效，那么资本主义体制的稳定性就会动摇，甚至崩塌。[6]

阻碍经济进步的做法注定是失败的，因为新的创业者总会挤入体制内，探寻提高生产力并降低价格的技术创新，用更低的价格从竞争对手那里抢得客户群。从长远的历史角度来看，兰格提出的这一模式是循环的：不断提升生产率，进而不断降低成本和价格，挤压利润空间。

对于当代的大多数经济学家来说，商品或服务近乎免费这一设想其实是带有一点儿预言色彩的，而早期的经济学家表达出来的是一种"保守的热情"。凯恩斯是20世纪备受尊重的经济学家，他的经济理论至今仍在经济学中占有一席之地。在1930年，当数百万美国人认为1929年经济突然下行只是经济沉入谷底的"开篇"时，他写了一篇题为《我们孙辈经济发展的可能性》（*Economic Possibilities for Our Grandchildren*）的短文。

凯恩斯在文章中提到，新科技正以前所未有的速度提高生产率并降低商品和服务的价格。同时，生产商品和提供服务的人力消耗也大幅降低。凯恩斯发明了一个新术语，他告诉读者："在未来，你会无数次听到这个词——'技术性失业'，是指由于探索节省人力劳动方法的速度超过了新岗位的生成速度而造成的失业。"他还提到技术性失业在短期可能是种困扰，但长远来看它是件好事，因为"人们正在解决自己的经济问题"。[7]

凯恩斯认为："我们很快将达到一个点（甚至比想象的更快）。在这个点上，所有的经济需求都将得到满足，人们愿意把更多的精力投入非经济活动。"[8]他很期待一个新时代的到来，在那个时代，近乎免费的商品或服务将达到富余水平，人类得以从苦难和拜金主义中解脱出来，转而关注生活中的艺术，实现人性的升华。

早在 20 世纪 30 年代，兰格和凯恩斯就预见到了资本主义体制内部的分裂性特质：竞争性市场内在的创新性动力会驱动生产率的提升和边际成本的下降。经济学家一直以来都很清楚，最有效率的经济模式就是消费者只需承担所购物品的边际成本。但当边际成本趋近于零时，消费者如果只支付边际成本，商家将无法收回其投资，而利益相关方也无法赚取满意的利润。因此，行业领袖会争取市场份额以建立垄断，这样他们就能够以高于边际成本的价格出售商品，阻碍"看不见的手"引领市场达到商品或服务近乎免费的最有效模式。这一困境就是资本主义理论和实践的内在矛盾。

兰格和凯恩斯的观点提出 80 年后，当代经济学家再次聚焦于资本主义体制的矛盾，他们也不确定在新科技加速零边际成本时代到来的背景下，市场经济将如何正常运转而不至于自我毁灭。

劳伦斯·萨默斯（Lawrence Summers）是克林顿任期内美国财政部部长和哈佛大学前校长，他和加州大学伯克利分校经济学教授 J. 布拉福德·德朗（J. Bradford DeLong）在 2001 年 8 月堪萨斯市联邦储备银行的座谈会上联名发表了题为"信息时代的经济政策"（*Economic Policy for the Information Economy*）的报告，重新审视了资本主义体制的窘境。这一次的形势更危急：新兴的信息技术和互联网通信革命可能使资本主义在未来几十年迎来近乎零边际成本的时代。

萨默斯和德朗的关注点在于新兴的数据处理和通信技术。他们说，这些"具有地震式效应的创新"正全面地重新配置商业环境，其潜在影响堪比电的出现。他们认为这些技术变革很可能极大地降低边际成本，而这也是其论点的出发点。[9]萨默斯和德朗认为："经济效率的根本原则在于价格要等于边际成本。就信息产品而言，生产该产品的社会和边际成本接近于零。"[10]这样，悖论也就随之产生了：

> 如果信息产品以等于零边际成本的价格出售，那依赖销售利润抵消支出的公司就无法创造并生产出这些产品。如果要创造和生产信息产品，就要假设销售产品会使某人得到利润。[11]

萨默斯和德朗反对政府通过补贴的形式抵消先期投入，因为"管理性民主、群体思维、官僚风气会摧毁市场的创新能量"。[12]

两位经济学家不情愿地认为，在一个依靠大幅上涨的规模收益来生产商品的经济体中，保护创新的最佳手段是短期的自然垄断。[13]他们的结论是，"私营企业需要临时性的垄断和利润激励创新"[14]，而且他们承认"自然垄断不满足于价格等于边际成本这一根本性经济效率法则"[15]。事实上，每个经济学家都知道，垄断的做法就是阻止潜在的竞争者研发出提高生产率、降低边际成本和产品售价的创新。然而，萨默斯和德朗总结道，在新经济中，垄断也许是能够维持经济运转的唯一方式。两位经济学家出奇地坦诚，承认"解开这一系列复杂问题的正确思路尚不明朗，但可以肯定的是，竞争模式不是完全合适的……可我们仍不清楚什么模式才是正确的"。[16]

萨默斯和德朗陷入了绝望的理论困境。虽然经济学家和创业者从不希望资本主义制度自我毁灭（他们其实希望资本主义永居高位），但对资本主义制度运行逻辑的审视表明，零边际成本模式的到来是大势所趋。近乎零边际成本的社会代表了资本主义的终极胜利，是推广社会福利的最佳状态。然而，胜利的一刻也成为资本主义淡出世界舞台的开端。虽然资本主义还要持续很长一段时间，但很显然，在我们离近乎零边际成本的社会越来越近时，资本主义从前的威风正渐渐褪去，取而代之的是一种全新的经济模式，资源将变得过剩，而不是枯竭。

—— 全新的经济模式

在萨默斯和德朗关于资本主义理论和信息时代实践所面临的矛盾和挑战的论文中，最有趣的一段就是那句"可我们仍不清楚什么模式才是正确的"的评述。他们暗示未来有可能出现一种新的替代模式，这种异常现象将使当前经济体制的长久可行性蒙上阴影。

看起来，我们已经处在经济模式改变的初期。资本主义的光芒逐渐黯淡，全新的经济模式正在脱颖而出，社会上正涌现出越来越多近乎免费的商品和服务。

术语"范式转换"（paradigm shift）近年来使用广泛，几乎涉及所有变革。托马斯·库恩（Thomas Kuhn）在《科学革命的结构》（*The Structure of Scientific Revolutions*）一书中第一次在广义上给范式一词下了定义。库恩将范式描述为"信仰和认知的一组系统"，这组系统建立了统一而协同的世界观。这个世界观是非常令人信服的，可以等同于现实。他用范式一词指代科学界的标准以及被广泛接受的模型，比如牛顿运动定律和达尔文的进化论。[17]

范式一词的威力在于它几乎囊括了所有现实。一旦范式成立，那么很难（甚至不可能）质疑它反映自然规律的核心假设。范式以外的说辞几乎不受青睐，因为这些说辞游离在已被广泛接受的真理之外。但这种从不质疑的接受和对其他观念的视而不见使矛盾的逻辑逐渐堆积到一个临界点，之后便是该范式的瓦解，取而代之的是一套能够解释不规则现象和新发展的综合性新范式。

长期以来，资本主义模式被视为推动经济活动组织效率的最佳机制，但如今也在两个方面遭到围攻。

一方面，一个融合过去不同学科（生态科学、化学、生物学、工程学、建筑学、城市规划和信息科技）的跨学科学术领域正在热力学原理的理论经济学基础上冲击着标准经济学理论（该理论仍执着于牛顿物理学的表象）。能量法则会产生生态约束，经济活动和这些约束有不可分割的关系，但标准资本主义理论几乎没有关注到这一关系。在古典主义和新古典主义经济学理论中，影响地球的动力只是经济活动的外部效应，它们是可调整的微小因素，对资本主义系统的整体运转影响不大。

传统经济学家没能意识到热力学原理掌控着所有的经济活动。热力学第一定律和第二定律认为，"宇宙中的能量总量是固定的，熵（热力学函数）的量不断增加"[18]。热力学第一定律（也就是能量守恒定律）指出，能量既不能被创造也无法被毁灭，从宇宙诞生到毁灭，能量的总量会保持恒定。虽然总量保持不变，能量的形态却在不断变化，且总是从可用向不可用转化。这也是热力学第二定律的出处。第二定律指出，能量的流向总是从热到冷、从集中到分散、从有序到无序的。例如，对于一个燃烧的煤块来说，能量总量是固定的，但能量会以二氧化碳、二氧化硫和其他气体的形式散发到大气层。虽然能量没有消失，但散发的部分对正常生产和工作没有意义。物理学家称这种无法利用的能量为熵。

经济活动的本质在于将自然界的可用能量（固、液、气三态）转化为商品或服务。在生产、储存和配送的各个环节，能量都负责将自然资源转化成商品或服务。商品或服务中所包含的任何能量都消耗了有用能量和熵，进而推动经济活动沿着价值链前进。最终，商品被消费和遗弃，能量再次循环进入自然界，熵值随之增加。工程师和化学家指出，在经济活动中，能量永远不会出现净增加值，相反，只会在将自然资源转化成经济价值的过程中损耗。问题是，这笔损耗的账单何时到期呢？

工业时代的"熵账单"已经来了。大量燃烧矿物能源使大量二氧化碳气体在大气层聚集，导致气候变化频发，地球生物圈遭到大规模破坏，为现有经济模型打上了一个问号。大体上看，经济学界还没有准备好应对经济活动受热力学原理影响这个事实。业界人士的公然忽视，客观地强化了来自其他自然和社会科学界学者对经济模式的反思。在我此前编写的《第三次工业革命》①中，"渐渐远去的亚当·斯密"这个章节对此有过相关论述。

另外，一个强大的新技术平台正突破第二次工业革命的范畴，加剧资本主义意识形态中的核心矛盾，进而将资本主义经济体制推至上文中提到的末路。在物联网这个 21 世纪智能基础设施中，通信互联网将与逐渐成熟的能源互联网和物流互联网融合，造就第三次工业革命。物联网已经大幅提高了生产率，使很多商品或服务的边际成本趋近于零，商品或服务也几乎免费。其结果是企业利润开始枯竭，所有权概念淡化，经济稀缺逐渐让步于经济过剩。

—— 物联网：彻底颠覆人类经济社会

物联网将把这个集成世界网络中的所有人和物连接起来。物联网平台的传感器和软件将人力、设备、自然资源、生产线、物流网络、消费习惯、回收流以及经济和社会生活中的各个方面连接起

零边际成本社会

012

THE
Z E R O
MARGINAL
COST SOCIETY

---

① 该书中文版已由中信出版社于 2012 年 6 月出版。——编者注

来，不断为各个节点（商业、家庭、交通工具）提供实时的大数据。反过来，大数据也将接受先进的分析，转化为预测性算法并编入自动化系统，进而提高热力效率，大幅提高生产率，并将整个经济体内生产和分销商品或服务的边际成本降至趋近于零。

欧洲物联网研究项目组由欧盟委员会组建，旨在推动向"泛计算机化"时代的过渡。该项目组发现物联网已经通过成千上万种方式使世界连接成大网络。

物联网正在介入工业和商业领域。公司在整个商业环节安装传感器以便追踪货物流向。例如，美国著名快递公司 UPS（美国联合包裹公司）利用大数据技术实时监控其在美国境内 6 万辆货车的状态。UPS 在车内安装传感器以便及时发现可能失灵的部件，这样公司可在第一时间为车辆更换部件，避免路上抛锚造成的巨额损失。[19]

传感器可以记录并传送关于原材料可用性的相关信息，将当前库存信息告知前方办公室，并排除产品线的故障。其他传感器可以报告办公地点和家用电器的用电变化情况，以及用电变化对电费的影响。消费者可以设置相关电器以降低耗电量，或在用电高峰期关闭电器以避免电费暴涨，或将灯光调暗，防止下月电费出现赊欠。

安装在零售店的传感器可以帮助销售部门和市场部门了解消费者行为，进而获取相关信息，例如消费者仔细观察并拿起过哪些产品，把哪些放回货架，或者是买了什么。其他传感器可追踪发往零售商和消费者的产品，密切监视废弃物循环再利用的数量。全天候对大数据进行分析，可以校准供应量库存、生产和流通环节，并启动新的商业活动，进而提高整个价值链的热力学效率和生产率。

物联网也正被用于智慧城市的建设中。传感器可以监测建筑物、桥梁、道路和其他基础设施的材料波动和状态，分析建筑环境的构造状况，以便适时做出修补。其他传感器可以监测街坊邻里间的噪声污染情况、道路交通堵塞状况和人行道的密集度，以便优化出行路线。[20] 安装在街道沿线的传感器可以告知驾驶员哪里有可用车位，智能公路和智能高速使驾驶员了解最新的事故及堵车信息。一些保险公司正尝试在车辆上安装传感器，通过搜集车辆使用时间、位置、特定时间段行驶距离的信息来预测风险并制定保险费率。安装在公共照明设备上的传感器可控制设备根据周边环境的光照度调节自身亮度。传感器甚至还装在了垃圾桶上，用来优化废物搜集的时间。

物联网正迅速应用于自然环境，以便管理地球的生态系统。安装在森林中的传感器可以向消防员预警可能引发火灾的危险因素。科学家们在城市、郊区和农村安装了传感器，用来提醒公众相关的污染信息，公众可减少户外活动以避免暴露在污染环境中。2013年，美国驻华使馆大楼的传感器每小时都会播报北京的空气污染指数。这些数据会立刻上传到互联网，向公众发出污染程度的警示。这项举措迫使中国政府为保护公众健康推出严厉的措施，降低周边燃煤电厂的碳排放量、实施交通管制和限制能源密集型工厂的生产，以保障公共卫生安全。

传感器还可以安置在土壤中，探测土壤微小的波动和密度的变化，预测雪崩、塌方、火山喷发和地震等地质灾害。IBM（国际商用机器公司）正在巴西里约热内卢的城市上空和地面布置传感器，以提前两天预测大雨和泥石流，使市政机构能够及时疏散本地居民。[21]

研究人员也正把传感器安装在野生动物身上和它们迁徙的途中，对影响它们生存的环境和行为变化进行评估，以实施维持生态系统动力性的保护措施。传感器还被安装在河流、湖泊和海洋中用以检测水质的变化，并估测该变化对生态系统中动植物的影响，进而制定补救措施。在美国艾奥瓦州迪比克的一个试点项目中，部分家庭安装了电子水表和配对软件用来监测家庭的用水习惯，这不但可以监测到可能的漏水情况，也可减少水的浪费。[22]

物联网也正在改变我们生产和运输食品的方式。农民正在使用传感器预测天气，监测包括土壤湿度、花粉传播面积和其他影响产量的因素，并安装自动响应装置，以确保作物生长环境保持在最适宜的状态。传感器还被安装在运送蔬菜和水果的货箱上，这些传感器既能追踪货物位置，又能通过分析货物气味判断其是否将要变质，以便改变路线将其运往较近的分销商处。[23]

医生甚至将传感器植入人体，检测包括心率、脉搏、体温和肤色在内的身体机能，方便医生察觉重要体征变化，以便提前采取措施。通用电气公司正在研究一种计算机视觉软件，该软件"可分析病人在剧烈疼痛、发狂或其他痛苦状态下的表情"，进而提醒护士采取必要措施。[24] 在不久的将来，人体传感器将与个人健康电子记录挂钩，使物联网可以快速诊断病人的身体状态，帮助医疗人员做紧急治疗。

毫无争议的是，物联网目前带来的最大影响出现在安全领域。家庭、办公室、工厂、商店甚至公共地点都安装了传感器，用以及时发现犯罪活动。物联网可以向安保部门和警察发出警示，提醒其迅速做出回应，也为逮捕犯罪嫌疑人提供追踪数据。

物联网将人造环境和自然环境融合在了一个有序运转的网络中，所有人和事物在保护地球的前提下，通过优化社会热动力学效率的方式彼此沟通，促进彼此的连接。如果说第一次和第二次工业革命的技术平台在实现市场交换和获取私利的过程中切断并封闭了地球上大量生物的相关性，那么第三次工业革命的物联网平台则恰恰逆转了这个过程。之所以说物联网是改变人类组织经济生活的颠覆性科技，是因为它帮助人类重新融入复杂的生物圈，在不损害地球上生态关系的情况下大大提高了生产率。在循环经济中更有效地使用较少的资源，以及从碳基能源向可再生能源的过渡都是新兴经济模式的显著特征。在新时代，我们每个人都是生物圈神经系统的一个节点。

物联网正在彻底转变人类在地球上的生活方式，在指引我们向可持续发展的富裕未来前行的同时，也带来了有关数据安全和个人隐私的恼人问题，本书的第五章和其他章节会对此进行说明。

世界上一些领先的信息科技公司已经开始着手构建物联网：通用电气公司的"工业互联网"、思科公司的"万物互联网"、IBM的"智慧星球"和西门子公司的"可持续城市"就是典型的代表，它们可以使互联网变成第三次工业革命的智能平台，将街坊邻里、城市、区域和大陆融汇在一个被工业观察员称为"全球中性网络"的架构中。这个网络是开放、分散和协同的，每个人在任何地点、任何时间都可以访问该网络，并且可以使用大数据技术以近乎零边际成本的方式创造新的应用，管理日常生活。

早前，支持物联网的跨国公司并不确定到底是什么构造了物联网平台的核心运营机制。2012 年，思科公司邀请我赴德国柏林同他们客户公司的 CIO（首席信息官）们探讨第三次工业革命。2013 年，西门子公司邀请我会见其 CEO（首席执行官）罗旭德（Peter Loescher）、全球董事会以及 20 位关键的全球部门领导。可见，两家公司的高管都很关注物联网。

在思科公司的会议上，我以一个问题作为开场：历史上所有基础设施的共同点是什么？基础设施包括通信媒介、动力源和逻辑机制三个部分，每个部分都相互影响，共同确保基础设施以一个整体运行。在这个意义上，基础设施可以看作一个假肢，或一种扩大社会机制的手段。倘若通信、能量来源和移动性有一者缺失，社会就会停止运转。

就像之前说过的那样，物联网是由通信互联网、能源互联网和物流互联网协同组成的有机整体，它将持续不断地通过调度能源、

零边际成本社会

016

THE
ZERO
MARGINAL
COST
SOCIETY

生产并分销商品或服务以及回收废物的方式寻找提高热力学效率和生产率的新手段。三个互联网缺一不可。没有通信就无法组织经济活动，没有能源就无法生成信息或传送电力，没有物流就无法在价值链上推动经济活动。上述三个操作系统共同构建了新经济组织的生理机能。

物联网所包含的这三个彼此协作的互联网需要企业做出功能上的转型。在思科的案例中，我对新兴物联网经济中 CIO 这一职位能否维持表示了怀疑，并建议未来的 IT（信息技术）、能源服务和物流应整合成一个统一的职能部门，由 CPO（首席产品官）负责监督指导。CPO 的职责是整合 IT、能源和物流领域的专业技术，利用物联网技术优化公司运营的热动力学效率和生产率。

思科公司以 IT 为主要业务，而西门子公司的业务更为多元化，设有 IT、能源、物流和基础设施等部门。我在与西门子公司高管的接触中发现，明显不同的部门之间多多少少还是相对独立的，各自销售自己的产品和服务。西门子公司将自己重新打造成一个为创建智慧城市和可持续发展的城市提供解决方案的供应商，这迫使传统意义上的独立部门就如何增加彼此价值、推动物联网世界新局面展开对话。三大互联网在同一个物联网中运行，共同提高城市、区域和国家的热力学效率和生产率，这一切使物联网这一概念突然变得有意义了。但是，建立一个新的商业模型，将西门子公司优秀的业务部门联手组建成强大的解决方案提供商，从而管理物联网技术平台的权限，并促进城市向智慧和可持续发展转型，这一想法到底有多明智呢？

随着物联网平台突然出现，对商业模式的反思也正在凸显。我自己的社会企业 TIR 咨询公司是由很多世界领先的建筑、能源、施工、电力、IT、电气、物流和运输公司组成的。自 2009 年起，我们就与世界上诸多城市、地区和国家探讨编制第三次工业革命总体规划以推行物联网基础设施的问题。如果不是当初发现我们已经处在一个未知的领域并位于陡峭的学习曲线之上，我就不会专注于新智慧城市的建设，但我们知道的也就这么多。物联网操作系统的核心，是未来通信互联网、能源物联网和物流互联网的有机结合。如果三大互联网始终彼此独立，那么利用物联网推动智慧城市和可持续发展的城市的建设是不可能的。（对构成物联网的三大互联网的论述贯穿全书。）

协同共享：主导人类社会

对物联网未来前景的兴奋在于极高的生产力会将万事万物连接到一个全球性的网络中，人类向商品和服务近乎免费的时代加速迈进，21 世纪下半叶，资本主义走向没落，协同共享将取而代之，成为主导经济生活的新模式。

我们习惯于将资本市场和政府视为管控经济生活仅有的两种方式，以致忽略了两者以外的我们在日常生活中用于传递政府和市场所不能提供的商品和服务的经济模型。共有模式在资本市场和政府出现之前就已存在，是世界上历史最悠久的体制性自营活动。

当代的共有模式是数十亿人口参与社会生活的方式。它由数百万的自营（大多数是民主的）机构组成，包括慈善机构、宗教团体、艺术和文化团体、教育基金会、业余体育俱乐部、产销合作组织、信用机构、医疗机构、倡导团体、建筑物区分所有权人组织和无数能够生成社会资产的正式和非正式机构。

传统的民主性共有模式至今仍存在于世界各地。在农村，当地的资源被（土地、水源、森林、渔业、牧草等）集中并由村民们共同使用。关于征用、耕种、分发和资源循环利用的决定在民主的基础上由共有模式中的成员共同做出。此外，违反惯例或条约的制裁或惩罚措施会写入组织章程，使共有模式成为一种自营的经济体。

在以物质为基础的农业社会中，共有模式已经被证明是比较成功的模式，因为产销的最终目的是使用而不是交换。它们是当今循环经济的早期原型。

考虑到共有模式诞生的政治环境，它的成功就更加引人注目。大体上看，共有管理出现在封建社会，势力强大的君主剥削当地百姓，强制百姓在庄园劳作或用其生产的部分产品交税。受剥削的百姓共享劳动所得，成为他们优化自有财产的仅有方式。由此得到的启示是，以民主自营形式分享共有资源的做法在封建专制体制下是有强大生命力的经济模型。

席卷欧洲大陆的圈地运动导致了封建社会的瓦解，萌生了现代市场经济和之后的资本主义体制，结束了农村的共有模式，但共享的精神仍然存在。农民把之前的经验带到了城市，在城市里，工业革命带来的工厂主扮演了和封建君主同样的剥削者角色。城市工人和新兴中产阶级同他们的农民先驱者一样，投入他们的共有资源（这一次是以工资和劳动技能的形式）建立了新型的自营共有模式。各类慈善机构、学校、医院、贸易联盟、合作社和大众文化机构如雨后春笋般迅速涌现，为19世纪的公民社会奠定了基础。这些新型共有机构由社会资本筹资，在民主精神的指导下经营，在改善数以百万计的城市居民的福利方面扮演了重要的角色。

在20世纪，公民社会通过免税组织的形式实现了体制化，甚至部分转化为非营利组织。今天，就其纯粹的社会职能和机构分类而言，"公民社会"和"非营利组织"两个词是通用的。现在，一个新的趋势是更多使用"社会共有"一词，不再做以前的区分。

从封建共有过渡到社会共有的漫长岁月里，一代又一代人已经把民主自营的原则理念打磨成了一个精细工艺。当前，全球很多国家的社会共有都比市场经济发展要快。由于社会共有创造的大部分是社会价值而不是金钱价值，所以经济学家往往会忽视社会共有。

然而，社会经济是一股不容忽视的力量。美国约翰·霍普金斯大学公民社会研究中心的一项针对40个国家的调查表明，非营利性共有组织的运营支出达到了2.2万亿美元。在其中8个国家，包括美国、加拿大、日本、法国、比利时、澳大利亚、捷克和新西兰，非营利性共有组织的生产值平均占本国GDP的5%。[25] 这些国家非营利性共有组织对GDP的贡献高于其他所有公共设施领域，与建筑业持平，与银行、保险公司和金融服务业的占比也相差不大。[26]

社会共有的产物使社会以文化实体的形式存在。市场和政府是人们社会身份的延伸。如果没有社会资本的持续补充，市场和政府就无法获得足够的信任而发挥作用，然而人们还是将社会共有轻蔑地划归为"第三领域"，好像它没有市场和政府重要似的。

然而，我们会不会有一天一早醒来，发现所有社会团体组织一夜间消失得无影无踪，社会迅速萎缩和灭亡？如果没有神社、学校、医院、社区服务小组、倡导团体、体育和休闲设施、艺术和其他文化机构，我们将失去使命感、认同感以及将人类联结成一个大家庭的社会纽带。

资本主义市场在私利的基础上受功利性驱动，而社会共有受集体利益和与他人分享的精神驱动。如果说前者奉行的是产权、购者自慎和自治，那么后者推行的则是开源创新、透明度和对社区建设的追求。

共有模式之所以在当今社会比在以往任何一个历史阶段都受重视，是因为我们正在建立一个全球性的高科技平台，其根本特点在于它可以优化共有模式的核心价值和运营原则，从而使这一历史悠久的体制重新焕发活力。

物联网是新兴协同共享模式的"科技精神伴侣"。物联网的基础设施以分散的形式配置，旨在促进协同效应，使物联网成为促进社会经济的理想技术框架。物联网的运营逻辑在于优化对等生产、全球接入和在公民社会中培养并创造社会资本的敏感程度。建立物联网平台的根本初衷在于鼓励分享型文化，这与共有模式相得益彰。物联网的这些设计特点带领社会共有走出阴影，赋予它一个高科技平台，使其成为 21 世纪决定性的经济模式。

物联网让数十亿的人通过点对点的方式接入社交网络，共同创造组成协同共享的诸多经济机会。物联网平台使每个人都成为产消者，使每项活动都变成一种合作。物联网把所有人连接到一个全球性的社区中，社会资本繁荣的规模前所未有，使得共享型经济成为可能。没有物联网平台，协同共享既不可行，也无法实现。

"协同"这个词直到 20 世纪才出现。使用谷歌强大的书籍词频统计器（Ngram Viewer）词汇查找功能可以一窥这个词的变化。研究人员可以使用书籍词频统计器服务查找 1500—2008 年出版的 500 多万本图书，确定某一个词初次使用是在什么时间，以及之后使用频率的增减。查询结果清楚地显示，"协同"第一次使用出现在 20 世纪四五十年代，自 20 世纪 60 年代计算机和互联网作为点对点互动通信媒体出现后，"协同"一词的使用率一路飙升。[27]

协同共享已经对经济生活产生了深远的影响。市场正让步于网络，所有权正变得没有接入重要，追求个人利益由追求集体利益取代，传统意义上由穷变富的梦想转变成对可持续高质量生活的渴望。

在不久的将来，资本主义和社会主义都将失去主导社会的地位，因为协同主义的时代即将到来。年轻的协同主义者吸取了资本主义和社会主义的精华，同时去除了自由市场和官僚体系的核心本质。

物联网分散和互联的本质深化了个人参与创业的程度，该程度和个人在社会经济中协同关系的多样性和强度成正比。这是因为通信、能源和物流的民主化会使每个个体变得强大，但要求个体必须参与到社会资本支撑的点对点网络中。一个通过提高社会内涵来增强自主创业精神的时代即将到来。毫无疑问，聪明、杰出的"千禧一代"认为自己是"社会创业者"。对他们而言，其创业者的身份和社会成员的身份将不再相互矛盾，而是相互促进。

数百万人正在把经济生活的一部分从资本主义市场向全球性的协同共享转移。产消者不仅在协同共享下以近乎零边际成本的模式制造并分享自己的信息、娱乐、绿色能源、3D 打印商品和大量的慕课，他们还通过社交网站、租赁商、"物质再分配俱乐部"和合作社以较低或近乎零边际成本的模式共享汽车、房屋甚至衣物。越来越多的人同样以近乎零边际成本的模式在患者主导的医疗体系中协同合作以提高诊断技术，寻找解决顽疾的治疗方案。年轻的社会创业者正在创建生态敏感型企业，通过众筹资本组建新公司，甚至在新经济模式下创造另外一种新的社会货币。结果是，市场上的"交换价值"正逐渐被协同共享下的"共享价值"替代。当产消者在协同共享中分享自己的商品和服务时，市场经济中的交换法则与社会生活就越发不相关了。

当前经济学家、商业领袖和官员们就有关世界范围内可能产生的新型经济长期停滞的激辩预示着市场经济交换价值向协同共享中的共享价值转移这一大变革。

"大萧条"后，全球 GDP 一直保持增长，但增速放缓。虽然经济学家指出了一系列原因，如能源价格过高、人口增长过快、劳动力增长缓慢、消费者和政府债务过高、全球收入大幅流向富人、存在消费者风险规避现象等，但是可能还有一个更深远的潜在因素（虽然还在初期）能够解释 GDP 增长的放缓：当越来越多的领域中的商品和服务生产的边际成本趋近于零，利润受到挤压，GDP 也会逐渐降低。同时，因为商品和服务接近免费，市场中的购买行为也会减少，而这将再次降低 GDP。甚至在交换经济中，购买行为也在

022

THE ZERO MARGINAL COST SOCIETY

减少，因为人们在共享经济中循环利用，延长了之前所购商品的使用周期，也导致了 GDP 的流失。越来越多的消费者开始青睐访问权而不是所有权，他们只愿意付钱购买汽车、自行车、玩具、工具或其他商品的有限使用时间，其结果就是 GDP 的降低。同时，自动化、机器人和人工智能技术的应用替代了数百万人的人力劳动，消费者在市场上的购买力继续收缩，进而减少了 GDP。而且，随着产消者人数的增加，更多的经济活动正在从市场上的交换经济转向协同共享下的共享经济，这使 GDP 再次缩水。

问题是，虽然导致经济停滞的原因有很多，但是一个更显著的导致经济停滞的改变正在显现，那就是资本主义体制的缓慢衰退和协同共享的兴起。在协同共享下，市场资产的积累对经济水平的影响变小，社会资产的增加对经济水平的影响增大。未来几年或几十年的 GDP 下降将逐渐促进充满活力的新型经济模式的诞生，这一新型经济模式将采用全新的方式衡量经济价值。

全球范围内对评定经济成功标准的讨论很好地彰显了这一变化。传统意义上，GDP 对资本市场经济表现的度量标准仅限于把每年商品和服务数量相加，经济增长不区分积极和消极。用于清理有毒废弃物、加强警务防护、升级监狱设施和军事拨款的增加全部包含在了 GDP 之内。

今天，经济生活正在发生改变，金融资本和市场中商品和服务的交换逐渐过渡为社会资本和协同共享中商品和服务的共享，这种过渡正在重塑社会对经济绩效评价标准的思考。欧盟、联合国、经济合作与发展组织和很多工业化及发展中国家已经发布评定经济发展的新标准，强调"生活质量"，而不仅仅是经济产出的数量。社会效益（包括公民受教育程度、医疗服务可用性、新生儿死亡率、平均寿命、环保工作力度、可持续发展、人权保护、社会的民主参与度、志愿者人数、公民休闲时间长度、贫困线下人口比例、财富的合理分配）已经优先成为政府评定社会中大体经济水平的众多方法之一。随着未来几十年市场经济的衰退，GDP 作为评定经济绩效重要指标这一地位将不可避免地下降。21 世纪中叶，协同共享下的生活水平很可能成为衡量各国经济水平的指标。

在交换经济和共享经济的角力中，经济学家最后的担忧是，如果所有事物都接近免费，那么研发新商品和服务的动机就不复存在，因为发明者和创业者无法收回先期投入。但开源法律文件正在从知识产权条例中解放出来，在此基础上，数百万产消者在社会共有下协同工作，创建新的 IT 公司、软件公司、娱乐形式、学习工具、媒体产物、绿色能源、3D 打印商品、点对点医疗研究项目和非营利性社会创业经营机构。其结果是大量的创新得以涌现，至少与 20 世纪资本主义市场出现的创新数量持平。

协同共享带来的创新民主化正孕育着一种新的激励机制，它更多的是基于提高人类社会福利的期望，而不那么重视物质回报。这种激励正有效地发挥作用。

虽然资本主义市场不大可能消失，但它将不再是定义人类文明经济日程的唯一因素。虽然有的商品和服务边际成本足够高，能够通过市场的流通为投资带来足够的利润，但在一个更多商品近乎免费的世界，社会资产发挥着比金融资产更重要的作用，经济生活更多地活跃在协同共享之下。

本书的写作目的不仅仅在于撰写一份关于推动协同经济模式计划的冗长清单，因为关于萌芽时期的协同模式已经有数百篇文章和几十本书讨论过了。本书关注人类行为的这次改变是如何废除我们在资本主义时期赖以生存并建立机制的核心价值的。本书还将探讨驱动新协同纪元的新价值观和新体制。

直到现在，很多关于协同文化日益兴起的著作和文章都认为，虽然这种组织商业的新模式破坏力很强，但它不会最终威胁到资本主义市场和社会主义的最高假设。对许多推崇协同经济模式的说客而言，他们认为协同模式在未来将大幅提高公民在社会中的参与度和社会创新度，促使我们将几乎所有领域内的机构设置为扁平式，但最终都会纳入更人性化和高效的资本主义市场。

环视全球资本主义市场的当前配置可以发现，资本主义还在发挥着能量。《财富》世界 500 强企业继续掌握全球商业的操控权，2011 年，全球 500 强企业的收入比这一年全球 GDP 的 1/3 还要多。[28]考虑到资本主义系统的巨大能量和广泛性，很难想象一个资本主义逐渐消失的世界将是什么样子。

我们需要考虑资本主义之后以何为生的部分原因是我们并不清楚资本主义是如何形成的。为了弄清楚这个问题，我们要退后一步，回顾一下历史上关键的经济模式变迁，以及社会机构如何随之改变。纵观历史，大规模经济转型都出现在人类发现新能源并建立新型通信媒介之时。能源和通信媒体的融合建立了重组时空动态性的矩阵，从而使更多的人走到一起，在复杂的、互相关联的社会组织中凝聚在一起。附属的科技平台不但成为基础设施，也决定了组织运营经济的方式。在 19 世纪，蒸汽驱动的印刷机和电报成为一种新的通信媒介，将基于煤炭动力的复杂的铁路和工厂系统连接起来并进行管理，从而将全国人口密集的城市连接起来了。在 20 世纪，电话和之后的广播、电视成为管理和经营一个地域分散的石油、汽车和郊区市场以及大众消费者社会的通信媒介。在 21 世纪，互联网在全球相互关联的共有模式下成为分配可再生能源、自动化物流和运输的通信媒介。

第一次和第二次工业革命的科技平台是集中化的，命令和控制都是自上而下的。这是由于化石燃料只能在部分地区开采，需要集中管理才能把产品提供给最终消费者。反过来，需要集中、垂直整合的通信媒介应对新能源出现带来的商业交易加速。

建立集中式通信 / 能源矩阵的巨额资本支出意味着，依靠这些技术平台的新兴工业或商业企业需要为自身创建一个贯穿整个价值链的大型垂直整合运营体制，这是保证规模经济足以收回投资成本的唯一途径。第一次和第二次工业革命建立垂直整合企业的大量先期投资需要巨额投资资本。

然而，投入大量资产是值得的。将整个价值链带到同一个屋檐下使企业避免了很多高成本的中间环节，降低了边际成本，进而极大降低了商品和服务的售价。但讽刺的是，同样的垂直整合使得一些市场领导者垄断了各自的领域，阻碍新参与者推出降低边际成本的新技术，进而夺取据点和足够的市场份额以便更高效地竞争。

第三次工业革命的物联网基础设施通过其开放的架构和分散式的特点，利用近乎零边际成本的区域分散并行生产特点和全球网络，使协同共享下的企业打破资本主义市场中大公司通过垂直整合形成的垄断。

物联网的技术平台依赖随处可见的可再生能源。而且，当日益成熟的技术价格越来越低廉，在未来 10 年后像手机和计算机一样便宜时，先期针对科技的固定投资收回后，西下的斜阳、檐下的清风和厨房中废弃物转化成的生物能都是免费的，就像我们现在在互联网上创造和分享的信息一样。然而，分散的可再生能源需要协同组织到一起，并且在社区和区域以点对点的方式共享，这样才能有足够的规模经济把边际成本降到接近于零。由于物联网是一个分布式、协同和点对点的技术平台，注定了它将成为唯一一个能够灵活管理相似可再生能源的机制。

分散式物联网基础设施上线的固定成本虽然很高，但远低于第一次和第二次工业革命集中式科技平台的筹建和维护成本。不但固定成本减少，物联网还拉低了商品和服务生产及配送过程中通信、

零边际成本社会

026

THE
Z E R O
MARGINAL
COST SOCIETY

能源和物流的边际成本。通过去除价值链中几乎所有中间环节的交易成本，中小型企业（尤其是合作社和其他非营利性商业机构）和数十亿的产消者可以在协同共享下以近乎零的边际成本直接分享商品和服务。固定成本和边际成本的下降极大降低了在分布式点对点网络中创建新企业的入市成本。低廉的入市成本鼓励更多人成为潜在的创业者和协同工作者，在共有模式下生产并分享信息、能源、商品和服务。

物联网基础设施和协同共享带来的变化远远超越了商业领域。每种通信／能源矩阵都伴有一组建议，提示它们如何利用新科技带来的机遇组织社会和经济生活，这些建议反映了新技术投入应用的可能性和潜力。这些建议在庞大的信仰系统中被推崇。这个信仰系统认为社会的新经济模式遵循自然法则，因此是组织社会生活的唯一合法途径。在历史上，我还不知道哪个社会对自然法则的看法与它和环境的关系不一致。通过建立自然观（复制了其影响世界的方式），每个社会都应感到安心，因为它们知道自身的组织方式符合自然法则。一旦这种无意识的自我审定在公众心中根深蒂固，那么任何关于社会和经济组织方式的批评或质疑都会被认为是异端，是愚蠢的，因为它与自然和宇宙法则相悖。纵观历史，决定各经济模式的宇宙论在保持社会稳定方面最终都比军队做得出色。

这就是为什么模式的转变不仅具有破坏性，而且是痛苦的，因为这不但质疑了支撑社会和经济模型的假设，同时否定了与之相伴的信仰系统和掌控这些模型的世界观。

为了更好地理解资本主义市场向协同共享转变时巨大的经济、社会、政治和心理变化，可以把这次变化的影响等同于人类历史上中世纪晚期由封建经济过渡到市场经济以及当代市场经济转变为资本主义经济所带来的影响。在每个事例中，理解通信／能源矩阵的变化如何激发经济模式的转变、如何从根本上改变人类社会世界观，可以帮我们更好地认识引领经济前行并把我们带入当代社会的演化机制。对这个问题的理解可以让我们以历史的视角探寻如何应对全球经济范式转换（这一次是从资本主义市场过渡到协同共享）带来的剧变。

零边际成本社会

028

THE
Z E R O
MARGINAL
COST SOCIETY

THE ZERO MARGINAL COST SOCIETY

第一部分　资本主义不为人所知的历史

第二章

市场经济的诞生

欧洲的封建经济可以界定为通信和能源自给自足的复合经济体。农奴、耕牛和马匹构成了最主要的劳动力来源,而森林一方面构成了热能的主要来源,另一方面也满足了小规模冶金的需要。除神职人员和少数庄园主之外,老百姓基本都是文盲,其经济生活受制于"口语文化"的时空局限性。由于古罗马道路年久失修而处于废弃状态,所以 7—12 世纪的欧洲商业和贸易几乎一片空白,经济和社会严重倒退,回到了相互隔绝、靠农业自给自足的社会。[1] 几乎所有产品都用于即时消费,仅有极少量剩余的用于本地交易,以补充庄园主以及乡村农民的日常所需。

── 新经济力量的冲击

在英国及欧洲其他地区,农业生产建立在土地公有的框架之上。封建领主通过各式各样的土地契约将土地出租给农民。世袭地产的所有人不仅世代拥有土地承租权，还有权永久居住在祖辈的不动产中。而一般的佃农则没那么幸运，其租赁时限通常不会超过三代，此后，封建领主既可以重新订立契约，也可以收回土地。佃农则基本上没有任何的承租权，完全受控于封建领主。

租赁契约要求农民或上交一定比例的农作物，或为封建领主免费耕种土地。到中世纪后期，随着货币经济的初步发展，地主开始要求佃农缴纳一定数额的租金或税款。

封建农业建立在集体耕作的框架上，农民将小块土地集中并进行集体耕作。因此，土地的集体耕作成为欧洲民主决议制度的最初尝试。农民委员会负责监督相关经济活动，具体包括耕种、收割、轮作、森林和水资源的使用，以及公有牧场上放养牲畜的数量。

封建社会的财产关系概念与现代社会的财产关系概念大相径庭。在现代社会，我们认为，财产是指对财产享有的排他性权利，财产可以被占有，也可以在市场上交换。然而，封建社会截然相反，即世间所有物品都被视为上帝的创作并受上帝支配。上帝的创造物被想象为"巨大的链条"，下至最低级的生物，上至天堂中的天使，一切都处于严格的等级制度内。所有创造物都处于特定的等级当中，并被要求履行相应的职责，以满足其上游或者下游链条的需要，从而确保整个链条的顺畅运转。在这样的神学体系内，财产被视为一系列责任，从金字塔最顶端的上帝，到最底端耕种土地的农民，所有人都是责任的承担者。鉴于此，财产不能被某人排他性地占有，而是要被分成不同的财产权利，并且需要所有者承担相应的义务。比如，当国王将土地分封给领主或者诸侯时，"国王对于土地的控制权仍然存在，但是因土地所产生的收益则不再归国王所有"。哈佛大学历史学家理查德·施拉特（Richard Schlatter）解释道："没有人完全拥有土地。上至国王，下至耕作一线的农民，所

零边际成本社会

032

THE
ZERO
MARGINAL
COST SOCIETY

有人都具备一定的支配权，但是没有人可以完全占有土地。"[2]

就这样，封建经济几乎原封不动地维持了700余年。然而，在16世纪，新的经济力量开始冲击封建秩序。这种冲击起源于都铎王朝，并逐渐蔓延至欧洲的其他区域。原来的公有土地被圈了起来，变成了私有财产，并在国王、议会或者乡村社区会议的许可下进入市场交易。[3]

16世纪至19世纪早期，英国发生了圈地运动，被历史学家称为"富人对抗穷人的革命"，正是这场革命从根本上改变了经济和政治的形态。无数农民背井离乡，被迫靠出卖劳动力为生，这为市场经济的萌芽提供了可雇用的劳动力。[4]

在两种关联因素的共同推动下，圈地运动的第一次浪潮对封建秩序造成了巨大冲击。在运动发展初期，食品消费需求日益增长，城市人口迅猛增加，造成了螺旋式上升的通货膨胀，对在通货膨胀前收取固定地租的封建地主形成了冲击。与此同时，纺织工业的兴起推高了羊毛价格，从经济上刺激地主开始圈地养羊。[5]

成千上万的农民无家可归，看到昔日种植燕麦和黑麦、用于养活家人的土地上饲养着绵羊，农民们备感绝望。饱受饥苦的农民随处可见，绵羊却被饲养得又肥又壮，羊毛被剪下来，送往英国和欧洲大陆的纺织工厂。

托马斯·摩尔（Thomas More）爵士在其著作《乌托邦》（Utopia）中描述了这一苦难时期，猛烈地抨击了地主阶级的贪婪：

> 我听说，你那昔日温顺、驯服、食量很小的绵羊，如今变成了疯狂的吞噬者，甚至能将人吞下。它们消耗、破坏并吞噬所有土地、房屋和城市。[6]

圈地运动的第二次浪潮发生于18世纪60年代初到19世纪40年代之间。工业革命开始扩展到英国全境及欧洲其他地区。[7]新的经济模式使城市人口激增，对食物的需求量也随之增加。高昂的物价促使地主圈起更多的土地，从而使欧洲最终完成了从自给自足的农村经济向以市场经济为导向的现代农业经济的过渡。

圈地运动和随后的市场经济从根本上改变了财产关系的属性，使其从有条件的所有权变为排他性的所有权。在人类隶属于土地几个世纪后，社会迎来了土地私有制时代，人们逐渐能够以不动产的形式在市场上自由交易土地。人们世代居住的房屋变成了资本和信用的来源，被用于追求商业利润。劳动力也成为一种专属权利，能够以合同契约的方式在市场上自由买卖，不再受制于土地公有制下的义务和社会地位。

英国圈地运动不仅创造了现代私有财产关系概念，而且促进了相应的法律监管体系的出现。在封建社会，经济活动很少在亲属关系和熟人圈子以外展开，并且这些经济活动存在诸多限制。由于没有强制性的法律和规章，人们不愿意与其社交圈外的人进行财产交易。在关系紧密的熟人社会，人们主要以口头承诺作为担保，以确保交换在诚信的基础上进行。

一般认为，私有财产制度使现代市场成为可能。但我们也应该认识到，对于在陌生人之间进行交易的匿名市场，则需要强有力的法律准则来支撑。完善的私有财产制度需要有警察和法院做后盾的法律制度，以确保买方和卖方履行契约义务。在从封建公有制到市场经济产权私有制的过渡中，英国法律体系也逐步走向成熟，极大地推动了英国旧秩序向新时代的转变。

大部分历史学家注意到，日益增长的羊毛市场和受法律保护的私有财产制度在推动封建社会向现代市场经济过渡的过程中发挥了重要作用。然而，其他经济因素也在这一转变历程中起了一定作用。人类学家指出，在13—14世纪，新农业技术的涌现大大提高了农业生产力，促使人口持续增长（除了黑死病使人口数量短暂下滑）和城市生活出现。这些新农业技术包括北欧的重轮犁的发明、马匹对耕牛的取代，以及轮作方式从两轮轮种到三轮轮种的转变。历史学家也将这一转变归功于冶金技术的创新和一系列新机械的发明，例如凸轮、弹簧、踏板、复杂曲柄和调速器，这些都促使机械从往复运动向旋转运动转变。[8]

虽然上述因素都发挥了极其重要的作用，但都不是根本因素，不是导致史称"雏形"的中世纪工业革命发生的最根本原因。

—— 市场经济的兴起

中世纪后期，印刷革命和风力、水力共同作用，才从根本上推动了欧洲从封建经济向市场经济过渡，并最终改变了欧洲的经济模式和社会结构。很多历史学家和经济学家经常忽略一个事实，那就是资本主义经济产生于欧洲（后来产生于美国）疲软的原始工业经济，而非之前的封建经济。亚当·斯密和卡尔·马克思都在各自的著作中提到了水力和风力。斯密将新的动力源作为劳动分工的一个范例，而马克思则将风力和水力与能提供更可靠、更稳定动力的蒸汽进行对比。与同时期的其他学者一样，马克思也未能对封建经济与中世纪的经济模式加以区分，错误地认为"人力是封建社会的标志，而蒸汽是资本主义社会的标志"。[9]事实上，是风力从根本上改变了封建社会的能源关系，从而逐渐形成了中世纪的市民阶层。

此外，马克思还提到了印刷出版的重要性，但也仅仅是将其视为唤醒科学兴趣和科学追求的一种手段：

> 火药、指南针、印刷术——这是预告资产阶级社会的到来的三大发明。火药把骑士阶层炸得粉碎，指南针打开了世界市场并建立了殖民地，而印刷术则变成新教的工具，总的来说变成科学复兴的手段，变成精神发展创造必要前提的最强大的杠杆。[10]

然而，斯密和马克思都没有认识到，印刷术、风力和水力三者是不可分割的整体，只有它们之间相互作用，才能成就欧洲经济模式的转变，并最终改变欧洲社会和政治形态。

欧洲人对水磨的使用历史悠久，从罗马时代就已经开始。受技术所限，水磨一直未能充分取代人力。然而，到10—11世纪，技术创新将水力推向了经济生活的中心。据统计，截至11世纪末，英国的34个郡共有5 600座水磨。同一时期，法国有20 000座水磨，平均每250人就享有一座。[11] 水磨的经济影响非常显著：一座水磨产生2—3马力所用的时间仅为普通磨坊的一半。一座水磨可以取代一二十人的劳动。仅在法国，水磨产生的水能就相当于全国1/4的成年人所提供的能量，动力大大提升。[12]

早期的水磨主要由庄园主投资兴建，一般建在流经其土地的河流和溪流上。随着欧洲城市和乡镇的大量涌现，各地都兴建了自己的水磨，形成了独立于庄园主的能量来源。

在水资源不足或相对缺乏的地区，以及产权属于封建领主的地方，乡镇和城市都将重心转向了风力。欧洲的第一座风车兴建于1185年，建在英国的约克郡，随后这种风车很快在欧洲北部地区风靡。[13] 由于风力无处不在，不受土地限制且完全免费，所以任何地方都可以利用风力。于是，众多乡镇和城市纷纷启用风力，这样一来，大众掌握的能源完全可与当地领主相媲美了。为了纪念风为其带来全新、强大的能量来源，城市民众将风车称为"平民风车"。[14]

水磨和风车广泛应用于碾米、制革、洗涤、运作高炉风箱、制作燃料、榨制橄榄油以及许多其他经济活动，而水磨最主要的作用表现在漂洗行业。漂洗是将羊毛变成布匹的第一步。在羊毛脱离织布机的过程中，必须经过去除杂质、清洗的步骤，并且需要通过在水中的敲打来增厚。而在水磨出现之前，完成上述过程需要人在水槽中反复地踩踏。是水磨改变了漂洗流程，人脚被木槌取代，而水磨则为木槌的起落提供了动力。一连串木槌可以取代一整组漂洗工人，而木槌的操纵仅需要一个工人即可。

漂洗业生产力提高使更多的土地从种植农作物转向饲养绵羊，从而使其变得更加有利可图。这也难怪漂洗作坊有时被称为 "13 世纪的工业革命"。[15] 在描述漂洗作坊时，历史学家卡勒斯－威尔逊（E. M. Carus-Wilson）将其称为 "一场带来全国性经济繁荣并大大改变了中世纪英国面貌的革命"。[16] 就这一点而言，威尔逊认为漂洗业机械化的影响力 "可以与 18 世纪纺织行业机械化相媲美"。[17]

18 世纪 90 年代，在蒸汽时代和第一次工业革命开始前夕，欧洲有 50 多万座水磨，共同提供约 225 万马力的动力。虽然风车在数量上少于水磨，但其提供的动力更多，平均每座风车能够提供 30 马力的动力。[18]

虽然封建贵族和早期城乡市民阶层都曾对新能源进行抨击，但由于新能源分布广泛、总量充足，再多的抨击也不能阻挡新能源最终为市民阶层带来大量好处。城市手工业者和商人所拥有的动力能源等同于、甚至超过封建权贵所拥有的，这使得市民阶层有能力冲破受财产义务约束的封建经济模式，过渡到由财产权利所构建的市场经济模式，这些现象在历史上都是首次出现。中世纪历史学家林恩·怀特（Lynn White）对风力、水力以及与之相关的一系列新技术对经济的重要意义做出了如下总结：

> 15 世纪后半期，欧洲不仅掌握着比之前更多样的能源动力，而且拥有众多的技术方法来增进对这些能源的理解，从而指导对这些能源的使用。相比此前欧洲人以及同时代的新旧世界使用的方法，这些方法更具多样性和灵巧性。1492 年之后，欧洲的对外扩张都是建立在欧洲能源消费以及随之而来的生产力、经济实力和军事实力提升的基础之上。[19]

从自给经济向市场经济的转变，以及从自产自用到交换生产的转变是人类历史进程中的重要分水岭。但是，如果没有相应的通信革命为新能源带来众多的经济活动提供支撑，这种转变也不可能发生。通信革命以1436年德国人约翰内斯·古登堡发明铅活字印刷机为标志。

印刷机对日常生活的影响很快就显现出来，其重要性堪比当今互联网产生的影响。当时印刷材料的数量相当惊人：

> 一个出生于1453年（君士坦丁堡沦陷之时）的人到50岁时回顾自己的人生，会看到人们已经用新的印刷技术印刷了大约800万本图书，这一数量超过了自330年君士坦丁堡建城以来欧洲手写本图书的总量。[20]

当今社会，我们将印刷看作理所当然的一件事，印刷早已成为我们日常生活的重要组成部分，以致我们很少思考印刷文字对我们的思维组织方式产生的重要影响。中世纪的手抄本则具有自身的特质，抄本的内容随着不同抄写人的主观投入而不断发生改变。但印刷去除了主观因素，提供了更加理性、更加精确以及更具分析性的获取知识的途径。同时，印刷有别于依赖记忆的口述文化，它不会导致流于形式的套话，而且能够储存记忆，并使信息更具可检索性（以目录、索引、脚注和参考文献的形式），从而使思想更为深刻，单词量得以扩展，印刷还开发出一种更加精妙的语言体系，可以供人们根据具体的情景或经验具体使用。

印刷对人类的商业贸易发展产生了深远影响：印刷引进了表格、列表和图形，提供了比个人评价更客观、更精确的描述方式。印刷不仅使地图实现标准化，而且使其价格更加便宜并可大量复制，从而提高了陆地旅行和海上航行的可预测性，进而大大促进了商业贸易的发展。

零边际成本社会

038

THE
ZERO
MARGINAL
COST SOCIETY

印刷也使商业合同的出现成为可能，使之成为远距离贸易以及在遥远地区拓展商业贸易的关键要素。在封建社会时代，经济联系主要靠口头交流，经济活动也局限于近距离交易。在口述文化时代，一个人的"言语"足以决定经济活动安排。即使在今天，会计人员仍然使用 audit 一词表示财务审计，而这个词的来源甚至可以追溯到封建经济时代。在当时，审计师必须大声喊出财务信息来核实交易的真实性。此外，印刷还开辟了现代记账这一新模式。标准化的提单、流程单、发票、支票和本票可以远距离运输并长期保存，进而提供了一种多样化的、颇具扩展性的管理方式。随着风力和水力等新能源推动商业模式不断扩展，这种管理方式刚好与之相匹配。随着印刷业的发展，商业"信用"以带有个人签名的书面形式得以确保。

印刷技术与可再生能源的结合对人们的读写能力和能源都产生了巨大影响，对封建等级制度也构成了巨大挑战。两者协同作用，加之公路和水路运力的逐步改善，这一切因素共同加快了交易速度，降低了交易成本，使远距离贸易成为可能。

全新的通信／能源矩阵不仅缩短了距离和时间，将几个世纪以来一直处于隔离状态的人们联系在一起，更鼓励人类走向开放，进而形成四海一家的世界性概念和思想。持续了几个世纪的地方主义和排外主义逐渐瓦解，人类开始想象一切新的可能性。这一繁荣时期被历史学家称为"北方文艺复兴"——一次文学、语言、科学实验和对新世纪探索的全面觉醒。

到中世纪后期，欧洲已有 1 000 多个颇具经济活力的城镇。除了提供粮食仓储、住宿和商店，这些城市中心也成为各类手工艺人的聚集地。这些新的城市管辖区通常被称为"自由城"，被看作独立于当地领主的区域。例如，按照一般的惯例，如果一个农奴从封建领主那里逃离，进入自由城避难的时长达到一年零一天，那么这个农奴就变成了自由人，他可以自由地从一个自由城迁徙到另一个自由城，并在那里定居。[21]

新城镇的手工艺人（金属工、织布工和染工、兵器制造工、泥工、刺绣工和玻璃工、公证人、制帽工和家具制造者）加入行业公会，以便制定货物的质量标准，并规定产品的固定价格和产量。公会并非完全采用市场机制，它制定的货品价格是所谓的"公平价格"而非市场价格，目的是维持人们业已习惯的生活方式而并非获取利润。公会着眼于维持现状，因此绕开了自由劳动力市场和竞争价格这两个市场经济的要素。[22]

由于封建领主制度瓦解，大量廉价劳动力突然涌入，加之印刷术和新能源结合带来的生产潜能增加，17 世纪的行业公会制度开始走下坡路。商人们绕开公会，将工作分给郊区的廉价劳动力（称之为"外加工制"），正是这一现象逐步侵蚀了公会所建立的、牢不可破的商业规则。外加工制为完全市场经济奠定了基础。[23]

就在商人与行业公会斗争的同时，作为一股新的生产制造业力量，小制造业主也与行业公会展开了斗争。这些小业主开始努力为其价格低廉的商品开拓国内市场，他们中多数人的工厂都利用水力和风力提供动力。

在推动国内市场自由化方面，新型制造商和商人志趣相投。他们联合起来拥护国内自由贸易，希望消除对劳动力自由流动的限制，希望商业合同受到法律保护，并且希望改善交通状况，以便进一步扩大市场。然而在对外贸易方面，他们产生了分歧。商人与君主结成联盟，旨在落实殖民政策，实行国外优惠于国内的贸易政策。商人的逻辑是：从严管理国内生产，确保产品质量高、成本低，从而以高价格销售到国外，换取贵金属。相应地，海外殖民地被禁止生产成品，只能生产廉价原材料，并出口到母国，随后被迫以高价格购买母国生产的成品。

零边际成本社会

040

THE
Z E R O
MARGINAL
COST SOCIETY

重商主义政策有利于出口商，却损害了母国和殖民地制造商的利益。此外，重商主义限制在国内市场生产的产品数量，从而人为地抬高出口价格，这不仅不利于国内制造商，而且迫使正在形成的中产阶级和城市工薪阶层不得不同国内产品的昂贵价格进行抗争。

对重商主义的反抗情绪在欧洲和殖民地持续发酵，1776年，北美13个殖民地率先与英国决裂。1789年，法国推翻了君主专制政体。这两个政治事件具有决定性意义：既确保了在自由市场中通过自由贸易获得私有财产的权利，也争取了政治自由和民主选举的权利。第一批现代联邦制国家都在思考谁应该拥有选举权这一问题，这使上述情况更加毋庸置疑。美国、英国、法国以及18—19世纪的其他民主国家都认为，政府的使命就是保护私有财产和市场经济。与之相一致的理论是，拥有私有财产的人才享有投票权，如此便将新成立的民主国家建立在以私有财产自由交换为基础的市场经济框架之上。

第三章

历史的进程：从第一次工业革命到第二次工业革命

人们通常会认为，财产在市场上自由交换等同于资本主义，事实上并非如此。虽然资本主义通过自由市场运作，但资本主义并不是自由市场的必要条件。

—— 亚当·斯密的经济逻辑

中世纪后期，针对稚嫩的原始工业而兴起的变革促进了自由市场的发展，但直到 18 世纪末，随着蒸汽机的发明，我们目前所熟知的资本主义才逐渐兴起。早期的制造厂主要是些小型家族企业，雇用的人员通常为企业所有者的亲属，偶尔也会雇用一些流动性劳动力。虽然这些企业家已在市场上开始运作，但资本主义尚未萌芽。向资本主义的转变首先发生在纺织贸易领域。通过第二章的介绍可知，那些急于摆脱公会管制的商人开始在乡村地区雇用廉价劳动力（即分包的早期形式）。城里的工匠资金充足，有能力购买纺织机；与之相反，农村劳动力则因为贫穷而无力购买属于自己的纺织机。于是，商人们通常以出租的形式向农村劳动力提供纺织机。由于纺织机的租金非常高，农村劳动力的收入勉强够支付租金，并无多少剩余收入用于贴补生活。[1] 通过将劳动工具的所有权转移给商人，一种改变经济历史的新的经济模式被建立起来。

16世纪末，新一代小制造业主将工人聚集起来，令其在生产过程中使用水磨和风车，以充分发挥规模经济的优势。但是对于工人们所使用的机器，这些小制造业主同样拥有所有权。这样一来，那些之前拥有生产设备的工匠就被剥夺了生产工具，沦为雇佣劳动力，开始效力于他们的新主人——资本家。

纺织贸易由此落入资本主义囊中，其他贸易也紧随其后。历史学家莫里斯·多布（Maurice Dobb）曾经指出：

> 生产从属于资本。资本家和生产者之间出现阶级关系，应当被视为新旧生产模式之间的重要分水岭。[2]

在资本主义体制下，生产资料所有权集中，劳动力向资本屈服，从而导致了18世纪后期的阶级斗争。亚当·斯密对自始至终困扰资本主义的核心矛盾进行了剖析，从而发现了土地所有权与生产工具所有权之间的关系。在这两种所有权的存在之下，数以万计的劳动者被剥夺了谋生的工具。在这种土地所有制之下，农奴和农民被从世代耕作的土地上驱逐，而生产工具所有权的归属则使工匠们被剥夺了生产工具。亚当·斯密认为，虽然这些人被委婉地称为自由劳动力，但事实上这种"自由"是有代价的。他写道：

> 在那个未开化的早期社会，生产资料囤积和土地划拨都尚未出现，劳动者生产的产品完全归生产者所有……但是，一旦

特定人群占有了生产资料，他们当中的一部分人自然会利用这一点，让勤劳肯干的人们为其工作，并为这些工人提供生产资料和基本生活保障，这样他们就可以通过出卖工人的劳动成果，或者通过生产资料之外的劳动附加值获取利润。[3]

如果这样看起来不太公平，斯密的主张是：

> 对于那些拿囤积生产资料来冒险的人来说，获取投资收益必须要付出一定的代价。在该情形下，工人劳动产生的生产资料的劳动附加值被分为两部分：一部分是工人工资，另一部分就是除去预付生产资料成本和工人工资之后雇主获得的利润。[4]

土地从共有财产向房地产的转变也遵循类似逻辑。斯密认为："对于世界上任何一个国家，一旦其土地变为私有，土地所有者就会变得像其他事物的所有者一样贪婪，热衷于不劳而获，甚至对土地上的自然收成也要收取租金。"[5]

紧接着，斯密又总结出整个资本主义体系的运行规律，并做出如下简明概括：

> 最初，全部价值都以这种方式在某些不同成员之间进行分配，不管价值来自社会劳动力每年所集聚或生产的产品，还是其他任何来源。工资、利润以及租金是所有收入的三个基本来源，也是所有交换价值的来源。而所有其他收入归根结底也都是从这三个来源的某个中获得的。[6]

大多数古典主义和新古典主义经济学家都秉承这样的信条：利润是对那些冒险投资的资本家独有的回报。但是，社会主义经济学家认同马克思的观点：从工人工资中抽取部分贡献值，将之当作利润（即剩余价值），这是一种不公平的分配，因此有必要做出一种更为公正的安排，即进行社会化大生产，并让工人充分享受其劳动成果所带来的收益。

但是，资本主义在中世纪出现的工业革命雏形中发挥的作用微乎其微。正如前文所讨论的，小制造业主的确在中世纪后期才出现，而且为了更有效地利用在水力和风力领域的投资，其中一些小制造业主开始把工人聚集在一起进行生产，但是，作为成熟资本主义企业的前身，这些制造厂多半规模较小，并且要靠家庭资助获取资金。

18 世纪最后 10 年及 19 世纪初，伴随新型通信 / 能源矩阵的兴起，如我们今天所言的资本主义才应运而生。

—— 第一次工业革命

1769 年，詹姆斯·瓦特发明了以煤炭为动力的现代蒸汽机，并取得了专利，生产效率因此大幅提高。[7] 1787—1840 年，英国的棉花产量"从 2 200 万磅①猛增至 3.66 亿磅"，与此同时，生产成本却大幅降低。到 1850 年，燃煤蒸汽机已经风靡欧洲与北美。然而，直到爆发欧洲大革命的 1848 年，法国境内的水力却"仍为蒸汽能源的 2.5 倍"。在法国，相比煤炭、火电、蒸汽技术，水力仍被广泛地用于工业生产。例如，在法国 784 家钢铁企业中，仍有 672 家使用水磨产生能源。[8]

19 世纪后半期，能源混合方式迅速变化。蒸汽动力从 1850 年的 400 万马力飙升至 1870 年的 1 850 万马力。[9]

在煤炭储备充足的国家，蒸汽动力迅速普及。在欧洲，英国是第一个由水力和风力向煤炭能源转变的国家，德国紧随其后，美国也凭借其充足的煤炭储备迅速赶上了欧洲各国。在"一战"爆发之

---

① 1 磅 ≈ 0.454 千克。——编者注

前，上述三国已经成为第一次工业革命的主力军。

燃煤蒸汽技术迎来了新型通信 / 能源矩阵，即蒸汽印刷和蒸汽机车，而这两者则为第一次工业革命提供了一个通用的广阔技术平台。

燃煤蒸汽机车缩短了空间距离和事务处理时间，改变了商业贸易的本质。截至 19 世纪 30 年代，蒸汽机车的时速超过了 60 英里①。身处 21 世纪的我们很难想象，当时蒸汽机车能够以如此速度运送旅客和货物的事实带来了多么巨大的影响。

截至 1845 年，每年有 4 800 万英国人乘坐火车。[10] 仅 19 世纪 50 年代，美国就铺设了超过 2.1 万英里的铁轨将密西西比河以东的大部分地区连接起来。[11] 为了更直观地感受火车所带来的时空压缩感，我们可以想象一下：1847 年，从纽约到芝加哥，乘坐马车需要三周甚至更长时间；而到 1857 年，同样的路程，乘坐火车只需 72 小时。[12]

除了速度优势，蒸汽机车提供了一种可靠的交通方式，不同于公路运输及水路运输，蒸汽机车不受天气变化的影响。对于同一路程，在相同时间内，驳船只能走完一趟，而蒸汽机车则可往返数次；此外，在同等运费下，蒸汽机车的运输量是驳船运输量的三倍。速度与可靠性相结合使得商业与贸易在欧美大陆大幅扩张，而其成本却大幅下降。

在 19 世纪上半叶，铁路建设在美国仍然很少见。直到 19 世纪 40 年代末，铁路建设的高潮才真正到来。截至 1859 年，美国私人铁路公司的总投资额达到 10 亿美元，以当时的标准来看，这个数字是惊人的。这些资金使得 30 条大型铁路得以完工。[13] 直到 19 世纪 70 年代的"大萧条"时期，飞速增长的资本投资才逐渐停止。

---

① 1 英里 ≈1.61 千米。——编者注

至此，美国共铺设了 7 万英里的铁轨，将美国大陆的大多数地区连接了起来。到 1900 年，蒸汽机车铁轨总长达到 20 万英里，将美国境内的大城市、小城镇乃至小乡村都连接了起来。[14]

要投资这种规模的交通基础设施，需要一种全新的商业模式，即现代控股公司。虽然在此之前控股企业已为人所知，但其数量仍然较少，且通常仅限于短期贸易活动。英国东印度公司和荷兰东印度公司都是国家特许建立的控股公司。[15] 随着铁路证券销售的发展，纽约证券交易所已从一个小规模的交易所变成了世界性的金融重地。实际上，美国大多数铁路证券的购买者都是英国投资商，其次才是法国和德国投资商，但很少有美国人了解这一史实。

实际上，铁路成为现代资本主义的第一个"商业公司"。他们创造了一种新的商业模式，即所有权与管控权相分离。从此以后，大型商业公司可以聘请职业经理人进行管理，经理人的首要任务就是确保股东的投资回报率。资本主义是一种独特的企业模式：劳动者只拥有生产工具的使用权，而没有生产工具的所有权；投资者只拥有企业的所有权，而没有企业的管控权。

建设铁路基础设施的高成本催生出一种新的商业模式，可以将上游供应商和下游消费者垂直整合。大型铁路投资方通过购买矿产资源，确保用于机车生产的煤炭供应。宾夕法尼亚铁路公司甚至向宾夕法尼亚钢厂提供资助，以此确保铁轨钢材供应的稳定性。加拿大太平洋铁路公司在车站周围建设并运营宾馆，以此满足乘客的住宿需求。[16]

因此，在管理大型的垂直一体化企业时，集权化的、自上而下的指挥控制模式成为最有效的方式。铁路公司最先理解新型通信 / 能源矩阵下的必备运营条件。铺设并维护数千公里的铁轨，监管整个国家的铁路运输，维修和生产数以千计的器械设备，协调货物运输与交付，制订旅客行程计划并确保准点率，监管数千名员工的工作，这一系列任务意义重大。而且，一旦系统中的任一环节出现失误或故障，就可能产生（通常都会产生）连带效应，危及整个系统的运行。

要成功运营这样的巨型企业，需要将公司商业运作的各方面进行合理配置。19世纪伟大的社会学家马克斯·韦伯曾对商业合理化的内涵进行过精彩阐述：现代商业公司呈现金字塔模式，所有的决定都自上而下传达。正式的规定和程序决定了活动流程、任务的定义、工作开展的方式，以及每一阶段工作绩效的评判方式。管理的每个层级都经过精心规划，几乎不留一丝随意发挥的余地。任务被分解到不同部门，每个员工都在详细的操作说明之下开展工作。公司内部的晋升依据的是员工的价值及可量化的客观标准。

企业史学家艾尔弗雷德·钱德勒（Alfred Chandler）曾描述铁路是如何将合理化进程应用到其管理架构之中的。他注意到：

> 铁路公司是最先需要雇用大量职业经理人并最先拥有总公司的。在总公司中，中层经理人负责经营，高层经理人负责管控，并向董事会汇报。它们是美国最早建立庞大的内部组织架构的商业企业，设有严格定义的职责范围和权限，总公司、分部和野外作业单位之间相互沟通。同时，铁路公司还是最先研发金融和统计流程的企业，以此控制和评估职业经理人的工作价值。[17]

韦伯以及其他思想家理所当然地认为，成熟的资本主义体制需要对公司进行垂直整合以组织商业运作，这样才能创造规模经济和高度合理化的公司行政体系，即集权化管理和自上而下的管控模式。[18]根据韦伯的观点，理想的资本主义企业是一个将商业活动的方方面面集中起来实现合理化的行政组织。股票销售对投资资本的配置、自由劳动力的动员、大型生产程序的建立、市场上有竞争力

零边际成本社会

048

THE
Z E R O
MARGINAL
COST SOCIETY

的交换、法律章程的形式性支撑，所有这一切都可以量化，而且建立理性的行政管理模式可以促进等级架构中决策权力的集中。韦伯的观点是对的，但他忽略了一点：这种中央集权式的管理模式同样体现在社会主义经济模式中。

如果没有通信革命，对全国市场上贸易增长与扩张的管理将不可能实现。1814 年，弗里德里希·柯尼希（Friedrich Koenig）发明了蒸汽印刷机，随后开始以闪电般的速度为伦敦《泰晤士报》印刷报纸，老式人工印刷每小时仅能印制 250 份，而蒸汽印刷机每小时可以印刷 1 000 份。[19] 截至 1832 年，印刷机印报纸的速度提高了一倍以上。[20]

使用蒸汽动力印刷机印刷，不仅速度快，而且价格低廉，这大大提高了欧洲和美国的文化普及率。许多新兴工业化城市开始建立公立学校系统，并推行义务教育，为未来的工人提供了必要的沟通技能，使他们为伴随第一次工业革命而来的、更为复杂的商业经营做好准备。

在接下来的几十年中，蒸汽印刷取得了一系列技术进步，大幅降低了劳动力成本，并提高了产量，这些技术进步包括造纸机、铅板印刷以及旋转式打印机。在技术进步的促进下，蒸汽印刷革命也极大地推动了生产力提高，与燃煤动力铁路运输齐头并进。

国家邮政局逐渐从马车运输转向铁路运输，而廉价、快速的印刷方式刚好与同样廉价、快速的交通方式相结合，加速了商业贸易。时效性合同、支票、运货单、报纸、广告、操作手册、书籍、目录以及其他类似的纸质产品均可通过铁路运输。供应链、供应商和消费者在极短的时间内联系在一起，并且这个时间段从以往的数周乃至数月，缩短为数小时或数天以内，极大地加速了商业的发展。

然而，新型印刷通信革命的成本并不低。如同铁路一样，将蒸汽动力印刷技术引入市场，其投资成本是巨大的。而且第一代蒸汽印刷机结构复杂，每台成本高达 500 英镑或更多（在现今经济条件下，相当于 26 500 美元）。[21] 当成本更高的新一代印刷技术面世时，蒸汽印刷的成本仍在上涨。截至 1846 年，霍尔双轮转印刷机每小时可印刷 12 000 页。到 1865 年，卷筒纸轮转印刷机每小时可印刷 12 000 份报纸。投资办一份报纸的启动资金也随之迅速增长到 10 万美元，若放到 2005 年，这一数字相当于 238 万美元。[22]

1871 年美国芝加哥大火之后，大型印刷公司在当地如雨后春笋般兴起。行业领先者有当纳利公司、兰德·麦克纳利公司以及多诺霍公司。这些印刷厂都位于中心位置，负责处理全国大部分印刷材料，从而发挥规模经济优势。在这些印刷厂周边设有很多铸造厂和印刷机制造厂，促成了芝加哥火车站周边产业综合体的形成。通过连接全国的铁路系统，该产业综合体确保教科书、杂志以及产品目录等迅速送达全国各地。[23]

然而，修建及运营这些庞大设备的成本过高，家族企业无法承受。当纳利公司意识到，若要在此行业中占据统治地位，就需要筹集大量的金融资本，于是他们决定在 1890 年组建上市公司。[24]

1900 年，这些高度集权化运作的印刷企业每年可生产数百万份产品目录，其客户主要为大型邮购公司，如蒙哥马利·沃德百货公司、西尔斯百货公司。蒙哥马利·沃德百货公司拥有长达 540 页的产品目录，其中收录了多达 24 000 种商品，包括生活用品、药品、珠宝、手提包、鞋类、男士服装、炉子、家具、四轮马车、体育用品以及乐器。西尔斯百货公司甚至以邮寄的形式售卖预制构件的房屋。[25] 房屋通过铁路进行分块运输，并在当地组装。在我和我妻子居住的华盛顿地区，现在仍然可以看到西尔斯百货公司搭建的小屋。

对于生活在小城镇及农村地区的数百万美国人，他们都通过阅读由芝加哥各大印刷厂所印制的产品目录来选购商业设备、家居用品和个人服装。随后，这些货物通过美国邮政局被直接运送到购买者的商店和住处。1905 年，西尔斯百货公司的邮购业务收入达到286.8 万美元，这一数额相当于 2013 年的 7 547.368 万美元。[26]

燃煤蒸汽印刷与燃煤蒸汽铁路的融合为第一次工业革命创造了基础设施条件。19 世纪 60 年代，美国全国范围内的电话网络铺设完成，标志着通信基础设施从此建立，基础设施网络进一步扩大，从而使横跨供应链及运输渠道的即时商业通信成为可能。

蒸汽印刷、电话以及蒸汽机车相结合，使经济资源的运输速度和可靠性大幅提高。钱德勒认为，廉价的电力和热力以及快速、可靠的交通与通信技术是中央集权式工厂在 19 世纪四五十年代大规模兴盛的主要原因。[27]

新型通信 / 能源矩阵提高了经济活动速度，扩大了经济活动数量，促使人们全面思考跨产业的商业模式。以往，产品的生产和运输是分离的。制造商通过遍布全国的独立批发商、经销商以及零售商将货品投向市场。但是，这些过时的分销渠道不仅速度很慢且不可靠，还具有地域局限性，因此无法将第一代自动化机器生产的大量产品投向市场。此外，许多新型产品需要专业技术人员向客户展示，比如胜家缝纫机和麦考密克收割机。同时，不断增长的大批量工业产品需要专业化的售后服务，只有这样，企业才能与顾客维持长期的业务关系。如此看来，传统的分销方式已经无法适应新型商业活动了。

对此的解决方案是，在集中化管理方式下，将生产及流通环节结合起来。19 世纪末，垂直整合型商业公司开始发展，并且在整个20 世纪一直被当作主流商业模式。

垂直整合型公司的最大价值在于，通过简化价值链的中间环节，大幅降低交易成本并提高生产力。简单地说，垂直整合型公司通过规模经济大幅提高了生产效率，并降低了边际成本。这使得他们可以将大量价格低廉、批量生产的货物卖给需要的人。而更为廉价的产品又刺激了大众消费者的需求，进而创造了新的商业机会及工作机会，最终提高了工业经济时代数百万工人的生活水平。

很多公司体会到了整合生产及运输的好处，并将其业务范围扩大至全国，因此，这种新型商业模式得以迅速传播。数百家公司开始采用垂直整合型商业模式，并实现了有效的规模经济，这些公司包括：钻石火柴公司、美国杜克父子烟草公司、品食乐食品公司、亨氏食品公司、宝洁公司、伊士曼柯达公司以及胜家缝纫机公司。

实际上，19世纪后期，对于那些在第一次工业革命初期迅速发展壮大的企业家来说，他们有能力通过合并及转型成为公开交易控股公司，以筹集充足的资金，这也是他们成功的主要原因。凭借这些资金，他们可以抓住垂直伸缩的市场机遇，成为各自行业的领军者。

── 第二次工业革命

19世纪最后20年，当第一次工业革命达到顶峰时，第二次工业革命正在美国及欧洲酝酿。石油的发现、内燃机的发明以及电话的问世催生了统治20世纪的新型通信/能源综合体。

相比世界经济中的其他单一资源，石油的获取需要投入更多的金融资本，这是了解石油产业最重要的一点。而且，从获取石油及其衍生产品到将其运送到消费者手中，这一过程步骤繁多且投资巨大。为了收回投资，只能采取运营整个行业的一切手段，包括勘探、钻孔、运输、提炼以及市场营销，都需要一个在高度集权管理模式下运作的垂直整合型公司进行操作。

即便在今天，发掘及开采新油田仍是一项费时且投入巨大的工程，并且时常有失败的风险。衡量新石油资源发掘总投资需求有一系列激活指标，这些指标足以让胆小者远离该风险性投资。对于能

零边际成本社会

052

THE
Z E R O
MARGINAL
COST SOCIETY

源行业的领军企业来说，在新石油项目上投资数十亿美元是相当普遍的。当伊拉克决定在 21 世纪前 10 年将其石油产量扩大至三倍时，其总投资大概为 300 亿美元。[28] 2000—2011 年，全球石油和天然气开采及生产的总投资接近 2.4 万亿美元。[29]

石油开采需要复杂的卫星数据分析，以及地质、地球物理和地球化学等方面的知识，需要最先进的计算机及软件，以采集并解读三维反射地震的数据，并将地球内部结构通过三维影像模拟出来。挖掘两万英尺[①] 或更深的油井需要昂贵且复杂的高科技石油开采设备。在海平面上树立大量的钻井平台是一项巨大的工程，而在复杂的、难以接近的地带铺设数百甚至数千英里的石油管道同样充满了挑战。

石油提炼过程也困难重重。地质学家罗伯特·安德森（Robert Anderson）描述过这个复杂的操作过程：有机化学家需要先将原油的碳氢综合体分解，再重构综合体，以便提炼出从汽油到聚氨酯等一系列产品。原油的品质也因产区的不同而存在较大的差异，这就要求各地制定因地制宜的炼油标准。[30]

石油的市场营销十分复杂。随着季节的变化，石油产品的销量也起伏很大。夏季汽油价格较高，冬季燃料油价格较高。因此，能源公司必须借助气象预报、经济增长预测与方案，甚至那些可能引起动乱或投机行为的潜在政治因素，来预测未来的石油需求。此外，能源公司应至少提前 6 个月预测未来石油需求，以确保将适当数量的原油输往适当的精炼厂加工，以满足接下来的一段时间对石油的需求。

安德森解释道，这一过程因能源企业营销部门的细分而变得更为复杂。细分后的营销部门包括工业、批发和零售三部分。此外，营销部门还会根据特色产品被进一步细分，这些特色产品包括沥

---

① 1 英尺 = 0.304 8 米。——编者注

青、航空燃油、天然气、液态化学品、农业肥料与杀虫剂，以及用于金属业和橡胶业的焦炭。在美国销售的石油有一半会被炼成车用汽油。

早在石油时代刚刚开始时，一些企业家就意识到，把石油卖给最终用户这一过程非常复杂，而石油企业要想赢利，只有牢牢控制石油的整体运营，才能通过集权化管理模式实现利益最大化。

1868年，约翰·D.洛克菲勒创建了标准石油公司。洛克菲勒在农村地区购买油井和炼油厂，并且与铁路公司达成特殊协议，以确保拥有石油运输的优先权。在20世纪的最初10年，汽车时代刚刚开始，标准石油公司率先成为在全美建立加油站的公司，它在油井和消费者之间构建了一条复杂的融合了生产与运输的垂直产业链。1910年，洛克菲勒控制了美国大部分石油业务。竞争者及民众对此表示强烈不满，于是联邦政府通过了针对该公司的《谢尔曼反托拉斯法》(Sherman Antitrust Act)。1911年，最高法庭判决标准石油公司解体。但是，政府试图削弱大型石油公司的努力是徒劳的。到20世纪30年代，26家石油公司共占有整个行业2/3的资金、60%的钻井、90%的输油管道、70%的炼油站以及80%的市场份额。这些石油公司包括新泽西标准石油公司、印第安纳标准石油公司、德士古公司、海湾石油公司、辛克莱石油公司、菲利普66国际公司、美国联合石油化工集团有限公司以及太阳石油公司。[31]

虽然石油产业的集中度在今天很少被谈及，但不可否认其可观的现状。在美国，雪佛龙、英国石油、荷兰皇家壳牌、埃克森美孚以及康菲这五家石油公司控制了国内石油开采及生产的34%。[32]

当洛克菲勒忙于加强对第二次工业革命中新能源的控制时，亚历山大·格拉汉姆·贝尔(Alexander Graham Bell)正在进行电力试验。1876年，贝尔发明的电话成为驾驭20世纪石油、汽车、郊区化经济和大规模消费文化的关键因素。

零边际成本社会

054

THE
ZERO
MARGINAL
COST SOCIETY

贝尔立志建立一个全国性的长距离网络，将每部电话都连进同一个系统内。他论述道，通信技术要求垂直整合型公司发挥作用，即建立一个集中受控的单一系统。1885 年，为了连通各地的贝尔电话公司，贝尔创建了一家子公司——AT&T（美国电话电报公司）。1899 年，贝尔将贝尔电话公司的资产转移至该子公司名下，使 AT&T 成为电话服务的代名词。[33] 电话服务将全国每一个社区连接起来，推动了美国内陆通信网络的发展，为一体化国民经济提供了管理与服务。

早期的 AT&T 并未受到任何潜在竞争的威胁，这是因为贝尔拥有电话的发明专利。当该项专利在 19 世纪 90 年代初过期之后，市场上的竞争者如雨后春笋般涌现。1900 年，美国有大约 3 000 家电话公司在做同类业务。[34] 虽然竞争激烈，但包括华盛顿及州议会的当选官员在内，很多观察家都担心 AT&T 富有侵略性的政策会扼杀竞争。时任 AT&T 总裁西奥多·牛顿·韦尔（Theodore Newton Vail）控制全国电话业务的意图昭然若揭，他甚至还提出了一条新的广告语——"一种系统、一个政策、普遍服务"。他公开奚落联邦政府，声称"激烈的有效竞争与调控不一致，二者无法共存"。[35]

鉴于 AT&T 正在迅速摧毁其竞争对手，甚至试图控制西部联盟电报公司，20 世纪的最初 10 年，联邦政府开始考虑采取措施将AT&T 这个行业巨头解体。[36]

虽然担心 AT&T 成为行业垄断者，联邦政府官员仍然开始意识到，统一的、标准化的通话服务对每个美国人的生活以及美国社会的福祉都非常重要，在很大程度上，电话服务是一项权利，而非特权。决策者意识到，如果作为统一的实体，电话业将发挥更大的作用，并且可以避免"重复性"行为、"破坏性"行为以及"浪费"行为。1921 年，参议院商务委员会向国会通报："电信业是天然的垄断行业。"[37] 委员会称，由于建设全国性通信基础设施并实现规模经济所需的投资十分巨大，所以即使存在在全国范围内推行基础设施竞争模式的设想，实现这一设想本身也将非常困难。于是，经济学家开始将通信服务当作公共产品讨论。

韦尔觉察到联邦政府在处理通信产业时存在巨大的矛盾性，他抓住这一点，与华盛顿达成了一个协议。他意识到，联邦政府可能会对 AT&T 采取措施，因此转变了之前的立场，由呼吁解除管制建立竞争市场，转为号召加强政府管制，他希望借此使 AT&T 成为政府在寻找的"天然垄断"企业。哈佛大学商学院教授理查德·维特（Richard H. K. Vietor）对这种大胆的、违反常理的战略做了如下描述：

> 韦尔选择在这个时候果断地将 AT&T 置至于政府管制之下，以此作为避免竞争的补偿。从政治角度讲，这是 AT&T 垄断通信业唯一可行的办法……如此来看，这是获得标准化服务的必要牺牲。[38]

这个策略最终得以奏效，但"一战"的爆发使韦尔为其梦想付出了代价。1918 年，美国政府出于国家安全的考虑，对通信业实行了国有化，并将其置于邮电部部长阿尔伯特·伯利森（Albert S. Burleson）的管理之下，因为伯利森长期呼吁对通信业实行国有化。出于备战的考虑，伯利森走马上任之后，随即任命韦尔管理通信业。韦尔改变了态度，很快接受了由自己的 AT&T 所撰写的合同条款，这为其将 AT&T 的所有权转移给政府奠定了基础。这是政府与私营公司之间能够签订的最完美的合约。合约还规定：

> 联邦政府同意将电话公司总营业收入的 4.5% 支付给 AT&T 作为服务费，同意接受每部电话高达 5.72% 的年度折旧率，同意分期偿还无形资产，同意支付所有利息及分红，并且同意保

持财产完好如初。[39]

在合同履行之初，AT&T 就申请大幅提高服务接入费，这一申请得到了许可。紧接着，AT&T 又利用其国有资产的主体地位向各州提出类似要求。在被政府"接管"后的 5 个半月内，AT&T 将长途通话费提高了 20%，这使其比在自由竞争市场中的获利更多。战后 AT&T 又恢复为私营公司，但仍然执行联邦政府在短暂的托管期间制定的费率。

乔治·华盛顿大学通信及公共政策与管理专业的杰拉尔德·布罗克（Gerald Brock）教授对此进行过研究，他总结出当 AT&T 处于政府管制时，它在建设全国性通信基础设施方面所获得的好处：

> 接受管制是一个降低风险的决策。AT&T 通过牺牲资本与管理上的自由，换取虽有限但有保证的收益，避免了市场不确定性带来的影响。贝尔系统不仅利用这样一个强有力的武器将竞争者打败，并为其寻求垄断找到了一个正当的理由，同时还降低了发生全面国有化或严重反垄断行动的概率。[40]

直到 20 世纪 80 年代，AT&T 仍是一家垄断公司，紧接着联邦政府介入，将其与标准石油公司一同解体。然而，到 2011 年，AT&T 以占全美通信市场 39.5% 的份额重新夺回行业霸主地位。AT&T 的主要竞争对手威瑞森公司则占据了全美通信市场 24.7% 的份额，两家公司总共占据高达 64.2% 的市场份额，几乎形成寡头垄断。[41]

电话的出现提供了一个便捷的通信平台，使得管理遍布全国的分散型经济活动成为可能；交通方式的转变又扩大了经济活动的地理范围，这主要指由燃煤蒸汽机车提供的定点式运输转变为由汽油驱动的汽车、客车、卡车提供的散点式的运输；不同于印刷机和电报，电话可以在任意时刻和任意地点使用，这使得管理汽车时代大容量的经济活动成为可能。利用电话，企业可以"实时"监控规模更大的新型垂直整合业务，并且监控力度更大。新型通信平台大幅提高了工作效率和生产率。

当然，电话需要电力供应。1896 年，美国大概有 2 500 家电光源公司和接近 200 个跨州运营的发电厂，另外还有 7 500 家专用电厂，电力总投资高达 5 亿美元。[42] 除了为通信服务提供电力，这些电厂还为照明设备、工厂设备以及家用电器提供电力支持。

由于将营业时间延长到了夜晚，电力照明使得商业活动更加活跃，这进一步刺激了经济增长。1910 年，美国每 10 户家庭中只有一户能用上电，而到 1929 年，大多数城市家庭都用上了电。[43]

与之相比，工厂采用电力的步伐则相对缓慢。1900 年，只有 5% 的工厂使用电力。[44] 随着汽车及大批量流水生产线的出现，这种情况很快得到改善。亨利·福特是第一批认识到电力可以大幅提高汽车产量的人之一。后来，他深刻地领悟到，如果没有工厂的电力化以及电动机的发明，他想让每个工薪家庭都能买得起一辆 T 型轿车的梦想就不会实现。他写道：

> 全新电力系统的产生将汽车产业从皮带和总轴时代解放了出来，因为为每种工具提供自己的电机这一设想最终成为可能。电动机使机器可以按照工艺流程布局，仅这一项就使产业效率提高了一倍。如果没有高速运转的工具，就不会有我们所号称的现代工业。[45]

20 世纪上半叶，由于蒸汽动力转向了电气动力，工厂的生产效率提高了三倍。[46]

汽车工厂的电气化释放出巨大的产能，使得数以百万计的人开上了汽车。到 1916 年，美国登记在册的汽车数量为 340 万。[47] 14 年

零边际成本社会

058

THE
ZERO
MARGINAL
COST SOCIETY

之后，这一数字增至 2 300 万。在整个第二次工业革命中，汽车成为促进经济增长的重要"发动机"。

其他一些重要行业也演变成这个巨型商务综合体的一部分，后来这个商务综合体被称为"汽车时代"。截至 1933 年，汽车行业消耗了"美国 20% 的钢铁、12% 的铝、10% 的铜、51% 的铅、95% 的镍、35% 的锌以及 60% 的橡胶"。[48] 1932 年，一位汽车爱好者这样描述汽车行业对经济的巨大影响："汽车业是世界历史上对原材料消耗最大的行业，其他任何行业都不可与之相提并论。"[49]

汽车的大规模生产促使石油行业迅猛发展。在美国，每周都有新油井被开采，而加油站则成为美国随处可见的一道风景。20 世纪 30 年代末，石油已经取代煤炭成为美国的首要能源。由于美国成为第一大石油生产国，得克萨斯石油随之在世界上成为美国能源的代名词。英国政治家欧内斯特·贝文（Ernest Bevin）曾讽刺道："天堂或许构建于正义之上，而地球则构建于石油之上。"[50]

就像为铁路运输铺设轨道一样，修建道路及大规模生产汽车同样耗资巨大。虽然美国和世界其他国家一样，由政府负责对道路系统进行投资，但汽车行业在美国完全靠私人投资。最初，很多小型汽车公司纷纷涌现，但不久之后，为了实现汽车的大规模生产和分配，构建大型垂直整合型公司成为当务之急，这导致汽车行业的绝对成本上升，经过市场洗礼，大型汽车公司只剩 6 家，由汽车工业的三驾马车（福特汽车公司、通用汽车公司及克莱斯勒汽车公司）引领，直到现在，这三家公司仍是汽车市场上的领头羊。

和铁路部门一样，汽车行业也认识到，只有将合理化的集权式管理与自上而下的行政控制结合在一起，才能监管伴随大规模汽车生产出现的分散式生产活动。在此背景下，美国所有汽车生产商最终都变成了上市公司。

汽车经济也极大地改变了整个社会的空间发展方向。蒸汽印刷机和燃煤动力铁路运输推动了城镇化进程。在很大程度上，印刷、通信及定点式铁路运输界定了商业生活及居民生活的集聚范围。很快，小城市发展成大都市，新型城镇在铁路沿线迅速涌现。那些依赖印刷、通信及铁路运输的企业自然而然地将经营场所设在了通信/能源矩阵的周边。

20世纪上半叶，随着汽车的问世和全国性公路网络的建立，郊区发展迅猛，这是因为汽车可以将乘客和货物运送到铁路无法抵达的农村地区。20世纪50—80年代，美国修建了州际公路，这是历史上投资最大的公共工程项目，它促使郊区商业及住宅开发在州际公路沿线地区迅速展开。工厂开始从人口密度大、房地产及劳动力成本高的城市中心搬迁到农村地区，这导致货物运输方式由铁路运输转向公路运输。紧接着，劳动力也发生了转移。1945年以后，在郊区化发展过程中，人口大量地向郊区飞速聚集，人们兴建了6 500万栋房屋、4.8万个零售店和商业中心。[51] 商业场所及居民住宅分散化，起初是由于电力设施和电话线路的扩展，后来，收音机和电话传入新兴的郊区化社区成了主要影响因素。

在成千上万个社区之间组织整合商业活动的结果是：郊区迅猛发展，物流体系越来越复杂，导致在努力获取更大的垂直整合型规模经济效益时，各个行业为数不多的领军者将更加集中化的操控权握在手中。2008年7月，第二次工业革命达到顶峰并濒临崩溃，当时国际原油价格已涨到每桶147美元。与此同时，少数巨型公司操控整个行业的现象也达到一个极限。三大能源公司（埃克森美孚、雪佛龙以及康菲）操控了美国国内大部分石油市场。我在前面曾经提及，AT&T和威瑞森通信公司占有通信行业64%的市场份额。联邦政府在2010年的一项公开研究结果中发现，在美国的绝大多数州，一家电力公司往往掌控着25%—50%的市场份额。从全国市场来看，5%的公司（699家中的38家）控制了全国发电量的40%。[52]

零边际成本社会

060

THE
Z E R O
MARGINAL
COST
SOCIETY

通用汽车、福特、克莱斯勒以及丰田这4家汽车公司共掌控了汽车市场60%的份额。[53] 新闻集团、谷歌、加内特、雅虎以及维亚康姆集团这5家新闻公司共掌控了美国新闻市场54%的份额。在游乐场、食品和娱乐业，中央娱乐公司（原名查克芝士娱乐公司）、戴夫和巴斯特娱乐公司、世嘉娱乐公司，以及万代南梦宫控股公司共掌控了96%的市场份额。[54] 在家电制造业领域，惠而浦、伊莱克斯、通用电气及LG电气四大公司，共掌控了90%的市场份额。[55] 相似的产业集聚模式同样遍布于美国经济的其他主要行业。

即便处于化石燃料时代末期的今天，石油产业仍是世界上产业集聚度最高的行业，之后是通信业、发电业及销售业。实际上，其他依赖化石燃料及通信技术的产业也都需要巨大的资本投入，这样才能构建充分的垂直整合模式，并依靠规模经济收回前期投资，因此，它们也被迫采取高度合理化管控程序，以此管理那些分散广布的经济活动。

世界上规模最大的4家控股公司中有三家都是石油公司，分别是荷兰皇家壳牌公司、埃克森美孚公司以及英国石油公司。排在石油巨头之后的是十大银行，即摩根大通集团、高盛投资公司、美林证券公司、摩根士丹利投资公司、花旗集团、德意志银行、瑞士信贷集团、巴克莱银行、瑞士联合银行以及富国银行，它们控制了将近60%的世界投资额。[56] 正如第一章所提到的那样，排在这些金融投资机构之后的是500家国际贸易公司，它们的年度总收入达到22.5万亿美元，相当于全球GDP（62万亿美元）的1/3。同样，这些公司的存在不可避免地依赖于化石燃料、全球通信以及世界电网。[57] 在人类历史上，从来没有一个时期像现在这样，可以通过如此少的机构，对这么多人的生活产生这般巨大的经济影响。

如此规模空前、难以想象的经济聚集现象并非偶然出现的，也不是人类贪得无厌的副产品。我们不能将其简单地归罪于放松管制，或政治上的不称职，或更严重的政治勾结与支持，即使上述因素的确催生了这种现象。从根本上讲，经济聚集是通信／能源矩阵带来的后果，而矩阵本身恰恰构成了第一次工业革命和第二次工业革命的基石。

　　无论我们喜欢与否，垂直整合型公司都是大规模生产最有效的途径，有利于其产品与服务的生产与流通。在集权式管理模式下，垂直整合型公司将供应链、生产过程、流通渠道进行整合，极大地降低了交易成本，提高了效率和生产率，降低了生产和流通的边际成本。最重要的是，它降低了消费者获取产品和服务的价格，促进了经济繁荣。虽然企业高层因投资回报增长而受益，但公平地讲，工业化国家消费者的生活水平同样在改善，这是值得赞赏的。

零边际成本社会

062

THE
ZERO
MARGINAL
COST SOCIETY

第四章

‖

从资本主义看人类的本性

令人大跌眼镜的是，尽管经济权力集中在产业内少数几家企业手中，但这并没有造成太多社会恐慌，至少在整个 19 世纪、20 世纪的美国是这样的。然而，美国劳工联盟反对企业权力的斗争异常艰苦，因为它们未能唤起大多数劳动者对这一事业的兴趣。尽管也偶发一些平民暴动，如 2011 年 9 月发生的"占领华尔街"运动，它们的口号是"99% 对 1% 的抗战"，这些运动在一定程度上对社会经济生活中出现的公司肆意操控行为发出了挑战。但是，一般来说，这种运动很少发生，即便发生，也仅能使企业权力发生温和的调整，且这种调整对抑制企业权力集中的作用微乎其微。

在某种程度上，由于这些大型垂直整合型企业在业界成功地将廉价商品和服务推向了市场，提供了大量就业机会，并提高了劳动群众的生活水平，所以人们对它们的批评声也日渐减弱。

然而，在抑制潜在的公众反对方面，其他一些更微妙的因素发挥着同样重要的作用。两次工业革命使公众形成了一种包罗万象的世界观：经济系统的作用是自然本身组织形式的反映，因此是无懈可击的。这一世界观使经济系统合法化。

── 上帝让位于市场

通过创建宏大的宇宙论使经济模式合法化的做法是陈旧而过时的。在封建社会时代，由托马斯·阿奎那（Thomas Aquina）提出的"宇宙创造说"被称作"存在巨链"。当代历史学家以之为例，描述了构建"现存社会秩序合法化"的过程。阿奎那认为，事物之所以能正常运转，是由于上帝创造的万物之间存在错综复杂的责任与义务。由于个体在智力和能力方面互不相同，因此多样性和不平等性对于整个系统的有序运行必不可少。阿奎那说，如果万物之间是平等的，那么他们就不可能拥有异于他人的优势，通过"制造"人与人之间的差异，上帝实际上创造了一个责任与义务分层的社会，如果能认真地执行这一法则，那么万物都能蓬勃发展。

阿奎那对上帝创造万物的描述与某些封建社会的建立方式惊人地相似：个体生存取决于他们在严格限定的社会层级中所履行的义务。在某种程度和形式上，农奴、骑士、领主和教皇都是不平等的，但他们均有义务为他人服务，因为他们都拥护封建制度。他们根据各自所处的社会层级履行职责，以此表达他们对上帝创造完美万物的敬意。

明尼苏达大学历史学家罗伯特·霍伊特（Robert Hoyt）总结了封建社会组织和"存在巨链"之间的关系：

> 天地万物是有等级的。在这一理念下，所有人都被归于某一适当的阶层和位置。它与封建层级社会中的封建观念相吻

零边际成本社会

064

THE
ZERO
MARGINAL
COST SOCIETY

合。在那里，每个成员的身份都与他的权利和义务相匹配。[1]

中世纪晚期，新教改革中的宇宙学伴随着刚刚萌芽的原始工业革命雏形而出现，并且同样扮演着一个使社会秩序合法化的角色。马丁·路德（Martin Luther）对"存在巨链"这一宗教思想发起了正面攻击，认为它将教皇的堕落层级制度以及教皇对信徒生活的"监管"合法化了。新教神学家将教会的封建宇宙学替换为另外一种世界观，使每个信徒都将个人与基督的关系作为中心。民主式崇拜与新的通信／能源矩阵相匹配，为新市民阶层提供了更大的权限。

路德指责教皇反基督，并警告说，天主教会既非上帝选择的天使，也非人们通过其可以与上帝坦承交流的救世主，教会领袖不能倚仗法律让上帝代表其教区居民的利益，也不能保证拯救未来。

与之相对，路德主张每位信徒都有资格成为神职人员。他认为，在上帝面前，男人和女人都是独立的。手捧《圣经》的每位基督教徒都有责任传授上帝的教义，并扮演天堂守门人的角色，因此无须再依赖教会的权威解读圣经的寓意。为了理解圣经中上帝的教义，皈依新教的教徒们很快学会了阅读，因此路德的劝诫同时也催生了世界史上的第一次大规模扫盲运动。

此外，路德还改变了"救赎"的办法。教会早就教导信徒要行善并接受教会的圣礼，因为这有助于信徒死后在天堂有好归宿。但是路德认为，人们在世上行善并不能保证在天堂有好归宿。相反，根据路德的说法，人的命运生而既定，每个人在一出生时就被上帝界定：要么拯救别人，要么被人谴责。随后的问题是，一个人如何承受对未知的焦虑。路德的回答是，接受生活的召唤，充分履行自己的职责，谨小慎微，这可能是一个人成为救世者的预兆。

约翰·加尔文（John Calvin）则更进一步，他号召他的信徒在生活中不断地工作以改善自己的生活状况，并以此作为被上帝选为救世者的前提。通过主张每个人都有义务改善自己的职业，新教神学家不经意间将对神学的支持传递到了新企业家精神中。其中所隐含的假定是，改善自身的经济状况是一个人与上帝和自然秩序之间关系和谐的反映。

尽管路德和加尔文都无意将信徒世俗化，也无意创建人类经济学，但最终都使改善生活状况的想法与增加个人经济财富的意图变得难以区分。在16—17世纪，对勤奋、勤劳以及节俭的重视被重新演绎，这些品质彻底转变成一个更具经济意味的术语——"更具生产力"。在上帝的心目中，良好品格的价值变得越来越小，而在市场交换经济中，效率的价值越来越大。

随着时间的推移，信仰上帝的思想开始让位于信仰市场的理念。自我价值以自我利益的实现来衡量，相应地，自我利益的实现以财富的积累来衡量。这种财富的积累是在新市场经济下通过精明交易来实现的。马克斯·韦伯把创造市场人员的过程称为"新教工作伦理"。[2]

新商业热情的不断蔓延将日益增多的天主教徒和其他人员推入市场。从前，一个人在"存在巨链"中所处的位置决定了他在封建社会时期的生活历程，而在软性市场经济下，全新、自主的个体开始在市场交易中通过对私有财产的积累界定自己的生活历程。

—— 从神学世界观到经济世界观

在18世纪末的疲软市场时代末期，新的宇宙观出现了。这一宇宙观给市场上的新派男女带去非常强大的力量，足以将基督教宇宙观推向历史轨道的边缘。

通过定义私有财产，伟大的启蒙哲学家约翰·洛克（John Locke）引领了这一宇宙观的发展。他认为，这一宇宙观是人类"内在本性"的反映，而非封建社会的平民管理技巧。洛克还认为，

零边际成本社会

066

THE
ZERO
MARGINAL
COST SOCIETY

通过将劳动作用于自然界的生产资料，以及将生产资料转化为有价值的物品，人类创造了属于自己的财富。尽管洛克承认，在自然尚处于原始状态时，世界被人类和其他生物共同拥有，但是他在《政府论》（*Two Treatises of Government*）中解释道，每个人都"有专属于自己的财产，除了自己外，其他任何人无权拥有"。[3] 洛克提出，私有财产是一项自然权利，因此对这项权利的任何否认都如同否认事物的自然秩序和否定自然法则一样。洛克这样推理：

> 无论一个人脱离大自然提供的环境，还是置身其中，他都已经将自己的劳动与自身特性融合在一起，然后将之转化成自己的财产。通过使对象脱离原来的共有状态，他将自己的劳动物化到其中，这一行为就排除了其他人的共有权利：因为他的劳动变成了只属于他的毋庸置疑的财产。除他自己外，任何其他人都无权拥有。[4]

于是，洛克用私有财产的自然权利理论抨击了以公共所有权为基础的封建财产制度。

> 通过自己的劳动获得土地分配，这增加而非减少了人类的共有份额：因为这可以支撑人类生活，一种是在封闭的一英亩①土地上进行耕作，另一种是在土壤肥沃程度相同的另一块一英亩的土地上任其自然生长，前者所产出的粮食是后者的10倍。因此，一个人从10英亩圈种土地中获得的粮食产量比从100英亩土地上依靠自然生长所获得的粮食要多得多，确切地说，这相当于为他人腾出了90英亩的土地。[5]

在这段简短的文字中，洛克阐述了新的宇宙学说，他认为该

---

① 1 英亩 ≈0.4 公顷。——编者注

学说将与现在的市场经济相伴出现。事物的自然秩序不会再从"存在巨链"中找到，相反，它将体现在个人努力创造财富的自然权利中。

亚当·斯密继承了洛克的这一思想。为表达对封建共有权利下共有生活观的最终否定，斯密认为市场行为是人类真实本性的反映。他写道：

> 根据自己所能运用的资本，每个人都在不断地努力，以找到收益最多的工作。事实上，这正是个人自身的优势，而非社会优势，这是每个人已经了然于胸的事情。但是，这种"自然优势说"很自然地（或者说必然）会让他更倾向于认为雇佣对社会是最有利的。[6]

后来，社会批评家理查德·亨利·托尼（R. H. Tawney）认为，这一重大变化将欧洲从封建社会带入了市场经济时代，将神学世界观转变为经济世界观。他说，在以神学为中心的宇宙观衰落后，世界剩下的是"个人权利与个人利益，是社会创造的物质，而非社会本身"。因此，在市场经济中，私人财产的交换"被理所当然地认为是社会组织应该遵守的基本法则，无须进一步争论"。[7]马克斯·韦伯甚至更极端地认为，在从以基督教为中心的宇宙观到唯物观的转变中，经济价值代替了神学价值，这代表着"世界的觉醒"。[8]

公平地讲，我们应该注意到，虽然圈地运动让数百万农民离开祖祖辈辈生息的土地，前往一个尚未做好准备吸纳这些劳动力的新城市自谋生路的做法使人类伤亡惨重，但通过向市场经济转型，人们的生活水平最终大幅提高，而这在封建社会是绝对不可能实现的。

19世纪中期，在从单纯市场交换经济向资本主义经济转型的过程中，财产观引发了一些严重的问题。这使人想起了洛克的自然

零边际成本社会

068

THE
ZERO
MARGINAL
COST SOCIETY

权利理论：一个人通过自身劳动对自然的作为是仅属于他自己的私有财产。洛克的理论非常适用于解释中世纪晚期的简单市场交换经济，在那个时期，市场上买卖的每件物品都是个人或者家庭的劳动产品。

但是，资本主义的到来从根本上改变了经济运行的模式。正如前面所提到的，因为被资本家剥夺了劳动工具，手工业者变成了自由劳动者，他们付出劳动，并以工资的形式获取回报，但工资只是其劳动价值的一部分，产品中的剩余劳动价值以利润的形式被公司收入囊中。此外，所有权也发生了变更。新的所有者是股权投资者，他们的劳动不会被物化到产品中，他们对公司也几乎没有管理权，但是，他们仍能从工人的剩余劳动中获取红利。当然，这里的悖论是显而易见的：既然工人们对自己通过劳动创造的产品拥有完全所有权和处置权，那是否说明他们的这项自然权利正在被剥夺？对此，投资者认为资本是积蓄的劳动，因此，更委婉地说，投资者已经将他们以往的劳动"融入"了生产过程。他们以此证明其分得劳动者的剩余劳动价值是有道理的。但是，这种辩解苍白无力，看起来像脆弱的芦苇秆一样，禁不起一折。理查德·施拉特敏锐地指出：

> 从提出"劳动是财产的创造者"这一假设开始，古典学派就无法建立一个结果与该假设一致的经济理论，因此，理论只能是"不劳而获者必然抢夺工人的劳动价值"。[9]

19世纪40年代，社会主义激进分子的影响在整个欧洲得到加强，他们注意到了这一矛盾，因为这矛盾已经造成了要将古典经济学理论从资本主义体制中脱离出来的威胁。社会主义者抨击资本主义不务实，他们鼓励奉行"承认每个人都有权利获得自己劳动所得"这一古典经济学理论。

然而，经济学家们下定决心要避免古典经济学理论与崭露头角的资本主义决裂。他们选择放弃洛克有关私有制的自然权利理论，转而寻找填补这一空白的新理论。随后，他们在大卫·休谟（David Hume）和杰里米·边沁（Jeremy Bentham）的功利主义理论中找到了答案。休谟认为，所有权是脱胎于公共利益的个人属性。这一公共利益使每个人"与他人和谐相处，并形成总体规划或行动体系，它指向公共利益"。[10] 换言之，物权法是人类同意遵守的法典，因为它植根于公共利益。

休谟清楚地表明了自己的态度，他赞同"一个人利用大自然创造出来的物品属于他自己"这个说法。然而，他认为，鼓励私有制并非基于自然权利，而是因为这是"有益的习惯"，并且私有财产应该能够在市场上进行自由交换，因为它"对人类社会是如此有益"。[11]

社会公共福利被定义为对愉悦而非对痛苦的追求，通过主张"社会公共福利是所有财产安排的根据"，功利主义者能够证明他们拥护将劳动者的私有财产和财产权嵌入资本的理念，他们坚持认为这两种形式的财产比社会公共福利好，因而是非常有益的。在这两种情况下，只有功利本身可以证明该做法的合理性。

边沁更倾向于将财产自然权利理论放在最重要的位置，他认为不存在像自然权利一样的事物。边沁解释说：

> 权利是法制的产物，是法制自身的产物。没有法制就没有权利，没有与法制相悖的权利，没有权利可以比法制更有优先权……所有权与法制同生死、共进退。[12]

功利主义教义为资本家带来了一线生机，因为在该教义下，他们只需证明自身是新工业经济的主导力量，并且确实发挥了日益增长的作用。但是，财产的自然权利观仍然在这一人群中占主导地

零边际成本社会

070

THE
ZERO
MARGINAL
COST SOCIETY

位：工厂车间的众多蓝领工人、办公室的白领阶层以及小企业主。客观地说，以上这些人都将继续在大资本时代扮演决定性的角色。

尽管表面上根植于社会习俗而非自然法则，但功利主义教义无意中得到了查尔斯·达尔文的赞许。在他的第二本书《人类的起源》中，达尔文认为，人类智力的进化促进了道德的发展，这会使他们越来越倾向于捍卫"为大多数人谋求最大利益"的功利主义原则。达尔文的奇特想法为功利主义提供了"自然支持"，令后者欢欣鼓舞。

然而，达尔文对有人剽窃他的进化论很不满意。归根到底，他认为，人类的功利主义本性是一种更高层次的表现——它促使人与人之间加深感情与合作。当他的见解被归纳成一个更严格的经济日程以解释集体物质利己主义的合法化时，我们完全可以理解他的沮丧。在文章的最后，达尔文向约翰·斯图尔特·穆勒（John Stuart Mill）和其他功利主义经济学家发起了挑战，他说："冲动无论如何都不可能总是来自预期的快乐。"[13] 为了说明他的关键意图，他举了一个例子：尽管冒着巨大的个人风险，但当一个人冲进火海，去救一个素不相识的人时，他是没有期望能获得报偿的。达尔文认为，救助他人的动机来自人类更深层次的冲动，而非快乐。这就是他所谓的"社会本能"。[14]

功利主义误用达尔文理论以高估所有权的效用，这确实带来了一些影响。然而，更令人震惊也更有影响力的是，社会学家和哲学家赫伯特·斯宾塞（Herbert Spencer）也大力推动达尔文的自然选择理论（后来被称为"社会达尔文主义"），促使其广泛应用。这一理论的原意是证明 19 世纪后期资本主义的恶劣暴行，斯宾塞却利用它来证明自己的经济演化论。斯宾塞写道："适者生存（我这里试图用机械的术语表达）是达尔文所说的自然选择，也可以说是在生存斗争中适者生存。"[15] 虽然大家公认是达尔文创造了"适者生存"，但事实上是斯宾塞在读过达尔文的著作后才形成了这一概念。然而，不幸的是，在 1869 年的第 5 版《物种起源》中，达尔文插入了斯宾塞的一些叙述。达尔文写道："为生存而拼搏期间，这些物种因在构造、体格或者天资方面具有优势，而得以生存下来，我把这叫作'自然选择'。赫伯特·斯宾塞先生在'适者生存'中已经很好地表述了同一思想。"[16] 达尔文将此术语当作"为当前的本地环境而做出的更好的设计"的一个比喻。[17] 然而，斯宾塞却用此术语来表达现实世界的最佳状态。

在斯宾塞看来，"适者生存"意味着只有最强的生物才能生存下来。斯宾塞将此引入公众话语，毫不掩饰地将自己与达尔文相提并论，尽管事实上他的进化论观点更像是拉马克学说。

后来，尽管达尔文竭力保持与"适者生存"这一术语的距离，甚至为使用这一术语而道歉，但都无济于事。[18] 这一术语已经在公众意识中打下了深深的烙印，此后一代又一代的人都认为此术语出自达尔文的理论。

斯宾塞认为，宇宙中的所有结构都是从一种简单的、无差别的状态发展到一种更复杂的、有区别的状态，并且以各部分的大整合为特征。这一程序适用于星系中的星体、地球上的生物进化以及人类社会组织的进化。

斯宾塞把企业在市场上的竞争看作社会自然进化的反映，并且他相信竞争应该在没有政府干预的情况下展开。他确信，只有那些最复杂的并且垂直整合完备的企业才有可能存活并发展。

斯宾塞的观点有助于将当代商业利益合法化。在找出企业追求更大规模、垂直整合和合理的集中式管理的根本原因后，斯宾塞和追随他的自由市场经济学家们成功地削弱了公众对现有经济格局的一切严肃的反对。

然而，斯宾塞及其伙伴所犯的错误在于，他们相信社会复杂性的逐渐增强总是需要垂直整合型的商业模式，而更集中的管控权掌握在更少的机构与个人手中。就第一次和第二次工业革命来说，通信／能源矩阵支持经济活动的垂直整合管理，能够降低边际成本，创造足够的规模经济，以收回投资并获取利润。作为补充，我认为，在社会主义和资本主义体制下，这种说法都能成立。例如苏联和中国，甚至欧洲混合型社会市场经济体。我们不应把生产资料所有权同生产方式的组织形式混淆。无论是社会主义还是资本主义，由于对高效生产率的要求，生产活动都在垂直整合的大公司进行，尽管两种体制下的所有权和收入分配模式不同。

但是，如果我们想要建成这样一个经济体：在其中，通信／能源矩阵的准入成本大幅降低，该经济体的建立很大程度上依赖点对点网络中数以亿计的个人付费，从而使生产、存储、共享通信、能源以及数量日渐增长的产品与服务的边际成本接近于零，那么我们又该怎么做呢？

新的通信／能源矩阵正在兴起，随之而来的是新的智能公共基础设施。国际互联网将人和物用一个新的经济模式连接起来，这一模式将远比第一次和第二次工业革命复杂，但是它在结构上是分布式而非集中式的，是合作式而非自上而下式的。更重要的是，新经济模式提高公共福利的方式是通过基于"合作共享"的横向整合网络而非通过资本主义市场经济中的垂直整合商业模式。

这一切的后果是使 20 世纪的企业垄断面临极大的破坏性威胁，而这一威胁来自物联网基础设施的涌现。新型企业能够很快适应物联网，并且利用物联网开放的、分布式、协作式结构，创造对等的横向规模经济，这一经济模式几乎淘汰了所有多余的中间人员。这种人员压缩极大地提高了生产效率和生产力，将生产的边际成本几乎削减到零，从而使产品与服务的生产与配送几乎实现了免费。

垂直整合型垄断企业统治了整个 20 世纪的工业革命，尽管众多企业正竭力抵抗这一威胁，但是事实证明，它们的努力是徒劳的。曾经主导音乐行业、出版业、印刷业、广播电视业以及大部分娱乐业的大型企业经历了同类产品带来的直接"震撼与威慑"，这些产品来自横向整合型规模网络经济，这一经济的边际成本几乎降低为零。我们期待当物联网基础设施完备时，可以看到从能源、电力到通信、制造以及服务领域的众多大型企业的发展路线图。

这些影响深远的经济变革开始对人类意识本身产生更大的影响。新经济模式与人性的全面重构相伴而行，这种重构从根本上改变着我们对自身与地球之间关系的理解。美国伟大的思想家托马斯·潘恩（Thomas Paine）曾经说，每一代人都必须根据自己的喜好自由行事。[19] 而新一代正在培育一个接近零边际成本的社会胚芽，这将改变他们的世界观，赋予人类文明进程以新的意义。

零边际成本社会

074

THE
ZERO
MARGINAL
COST SOCIETY

THE ZERO MARGINAL COST SOCIETY

第二部分　近乎零边际成本的社会

第五章

极致生产力、物联网和免费能源

如果我在 25 年前告诉你，在接下来的 25 年里，全球 1/3 的人将能够通过由数亿人组成的庞大全球网络进行交流，以交换音频、视频以及文字信息，并可以通过手机查询世界上的各种知识，任何人都能够同时向 10 亿人发布新观点、推介产品或者传达新思想，而这样做几乎是免费的，你一定会摇头表示不信。但是，现在这一切已经成为现实。

那么，如果我现在继续告诉你，今后的 25 年内，家庭取暖、电器运转、商业能耗、车辆驱动，以及全球经济的各个组成部分运转所需的能源将几乎全部免费，你会相信吗？事实上，现在已经有几百万名早期采纳者在这么做了，他们将住所和办公场所变成了微型发电站，以便就地获得可再生能源。安装太阳能和风能设施的固定成本大约 1—8 年内即可收回，即便在回本之前，所获得能源的边际成本也几乎为零。[1]化石燃料与核电必定要消耗一些原料来发电，与之不同，屋顶的太阳光、建筑旁吹过的风、办公场所附近的地热，以及厨房垃圾厌氧分解形成的生物能量，这些能源几乎都是免费的。

那么，如果我接着告诉你，可以利用几乎免费的信息，对同样几乎免费的绿色能源进行管理，进而创造一个智能的通信/能源矩阵与基础设施，使世界上的任何企业都可以通过洲际能源互联网接入并共享能源，而货物的生产成本和销售价格只相当于目前全球制造业巨头的几分之一，你会相信吗？其实同上，数百家企业已经开始进行小规模尝试。这些企业创建 3D 打印业务，采用信息化手段，以接近的零边际成本来"制造"（infofacturing①）产品，在工厂的实验室使用自产的绿色能源，近乎免费地在全球数百个网站上销售商品，并同样近乎免费地使用电力和燃料电池驱动的绿色能源车辆运送产品（我们会在下文中讨论用于建设相关基础设施的前期固定投资）。

同样，如果我还告诉你，世界上数百万名以前没有机会接受大学教育的学生突然能够免费上全球最杰出学者的课程，并将之应用于工作中，你会相信吗？事实上，这样的事情正在发生。

最后，如果我告诉你，在各行业、专业和技术领域中，随着智能技术逐渐替代传统劳动力，企业得以更智能、更高效、更节约地开展文明的商业活动，使生产与经销商品和服务的边际人力成本下降至接近零，你会相信吗？事实上，随着全世界各行各业和专业机构的数千万工人被智能技术所替代，一切最终都会发生。如果大量的职业劳动者在未来 20 年内逐渐淡出经济生活，那么人类该做些什么呢？更重要的是，未来人类到底会向何方发展？目前，学界已

---

① infofacturing 为作者独创的专有名词。——译者注

经正式提出了这个问题，而相关的国家政策辩论也正在进行中。

—— 极致生产力

边际成本趋向于零，产品和服务近乎免费，这是生产力进步所产生的功效之一。生产力是"一种生产效率的衡量方法，由产品与生产产品所需条件的比率计算得出"。[2] 如果生产一件额外商品或服务的成本几乎为零，则代表着生产力处于最佳水平。

同时，我们还将面临资本主义的根本矛盾。资本主义制度的驱动力是更高水平的生产力，这可以通过日益上涨的热力学效率原理来解释。然而，资本主义竞争残酷无情，竞争者引入更高效的新技术，以此降低生产成本以及产品和服务的价格，从而吸引买家。在接近终点线之前，竞争激烈度将持续攀升，直至达到最佳效率，登上生产力的顶峰。所谓终点线，是指每项额外单位生产的边际成本近乎零的情况。当跨过终点线后，商品和服务几乎免费，利润枯竭，资产交易市场倒闭，而资本主义制度也将消亡。

直到最近，经济学家们还满足于用这两个因素来衡量生产力，即机器资本和劳动者绩效。但是，当凭借增长理论在 1987 年获得诺贝尔经济学奖的罗伯特·索洛（Robert Solow）对工业时代进行追踪时，他发现机器资本和劳动者绩效仅占全部经济增长的 14% 左右，那么推动剩余 86% 的经济增长的因素是什么？这是个问题。对于这个神秘的问题，美国经济学会前主席、经济学家摩西·阿布拉莫维茨（Moses Abramovitz）承认了其他经济学家都不敢承认的事实，即剩余 86% 的经济增长是由"我们忽略的衡量因素"所导致的。[3]

在过去的 25 年里，包括德国维尔茨堡大学的物理学家赖纳·屈梅尔（Reiner Kümmel）和法国枫丹白露欧洲工商管理学院的经济学家罗伯特·艾尔（Robert Ayres）在内的一些分析师均已发现这个问题，他们分析机器资本、劳动者绩效和能源使用的热力学效率这三种因素，重新追踪工业时期的经济增长情况。他们发现，正是"促使能源和原料转化为有用功的不断增加的热力学效率"，成为其他生产力增益和工业经济增长的主因。换句话说，"能源"就是被忽视的因素。[4]

深入探究第一次和第二次工业革命，我们会发现，由于有了通信／能源矩阵和包括企业通用技术平台在内的配套基础设施，生产力的飞跃和经济的跨越式增长才成为可能。例如，如果没有电网，福特就无法利用工厂中的电动工具，无法享受它所带来的效率和生产力的极大进步；如果没有电报及后来的电话，企业就不能与上游供应商和下游分销商实现即时通信，企业的内部和外部运营指令链条也无法实现即时访问，这样一来，企业就不可能通过大规模垂直集成的运营模式提高效率和生产力。如果没有遍及全国市场的完备的道路系统，企业也不能大幅降低物流成本。同样，电网、通信网络以及在全国道路系统上运行的汽车和卡车，这些都需要消耗化石燃料能源，从而需要建设垂直集成的能源基础设施，以便在油井、炼油厂和加油站之间输送能源。

在 2012 年总统大选期间，奥巴马曾说过一句现已脍炙人口的话："不是你建的！"尽管共和党趁机对此断章取义，但奥巴马的意思非常明确，即成功的企业要想提高生产效率，基础设施是必不可少的，包括电力传输线、石油和天然气管道、通信网络、道路、学校等。[5] 在一个综合性市场经济体中，没有基础设施的企业不可能成功。基础设施是公共产品，需要政府支持，也需要市场去促成。这是一个常识，但它在奥巴马讲话引起的风暴中被忽略了。这个国家有一个普遍的认识误区：所有的经济成功都只归功于企业家的智慧，政府干预始终是经济增长的绊脚石。

在大多数情况下，公共基础设施由税收支付或补贴，并受政府监督和管理，包括地方政府、州政府或中央政府。第二次工业革命

零边际成本社会

080

THE
Z E R O
MARGINAL
COST SOCIETY

期间，通用技术基础设施为 21 世纪的经济飞速增长提供了生产潜力。在 1900—1929 年，美国初步建立了第二次工业革命的基础设施体系，包括电网、通信互联网、道路系统、石油和天然气管道、自来水和污水处理系统、公立学校系统等。"大萧条"和"二战"使基础设施建设工作延迟甚至停滞，但战后铺设和完善的州际公路系统、全国电力和电信网络最终形成了成熟的综合性基础设施体系。第二次工业革命的基础设施体系提升了各行业的生产力，包括汽车生产、州际公路出口处的郊区商业和住宅建筑开发等。

1900—1980 年，随着国家基础设施的发展，美国总的能源利用率（即能从原料中提取出来的、对增加物理劳动潜能有益部分所占的比率）从 2.48% 稳步上升至 12.3%。20 世纪 90 年代末，随着第二次工业革命的结束，总能源利用率稳定在 13% 左右。[6] 尽管效率显著提高，极大地促进了美国的生产力和经济增长，但在第二次工业革命期间，我们所使用的能源仍有 87% 被浪费在传输过程中。[7]

即使我们对第二次工业革命的基础设施进行升级，也不大可能显著提升能源利用率、生产力和经济增长率。化石燃料能源体系已经成熟，其成本正在变得令市场难以接受。而继续设计和使用这类能源的相关技术（例如内燃机和集中式电网）的生产力已经耗尽，基本上没有潜力可挖。

毋庸赘言，100% 的热力学效率是不可能实现的。但是，根据新的调查结果（包括我所在的全球咨询团队的研究成果），随着向第三次工业革命基础设施的迁移，在未来 40 年内，将总能源效率提高到 40% 以上是有可能的。这会带来生产力的显著增长，使之超过 21 世纪的经济增长水平。[8]

—— 物联网

作为历史上首次智能基础设施革命，新兴的物联网很可能会推动生产力的巨大飞跃。它将连接一个智能网络中的每台机器、每家企业、每个住户和每辆车，而该智能网络包括通信互联网、能源互联网、物流互联网等，一切都将内置到单一的操作系统中。仅在美国一个国家，就有大约 3 700 万个数字智能电表在提供实时的用电量信息。[9] 10 年内，在美国、欧洲以及世界其他国家，每栋建筑物都将配备智能电表，而且每一台设备（包括恒温控制器、装配生产线、仓储设施、电视机、洗衣机和计算机等）都将配备可以连接到智能电表和物联网平台的传感器。2007 年，大约 1 000 万个传感器将各种类型的人类发明连接到物联网上。到 2013 年，这个数字超过了 35 亿；更令人惊叹的是，预计到 2030 年，将会有 100 万亿个传感器被连接到物联网上[10]，其中包括空中传感技术、软件日志、射频识别阅读器，以及无线传感网络等在内的其他传感设备将协助人们收集更广泛的大数据，如电网中不断变化的电价、供应链中的物流交通流量、装配生产线的生产流程、办公前后台服务以及消费者行为的即时追踪等。[11] 正如第一章中所提到的，反过来，智能基础设施将为每个联网企业提供持续的大数据流，然后利用高级分析方法处理数据，从而创建预测算法和自动化系统，以此改进他们的热力学效率，从而极大地提高他们的生产力，并将整个价值链的边际成本降低到接近于零。

思科公司预测，到 2020 年，物联网将通过节约成本和增加收益创造 14.4 万亿美元的价值。[12] 通用电气公司在 2012 年 11 月发布的一份研究报告指出，到 2025 年，由智能工业互联网带来的效率提升和生产力进步将惠及所有经济领域，影响"大约一半的世界经济"。纵观各个行业，我们才会开始了解建立历史上第一个智能基础设施所带来的生产潜力。例如，单从航空工业来看，通过使用大数据分析技术来更好地规划交通路线、监控设施和维修方案，即使燃油效率只提高 1%，也可以在 15 年内节约 300 亿美元的成本。[13]

零边际成本社会

082

THE
Z E R O
MARGINAL
COST SOCIETY

医疗领域是通过接入物联网获得生产潜力的另一个典型案例。医疗支出占全球 GDP 的 10%，在 2011 年，这一数额达 7.1 万亿美元，且 10% 的医疗支出"由于系统效率低下而被浪费"，浪费支出为每年至少 7 310 亿美元。此外，根据通用电气公司的研究，医疗领域 59% 的低效（相当于 4 290 亿美元）会受到来自工业互联网部署的直接影响。基于通用电气公司的研究，大数据反馈、高级分析方法、预测算法和自动化系统可以节约全球医疗领域 25% 的成本，每年可以节省大约 1 000 亿美元。成本每下降 1%，每年就能节约42 亿美元，15 年就可以节约 630 亿美元。[14] 在航空和医疗领域以及其他任何领域，如果实现从 1% 到 2%、5% 乃至 10% 的效率提升，将会带来十分显著的经济变化。

凯文·阿什顿（Kevin Ashton）是麻省理工学院自动识别中心的创始人之一，他于 1995 年最先提出了"物联网"这一术语。但在接下来的几年里，物联网并未获得蓬勃发展，从某种程度上讲，那是因为嵌入"物"的传感器和驱动器的价格仍然相对昂贵。然而，在 2012—2013 年的 18 个月里，用于监视和追踪"物"的射频识别芯片的成本下降了 40%。现在，这些识别元件的成本不到 10 美分。[15] 此外，这些识别元件不需要配备电源，能够从用来扫描它们的无线电信号中获取能量，从而进行数据传输。在过去的 5 年中，陀螺仪、加速度计和压力传感器等微电子机械系统的价格也下降了80%—90%。[16]

另一个拖延物联网部署的障碍是互联网协议第四版（IPv4）。在该协议下，互联网上只能有 43 亿个独立地址（事实上，互联网上每个设备都必须被分配一个 IP 地址）。目前，大部分 IP 地址已经被20 多亿网民占用，只剩余极少的地址可用，无法满足数百万乃至数万亿的"物"接入互联网的需求。现在，一种新版本的互联网协议IPv6 已经由互联网工程任务组开发出来，该协议可以把可用地址数

量扩展到惊人的 3.4×10^{41} 个——足够容纳未来 10 年预计接入互联网的两万亿设备。[17]

《经济学人》的专栏作家尼克·瓦莱里（Nick Valéry）对这些难以理解的大数据进行了分解，以使普通人理解它们的意义。那就是，每人只需将"1 000 件私人物品连接到互联网"，在不到 10 年内，就会有两万亿设备接入互联网。[18] 在发达国家，多数人拥有大约 1 000—5 000 件能够接入互联网的私人物品。[19] 这看起来似乎是非常庞大的数字，但当我们观察周围的房屋、车库、汽车和办公室，把电动牙刷、书籍、车库开门装置、电子通行证、建筑等物品都计算在内时，会发现我们拥有的私人物品数量还是很惊人的。在未来大约 10 年内，这些设备中会有很多被标识，并通过互联网与其他物品连接起来。

然而，瓦莱里很快指出了几个未解决的重大问题，这些问题开始出现在物联网的广泛推广过程中，而且很可能会阻碍物联网的快速部署，并令公众难以接受。他在文章中写道：

> 那么问题是，谁来分配标识？数据库里的信息在哪里？如何访问？如何保证芯片和数据库中具体信息的安全？确保这些责任可追究的法律框架是什么？

瓦莱里警告说：

> 如果掩盖这些问题，将会严重损害与联网设备相关的任何个人或企业信息。因为无知或疏忽会导致这种情况的发生，所以物联网在成熟之前还会面临波折。[20]

物联网将所有人和物连接到一个类似于神经系统的网络中，它将带领人类走出以隐私为典型特征的时代，而进入"透明时代"。尽管长期以来隐私一直被认为是一项基本权利，但它从来就不是一项

零边际成本社会

084

THE
ZERO
MARGINAL
COST SOCIETY

固有权利。事实上，从整个人类历史来看，作为地球上最适合群居的物种，直到现代，人类还一直或多或少地生活在公开的环境中。直到 16 世纪，如果一个人在白天长时间漫无目的地独自游荡，或在黑夜中隐藏起来，这个人仍然会被看作着魔了。在进入现代社会之前，几乎在我们所知道的每一个社会中，人们都会在公共场所一起沐浴，经常在公共场所小解，在公共餐桌上就餐，频繁地在公共场合发生性行为，并挤在一起睡觉等。

直到早期资本主义时代，人们才开始退到一扇关起的门内。资产阶级的生活也逐渐变成了私人事务：尽管人们扮演着公共角色，在日常生活的很多时候，人们却向往生活在密闭空间。在家里，生活被进一步分隔到独立的房间，每个房间都有自己的功能，如客厅、卧室、书房等。人们甚至开始单独睡在不同的床上或卧室里。

人类生活开始分隔，私有财产与公有财产也开始分开，这和私有化是同步的。在财产私有化的新世界里，一切都变成了"我的"或"你的"，有自主权概念的人也将他周边的财产与世界分开，而过起自己的生活。从此，隐私权成为具有排斥性的权利。伴随着生活的私有化，"每个人的家就是一座城堡"这一观念深入人心。经过一代又一代的传承，人们开始认为，隐私是人类与生俱来的特质，而不仅仅是人类历史长河中为适应某一特定时期的社会传统而产生的。

今天，物联网的不断演进正在打破捍卫隐私神圣不可侵犯的层层藩篱，隐私权不再与生存、自由和追求幸福的权利同等重要。对于生长在全球互联世界的年青一代，人们在生命的每一刻都渴望通过 Facebook、Twitter、YouTube、Instagram 等社交媒体网站发布信息并与世界分享，隐私权已经在很大程度上失去了吸引力。对年青一代而言，自由并不局限于独立的自主权和排斥性，而是在于享受加入其他人以及虚拟全球公共广场的乐趣。年青一代的绰号就是

"透明"，协作开始成为他们的习惯做法，他们在横向扩展的网络中以群众生产的方式表现自我。

至于未来，生活在一个更加互联的世界（所有的人和物都将嵌入物联网）的人们是否会非常关心隐私，这个问题尚不明确。

在从资本主义时代到协同时代的漫长过程中，隐私问题仍将是一个关键问题，并在很大程度上决定了进入下一历史时期的转变速度和所选路径。

关于隐私的核心问题是：在人和物都相互连接的情况下，需要建立什么样的界限才能保护个人隐私权？问题是，第三方具备通过物联网访问数据流的权限，还具备先进的软件技能，为了达到自己的目的，他们可以穿透每一层全球网络系统，来寻找利用媒介的新途径。网络黑客可能为了商业利益而窃取个人身份信息，社交媒体网站也可能将数据出售给广告商和销售商以增加他们的利润，而政客则可能将重要信息透露给外国政府。那么我们如何确保数据流公开、透明，如何确保其可以让所有人都受益？同时，我们又如何在没有得到许可的情况下，确保这些关乎一个人生活方方面面的信息不会被违背个人意愿地使用、损害所有者的利益呢？

事实上，欧盟委员会已经开始解决这些问题。2012 年，欧盟委员会举行了一次历时三个月的集中磋商，聚集了 600 多名来自商业协会、公民社会组织和学术界的专家，以寻求政策途径，从而"在确保欧盟公民受到适当保护和信任的前提下，促进物联网在数字化单一市场中的蓬勃发展"。[21]

欧盟委员会确立了一个广泛的原则来指导物联网未来的发展：

> 总体来讲，我们认为对物联网服务而言，隐私、数据保护以及信息安全是应该被无偿满足的需求。尤其是信息安全，它是用来保护信息的机密性、完整性和可用性的。同时，我们还

零边际成本社会

086

THE
ZERO
MARGINAL
COST SOCIETY

认为，在为行业提供物联网服务中，信息安全也是一个基本需求，这一点既体现在确保机构自身的信息安全上，也体现在保护公民利益上。[22]

为推进这些保障措施，欧盟委员会提议将相关机制落实到位：

> 以确保不会发生违规的个人数据处理事件，并且保证对发生过的数据处理事件已通知相应的个体，通知内容包括处理目的、处理人员身份，以及如何行使其权利。同时，处理人员需要遵守数据保护原则。[23]

此外，欧盟委员会进一步提出保障用户隐私的具体技术手段，包括保护数据安全的技术等。在声明中，欧盟委员会给出结论："应该有效保障个体对其个人数据的控制权，物联网系统应提供足够的透明度，以确保个人能够有效地行使其数据主体权利。"[24]

在高度透明、协同和包容的时代，当涉及保护个人控制及数据处理的权利时，没有人会天真到忽略其从理论到实践的难度。然而，人们已经清楚地认识到，如果无法在透明度和隐私权之间实现适当的平衡，那么物联网的发展可能放缓，甚至造成无法挽回的危害和损失，从而阻碍整个社会进入协作时代（关于这些有关隐私、安全、访问和治理问题的讨论将贯穿整本书）。

将所有人和物接入一个全球性网络，尽管这样形成的"庞然大物"会让人感到有点儿可怕，但也是令人兴奋和豁然的，因为这开启了人类在地球上共同生活的新的可能性。而对于这一新的冒险，我们现在仍然处于想象阶段。

相比第二次工业革命中电的发明，物联网技术革命的功绩有过之而无不及，商界已经迅速整合资源，并做出抢占其商业价值的决定。针对从2013年开始改变社会的这场"悄无声息的革命"，《经济学人》的情报部门通过集中调查全球的金融服务、制造业、医疗、制药、生物技术、信息技术、能源和自然资源以及建筑和房地产等重点行业的商界领袖，发布了第一份全球商业指数报告。

该报告开头指出，骤降的技术成本，移动通信和云计算等相关领域的新发展，再加上政府支持力度的加大，这一切将把物联网推向全球经济舞台的中央。38%的受访企业领导预计，在未来三年中，物联网将"对大多数市场和行业产生重大影响"，有40%的受访者表示，它将"对一些市场或行业产生影响"。只有15%的企业主管认为，物联网只会"对少数全球参与者产生重大影响"。[25]目前，已经有超过75%的跨国企业正在考察物联网，或者在某种程度上在他们的业务中使用物联网，而且2/5的首席执行官、首席财务官和其他管理层受访者表示，他们"至少每个月会举行一次关于物联网的正式会议或交流"。[26]

一项有趣的调查结果显示，30%的受访企业领导者表示物联网将"为现有产品或服务创造新的收入机会"，29%的企业领导者表示物联网"将激发新的工作实践或业务流程"，23%的调查对象表示物联网"将改变我们现有的商业模式或经营策略"，还有23%的受访者表示物联网"将引发新一轮创新"。最有说服力的是，超过60%的高管"一致认为，在集成物联网方面动作缓慢的公司将落后于竞争对手"。[27]

《经济学人》调查的核心信息是，大多数企业领导层确信，在整个价值链中运用物联网将产生引人注目的潜在生产力收益，并且打破旧有的商业经营模式。这令企业别无选择，只能不断努力，提前将他们的业务操作连接到物联网平台。

然而，物联网是一把双刃剑。提升热力学效率和生产率的压力与降低边际成本的压力将同样无法避免。如果企业不充分利用潜在生产力锐意进取，就会被远远地甩在后面。智能力量所释放的生产

零边际成本社会

088

THE
Z E R O
MARGINAL
COST SOCIETY

力在整个第三次工业革命基础设施的各环节发挥了作用，而在 25 年内，它将继续产生更大的影响力，使产生绿色能源、制造和交付大量产品服务的边际成本接近于零。从 1990 年万维网起步到现在，指数曲线引发了信息生产和发送成本的大幅下降，而物联网革命也将遵循与之大致相同的时间线。

—— 指数曲线

诚然，这种观点似乎有些言过其实，但别忙，让我们仔细分析一下"指数"这个词的意义。我记得当我还是个孩子时（大约 13 岁），一个朋友问了我一个有趣的假设性选择题：你是愿意直接拿走 100 万美元，还是换一种方式，第一天拿一美元，之后每天拿前一天金额的两倍，这样持续一个月？我最初说："你在开玩笑吧……任何心智正常的人都会直接拿走 100 万美元。"他说："等等，先算一下。"所以我拿出了纸和笔，开始做翻倍计算。经过 31 天的翻倍，我得到了一个超过 10 亿美元的数字，这可是 1 000 个 100 万。我顿时惊呆了。

指数增长是有迷惑性的，它会在不知不觉中击败你。15 天时，翻倍后的数字还只有 16 384 美元，让我相信选择 100 万美元现金是正确的。而之后 6 天的翻倍则令人震惊，只经过 6 次翻倍，这一数字就超过了 100 万。而接下来的 10 天更让我大跌眼镜。到了这个月的第 31 天，一美元的翻倍已经超过了 10 亿美元。这是我第一次领教指数增长的威力。

因为我们过于习惯线性思维，所以大多数人很难把握指数增长。"指数"这一概念也很少受到公众的关注，直到有一天，全球最大的半导体芯片制造商英特尔的创始人之一戈登·摩尔注意到了一个奇妙的现象，他在 1965 年发表的一篇现在非常有名的论文中指出，自 1958 年集成电路发明以来，其组件的数量每年翻一番：

最小组件成本的复杂度以大约每年两倍的速度增长。当然，预计在短期内，这一比率即使不增加，也会继续保持。[28]

1975 年，摩尔稍微修改了之前的推测，表示每两年翻一番。尽管这个翻倍过程已经持续了 37 年，但最近科学家们开始预测：能够置于电脑芯片上的晶体管数量的增速将会放缓。物理学家加来道雄（Michio Kaku）说，我们已经开始看到减速的情况，至少在芯片方面，在应用传统的硅技术 10 年之后，摩尔定律将逐渐停息。由于预料到了增速放缓的情况，英特尔正在推出 3D 处理器，并相信它能将翻倍增长的速度多保持一段时期。

加来道雄指出，硅能产生的计算能力是有上限的。但他补充说，像 3D 芯片、光学芯片、并行处理以及最终的分子计算，乃至量子计算等更新型的技术，这些技术可能会在未来确保计算能力按指数增长。[29]

摩尔定律已经被放到一个广泛的信息技术范围内予以观测。硬盘存储容量正在经历类似的指数增长曲线。网络容量（通过一根光纤的数据量）已经完成了一个更加急剧上涨的指数曲线：一个光纤网络上的数据传输量大约每 9 个月就要翻一番。[30]

这就是在 50 多年中计算成本急遽下降的指数因素。当开发第一批大型主机时，计算成本之高远远超出了企业的承受能力。按照传统思想，充其量也只有军队和一些研究机构能支付得起这些费用。然而，专家未考虑计算能力的指数级增长和生产成本的指数级下降。集成电路（微芯片）的发明刚好打破了这种平衡。50 年前，购买一台计算机可能要花费数百万美元，今天，数亿人拥有了价格低廉的智能手机，而其计算能力比 20 世纪 60 年代最强大的计算机主机还要强数千倍。[31] 2000 年，1G 硬盘的成本大约是 44 美元，而到 2012 年，该成本已经降到 7 美分。2000 年，1G 流媒体视频流量

零边际成本社会

090

THE
ZERO
MARGINAL
COST SOCIETY

的成本为 193 美元，而 10 年后，该成本已经降到了三美分。[32]

为了理解计算能力上升和成本下降指数曲线的意义，我们来看看下面这个例子：第一台取得商业成功的量产商用计算机（即 1959 年问世的 IBM 1401）通常被称为计算机行业的"T 型车"。这台机器高 5 英尺，宽 3 英尺，内存为 4 096 个字符。它可以在 60 秒内执行193 000 次 8 位数的加法。而在当时，租赁这款 IBM 计算机的费用是每年 30 000 美元。[33] 2012 年，世界上最便宜的树莓派电脑每台售价仅 25 美元。[34] 由于价格低廉，树莓派基金会被来自发展中国家和发达国家购买者的订单搞得手忙脚乱。

现在，只需花费几百美元，就可以购买一部只有几十克重、可以放入上衣口袋的手机，有时甚至只需购买运营商的服务计划，就会免费获得一部手机。但是，由于手机内存是 Cray-1A 克雷计算机的数千倍，所以这种 20 世纪 70 年代后期制造的原型机造价接近900 万美元，重量超过 12 000 磅。[35] 从此以后，计算能力的边际成本逐渐趋向于零。

生成信息的指数曲线已经从根本上改变了我们的生活。如前文所述，大部分人正在互联网上相互联络，并几乎免费地分享信息、娱乐、新闻和知识。他们已经进入了零边际成本社会。

如今，指数曲线已经走出计算的世界，逐步成为利用一系列技术实现经济成功的衡量标准，以及衡量商业效率和投资回报的新基准。

—— 免费能源

当今，人们讨论更多的都是可再生能源行业的指数增长。许多主要参与者都来自信息技术和互联网行业，他们将自身积累的经验应用于新的能源模式，并且精确地感受到了两者不可思议的相似之处。

首先，就产生的能量而言，太阳能和风能领域的可再生能源技术正在经历指数增长曲线，地热能、生物能和水能有望跟进。如同计算机行业，可再生能源行业不得不认真对待研发初期和每一代新技术投入市场运营时所需的高投资成本。公司也必须保持领先竞争对手两三代的优势，预测对方的新产品何时上线，以避免被指数曲线击败。近年来，许多市场领跑者破产，因为他们在技术上守旧，所以被迅速出现的新技术、新产品扫地出门。行业分析师预测，15年内，太阳能和小型风力发电的采集技术设备将像手机与笔记本电脑一样便宜。

其次，同通信互联网行业一样，建立基础设施的前期成本是相当高的，生产和传播信息的边际成本却可以忽略不计。同理，建立能源互联网的前期成本巨大，但是生产太阳能和风能的单位边际成本也几乎为零。此外，与信息一样，在投入研发和运营之类的固定成本后，可再生能源就几乎是免费的了。

互联网技术和可再生能源已经开始联合打造一个能源互联网，它将改变能源的生产和社会分配方式。在即将到来的时代，数亿人将在家里、办公室和工厂中生产自己的可再生能源，并且在能源互联网上共享绿色电力，就像现在我们在互联网上发布和分享信息一样。当利用通信互联网管理绿色能源时，地球上每个人都将在真正意义上为自己供应能源。构建可再生能源体系、以建筑物作为收集可再生能源的设施、使用氢气存储间歇式能源、利用绿色电力互联网分配能源，以及使用插电式或零排放燃料电池传输工具，以上这五大支柱的建立可以使数十亿人在接近零边际成本的物联网中分享能源。

然而，科学界对可再生能源的指数曲线议论纷纷。《科学美国人》（*Scientific American*）杂志在2011年的一篇文章中提出了摩尔定律是否适用于太阳能的疑问。如果适用，我们或许已经踏上能源模式转换的道路，就像计算领域所发生的那样。还好，科学家们一致得出了肯定的结论。

当我们考虑太阳能作为未来能源来源的巨大潜力时，就会发现它对社会的影响力将更加显著。太阳光束照耀地球每 88 分钟产生 470 艾焦的能量，这相当于全人类一年的使用量。如果我们得到太阳赋予地球能量的 1% 中的 1/10，就能拥有 6 倍于目前全球经济所需的能量。[36]

尽管太阳是不折不扣的万能之源，所有化石燃料和其他能源都来源于太阳能，但是在目前的能源结构中，太阳能占比不到 0.2%，这主要是因为一直以来太阳能的采集和输送成本高昂。但现在看来，情况已经今非昔比。

太阳能公司 SunPower 的创始人理查德·斯旺森（Richard Swanson）观察到，太阳能产业中也存在像摩尔定律表现在电脑芯片中一样的倍增现象。斯旺森定律认为，行业产能每翻一番，太阳能光伏（PV）电池的价格就会下降 20%。晶体硅光伏电池的价格已经从 1976 年的 60 美元大幅下降至 2013 年的 0.66 美元。[37]

在获得更多太阳能的同时，太阳能电池还降低了能源获得成本。在实验室里，三重接头的太阳能电池效率已达到 41%。薄膜的效率在实验室也已达到 20%。[38]

如果该趋势按照目前的速度持续下去（实际上，大多数研究表明其正以指数方式加速），太阳能的能源价格将在 2020 年达到目前电力资源的平均零售价格，并在 2030 年达到目前煤电价格的一半。[39]

德国电力市场已经率先体验到接近零边际成本的可再生能源的商业影响。2013 年，德国已经通过可再生能源生产了 23% 的电力，预计到 2020 年，可再生能源电力在电力结构中的占比将达到 35%。[40]问题是，在一天中的某些时段，当太阳能和风能激增且超过用电需求时，价格将为负数。在这方面，德国并非特例。负电价也不断出现于西西里岛和得克萨斯的一些地方。[41]

　　未来，可再生能源发电量占总发电量的比例将越来越大，电力市场将因此呈现崭新的面貌。负价格将打乱整个能源行业。用于"备用"的天然气发电厂和煤炭发电厂的公用事业投资不得不被撤回，因为它们不能再确保投资的可靠回报。在德国，哪怕是花费10亿美元修建而成的燃气电厂或者燃煤电厂，也会受到可再生能源的冲击，从而不再满负荷运转，只能在无风或者云层厚的日子收回成本。这将延长建设燃煤电厂和燃气电厂成本的回收时间，使得投资难以为继。因此，即使仍处于第三次工业革命的早期阶段，可再生能源也已经开始发挥作用，迫使以化石燃料为动力的发电厂退出电网。[42]

　　全球能源公司正在遭受可再生能源指数增长的重击。2011年，英国石油公司发布的一项全球性的能源研究报告指出，2011年，太阳能采集量增长了73.3%，发电量为63.4吉瓦，比5年前增长了10倍。[43] 在过去20年中，太阳能设备的发电量每两年翻一番，而且这种势头没有停歇的迹象。[44]

　　相比欧洲来说，即使是在绿色能源一直不温不火的美国，电力部门也是举步维艰。2011年11月，美国电力供应商NGR能源公司总裁兼首席执行官戴维·克兰（David Crane）指出："在过去两年中，光伏能源的传输成本降低了一半。NGR能源公司预计，两年之后，该成本将再降低一半，这样，在大约20个州中，太阳能电力将比零售电力更加便宜。"这一切将彻底改变能源行业。[45]

　　同太阳能一样，风能也无处不在，尽管它的强度和频率不具有稳定性。斯坦福大学在研究了全球风电总量后得出结论：仅需获取世界上20%的风能，我们即可获得7倍于目前全球经济用电量的电力。[46] 自20世纪90年代早期开始，风电装机量呈现指数增长，目前，在世界上许多地区，风电装机量已经处于和传统化石燃料与

零边际成本社会

094

THE
ZERO
MARGINAL
COST
SOCIETY

核能发电均势的地位。在过去 25 年里，风力涡轮机的生产效率提高了 100 倍，每台风力涡轮机的平均产能增长率超过 1 000%。性能和生产力的提升显著降低了生产、安装和维护成本，因此出现了 1998—2007 年超过 30% 的年均增长率，换句话说，产能每两年半就翻一番。[47]

反对者认为，这是因为采用电价补贴的形式对绿色能源进行资助，人为地撑起了增长曲线。实际情况是，这些手段只是加速了对绿色能源的利用，扩大规模，鼓励竞争，并激励创新，而创新才是撑起增长曲线的关键，它进一步提高可再生资源采集技术的效率，并且降低生产和安装的成本。在很多国家，太阳能已经和传统的化石燃料与核电能源均势，政府也开始逐步取消税费补贴。同时，尽管传统的化石燃料能源与核能源已经成熟，并且取得了骄人的业绩，但实际上，政府目前对它们的补贴力度可能仍然远超过对可再生能源的补贴力度。

能源观察机构发布研究报告，针对风能和太阳能发电厂，预测了其未来市场份额的 4 种不同情况。一种是，预计 2033 年，绿色电能将占据全球电力市场 50% 的份额，另一种更乐观，预计最早于 2017 年就可达到这个目标。[48] 太阳能和风能正以看似不可逆转的指数增长路径接近零边际成本，同时，地热能、生物能和潮汐发电也有可能在未来 10 年内实现各自的指数增长，因此，在 21 世纪上半叶，可再生能源将全面进入指数增长阶段。

在 20 世纪 70 年代，即便经历了过去数十年的翻倍增长，权威人士还是没能预测到 IT 和通信行业的指数曲线变化特质，因此，我们可能会继续低估未来可再生能源在全球能源中的占比。

麻省理工学院的发明家和企业家雷·库兹韦尔（Ray Kurzweil）目前是谷歌的工程负责人，他用毕生的时间来观察指数增长对 IT 行业的巨大影响，并独自计算出了指数增长对太阳能的影响。根据过去 20 年的倍增情况，他得出结论："再倍增 8 次，我们将能够利用太阳能满足所有能源需求，而这一切只需要利用照耀到地球上的太阳光的 1/10 000。"[49] 8 次倍增只需要 16 年，也就是说，我们将在 2028 年进入太阳能时代。

但库兹韦尔可能有点儿过于乐观了。在我来看，排除一些不可预见的情况，在 2040 年之前，可再生能源将只能成功占据近 80% 的市场份额。

── 能源价格趋近于零

怀疑论者理所当然地认为，我们用于交换的东西没有一样是真正免费的。即使在物联网全面建成和投入使用后，信息和能源的生成和分配仍会产生一定成本。出于这个原因，当提及信息传递、绿色能源、商品和服务的边际成本时，我们通常只说"近乎零边际成本"。

虽然信息传递的边际成本已经很低了，但仍然有相当大的空间进一步降低，直至尽可能地趋近于零。据估计，2011 年，向用户提供互联网接入服务的互联网服务提供商获得了 1 960 亿美元的收益。[50] 总而言之，相对于实现全球近 40% 的人和经济互联的目标，这一成本是非常低的。[51] 除了向互联网服务提供商付费，每一个使用互联网的人还需支付用于发送和获取信息的电力费用。据估计，在互联网上发送一兆字节的文件仅需 0.001 美元。[52] 而且，字节数仍在不断增加。互联网消耗全球电力的 1.5%，花费 85 亿美元，但相对于享用全球通信，这一成本算是极低的了。[53] 这个金额相当于在拉斯韦加斯新建四五个赌场的花费。然而，随着互联互通需求的日益增加以及计算设备的不断强大，用电量也在不断增加。例如，谷歌消耗的电力相当于 20 万户家庭的用电量。[54]

世界各地的服务器和数据中心消耗了大部分电力。2011 年，

零边际成本社会

096

THE
ZERO
MARGINAL
COST SOCIETY

仅在美国，用于运行服务器和数据中心的电力就大约耗资 75 亿美元。[55] 美国联邦数据中心的数量从 1998 年的 432 个增加到 2010 年的 2 094 个。[56] 截至 2011 年，全球有超过 509 000 个数据中心，共占地约 265 万平方米，其面积相当于 5 955 个足球场。[57] 由于这些数据中心的 IT 设备所耗费的大部分电力被转换为热能，所以还需要更多的电力冷却设备。而冷却设备消耗的电力通常占总电力的 25%—50%。[58]

此外，还有很大比重的电力被浪费了，例如，需要服务器热备以应对服务器速度变慢或系统崩溃等突发情况。麦肯锡咨询公司发现，平均来看，仅有 6%—12% 的数据中心电力用于服务器计算，其余都被用来保持服务器热备。[59] 全新的电源管理方案正在投入应用，以便在服务器空转或以较低频率和电压运行时降低能耗。此外，降低工作服务器的实际计算速度也能节约电力。另一种方法是业界所谓的"能量自适应计算"，即在 IT 设备本身的制造和运行过程中最大限度地避免过度设计和浪费，以此减少能源消耗。[60]

但是，降低数据中心的能源成本最终还要依靠可再生能源。虽然利用可再生能源供电的前期固定成本较高，但随着建设这种先进电力设施的成本逐渐下降，投资回收期将不断缩短。一旦设施和相关技术建成并投入运行，开发太阳能、风能以及其他可再生能源的边际成本将趋近于零，从而使电力几乎免费。这对于数据存储领域的大型企业具有重大意义。

苹果公司在 2012 年宣布，建于北卡罗来纳州庞大的新数据中心将由一个 20 兆瓦的大型太阳能发电设备供电，此外，还包括一个 5 兆瓦的利用生物燃气供电的燃料储存系统，用于存储间歇式太阳能，以确保每周 7 天 24 小时不间断的电力供应。[61] 位于新泽西州东温莎的麦格劳-希尔公司的数据中心也将通过一个 14 兆瓦的太阳能电池阵列供电。除此之外，其他公司也正在计划建造类似的数据中心设施，以运行可再生能源。[62]

苹果公司的数据中心还安装了一个自然冷却系统，该系统可以将夜间室外的冷空气导入热交换装置，从而为数据中心的冷却系统提供冷水。[63] 利用边际成本近乎为零的当地的可再生能源，可支撑全球物联网数据中心的供电，这将大幅降低电力成本，使经济活动的用电成本趋近于零。

在数据中心的管理过程中，降低电力成本应与降低存储数据的成本齐头并进，而在数据管理过程中，后者占据更大比例，并且数据的绝对数量比存储磁盘的容量增长得更快。

对此，研究人员已经开始尝试一种全新的数据存储方式，该方式最终可能使边际成本接近于零。2013 年 1 月，英国剑桥欧洲生物信息研究所的科学家们宣布，他们找到了一种存储数据的革命性新方法，即将海量电子数据嵌入合成的 DNA 片段中。研究人员尼克·戈德曼（Nick Goldman）和伊万·伯尼（Ewan Birney）将 5 个电脑文件的文本转换成二进制代码，其中包括一段马丁·路德·金《我有一个梦想》演讲的录音、一篇詹姆斯·沃森（James Watson）和弗朗西斯·克里克（Francis Crick）描述 DNA 结构的论文，以及一个包括莎士比亚所有十四行诗和戏剧的文件等。他们还将二进制代码 "1" 和 "0" 再转换成 DNA 代码表中的字母。随后，他们将这些代码合成 DNA 链。机器读取这些 DNA 分子，并返回解码信息。[64]

这种创新的方法开启了几乎无限的信息存储的可能性。哈佛大学研究员乔治·丘奇（George Church）称，目前，保存在全世界所有磁盘中的信息都能够储存在手掌大小的 DNA 链上，而且 DNA 信息可以在避光、阴凉的环境中保存数百年。[65]

在早期发展阶段，读取代码的成本很高，解码的时间也很长，但研究人员有理由相信，在未来几十年中，这种生物信息学的指数增长速度将带动边际成本趋近于零。

零边际成本社会

098

THE
ZERO
MARGINAL
COST SOCIETY

趋近于零边际成本的通信/能量基础设施即将在协同时代形成。实现它所需的相关技术已经部署，并且目前已经到了规模化和扩建的阶段。第二次工业革命的通信/能源矩阵指的是集中式分布的通信和化石燃料发电。目前，维持该模式的成本日渐上升，而维持第三次工业革命的通信/能源矩阵的成本正在显著下降。比较这两种矩阵的成本，显然后者更能代表未来的发展方向。互联网通信已经实现以趋近于零的边际成本生产和共享，对于数百万的早期采用者而言，太阳能和风能也将如此。

化石燃料的坚定支持者认为，焦油砂和页岩气都是现成的，因此至少在短期内不必大力发展可再生能源。但是，这仅仅因为原油储量日益减少促使全球市场价格上升，才导致人们开采使用这些比原油成本更高的化石燃料。相比钻一个洞使原油从地下涌出，从沙子和岩石中提取油的成本要高得多。只要原油价格低于每桶80美元，焦油砂就不具备商业开采价值，而回顾一下，就在几年前，每桶80美元就已是天价了。至于页岩气，尽管当前的价格偏低，但最近的一些报道着实令人不安，这表明页岩气独立发展的前景被金融市场和能源产业过分夸大了。业内分析师担心，由于大量投资投入页岩气领域，就像19世纪的淘金热一样，目前，页岩气已经形成危险的泡沫，可能给美国经济带来破坏性后果。[66]

2013年5月，因为能准确预测未来趋势而被业界视为"神一样"的石油交易商安迪·霍尔（Andy Hall）预测，美国的页岩气革命只会"暂时"提升能源产量，这令业界震惊。霍尔告诉规模达45亿美元的Astenbeck对冲基金的投资者，页岩油井的产量最开始很充裕，随后产量就会快速下降，因为每个油井只能开发出单个大储量的页岩油池。然而，现有页岩气储量快速耗竭，从而要求生产者不断发现新的页岩气资源和挖掘新井，这就抬高了生产成本。至于结果，霍尔表示："除非不断钻探新油井，否则不可能维持产量，从而引发油价上扬。"霍尔认为，页岩气的繁荣只是一个短暂现象。[67]
国际能源署对此表示认同。在《2013年世界能源展望报告》中，国际能源署预测，"轻密度油"（页岩气的另一种专业表达）的产量峰值将出现在2020年左右，到21世纪20年代中期，其产量则会下降。美国页岩气的前景不容乐观。美国能源部能源信息署预计，页岩气产量的高水平增长只能维持到21世纪最初10年末，之后便会放缓。[68]

此外，人们还没有意识到的是，化石燃料能源永远不可能达到零边际成本，甚至不可能接近于零。然而，对数百万早期采用者来说，可再生能源已经接近于零边际成本。随着资本市场向协作共享完成转变，扩大可再生能源规模，使地球上的每个人都能以近乎零的边际成本生产绿色能源并通过物联网进行分享，已成为当今时代的下一项伟大任务。

零边际成本社会

100

THE
ZERO
MARGINAL
COST SOCIETY

第六章

3D 打印：从大规模生产到大众生产

物联网具有分布式、协同和横向规模化的特性，未来，物联网将彻底改变我们的生产方式、交易方式和产品派送方式。回顾第一次和第二次工业革命的通信/能源矩阵，都需要极度密集的资本，并且需要垂直整合，以实现规模经济和集中管理，从而确保利润率和投资回报率。在第二次工业革命发生的半个世纪，生产设施的规模变得空前庞大。在中国和所有其他发展中国家，巨大的工厂以半个世纪前闻所未闻的速度大量生产各种产品。

—— **微信息化制造**

在第二次工业革命时，长期占主导地位的生产模式将在未来 30 年（至少部分）行将就木。第三次工业革命的新生产模式已经登上公共舞台，并随着物联网基础设施的其他组成部分一起呈指数级增长。目前，数百家公司正在以软件生成视频、音频和文本格式信息的方式来生产物品。这就是所谓的 3D 打印，它是伴随物联网经济产生的"制造"模式。

软件（通常是开源软件）向塑料和金属熔液及打印机内部的其他原料发出指令，逐层制造出实体产品（完全成形的物品，甚至有可移动部件），最后从打印机里生产出来。就像《星际迷航》系列影片中的复制器一样，打印机可以通过编程生产任何产品。目前，3D 打印机已经可以生产从珠宝、飞机零部件到人体假肢等多种产品。希望打印出自己的零部件和产品的业余爱好者已经能够购买到廉价的打印机。随着越来越多的人成为产品的生产者和消费者，消费者开始让位于产消者。

3D 打印与传统的集中化生产差别较大，主要体现在以下几个方面。

第一，除了开发软件外，人们几乎不需要参与任何操作，软件将生产过程全包了。这就是将这一过程定义为"信息化制造"而不是"人工制造"的原因。

第二，在确保打印物品的程序和软件保持开源方面，3D 打印的早期从业者取得了很大进步，他们允许产消者通过 DIY（自己动手做）业余爱好者网站分享彼此的新想法。开放式设计理念认为商品生产是成千上万（甚至数百万）的用户互相学习、共同创造的动态过程。3D 打印企业既免除了知识产权保护限制，也显著降低了产品的打印成本，而传统制造企业则需要考虑诸多专利和成本因素，相比之下，3D 打印企业更具优势。此外，开源的生产模式更能够促进指数增长。

陡峭的增长曲线有助于降低 3D 打印机的成本。2002 年，3D 打印公司 Stratasys 将第一台"低成本"3D 打印机投入市场，售价 30 000 美元。[1] 如今，购买"高品质"3D 打印机只需花费 1 500 美元。[2]

此外，3D 打印机的成本曲线与计算机、手机、风能及太阳能技术的成本曲线一样降幅显著。行业分析师预计，未来 30 年，3D 打印机将以空前低的成本生产更尖端复杂的产品，使信息化制造过程接近零边际成本。

第三，生产过程的组织方式完全不同于第一次和第二次工业革命。传统的工厂制造是一种减材过程。原料被切割和筛选后，通过组装制造形成成品。在这个过程中，大量原料被浪费，无缘于成品。相反，3D 打印属于增材制造。软件向熔料发送指令，层层叠加，制造整体产品。增材制造所需的原料是减材制造的 1/10，这大大提高了 3D 打印的效率和生产力。2011 年，增材制造实现了 29.4% 的急剧增长，在短短一年内便突破了 26.4% 的行业集群增长率的历史纪录。[3]

第四，3D 打印机可以打印机器自身的零部件，从而节省了昂贵的部件更换费用，也避免因此延误时间。伴随 3D 打印机的兴起，产品还可实现个性化定制，根据订单，以最低成本设计单件产品或者小批量产品。集中化工厂采用资本密集型的规模经济，建设成本高昂的固定生产线，并进行大批量生产，但这种做法缺乏灵活性，无法与 3D 打印生产过程一争高下，因为它可以生成同一件物品的 10 万个副本，所以能够以几乎相同的单位成本定制单件产品。

第五，不断进步的 3D 打印因其强调材料的耐用性、可回收性和无污染性，为可持续生产带来了深远影响。威廉·麦克多诺（William McDonough）和迈克尔·布劳恩加特（Michael Braungart）的"升级回收"愿景是生态生产的一部分，其主旨在于为产品生命周期的各个阶段增加附加值。[4]

第六，因为物联网具有分布式、协同以及横向扩张的特点，拥有一台 3D 打印机就可以开启事业，并连接具备第三次工业革命基础设施的任何地点，其热力学效率远高于集中化工厂，生产率也大大提高，超越了第一次和第二次工业革命所达到的水平。

例如，一台本地 3D 打印机可以使用现场可再生能源产生的绿色电力或者本地生产商合作方提供的电力来驱动其信息化制造。欧洲等地区的一些中小企业已经开始与区域内的绿色电力提供者合作，以获取横向扩张的优势。随着集中的化石能源和核电成本持续上升，中小企业开始使用几乎零边际成本的可再生能源驱动工厂生产，并将抢占物联网经济的先机。

此外，在物联网经济中，营销费用也将大幅降低。在第一次和第二次工业革命时期，集中化传媒（杂志、报纸、广播和电视等形式）的成本很高，意味着只有全国运营的大型制造公司，才能负担覆盖全国和全球市场的广告费用，极大地限制了小型制造企业的市场触角。

在第三次工业革命中，全球各地的任意一家小型 3D 打印公司，都能在全球蓬勃发展的互联网营销网站中以近乎零边际成本的卖点宣传产品。新型分布式市场营销网站正在以极低的边际成本，将供应者和用户一起带到全球竞争市场，Etsy 网站便是其中之一。Etsy 网站已有 8 年历史，由一位叫罗伯特·卡林（Robert Kalin）的年轻的美国社会创业者创立。目前，有 90 万个小型商品生产者在 Etsy 网站上免费做广告，每月有接近 6 000 万的全球顾客浏览 Etsy 网站，并时常亲自和供应者互动。[5] 每进行一项交易，Etsy 网站只向生产者收取极少的佣金。这种横向扩展的市场营销方式将小企业放到了和大企业平等竞争的市场，使小企业能够以大企业成本的几分之一触及全球用户市场。

第七，比起在 19 世纪和 20 世纪通过垂直整合形成的集中化企业，小型信息化制造者则具有绝对优势，通过本地接入物联网基础设施，他们可以利用边际成本几乎为零的可再生能源为车辆提供动力，从而大幅降低供应链环节及成品交付环节的物流成本。

零边际成本社会

104

THE
ZERO
MARGINAL
COST
SOCIETY

嵌入物联网基础设施的 3D 打印过程意味着，世界上任何人都可以成为产消者，都可以采用开源软件生产产品，以供使用或共享。但其生产过程本身所需材料仅为传统制造的 1/10，并且所需劳动力也非常少。首先，生产中使用的能源由现场或本地收集的可再生能源，其边际成本接近于零；其次，产品通过全球营销网站进行市场推广，边际成本再次接近于零；最后，用户通过电子交付的方式得到产品，而产品的传输动力则由本地产生的可再生能源提供，所以边际成本还是接近于零。

通过接入物联网基础设施生产、营销和分发实物将极大地影响空间范畴的社会组织。第一次工业革命支持发展密集的城市中心，因此工厂及物流网络需要聚集在拥有发达铁路网络的城市周边，由上游供应商提供能源和原材料，并向批发商和下游供应商提供成品。工人必须居住在距离工厂和办公室步行可达的范围内，或者方便搭乘通勤火车和电车的地方。在第二次工业革命时期，生产可通过全国的州际公路从密集的城市中心迁移到郊区的工业园区。汽车运输代替了铁路运输，工人开始驾车去更远的地方上班。

3D 打印既是本地的，也是全球的，具有很强的流动性，允许信息化制造者在任何地方打印，并能够迅速转移到任何可以连接物联网基础设施的地方。越来越多的产消者开始在家生产和使用简单的产品，而制造较尖端产品的中小型 3D 打印企业则可能聚集在当地的科技园区，以实现横向扩张的规模效应。人们不再需要在居住地和工作地之间长时间通勤。我们甚至可以设想，目前过度拥挤的道路系统将不再拥挤。随着工人变成了业主，消费者变成了生产者，建设新道路的成本将随之降低。在分布式更加明显、协同进一步加强的经济时代，拥有 15 万—25 万人口、被绿地包围的小型城市中心将慢慢取代密集的城市核心和郊区外围。

—— 普天之下，皆可打印

新的 3D 打印革命是"极致生产力"的一个实例。虽然目前无法全面普及，但其影响力已初见端倪，将最终不可避免地降低边际成本，直至接近于零，从而使利润也归为零，最后的结果是许多产品不再需要在市场上进行交易。

制造业的民主化意味着任何人（甚至最终每个人）都可以获得生产资料，这使生产资料拥有者和控制者以及与之相应的资本主义体制变得不再重要。

与其他众多发明一样，3D 打印的灵感来自科幻作家。一群怪才坐在电视机前陶醉地观看《星际迷航》。在宇宙空间的长途旅行中，宇航员们需要维修、更换飞船零部件，保存包括机器零部件和药物等所有物品。复制器通过事先编程，将宇宙中无处不在的亚原子粒子重新排列，打印出包括食物和水在内的各种物品。复制器更深层次的意义在于，它使物质不再稀缺。本书第五部分将着重探讨这个问题。

3D 打印革命始于 20 世纪 80 年代。早期的 3D 打印机价格昂贵，主要用于原型设计。建筑师以及汽车和飞机制造商是最早采用 3D 打印技术的一批人。[6]

随后，3D 打印的革新从原型设计转移到产品定制，电脑黑客和业余爱好者也纷纷开始涉足这一领域（"黑客"一词具有正反两面含义。虽然一些人因黑客非法盗取专有机密信息，将其描述为罪犯，但也有人认为黑客是聪明的程序员，他们的贡献惠及公众。此处及全书提及的黑客都使用后一种含义）。[7] 黑客马上意识到，科幻电影中将"原子作为新型打印材料"这一构思变为现实很有可能。这些先驱者设想，将从 IT 及计算领域中提取的开源格式应用于实物生产。开源硬件逐渐成为一种口号，一群来自多个领域的发明家和爱好者宣称自己是"创客运动"中的一员。这些人在互联网上密切合作，交流创新理念，并相互学习先进的 3D 打印技术。[8]

英国巴斯大学的阿德里安·鲍耶（Adrian Bowyer）和一个团队共同发明了第一台开源 3D 打印机 RepRap，随后 3D 打印进入了新的发展阶段。RepRap 可利用现有工具制成，并能够自我复制，也就是说，它是一台可以制造自身零部件的机器。目前，RepRap 已经可以打印 48% 的自身零部件，并正在朝着实现完全自我复制的目标努力。[9]

2009 年，随着名为 Cupcake（CNC）的 3D 打印机投放市场，由鲍耶出资的 MakerBot Industries 公司成为首批从"创客运动"中涌现出来的公司之一。随后，一系列具有更多功能、更易于使用且成本更低的 3D 打印机相继问世，如 2010 年出现的名为 Thing-O-Matic 和 2012 年问世的名为 Replicator 的 3D 打印机。MakerBot Industries 公司允许那些愿意自己动手制作 3D 打印机的人自由查看组装说明，同时将其销售给喜欢享受这种购物乐趣的客户。

2008 年，另外两名开拓者扎克·史密斯（Zach "Hoken" Smith）和布雷·佩蒂斯（Bre Pettis）创建了 Thingiverse 网站，并将之纳入 MakerBot Industries 旗下。该网站是 3D 打印爱好者的聚集地，拥有开源代码以及根据 GPL（GNV 通用公共许可协议）和 CCL（创作共用许可证）由用户创建的数字化设计文件（这些许可证将在第三部分详细讨论）。该 DIY 社区在很大程度上依赖网站上传和开源设计共享，并参与新的 3D 打印合作。

2005 年，通过引进 Fab Lab，"创客运动"向数字民主化制造迈出了一大步。Fab Lab（微观装配实验室）是一个制造实验室，它是美国麻省理工学院物理学家尼尔·格森菲尔德（Neil Gershenfeld）教授的心血结晶。麻省理工学院有一门课程颇受欢迎——"如何制作（几乎）一切"，正是它孕育了创建 Fab Lab 的理念。

Fab Lab 诞生于麻省理工学院微物质与原子中心，前身为麻省理工学院媒体实验室，旨在提供一个实验室，允许任何人进出并使用工具创建自己的 3D 打印项目。格森菲尔德的 Fab 基金会章程强调实验室的开放性以及支持对等学习。实验室配备各类灵活的制造设备，包括激光切割机、路由器、3D 打印机、小型轧机以及配套的开源软件。建设这一装备齐全的实验室大约花费了 5 万美元。[10]目前，全球有 70 多个 Fab Lab，大部分分布在高度工业化国家的城市地区，但令人惊讶的是，也有许多实验室位于发展中国家，在那里，这些实验室被用来制造工具和设备，并成为创建 3D 打印社区的滩头阵地。[11] 对于一些未加入全球供应链的偏远地区，能够制作简单的工具和实体将大幅提高经济福利。大多数 Fab Lab 是由高校和非营利组织管理的社区主导项目，但是一些商业性零售商也开始探索将 Fab Lab 连接到他们的商店，让业余爱好者可以买到需要的用品，然后通过 Fab Lab 制作产品。[12] 格森菲尔德说，这一理念就是提供任何人都可能需要的工具和材料，使之创造出他们所能想象的任何物品。他的最终目标"是在 20 年内，创建像《星际迷航》（*Star Trek*）电影中那般强大的复制器"。[13]

Fab Lab 是第三次工业革命的"大众研发实验室"，它汇集世界一流大学和全球企业精英实验室的研发创新，并将之分享到追求横向对等协作的街道和社区。

第二次工业革命通过垂直整合实现了集中化生产，生产民主化却将之破坏殆尽。在世界范围内设立 Fab Lab 产生的实质性影响就是让每个人都可以成为产消者，这一点已引起关注。科幻作家再一次成为构想未来的先驱。

在 2006 年出版的《打印犯罪》（*Printcrime*）一书中，科瑞·多克托罗（Cory Doctorow）描述了一个 3D 打印机可以打印物品的未来社会。在多克托罗描述的反乌托邦社会中，强大的独裁政府判

零边际成本社会

108

THE
ZERO
MARGINAL
COST SOCIETY

定 3D 打印物品是非法的。多克托罗书中的主角就是早期的产消者，其因为 3D 打印而被关押了 10 年。出狱后，主人公意识到，颠覆现有秩序的最佳途径不只是打印产品，还要打印 3D 打印机。他宣称："我要打印更多的 3D 打印机，很多很多的打印机，人手一台，我不惜为此坐牢，因为这是值得的。"[14] Fab Lab 是全新的高科技武器库，DIY 黑客们正在用工具武装自己，力图颠覆现有的经济秩序。

黑客们刚刚开始将目光投向众多物联网基础设施组件中的 3D 打印上，而可再生能源开采技术是首个需要解决的难题。日前，施乐公司正在研发一种特殊的银色油墨，可用来代替目前在光伏太阳能电池中用作半导体的硅。由于这种银色油墨的熔点低于塑料，所以用户可以在塑料、建材和胶片上打印集成电路。随着 DIY 打印能够打印出像纸一样薄的光伏太阳能收集装置，任何人都能创造自己的太阳能采集技术，而其成本也在不断降低，边际成本也正在逐步接近于零。虽然施乐公司研制的银色油墨还处于实验阶段，但它表明由 3D 打印开辟的全新信息化制造已经成为可能。[15]

要真正实现本地 3D 打印的自给自足需要丰富的纤维打印原料，且这种原料能够从本地获取。办公用品公司史泰博公司推出了一款由荷兰阿尔默勒的 Mcor 科技公司制造的 3D 打印机，该打印机以便宜的纸张为原料。打印过程称为选择性分层沉积（SDL），可全彩打印，且产品密度相当于木材。该 3D 打印机可用于工艺品制造、建筑设计，甚至打造面部修复手术的模型，而纸张原材料的成本仅为先前原材料的 5%。[16]

正在推出的其他原料则更便宜，从而使原料成本逐步接近于零。马库斯·凯泽（Markus Kayser）是英国皇家艺术学院的研究生，他发明了一种能够利用光将沙子打印成玻璃的太阳能烧结 3D 打印机。2011 年，这款打印机在撒哈拉沙漠成功通过测试，它的动力源是两个光伏电池板。同时，它还配备了一个大镜头以便聚焦太阳光加热沙子直至熔点。然后，软件向熔化的沙子发送指令，使之层层叠加，形成成型的玻璃制品。[17]

Filabot 3D 打印机是最新研制出来的漂亮装置，它只有鞋盒大小，可以磨碎和熔化塑料制成的废弃家居用品，如桶、光盘、水管、太阳镜和牛奶罐。这些经过打磨的塑料制品被装进漏斗或者桶内并被熔化。熔化后的塑料会通过喷嘴被送到定型滚轴，变成塑料细丝。最后，这些塑料细丝会被卷在线轴上供 3D 打印使用。一台组装好的 Filabot 的成本为 649 美元。[18]

荷兰一个名为迪尔克·范德·科艾（Dirk Vander Kooij）的学生对工业机器人进行了重新编程，然后利用从旧冰箱中获得的旧塑料打印定制级家具。这个机器人可以在不到三个小时的时间内打印出一把具有多种颜色和图案的椅子。他的 3D 打印机每年可以打印出4 000 把定制级椅子。[19] 其他家具打印机还可以利用回收的玻璃、木材、纺织品、陶瓷甚至不锈钢等原材料打印家具，这表明用于新型信息化制造工艺的可回收原料拥有广泛的来源。

如果信息化制造者可以打印家具，那为什么不能打印能够摆放家具的建筑呢？于是，工程师、建筑师和设计师开始争先恐后地将3D 打印技术引入建筑市场。尽管这项技术目前仍处于研发阶段，但已经确定无疑的是，在未来 10 年内，3D 打印建筑将使建筑领域发生翻天覆地的变化。

比赫洛克·霍什内维斯（Behrokh Khoshnevis）博士是南加州大学的工业与系统工程系教授，也是快速自动成型技术中心主任。在美国国防部、美国国家科学基金会和美国航空航天局的大力支持和资助下，霍什内维斯博士目前正在试验用一种被称为"轮廓工艺"的方法打印建筑。他发明了一种无模成型的复合纤维混凝土，其抗压能力足以让打印出来的墙壁支撑过整个施工期。他的团队已经成功通过 3D 打印机建造了一堵 0.9 米高、1.5 米宽、15 厘米厚的墙。

零边际成本社会

110

THE
ZERO
MARGINAL
COST SOCIETY

同样值得一提的是，在沙子和塑料灌注过程中，黏性材料并不会堵塞机器的喷嘴。

不得不承认，这只是万里长征的第一步。尽管如此，霍什内维斯教授还是认为他所打印出来的这面墙是"继中国的长城之后最具划时代意义的墙"。他补充说："人类两万年的建筑史发展到今天，建造房屋的过程即将被完全颠覆。"[20]

霍什内维斯说，巨型 3D 打印机的成本是每台几十万美元，这仅相当于一台建筑设备的价格。打印家庭住宅的成本可以远远低于标准建设成本，这主要是由于所用的原材料都是复合材料，且价格比较低廉。此外，整个信息化制造过程仅需要很少的材料和人力就能完成。他相信，到 2025 年，3D 打印建筑将成为建筑领域的主导标准。

持此观点的并非只有霍什内维斯教授一人。麻省理工学院的研究实验室同样也在探索：在一天之内，如何利用 3D 打印技术在几乎不用劳动力工作的情况下搭建一幢房屋的构架。如果按人工时间计算，搭建这样一个构架则需要一个月的时间。[21]

荷兰建筑师简加普·鲁基森纳斯（Janjaap Ruijssenaars）正在与英国 3D 打印公司 Monolite 的董事长恩里科·迪尼（Enrico Dini）进行合作，这两个欧洲人宣称他们要利用沙子和无机黏合剂打印出1.8 米 ×2.7 米的结构框架，然后利用纤维增强混凝土填充整个框架，他们希望能够完成一栋两层建筑。[22]

迪尼和世界上最大的建筑公司之一福斯特建筑事务所已经与欧洲航天局达成合作意向，想利用 3D 打印在月球上建造一个永久基地。其主要目的是利用月球上的原材料建造一个栖息场所，以避免从地球上运输原材料的物流成本。福斯特建筑事务所的泽维尔·德凯斯特里尔（Xavier De Kestelier）表示："按照惯例，在地球上，我们习惯按照对极端气候的适应程度进行设计，因此我们会将地球上的类似逻辑运用于月球，探索开发当地可用且可持续使用的原材料，使之带来环境效益。"[23]

具体的方案是，利用迪尼的 D-Shape 3D 打印机来打印月球建筑，每个建筑大概需要花费一个星期的时间完成。这种建筑看上去像一个中空的、闭孔结构的鸟骨架，悬链线圆顶和孔式挡土墙的设计是为了抵御微流星体和空间辐射，而建筑的底盘和充气穹顶都是通过飞船从地球运来的。福斯特建筑事务所解释说，月球土壤层被称为风化层，它将由 D-Shape 3D 打印机打印出来，并且在基础框架周围建成。福斯特建筑事务所的建筑师们已经使用模拟原材料建造了重达 1.5 吨的原型建造模块。第一座月球建筑将有可能在月球的南极建造，因为这里可以接触到充足的阳光。[24]

虽然 3D 打印建筑目前仍处于起步阶段，但预期未来 20 年，3D 打印建筑面积将呈指数增长，并且其生产过程会变得越来越高效，成本也越来越低。传统的建筑施工方法存在建筑蓝图设计成本较高、建筑材料和人工成本高昂、建筑周期长等缺点，相比之下，3D 打印则完全不会受到这些因素的影响。

3D 打印技术可以使用地球上最便宜的建筑材料，如沙子、石头以及其他易于在本地获取的废弃材料，这样就能够避免传统建筑材料的高成本，以及从外地运输所产生的同样高昂的物流成本。用增材制造的方法层层累积建造建筑物，这为未来的建筑领域提供了节省材料的重要途径。相比找建筑师规划建筑设计蓝图所产生的时间和费用成本，这种开源程序几乎是免费的。而且与传统建筑相比，3D 打印建筑构架只需很少的人力和时间。最后，3D 打印机还可以利用本地可再生资源发电，并且边际成本为零。因此，至少在不远的将来，要完成一幢小型建筑，可能只需花费时间收集附近的石头、沙子和可回收利用的材料而已。

无论是在月球上还是在地球上，人们都需要交通工具前往各

零边际成本社会

112

THE
ZERO
MARGINAL
COST SOCIETY

地。第一辆 3D 打印汽车 Urbee 已经进入现场试验阶段。Urbee 汽车由加拿大温尼伯的 KOR 生态公司推出，这辆汽车是混合动力汽车，只有两个座位 [Urbee 是词语"城市电动"（urban electric）的缩写]，它能够以车库每天收集的太阳能和风能作为动力行驶，并且时速可以达到每小时 40 英里。[25] 如果需要远距离行驶，司机还可以切换到乙醇备用动力引擎。[26] 当然，Urbee 汽车只是第三次工业革命时代汽车产业的雏形，就像亨利·福特第一次引入以汽油作为动力燃料的内燃机汽车并进行大批量生产一样，在很大程度上，汽车生产特点和动力源预示着经济和社会的未来模式。

福特汽车公司需要建造大型集中化工厂，使之为交付汽车提供场地并存储汽车装配所需的原材料。汽车装配生产线属于资本高度密集型，并且需要长期运营完全相同的大批量汽车，以保证适当的投资回报。大多数人都知道当一个顾客问福特自己可以选什么颜色的车时，他的幽默回答，福特说："任何颜色都可以，只要是黑色的。"[27]

如果除去制造过程，福特公司汽车生产线的减材制造工艺是非常浪费资源的，因为在制成最终的汽车之前，所有的散装材料必须经过切削处理。而且汽车本身由成百上千个零部件构成，需要时间和人力组装。此外，组装之后的汽车要发往各地的经销商处，这会导致额外的物流成本。即使福特公司能够利用第二次工业革命时期的最新技术尽可能提高效率，实现垂直整合经营，并且达到足够大的规模经济，让数百万人都能开上汽车，一辆汽车的使用成本和生产边际成本也从未接近于零，特别是在考虑汽油价格因素的情况下。

3D 打印汽车运用不同的逻辑生产。汽车可以用几乎免费的本地材料制造，避免了稀缺材料、材料运输至工厂以及现场存放所需的高成本问题。除了基础的底盘和引擎，汽车的其余部分都由 3D 打印塑料制成。[28] 汽车的其余部分全部通过持续不断的层层叠加方式生产，而非单个部件组装，这就意味着所需的原材料、时间和人力更少。一个 1.8 米高的 3D 打印机能够将 Urbee 汽车的外壳打印出来，而且只需 10 个组成部分，完全不浪费原材料。[29]

3D 打印不需要投入巨资建造工厂，也不需要利用较长的研制周期变革生产模式，它仅仅通过改变开源软件，就能够以极低的额外成本为单个用户或批量用户打印生产定制化的车辆。

由于 3D 打印工厂可以建在接入物联网配套基础设施的任何地方，所以它能够以较低成本在本地或区域内交货，而无须从集中化工厂跨国运输车辆。

最后，由于 3D 打印汽车可以利用本地的可再生能源，所以驾驶这种汽车的成本也几乎为零。Urbee 汽车的燃料成本每英里仅为 0.02 美元，相当于丰田普锐斯汽车燃料成本的 1/3。[30]

—— 创客运动

直到现在，"创客运动"都在围绕黑客、业余爱好者、社会企业家等群体，利用新的方式打印特定产品，供个人或社会使用。该运动遵循 4 项原则，即新发明开源共享、推崇协同学习文化、坚信社区自给自足以及承诺可持续性生产。但在表面之下，一场更深刻的变革正在酝酿，即便现在尚不完善且鲜为人知。但如果把 3D 打印文化所有分散的片段拼接在一起，我们将发现一股蓄势待发的崭新的强大力量，它可能改变 21 世纪的文明组织方式。

让我们试想一下，在使用二进制排列原子这一理念的支撑下，这种 DIY 文化正在全球兴起。就像 10 年前的早期软件黑客一样，他们的动机是创建属于自己的软件，用来分享新信息，而 DIY 玩家则是热衷于创造属于自己的软件，用来打印和分享物品。如果将 3D 打印爱好者创造的众多物品放到一起，完全可以构成第三次工业革命时代 DIY 运动的关键节点了。

零边际成本社会

114

THE
Z E R O
MARGINAL
COST SOCIETY

3D 打印技术真正革命的一面是即将到来的"创客运动"，这将把 3D 打印从爱好者亚文化群体带向一种全新的经济模式。这一发展将促成新的商业实践，而其效率和生产力将引领我们走向商品和服务的生产与分配的近乎零边际成本，同时促使我们走出资本主义时期，迈入协同主义时代。

最早窥见"创客运动"历史意义的人包括在地方致力于"适用技术运动"的基层工作者。这些运动始于 20 世纪 70 年代，灵感来源于莫罕达斯·甘地以及后来的舒马赫、伊凡·伊里奇（Ivan Illich）等人的著作。其实，我的书《熵：一种新的世界观》也起了一定作用。新一代 DIY 业余爱好者的大多数都是爱好和平和民主运动的退伍军人，在发展适用技术的旗帜下，组织松散的他们开始鼓吹"回归田园"精神，并且迁到农村地区生活。而其他人仍留在大城市的贫困居民区，通常住在废弃的社区建筑内。他们自称其使命是创造适用技术，即利用本地的可用资源制造有用的工具和机器，这些制造不需要开发和破坏生态环境即可完成，同时可以在协同合作的文化中进行分享。他们的口号是"全球化思考，本土化行动"，即在本地以一种可持续发展的方式生活，并且能够照顾和保护地球。

这项运动起源于北半球的工业化国家，但很快就在南半球的发展中国家盛行，因为通过这个运动，处在全球资本主义经济边缘的贫苦大众要努力打造可自给自足的社区。

值得一提的是，至少回顾以往可以得知，在适用技术运动兴起10 年后，年轻的业余科技爱好者发起了一场截然不同的运动。这些IT 领域的怪才们热衷于在协同学习社区分享自己的计算机程序和软件，掀起了"免费软件运动"的高潮。他们的主要目的是创建全球"协同共享"运动（将在第三部分详细介绍该运动）。斯图尔特·布兰德（Stewart Brand）为这次运动提出"信息免费"的口号，他是为数不多的将适用技术运动和黑客文化连接起来的人之一，他撰写的《全球概览》（*The Whole Earth Catalog*）一书有助于将适用技术运动从小众的亚文化提升为更加广泛的文化现象。布兰德关于软件革命评论的其他表述经常被忽略，除了他在 1984 年举行的第一次黑客大会上提出的这段表述：

> 一方面，信息应该昂贵，因为它具有极高的价值。适当的信息用在适当的地方会改变你的生活。另一方面，信息应该免费，因为获取信息的成本越来越低。所以，这两方面的观点相互矛盾。[31]

布兰德预见了知识产权和开源接入的矛盾，最终会导致资本家与协同主义者的矛盾，因为信息共享的边际成本已经接近于零。

适用技术运动显然技术含量较低，参与者既对重新恢复和升级在工业时代被摒弃和遗忘的高效传统技术感兴趣，也对发展新技术感兴趣，尤其是有关可再生能源方面的新技术。相比复杂的做法，他们更喜欢简单的做法以及可以使用本地资源和技术重新复制的技术，以便较好地遵循本地自力更生的原则。

黑客们则完全不同，他们多为年轻的、才华横溢的工程师和科学家，占据着 IT 革命的前沿阵地，是高科技文化的缩影。他们的关注点是全球，而不仅限于本土地区，并且他们的社区在互联网上的社交领域已经成形。

两个运动的共同点是共享社区的观念，以及协作的价值要超越专有权和所有权的道德信念。

现在，3D 打印技术将这两项运动合二为一，因为它既是高端技术，也是适用技术，大多数情况下也是开源技术。打印物品的软件指令可全球共享，而非私人所有，而且原材料供给的本土化使得这项技术普遍适用。尽管 3D 打印推崇自给自足的本地社区，但产品在网站上进行市场推广的边际成本几乎为零，因此 3D 打印可以惠及全球用户群。此外，3D打印将各种意识形态融会贯通，对于自由主义者、DIY爱好者、社会企业家以及共产主义社会的提倡者极具吸引力，相比集中的和专有的生活方式，这些人更喜欢分布式的、透明的、协作的经济生活和社会生活。3D打印正好融合了这些不同的情感归属。社会化纽带对等级力量深恶痛绝，强烈呼唤对等的横向联合力量。

3D打印在最先进的工业经济体中盛行毫不奇怪。虽然美国公司能够快速抓住新技术发展的命脉，但在未来几年内，德国似乎有赶超之势，因为德国的3D打印技术被看作专为分布式、协作性、横向扩张的第三次工业革命量身定制的信息制造模式。

在推动3D打印技术所需的物联网技术平台发展和投入使用方面，德国远远领先于其他主要工业化国家。正如前文所提到的，德国现已超额完成20%的电力来源于分布式可再生能源的目标，预计到2020年，有35%的电力将来自可再生能源。[32]在过去的10年里，德国已经将100万座建筑转化为局部绿色微功率电厂。最近，德国意昂集团和其他电力及公共事业公司正在输电网中安装氢存储或其他存储技术。德国电信股份公司正在测试全国6个地区的能源互联网，而戴姆勒公司也正在全国范围内建设氢燃料站网络，准备在2017年推出燃料电池汽车。[33]

由于德国能够在全国范围内接入物联网基础设施，所以3D打印机能够利用新型物联网提供的效率和生产力优势。这就使德国的信息化制造者一跃超过美国的，因为美国的3D打印公司只能在低效、过时的第二次工业革命基础设施上随波逐流，而其产能在很久之前就已经饱和了。

长期以来，德国的中小型工程公司一直被视为世界上最优秀的精密工程企业，因此它们顺理成章地成为3D打印的引领者。目前，有10家德国公司已经在3D打印领域名列前茅。其中，位于巴伐利亚州的德国 EOS 公司和 Concept Laser 公司都是 3D 打印领域的世界一流企业。[34] 德国正在逐步构建第三次工业革命基础设施，既包括传统的手段，依靠自上而下的方针实现物联网，也包括横向扩展，由本地社区将其建筑转变为微功率电厂，安装微功率电网，以及引入电子交通等。

然而在发展中国家，制造者基础设施则仍然依照最原始的方式发展。在贫穷的城市郊区、孤立的城镇和农村地区，基础设施严重缺乏，资本获取时断时续，专业技术、工具和机械几乎不存在，而 3D 打印正好为建设第三次工业革命制造者基础设施提供了难得的契机。

马尔钦·雅库博夫斯基（Marcin Jakubowski）毕业于美国普林斯顿大学，同时在威斯康星大学获得了聚变能专业的博士学位，是在社会动机激励下日益涌现的青年发明家之一。目前，他开始利用 3D 打印设计蓝图，在世界上的任意地方建造第三次工业革命制造者基础设施。起初，雅库博夫斯基提出了一个非常简单的问题：要创造可持续的优质生活，社区需要具备哪些原材料和机器？随后，他和他热衷于支持开源适用技术的团队已经"识别出 50 种维系现代生活所需的最重要的机器和日常工具——从拖拉机到烤箱和电路装置等一应俱全"，这些机器和工具被广泛用于农耕、建造居所和生产物品等。[35]

该团队关注的焦点是工具的生产，目标是创建可以利用本地有效原材料（主要是废旧金属等）的开源软件，打印 50 种机器，让每个社区都有一个"地球村建设工具包"，由此建设属于自己的第三次工业革命社会。

迄今为止，雅库博夫斯基的开源生态网络已经帮助农民和工程师成功打印出了 50 种机器中的 8 种，包括推土机、旋耕机、小型拖拉机、铲斗机、普通转子、钻床、多功能钢铁工人以及精密切割

零边际成本社会

118

THE
ZERO
MARGINAL
COST SOCIETY

金属薄片所需要的数控操作台。[36] 所有用于 3D 打印机器的设计和指令都会在团队网站上公开，可供他人复制。目前，该研究团队正在研究未来的 8 种原型技术。

对于上一代人而言，完全从头打造一种现代文明是难以想象的。利用集成式系统方法，开源生态学创建了整个机器生态，构成现代经济体，但是目前，包括 Appropedia、Howtopedia 和 Practical Action 等在内的 3D 打印公司只是扮演开源数据库的角色，因为 3D 打印设计允许 DIY 爱好者自己动手，打印出建设第三次工业革命时代制造者经济所需的各种机器。[37]

目前，用 3D 技术为农业、建筑业和制造业打印出来的工具本身的用处并不多，要想让它们变得有用，就必须将其接入电力基础设施中。真正的革命是，3D 打印"创客运动"将 3D 制造者经济中的所有东西都接入能源互联网。当这一切发生时，经济模式也就随之改变了。先将利用 3D 技术打印出来的设备接入能源互联网，然后给每个社区提供一个小型物联网基础设施，帮助他们以节点形式扩展，跨地区连接邻近社区。

目前，世界上最偏远地区的社区都已经在安装微电网（本地能源互联网），从而一夜之间实现了经济发展的转型。在印度，生活在农村地区的 4 亿人口中的大多数仍然没有享受到电力供应。微型电网首次登上印度历史舞台是在 2012 年 7 月，当时印度出现了有史以来最严重的大面积断电，7 亿人口无电可用。就在印度大部分地区进入恐慌之时，拉贾斯坦邦的一个小村庄虽然没有太多闪烁的灯光，但日常生活一切照旧。村民们新买的电视仍在播放节目，光盘播放器照常运转，他们的乳酪机仍在不停地搅拌，而这一切都要感谢绿色微型电网。

就在几个月前，一个叫 Gram Power 的小公司在印度的一个名叫 Khareda Lakshmipura 的村庄成立，它是印度首个智能微型电网，其创始人是毕业于美国加州大学的年仅22岁的社会企业家亚什拉·科海坦（Yashraj Khaitan）和他的同事雅各布·狄金森（Jacob Dickinson）。当地微型电网从连接到一个配电站的多个太阳能电池板获取能源。而配电站里面的电池可以在夜间或者多云天气下将能源存储起来，由一台小型计算机将数据传送回位于斋浦尔的办公室。架于木杆上的电线将电能从配电站传送到周围村庄的居民家中，为200多名村民供电。[38] 每个家庭都配备一个智能电表，以便了解即时用电量和一天中不同时段消耗的电力。使用这种绿色电力的成本远远低于使用印度国家电网电力的成本，而且它能够有效减少燃烧高污染煤油，从根源上减少印度本地居民呼吸和心脏等常见疾病的发病率。

印度当地的一位母亲在接受英国《卫报》采访时，描述了电力如何改变了村庄的生活。她解释说："现在孩子们可以在晚上学习了。以前，在这里生活就像生活在丛林里。现在，我们感觉自己真正成为社会的一分子了。"[39]

2011年，Gram Power公司被美国航空航天局评选为"全球十大清洁技术创新公司"，此后，公司与10个村庄合作安装了微型电网，并计划在2014年继续为4万名村民带去绿色电力。[40] 与此同时，公司也在考察包括地热能和生物质能等在内的本地可再生能源。目前，Gram Power公司正在与印度政府进行商谈，考虑将微型电网应用到其余120个村庄，从而为超过10万个家庭供电。[41]

在整个印度的农村地区，已经有很多像Gram Power这样的新公司成立，他们致力于帮助本地村庄通过建立绿色微型电网输送电力。谷壳电力系统公司是建立在印度比哈尔邦的电力公司，比哈尔邦有85%的人口无电可用，而该公司通过燃烧当地稻壳的方式，为本地90个发电厂提供动力。随后，这些发电厂利用微型电网，向45 000个农村家庭输送电力。为拥有100户左右居民的村庄安装一个微型电网一般只需 2 500 美元，而社区在几年内就可以收回投资，到那时，生产和输送每千瓦电力的边际成本几乎为零。[42]

当本地的微型电网都上网之后，他们之间也可以相互连接，最终，局域电网与国家电网相连，这样，集中的电能就转换成分布式、可协作的横向扩展电力网络。预计到 2018 年，微型电网将占全球可再生能源收入的 75% 以上。[43]

在发展中国家的贫困地区，微型电网的发展必须依靠本地可再生能源的供给支持，这同样也能为 3D 打印机的运转提供必不可少的电力，确保 3D 打印机的正常运转，最终生产出 21 世纪自给自足和可持续发展所需要的各种工具和机器。

—— 理想型经济社会

看着印度和世界各地所发生的转变，我不禁想起 70 年前甘地的预言。当有人问他对于经济发展的看法时，甘地回答："大规模生产当然不能依靠强制实现……大规模生产应该通过群众在自己的家园进行生产而实现。"[44] 舒马赫则用一句话总结出甘地的思想精髓，即"不是大规模生产，而是人民群众来生产"。[45] 相比甘地提出这一看法的时代，在今天，他所概括出来的经济模型与印度乃至当今世界其他很多国家更具关联性。

甘地的观点和当时的主流价值观背道而驰。在政治家、商业领袖、经济学家、学者都颂扬工业化生产的世界里，甘地提出了异议，并且认为"亨利·福特的推理是一个巨大的谬论"。甘地认为，隐藏于大规模生产背后的垂直整合企业和固有投资倾向形成的集中化经济强国和市场垄断将给人类带来可怕的后果。[46] 他对这一形势提出警告：

> 这样一种形势将是灾难性的……因为一旦发生这种情况，

人们将在无数地区进行生产活动，但电力将仅来自一个被选定的中心……我不敢想象这样一个无限能量核心将给人类带来什么，能量控制中心单一的结果就是，我们将完全依赖这个能量中心所产生的光、水甚至空气等，我认为这是极其可怕的。[47]

甘地认为，大规模生产就是利用更成熟的机器、更少的劳动力，以更低的成本生产出更多的商品。然而，他却在大规模生产的组织逻辑中看到了一个内在矛盾。甘地推断："如果所有国家都采用大规模生产系统，那么他们的产品也必然面临没有足够大的市场的局面，因此，大规模生产必须停止。"[48]像卡尔·马克思、约翰·梅纳德·凯恩斯、瓦西里·里昂惕夫、罗伯特·海尔布鲁诺以及其他杰出的经济学家一样，甘地认为，资本家对效率和生产率的欲望将导致机械自动化取代人类劳动力，使越来越多的人失业，并且没有足够的能力购买已经生产出来的产品。

甘地的替代方案是，民众在自己的家里或社区进行本地生产，这就是所谓的"抵制英国货运动"。"抵制英国货运动"的本质是"为人们提供就业，而非为工作寻找劳动力"。[49]甘地反问道："如果你数百万次地重复单项生产，它难道不会回报给你一个大规模生产吗？"[50]甘地确信生产和消费是可以结合的，即我们今天所说的产消者。只有多数生产在本地进行，并且即使并非全部，也要大多数产品都由本地消费，产消者才能形成。[51]

甘地敏锐地观察了支配第一次和第二次工业革命的权力关系。他看到，英国的机械工业席卷了印度大陆，吞噬着丰富的自然资源，令民众财力枯竭，以满足英国当地富有的精英和中产阶级的消费。他还看到，数百万的同胞在全球工业金字塔的最底部萎靡，因此他反对集中的资本主义制度也就不足为奇了。

甘地对于苏联的共产主义试验同样不抱任何幻想，在此，"团

零边际成本社会

122

THE
Z E R O
MARGINAL
COST SOCIETY

结共有"的原则只是个噱头，实际上，相比与之敌对的资本主义社会，它对工业化进程采取了一种更僵硬的集中控制措施。

甘地从未有意识地阐述在每一种文明中决定经济组成与分布方式的通信 / 能源矩阵。然而直觉告诉他，无论是资本主义政权还是社会主义政权统治下的社会，产业组织都带有一些指导性的设想，包括对于生产和分配过程的集中控制，这些都倡导人的本性功利观，以及将更多的物质消费作为最终的追求。另外，他的哲学强调自给自足社区中的分散性经济生产，相比机械化生产，他更追求手工劳动。此外，将对经济生活的展望作为对道德和精神的追求，而非对物质功利的追求。对甘地来说，要想避免对经济无休止的剥削，对社会无私奉献无疑是个有效条件。

甘地的理想型经济始于本地村庄，并可向外延伸到整个世界。他写道：

> 我对于斯瓦拉杰村的认识是，它是一个完善的共和国，因自身最为关心的需求独立于邻邦，但在其他方面又相互依存。[52]

他回避了对于金字塔形社会的认识，而更倾向于他所认可的"海洋圈"，它由单个社区组成，嵌入更为广泛的社区中，进而扩展为整个人类群体。甘地认为：

> 独立必须从底层开始……每个村子都必须具有能够持续管理自身事务的能力，甚至可以做到能够在整个世界中捍卫自己的利益……这与依赖邻邦或世界并从中获取帮助并不相互排斥。这将使双方的能量都得到自由和自愿的发挥……在这个由无数村庄组成的结构中，将产生不断扩大但从不上升的圈子。生活不会是一个底层供应顶层的金字塔，而是一个以个体为中心的海洋圈……因此，最外围不会对内圈形成压力，而是会赋

予内圈所有的力量，并从中获取自己所需的能量。[53]

在他所倡导的愿景中，甘地与古典经济理论划清了界限。亚当·斯密的说法是，在市场上，每个人会出于本性追求自己的利益，而且"事实上，在他看来，那是人类自身的优势，而不是社会优势"，这个观点与甘地的观点正好相反。[54] 甘地认为，在一种良性经济中，社会利益会取代个人利益，并主张如果二者缺其一，就会降低人类的幸福感。

对甘地来说，快乐并非源于个人财富的多少，而是要过着富有同情心的生活。他进一步建议说："真正的幸福和满足……不是欲望加倍，而是有意识地减少。"因此，一个人才可以在与他人休戚相关的生活中享受自由。[55] 他还将对地球的责任囊括到自己的幸福理论中。在"可持续发展"这一概念流行之前的半个世纪，甘地就明确指出："地球可以满足每个人的需要，但不能满足每个人的贪婪之心。"[56]

甘地的理想型经济社会与第三次工业革命以及随之而来的合作时代有着相似的哲学原理。他主张将自给自足的村落社区联合起来，并扩张到更广泛的"海洋圈"，进而延伸至全人类，这种观念反映出在第三次工业革命经济模式中，社区微型网络将连接成更分散、协同性更强的横向网络。他的幸福观是对共享社区中人的关系的优化，而不是个人在市场中对自身利益的追求，这反映了对生活质量的新追求，是协同时代的标志之一。最后，甘地坚信自然是一种具有内在价值的有限资源，需要管理，而非掠夺。这个观点符合一种新的认识，即每个人的生活最终是由我们对于所生活的生物圈所施加的影响来判定的。

虽然甘地信奉横向经济能量的观点，认识到地球环境自身是支撑所有生命的首要社区，但是在通信／能源矩阵支持商业进行自上

零边际成本社会

124

THE
ZERO
MARGINAL
COST SOCIETY

而下的集中管理，以及经济活动纵向整合的工业化时代，他只能被迫捍卫自己的地方经济能量理念。因为当地社区的传统工艺已使多数印度人陷入贫困与孤立，在这种背景下，他的理念在相当长的历史阶段中陷于不被接受的困境。

然而甘地尚未认识到，资本主义制度更深层的矛盾将使他所信奉的分散和横向协作的规模经济成为可能，即坚持不懈地追求能够提高效率和生产力的新技术，这些技术将推动边际成本接近于零，从而使得诸多商品和服务的潜在自由和经济多样性具有现实的可能性。

毫无疑问，甘地会同样惊讶地了解到，资本主义生产力的最理想状态是通过引入新的通信技术、能源以及随之而来的生产和分配模式使边际成本趋近于零，而这种生产与分配模式将以分布与协同的方式来组织，并最终以对等和横向扩展的规模让数百万人成为产消者，这与他设想的大众化生产的概念没有什么区别。

如今，物联网基础设施提供了超越甘地经济愿景的手段，使数亿印度人脱离了赤贫，并不断提高生活质量。而甘地对良性经济的追求则通过物联网得以实现并嵌入其中，势必会揭开崭新的篇章，讲述印度和全球新兴国家寻求公正和可持续发展未来的历史。

第七章

慕课时代：零边际成本教育

在零边际成本社会里，资源过剩已取代资源稀缺，这与我们现在所习惯的社会完全不同。培养学生，使其服务于这个资本主义市场让位于协同共享的时代，这将促使人们开始对教育过程本身进行反思。教育学正在经历一场彻底的变革，教育资金和教育方式同样如此。在刚刚过去的两年里，近乎零边际成本的现象已渗透到高等教育的深层结构中，因为大量开放式的网上课程不断涌现，数百万人才得以享受近乎零边际成本的大学教育。

资本主义时代的教学模式旨在把学生培养成为熟练的产业工人。教室变成了一个"微缩工厂"，学生像机器一样接受教育。他们习惯于听从命令，反复学习，并强调有效率的执行力。而老师则类似于工厂领班，他们发放标准化的任务，并要求学生在给定的时间内得出固定答案。学习被划分成隔离的"孤岛"。人们往往认为教育应该是有用且务实的，更多地讨论事情"怎么样"而不是"为什么"，教育的目标就是培养高效率的员工。

一个容纳 20 亿学生的教室

从资本主义时代到协同共享时代，时代在转变，教学方法在随之改变。专制、自上而下的教学模式逐渐让位于更具协作性的学习过程。教师正在从讲师向导师转变。培养学生的学习技能变得比传授知识更重要。我们鼓励学生更全面地思考，因为探索知识比单纯地记忆知识更重要。

在传统的工业化课堂上，质疑老师的权威是被绝对禁止的，学生之间分享信息和思想则会被认为是作弊。孩子们很快认识到知识就是力量，知识是一名学生可以获得的一项重要资源，可以确保其毕业后在竞争激烈的市场中比别人更具优势。

在协同共享时代，学生们认为知识是在同龄人团体中共享的经验。学生在一个知识共享的团体中一起学习。而老师则作为答疑解惑的向导，允许学生以小组的形式学习。我们的目标是激发协作创造力，这也是年轻人在加入互联网上许多社交空间时体验到的。从老师掌权的垂直权力体制到学习团体的横向模式转变，这无异于教育的一场革命。

传统的课堂把知识看作实体化的和孤立的事，但是在协同课堂，知识被视为依附于我们经历的集合意义。我们鼓励学生打破独立学科的壁垒，用更综合的方式思考。跨学科和多元文化学习可以使学生轻松接纳不同观念，从而更善于发现不同现象之间的协同效应。

将学习作为一种私人经验和获取知识的观念，在按类似条款定义人类行为的资本主义环境中，这是合情合理的。但在协同共享时代，学习被视为众包的过程，知识被视为是公开共享的，并且可提供给所有人，这反映了人类行为在本质上是社会化和交互式的。从相对独裁式的学习向横向学习环境转变，可使今天的学生在未来的协同共享经济环境中更好地工作、生活和发展。

新的协作教学法在世界各地的学校和团体中都得以应用。该教育模式把学生从传统教室封闭的私有空间中解放出来，让他们在多个开放式的共享空间、虚拟空间、公共场所和生物圈中学习。

世界各地的教室都相互实时连接，通过 Skype（讯佳普）等程序协同合作。相隔数千里的学生们被虚拟分组、一起学习、演讲、辩论甚至相互评判。目前，全球协作教室正在迅速地成为现实。课堂的 Skype 是一个免费在线社区，已经有 60 447 名教师在其全球教室计划中注册，并制定了连通全球 100 万间教室的目标。[1]

而协作课堂则是另一种网络教育环境，在这一环境中，数千名教师在全球教学平台上联合创建在线课程，并免费分享最佳教案。超过 11.7 万名教师在协作课堂共享开源课程，将大量学习社区聚集到一起，从而形成一个无国界的全球性课堂。[2]

这样一来，学习过程不仅从封闭的课堂转为互联网上的虚拟空间，并且扩展到周围社区，形成公共广场。如今，数百万美国中小学生和大学生参与社区"服务学习"。服务学习把正式的教学和社会参与结合了起来。

服务学习的前提是：假设学习从来不是孤立的，而是一种共享经验，一种协作阅历，它最终会在人们生活和工作的现实社会中得到最佳实践。学生通常会到非营利机构为之提供志愿服务，在这里，他们为所在团体的更大利益而服务，并从中学习。这种体验式学习为学生提供了更开阔的关注视角，他们会逐渐明白，学习更多是为了共同体利益而探索，而不仅仅是积累专有知识追求更大的私人利益。

学生还可以在一个拥有大量移民的社区服务，从而学习一门外语。如果他们正在社会研究课程中学习有关贫困的知识，他们可能

零边际成本社会

128

THE
ZERO
MARGINAL
COST SOCIETY

会在食品站或收容所做志愿者。在位于华盛顿海滨社区的爱因斯坦中学，4门核心课程（包括社会研究、英语、数学和科学）的教师组织了120名八年级学生参加协作性、跨学科的服务学习项目，以研究有关贫困和无家可归的问题。负责社会研究课程的老师让学生举办一个乐施会，并从当地的几个社会机构中邀请发言人。这些机构通常为生活在贫困线下的社区居民提供帮助，从而使学生们更熟悉有关贫困的复杂问题。然后，学生自愿在西雅图市中心的8个贫困社区服务站点工作，每周工作一次，并持续工作5周。在服务工作中，学生们会帮助准备餐点，并为无家可归者收集、分发食物和其他必需品，与他们交谈，以培养人际交往能力。在英语课上，学生们阅读一本讲述了一个男孩离家出走住在纽约市的地铁隧道里的故事，这段经历使他体会到了什么是无家可归和饥饿。在数学课上，学生们研究贫困经济学。这些八年级学生在学习项目结束后撰写并在杂志上发表了有关当地和全球贫困情况的报告，并就贫困话题为其他学生和社区组织了一场夜间展览。[3]

通过把学习环境扩展到公众共享环境中，学生们认识到，协作是高度社会化的核心和灵魂，而人类被赋予了一种与生俱来的同感能力和成为更大团体的一分子的渴望。

学习社区的概念不断扩展，包括虚拟空间的边缘和临近社区，还包括生物圈所能到达的最远端。学生们认识到，生物圈是一个不可分割的共享社区，我们所有的社区都嵌入其中。工业化课程学习持续了近两个世纪，它一直强调地球作为一个被动的有用资源储藏库而被利用、开发、制造和转化，从而成为对个人利益有用的生产资本和私有财产，而现在一种新的协作课程开启了崭新的设想：生物圈是一个共享社区，包括无数关系，而这些关系以共享共生的方式，让地球上所有生命得以蓬勃发展。

威斯康星大学绿湾分校的学生们用两周时间在哥斯达黎加的

卡拉拉国家公园实地开展热带生物养护工作。学生们与生物学家和公园的工作人员合作，一起清点公园内动植物种类，并监测生态条件。一方面，学生们需要更多地钻研技术，另一方面，他们还要做些诸如修补观景小径、建桥、建造生物野外观测站，以及在公园附近的城镇植树等非技术性工作。

这种服务学习经历不仅使学生沉浸在热带生态系统复杂的生物动力学之中，而且也为他们提供了一个协助管理和保护生态的机会。[4]

目前，全国多所高中都在进行有关环境保护的服务学习项目。在新罕布什尔州的埃克塞特高中，学生们在校园和附近的居民区监测空气质量时发现空载的汽车和公交车对空气质量有显著的影响，他们随后动员社区制定了禁止空载的规定，从而改善了校园周围的空气质量。[5]

在这些例子和无数其他的环境服务项目中，学生们学习人类活动对环境产生影响的各种方式，以及需要采取什么补救措施来扭转这种破坏局面，并恢复当地生态系统。许多学生出于个人责任感为生物圈社区提供服务。参与过哥斯达黎加服务学习课程的一位学生描述了当时的学习经历如何深深地影响了他的世界观和个人行为：

> 保护哥斯达黎加的雨林，维护该地区生物多样性，以及保护丰富的地球资源不遭到破坏，这些都是极为重要的。我每天都在思考我的哪些行为在破坏世界，并努力减少自己对环境的影响。[6]

还原论的学习方法是以隔离和私有化为基础的工业时代的特征，现在，它正在让位给一个更系统的学习过程，而这种学习过程旨在了解将现象与更大的整体捆绑在一起的微妙联系。在世界各地的学习环境中，学生们正准备融入开放的生物圈共享社区中。越来越多的课程都在强调人类与自然的深层天然联系，让学生了解栖息在大洋和陆地上的多样生命形式，教他们学习生态系统的动态性，并帮助他们了解如何一边对生物圈进行索取，一边保持生物圈的可持续发展。

此外，其他一些教育方案还力图改变教学过程，使之从一个存在私人财产关系的封闭世界，过渡到一个能让学生为适应虚拟空间、公共场所、生物圈等开放的共享环境做准备的世界。

服务学习项目已经从 25 年前少数教育机构的边缘性活动，发展为美国教育的核心。最近，一个名叫 College Compact 的教育类调查机构开展了一项针对服务学习的调查，就高校服务学习课程的教学目标和开放式共享学习对学生所服务社区的影响给出了建议。该报告调查了 1 100 所高校，发现 35% 的学生参与过服务学习项目。在被调查的高校中，50% 的学校要求把服务学习作为其至少一门核心专业课程的一部分，有 93% 的学校提供服务学习课程。2009 年，仅大学生就向社区贡献了价值 79.6 亿美元的志愿者服务时间。[7] 同样令人印象深刻的是，全国不同地区的小学和高中报告称，服务学习大大提高了学生解决问题的能力和对于认知复杂性的理解能力，并改进了他们在课堂作业和考试中的表现。[8]

—— 传统课堂走向衰落

在工业化国家，教育和道路、公共交通、邮政、医疗一样，在大多数情况下都被视为一种由政府管理的公共事业。

但是，美国的教育有些例外。在美国，虽然公立的小学和中学是主流，但是非营利性民办院校长期以来也一直在教育体系中占据一席之地。最近，营利性学校（尤其是特许学校）已经进入市场。在高等教育方面，公立和私立的非营利性高校占主导地位，营利性高校只有很少一部分。

然而，现在高等教育成本不断攀升，并引发了危机。其中非营利名牌高校的学费每年高达5万美元，而普通公立高校学费每年也要一万美元，这使数百万学生越来越难以支付取得四年制大学学位的费用。[9] 即使有政府的援助，能够取得高校贷款的学生也将面临巨额债务，而他们甚至将一直背负这些债务至中年。

运营成本越来越高，从而使高校向企业寻求赞助，并创造收入。作为交换，商业领域已经剥夺了这些高校的"自主性"，要求从餐饮、住宿到一般维护等领域内将更多业务私营化。与此同时，企业的宣传广告大肆盛行，甚至有用世界500强的标志装饰高校的体育馆和报告厅的例子。大学的研究设施（特别是在自然科学领域）越来越多地与企业共同管理使用，在保密协议下，高校将实验室租赁给企业进行专利研究。

以前，知识一直被封闭在科研机构的院墙内，要获取知识则一定要付出高昂的代价。现在，这一情况即将改变。互联网革命的分布式、协作、对等力量已经开始击倒曾经看似不可战胜的社会壁垒，从而释放学术界的全部潜能。从学校内部开始，这一攻势已经被点燃，多方面的技术革命推动教育成本不断降低，甚至接近于零。

2011年，美国斯坦福大学教授塞巴斯蒂安·特龙（Sebastian Thrun）在线提供了一个和他在学校授课方式类似的"免费"课程："人工智能"，这门课程的开设开启了这场教育革命。在学校课堂上，约200名学生选修了这门课程，他预计只会有几千名学生注册网上课程，但当课程开始时，共有来自世界各地的16万名学生坐在自己的电脑前学习该课程，形成了历史上单次课程的最大教室。"当时的情形让我彻底惊呆了。"特龙说。其中，有23 000人完成课程并毕业。[10]

虽然特龙对于能够在一个虚拟课程环境中授课感到非常激动，因为网络上教授的学生人数比教师在传统教室里几辈子教授的学生人数还要多，但他依然受到了一些讽刺性的攻击。斯坦福大学的学生们每年需支付至少 5 万美元的学费，来学习世界一流的课程，而在网络上，特龙把课程提供给了世界上所有的潜在学生，听课成本几乎为零。特龙接着推出了名为 Udacity 的网上大学，目标是为世界上每一个年轻人，特别是为那些如果不利用这种途径就永远没有机会接触高水平教育的发展中国家的穷人提供高质量的教育。自此，在线学习的风潮席卷而来。

特龙的两位计算机科学专业的同事吴恩达（Andrew Ng）和达夫妮·科勒（Daphne Koller）也参与了特龙的网上课程，他们建立了一个竞争性的赢利在线公开课，名为 Coursera。当优达学城正在开发自己的课程时，Coursera 的创始人已经另辟蹊径，寻找一些领先的学术机构，由世界上一些非常出色的大学教授提供完整的课程。

Coursera 的创始人引入了宾夕法尼亚大学、斯坦福大学、普林斯顿大学和密歇根大学作为起始伙伴，为 Coursera 奠定了坚实的学术基础和超前的教学视野。edX 紧随 Coursera 之后，它是由美国哈佛大学和麻省理工学院共同组建的非营利性大规模开放在线授课平台。现在有 97 所大学参与 Coursera。edX 的参与者也增至 30 多所大学。这种新的教育现象称为"慕课"，正如第一章所述，这代表大规模的开放式网络课程。

Coursera 模式与其他网上大学类似，主要有三个基础。第一个基础是，课程包括 5—10 分钟的讲课视频，以及各种视觉和图形辅助课件，乃至简短的采访和新闻条目，这样的课程更具吸引力和生命力。学生可以暂停和重放课程，以便按自己的节奏复习和吸收知识。每次上课之前，Coursera 还为那些有兴趣深入了解学科的学生提供可选材料。

第二个基础是实践和掌握。每个视频片段结束后，要求学生回答问题。系统会自动对学生在测验中的答案进行评分，对他们的上课效果做出即时反馈。研究表明，这些测验是加强学生参与的有效激励机制，让学习更像智力游戏，而不再是一件必须忍受的苦差事。课后系统还会布置家庭作业，每周给出一次评分。需要人工完成的课程评分变成同学们相互打分，这也促使学生们对彼此的成绩负责。

学生们通过判断同班同学的表现来学习的理念已经获得网络学术界的认可。为了与教授给的评分对比以确定对等网络评分的准确性，普林斯顿大学的米切尔·唐奈尔（Mitchell Duneier）教授（在Coursera网上大学教授社会学概论）进行了一个测试。他和助教对数千份期中和期末试卷评分，将他们给出的分数与网络对等评分相比较，发现二者相关性为0.88。在24个可能的计分点中，学生搭档给的平均分是16.94，而教授给的平均分是15.64，评估结果非常接近。[11]

第三个也是最后一个基础是超越政治和地理位置的限制，建立虚拟或现实的学习小组，将学习过程转化为一个全球性课堂，学生在此互相学习，并不比跟随老师学到的少。参与edX网校的大学院校要求校友自愿在线指导，并担任讨论组长，以此提高学习小组的学习质量。哈佛大学教授格雷戈里·纳吉（Gregory Nagy）招募了10个他以前的同事，让他们在他教授的受欢迎课程"古希腊英雄"中担任在线学习小组的导师。[12] 完成Coursera和edX网校课程后，学生会获得结业证书。

在网上学习的众包方式旨在形成一种未来学生将要面对的分布式、协作式、对等的学习过程。2013年2月，共有来自196个国家的约270万名学生报名参加了Coursera网校的数百门课程。[13]

2012年，edX网校的第一堂课有15.5万名学生参加。阿纳特·阿加瓦尔（Anant Agarwal）是edX的总裁和麻省理工学院人工智能

零边际成本社会

134

THE
ZERO
MARGINAL
COST SOCIETY

实验室的前主任，他指出，这一虚拟课程的报名人数相当于麻省理工学院150年来学生人数的总和。阿加瓦尔表示，他希望在未来10年内录取10亿名学生。[14]

与其他慕课的学者一样，阿加瓦尔也相信，这仅仅是即将席卷全球的一场教育革命的开端。他认为：

> 这是教育界200年来最大的创新……这将重塑教育……改变大学并在全球范围内实现教育的民主化。[15]

虚拟环境与知识氛围浓厚的传统实体课堂教学相比有什么不同？英国《卫报》记者克罗尔·卡德瓦拉德（Carole Cadwalladr）讲述了她自己在慕课上准备一篇文章的经历。卡德瓦拉德注册了Coursera线上公开课的"遗传与进化学导论"课程，与来自世界各地的36 000位虚拟同学共同参加了这一课程。她说，视频讲座并没有什么特别新奇之处。但在课程论坛上，她感受到了"震惊时刻"。她写道：

> 论坛上，同学交流的热烈程度十分惊人。关于显性突变和重组问题，有成千上万人提问和回答。学习小组自发地形成：这些小组分别组建于哥伦比亚、巴西和俄罗斯。还有一个小组在Skype上交流，有的甚至在现实生活中交流，而且这些虚拟同学非常勤奋！

卡德瓦拉德说："如果你是一位对教育事业幻想破灭的老师，或者你认识一位这样的老师，那就快来Coursera吧。这里到处都是渴求知识的学生。"[16]

虽然学生对慕课热情高涨，但教育工作者发现，参加慕课学习的学生中，实际完成课程及通过测试的人数往往比在实体教室学习的相应比例低很多。最近一项研究发现，参加网络学习的学生中，有 32% 的学生未完成学业，而在传统课堂学习的学生中，只有 19% 的学生未完成学业。教育工作者已经查明了完成率低的一些原因。排在首位的原因是"隔离感"。在教室里和其他学生一起学习会产生一种团队感，教室成了激励学生不掉队的因素。学生们互相帮助，不仅协作解决学业上的问题，而且互相鼓励坚持参与学习。研究还发现，大多数参与慕课的学生在午夜至凌晨两点之间观看在线讲座，这时，学生往往精神疲乏，并不太能集中注意力。另外，在家学习也很容易分心，比如离开电脑到厨房吃东西，或摆弄家里好玩的东西。

通过为学生提供所谓的"混合班"，一方面让学生能够在网上上课，另一方面学生也能够与其他师生一起上课，这就解决了加入慕课的隔离感问题。新的研究发现，把慕课与附加的有限校园教学环节相结合，通过这种方式培养出来的学生与没有上网学习经历的学生相比，成绩明显要高。

另一个导致学生参加慕课学习时动力不足的原因是，早期慕课只提供结课证明和成绩单。但是从 2013 年起，慕课网校开始给出课程学分。Coursera 线上公开课已经和美国十大公立大学建立合作关系，提供有学分的免费在线课程，为公立院校超过 125 万名学生提供网络教育。其中一些合作大学要求对网络课程在校园进行考试，以使学生取得该课程的学分。教师也可以选择定制慕课，将之添加到自己的教学环节中。成功完成课程并拿到学分，这已经成为督促学生提高学习成绩和完成课程的一个关键因素。

斯坦福大学的课程发布到网上要花费 1 万—1.5 万美元。发布含有视频内容的课程则需要花费 2 万—3 万美元，但提供课程给学生的边际成本仅仅是网络带宽的费用，这几乎是免费的（边际成本为每人 3—7 美元，相当于星巴克一大杯咖啡加一块曲奇饼干的价格）。[17]

那么网上大学如何支付慕课的固定成本呢？参与 Coursera 线上公开课的大学会为每一位学生支付大约 8 美元，以便于其使用 Coursera 平台，如果学生参加一门课程学习，大学需额外支付 30—60 美元。总之，对于学生而言，线上学习几乎是免费的。[18] 相比之下，美国马里兰大学等典型的公立高等院校则对州内的学生每门课程收取约 870 美元，对州外的学生收取约 3 000 美元。[19] 有趣的是，教育工作者发现，如果要求参与慕课课程的学生支付很少的象征性费用，以证明其参加了课程并通过了考试，那么他们更有可能完成课程。[20] 该慕课大学集团还计划为收费提供"超值服务"，甚至探讨"对企业招聘人员与最优秀学生见面而进行收费"。[21]

世界一流大学都开始了一场博弈，它们冒险参与慕课，希望慕课能为其知名学院带来的全球影响力和知名度，并为其招生办公室吸引最优秀的学生。就像它们在商业领域的同行一样，一流大学希望通过在网上为数百万学生提供免费课程，吸引其中一小部分人走入他们的校园，抓住长尾 ① 并提高利润。他们的逻辑是，通过提供免费课程，他们可以帮助数百万无法负担教育费用的学生，同时又能抓住足够数量的优秀学生来维系学校实体教育的运行。

问题是，既然世界上最好的教育能够以近乎零边际成本几乎免费地在线提供，那么如何防止授权大学接受慕课认证，以非常少的费用取得学分，以便学生获得大学教育？虽然早期雇主可能并不认可慕课学分，但随着越来越多的高校开展这一教育课程，雇主对此产生的疑虑有可能减少。事实上，相比通过参加普通学院非知名教授讲授的课程获得传统意义上的毕业学分，雇主可能更青睐从世界上一些著名学者教授的慕课毕业所获得的学分。

---

① 长尾：短期内未产生显著经济效益，但长远来看拥有很大市场潜力的商业和经济模式。典型代表是亚马逊等商业网站。——编者注

凯文·凯里（Kevin Carey）是总部设在华盛顿特区的智库教育部门的政策主管，他道出了高校在高等教育中所面临困境的核心问题。他写道：

> 这一切所指向的世界发展趋势是：高等教育经济解体，并围绕边际成本重组。实质上，慕课招收第 10 万名学生的成本几乎为零，这就是为什么费用价格也为零。开源教材以及其他免费的在线资源也将使配套材料的价格趋向于零。[22]

凯里已经讲得非常清楚。当在线教学的成本几乎为零，课程也几乎免费时，无论精英大学通过向数亿学生提供免费教育所带来的边际价值有多大，相比实体高等教育整体收入的损失，都是微不足道的。当我们知道世界上只有花钱才能够买到的最好教育可以在网上免费获得时，学者和企业家们还会认为传统的集中式实体教育将继续存在吗？

然而，这并不意味着传统高校会消失，只是它们的使命将从根本上发生改变，此外，他们的作用将随着慕课的冲击而减小。目前，大学管理者和教师们仍然坚信世界一流大学的网络课程会将学生吸引到传统的创收教育中来。这是因为他们还没有充分认清一个事实，那就是，由他们创建的全球性虚拟共享（即成本接近于零的教育）将日益成为高等教育的全新教学模式，而实体学习最终只会发挥更为少量且外在的辅助作用。

那么，为什么会有这么多大学如此急于推进网校呢？首先，他们是基于理想主义的考虑。长期以来，教育工作者的梦想一直是将知识带给世界上的每一个人。如果我们发现有办法实现而不去实践，对许多学者来说这是不道德的。其次，他们认识到，如果不趁早进入该领域，别人就会趁机挤进来，事实上也确实如此。他们认识到，就像其他领域的同行通过采用新技术使零边际成本社会成为现实并为人们提供近乎免费的商品和服务一样，通过协同共享网络增进人类的福祉，这一做法是令人信服的，所以不可能阻止它或逃避它。因此，传统高校越来越有必要适应慕课的教学方法，在不断发展的协同共享环境中不断学习并找准自身的位置。

第八章

最后一个站着的工人

IT 和互联网技术不断发展，不仅让交通、能源、制造业和高等教育等产业的边际成本接近于零，而且对人类劳动也产生着同样的影响。大数据、高级分析、算法、人工智能和机器人正在整个制造业、服务业和娱乐行业取代人类劳动，并有望在 21 世纪上半叶从市场经济中解放出数以亿计的劳动力。

—— 工作的终结

1995 年，我出版了《工作的终结》(*The End of Work*) 一书。在书中，我陈述了这样的观点："更复杂的软件技术会使文明更接近于一个几乎没有工人的世界。"[1]《经济学人》杂志刊发过一篇关于这本书的封面文章，编辑想据此让读者看到我的预测是否具有前瞻性。在此期间，我曾于 1995 年预言 IT 自动化将导致几乎每一个经济领域的人力劳动都被替代，而如今这已经成为令人不安的现实。事实上，我原来的预测仍然过于保守。

2013 年，美国有 2 190 万成年人失业、不适合就业或无意就业，并且这部分人不再体现在官方统计中；[2] 2011 年，全球有 25% 的成年劳动力失业、不适合就业或无意就业；国际劳工组织的报告指出，2013 年会有超过 2.02 亿人失业。[3]

虽然失业有很多原因，但经济学家刚刚开始意识到，技术替代才是"罪魁祸首"。其中，在我出版《工作的终结》一书 16 年后，《经济学人》重新审视了书中的观点，提出："当机器智能到成为工人时，会发生什么？换句话说，当资本成为劳动力时，会发生什么？"[4]《经济学人》的一篇社论指出：

> 这正是社会批评家杰里米·里夫金在其 1995 年出版的《工作的终结》中提到的，里夫金先生预言，社会将进入一个新的阶段——生产所有的商品和服务所需的工人将越来越少……这一过程显然已经开始。[5]

这并不是说我有一双洞悉未来的眼睛，而是其发展的迹象随处可见。但在经济增长期，由于大多数经济学家过分沉迷于传统的经济理论，他们认为供给创造需求，具有破坏性的新技术通过降低成本刺激消费，从而拉动更多的生产，激发创新，并开拓新工种，因此，他们在很大程度上对我的话置若罔闻。但是现在，经济学家已经开始注意到我的观点。

在"大萧条"时期，经济学家们发现，虽然数百万的就业机会丧失殆尽且无法挽救，但全世界的生产效率达到新的峰值；产出不断增加，但雇用的工人更少了。美国制造业就是一个典型的例子。在"大萧条"之前，逐渐增长的数据一直困惑着经济学家们。1997—2005 年，美国制造业产出增加了 60%，然而 2000—2008 年，390 万个制造业工作岗位被淘汰。经济学家将这个二分现象归结于如下原因：1993—2005 年生产率大幅提高 30%，从而使制造商仅需更少的工人即可增加产出。而生产力的进步源自"车间里新技术的应用，如机器人以及计算机和软件……这提高了产品质量并降低了产品价格，但也导致了持续裁员"。[6] 到 2007 年，制造商使用的计算机和软件数量是 20 年前的 6 倍多，而为每个工人每工时支付的报酬则翻了一番。[7]

2008—2012 年全球金融危机时期，大批工人失业，工业领域不断开发新的软件并改进措施提高生产率，而且通过降低工资维持赢利。这种努力的效果是惊人的。马克·J. 佩里（Mark J. Perry）是密歇根大学经济学教授和美国企业研究所访问学者。根据他的观点，截至 2012 年年底，美国经济已经完全从 2007—2009 年的衰退中复苏，GDP 达到 13.6 万亿美元（按 2005 年的美元价值计算），比 2007 年经济衰退前 13.32 万亿美元的 GDP 高出了 2.2 个百分点，实际产出增长了 2 900 亿美元。佩里指出，2012 年的实际产出比 2007 年衰退时的水平高出了 2.2 个百分点，但是在商品和服务产出增加的同时，雇用工人人数仅为 1 4240 万，比 2007 年减少了 384 万人。佩里的结论是："在金融危机的刺激下，生产力大发展，效率提升。这是因为企业解雇了可有可无的工人，并且学会了如何以更少的投入（更少的工人）获得更多的产出。"[8]

虽然佩里等人刚刚发现劳动生产率提高和雇用工人数减少之间存在令人不安的关系，但之前经济学家一直认为提高劳动生产率就会拉动就业增长，这个观念已经有 50 多年的历史了。

第一个矛盾的迹象出现在 20 世纪 60 年代初的 IT 革命开端，当时计算机刚开始进入工厂车间，被称为计算机数控技术。利用数控技术，事先设置好计算机程序，指示一块金属应该如何轧制、压板、焊接、装配或喷涂。计算机程序还能指示一台机器如何生产零

零边际成本社会

142

THE
ZERO
MARGINAL
COST SOCIETY

件，并指示机器人在车间里制造和组装产品零件。数控技术很快被视为"自亨利·福特推出流水线概念之后，制造业最重要的技术进步"。[9]

计算机数控促使生产率大幅提升，这是计算机和编程技术逐步取代人类劳动的长期过程的第一步，其编程和管理仅需少量专业技术工人。芝加哥管理咨询公司 Cox and Cox 评估了计算机和 IT 替代工人的重要性，声称数控机床是"管理革命的根源……对机器的管理替代了对人的管理"。[10]而里特管理顾问公司的阿兰·史密斯（Alan Smith）则更直截了当地称，由计算机驱动的数控工具标志着管理层"从人类劳动管理中解放出来"。[11]

一晃 50 多年过去了。今天，无论是在高度工业化国家还是发展中国家，由计算机程序控制的、几乎没有工人的工厂也越来越规范。钢铁行业就是一个典型的例子。汽车工业等是第二次工业革命中关键的制造企业，它们是雇用蓝领工人的主要行业。与这些行业一样，钢铁工业也正在经历一场革命，并快速地削减车间里的工人。计算机程序和机器人使得钢铁工业在最近几十年里不断削减劳动力。1982—2002 年，美国钢铁产量从 7 500 万吨增至 1.2 亿吨，而钢铁工人的数量却从 28.9 万减少至 7.4 万。[12]

美国和欧洲的政治家和大众将蓝领岗位的减少归咎于制造业搬迁至像中国这样的廉价劳动力市场。事实上，真正的根源在于已经发生的更深层次的变革。1995—2002 年，全球经济中有 2 200 万制造业工作岗位被淘汰，而全球产量的增长却超过了 30%。由于自动化的应用，美国的制造业工作岗位减少了 11%。即使是在劳动力充足的中国，制造业也同样应用 IT 和机器人来提高其生产效率，并淘汰了 1 600 万工人，从而得以用更少的工人生产出更多、更便宜的产品。[13]

那些长期以来依赖中国廉价劳动力的制造企业则开始应用先进

的机器人，以比中国劳动力更高的效率生产出更便宜的产品。在飞利浦位于荷兰的新电子工厂，128 台机械手动作飞快，但它们必须被放置在玻璃柜里，这样监控人员才不会被伤到。就生产等量的电子产品所需的工人数量而言，荷兰配有机器人的飞利浦工厂仅为该公司在中国所设有生产企业的 1/10。[14]

为了不落后于发达国家，中国的一些大型制造企业正在快速地用更廉价的机器人替代廉价劳动力。富士康是中国最大的苹果手机代工制造商，它计划在以后几年安装 100 万个机器人，以减少相当大一部分劳动力。郭台铭是富士康的 CEO，其全球员工总数超过100 万，他曾开玩笑说他宁愿使用 100 万个机器人："因为人类也是动物，如何管理 100 万个动物着实让我感到头疼。"[15]

全世界的机器人劳动力正在增加。2011 年，美国和欧洲的机器人销量增长了 43%，使制造业更加接近"无人工厂"的生产，或业界所谓的"无人值守"生产。[16]中国、印度、墨西哥等新兴国家也迅速意识到，工人成本再低，也不如替代他们的信息技术、机器人和人工智能成本低且高效。

虽然制造业一度被认为过于复杂，且不能实行自动化，但是它们却正在实现计算机化。纺织业是最早实现工业化的行业。虽然蒸汽机技术以及后来的电气化和电动工具提高了生产力，但是大多数的服装生产工作仍然由手工完成。现在，新信息技术、计算机化和机器人开始接管越来越多的以往由人工完成的工作。CAD（计算机辅助设计）已经将服装设计的时间从数周减少到了数分钟。计算机化的干燥和精整加工系统也取代了传统的手工劳动。成衣仓储、装卸、包装、运输——实现了计算机化，大大提高了生产效率和生产力。

在计算机程序的协助下，服装本身的制作开始使用更少的人工。50 年前，一名纺织工人操作 5 台机器，以每分钟 100 次的频率穿过织机，完成一个线程。今天，机器的运行速度是以前的6倍，并且由一名工人监管100台织机，这相当于每名工人的产出增至以前的120倍。[17]

而现在，美国国防高等研究计划署（也就是发明互联网的美国国防部机构）正在将注意力转移到自动化缝制工艺本身，而这项技术一直被视为纺织业创新的关键。国防部急于利用其每年40亿美元的军队服装预算，将生产制服的劳动力成本降至直接劳动力成本接近于零的水平，并拨给SoftWear美国自动化缝纫技术公司一笔款项，要求其以计算机驱动的机器人承担细致的任务，使服装的手工制造部分完全实现自动化。如果成功，新的自动化系统将通过承包商生产军装，这将淘汰将近5万名工人，并能使劳动力边际成本几乎为零。[18]

多年以来，自动化需要巨额的前期投入，而且对除了大型制造公司之外的小公司来说，自动化遥不可及。然而近年来，由于成本大幅下降，中小型制造商在获得可观生产力的同时减少了工资成本。韦伯轮毂产品公司是一家为卡车生产制动器零件的美国公司。公司最新的"员工"是斗山V550M立式数控车床，在短短三年内，它已经实现了每年生产30多万件产品的目标，使产量增加了25%，而车间里却没有增加一个工人。[19]

如果制造业目前的技术替代率继续上升（工业分析师预计它只会加速上升），到2040年，2003年工厂所提供的1.63亿个就业机会可能就只剩下几百万个了，这标志着世界上大量人工工厂岗位的消失。[20]尽管仍然需要一些人工劳动制造机器人并研发新的软件管理生产流程，对程序和系统进行维护和升级，但是随着智能技术自我编程能力的不断提升，连专业和技术型劳动力也在逐步减少。在不考虑前期成本的前提下，在过去的每一天里，产品新增机组自动化生产的劳动力边际成本逐渐接近于零。

像纺织业一样，物流业是能够自动执行大部分流程的另一个行业，但在取送件方面仍然严重依赖人类劳动。现在，电子邮件在几秒内就可以发往全世界，并且边际成本几乎为零，因此各国的邮政服务已经受到损害。在10年前，美国邮政服务公司是美国最大的公司，拥有70多万名员工，但是2013年，这个数字已减少至不到50万。美国邮政服务公司的分拣和处理系统曾经被认为是世界上最先进的自动化系统，该公司对此甚为骄傲，但是，由于信件邮政业务逐渐被电子邮件取代，美国邮政服务公司目前已经濒临倒闭。[21]

自动化正在整个物流业取代人力劳动。亚马逊既是一个物流公司，也是一个虚拟零售商，它正在仓库增加智能自动引导车、自动机器人和自动存储系统，并在物流价值链的每个环节减少低效的体力劳动，以尽可能地接近零劳动力边际成本。

目前，引进无人驾驶汽车已经指日可待。在智能道路上，无人驾驶汽车替代人工驾驶，这曾是科幻小说里的情节，但这一幕很快就会成为现实。目前，美国有270多万名卡车司机。[22] 到2040年，边际人工成本接近于零的无人驾驶汽车可以大幅减少该国的卡车司机数量（第十三章将更加详细地讨论无人驾驶汽车）。

与制造业和物流业一样，自动化、机器人、人工智能也正在迅速削减白领阶层和服务行业的劳动力。在过去25年里，由于自动化使边际人工成本接近于零，秘书、档案文员、电话接线员、旅行社员工、银行出纳员、收银员和其他无数白领服务性职位几乎消失。

据专注于后台工作人力资源咨询的哈克特集团估算，"大萧条"以来，美国与欧洲在人力资源、金融、信息技术和采购领域的就业岗位减少了200万个，其中有一半是由自动化带来的技术替代所造成的。[23]

此外，自动化也在深入进军零售领域，而这一领域雇用了1/10的美国人。不同于后台工作、仓储和运输这些万无一失的自动化候选领域，观察家一直认为零售业在技术替代中能够幸免于锐减的命

零边际成本社会

146

THE
ZERO
MARGINAL
COST SOCIETY

运，因为销售人员与客户之间的关系具有独特的社会性质。但这也只是一厢情愿的想法。

现在，自动售货机和信息亭可以售卖从泳衣到 iPod（便携式多媒体播放器）乃至金币等很多东西。2010 年，自助售货机实现了 7 400 亿美元的零售交易额。

沃尔玛已经有了自助结账终端。此外，在其位于科罗拉多州丹佛市的 40 家零售店里，沃尔玛也正在推进扫描和自助结账系统。在把商品放进购物车之前，购物者可以从货架上拿下商品，并用 iPhone（苹果手机）应用程序扫描条形码。当他们完成购物时，按下"完成"键，应用程序将向他们提供一个顾客 QR（快速响应）代码。自助结账终端通过扫描智能手机上的 QR 代码计算价格，并询问顾客选择何种付款方式。[24]

尽管实体零售商努力增加自动化操作，以减少劳动力成本，但由于在线零售商的劳动力边际成本已经越来越接近于零，实体零售商的市场份额正在逐步被在线零售商抢占。从表面上看，实体经济的销售虽说算不上非常出色，但至少还过得去。2011 年，实体零售商贡献了总零售额的 92%，而在线零售商只贡献了 8%。[25] 但是，只有对增长率进行更深入的探索和研究，才能看到问题所在。据全国零售联合会统计，实体销售每年仅增长 2.8%，而在线销售的年增长率则高达 15%。[26] 鉴于实体销售的高固定成本和可观的工资额，它到底还能和具有更低劳动力边际成本的在线销售竞争多长时间还是个未知数。事实上，实体零售商的失势已初见端倪。鲍德斯书店和环城百货曾经是非常大的实体零售商，但是目前，他们已经被低劳动力边际成本的在线零售商击垮。到 2020 年，在线零售商的数量有望翻一番，将有更多的实体零售商受到边际利润下降的不利影响。未来，实体零售很可能屈从于虚拟零售。[27]

实体零售商陷入了困境，在不知不觉中成为供客户浏览和试用其将在网上购买的产品的陈列室。客户使用 iPhone 查价应用程序扫描商店的产品，然后当场上网比较价格，以确认能否以更便宜的价格在亚马逊或其他虚拟零售商处购买该商品，而且在通常情况下运费全免。

一些实体零售商开始反击"试穿者"，这些人在他们的店里试穿衣服和鞋子，确定合适的尺码，然后在网上购买。加里·韦纳（Gary Weiner）是弗吉尼亚州 Saxon 分店的店主，也是全国鞋业零售商协会的委员，他很关注这个问题，而且越来越多的零售商开始反感"展厅现象"，即网络客户在商店试穿，然后去网上购买的行为。韦纳说，经常有年轻人进到店里说："妈妈让我进来试穿一下，然后她就可以在网上买。"[28] 一些商店甚至开始收取"试穿费"以阻止顾客试穿。而其他零售商则担心，如果他们收取这项费用，只会导致消费者彻底放弃实体商店。[29]

反之，许多虚拟零售商则正在试图鼓励客户在他们自己的官方网店购买，并在实体店提货，因此，实体商店实际上成为微型配送中心。但这种方式也只是权宜之计，因为实体店的间接营业成本相当高。

许多大型零售商（包括百思买，塔吉特和沃尔玛）都试图通过推动更多的在线业务占据领先地位。同时，由于越来越多的零售将采用虚拟方式销售商品，其他零售商（尤其是梅西百货、诺德斯特龙和内门·马库斯等传统百货公司）的业务将大幅削减，乃至相继消失。目前，在线服装销售商已经开始提供虚拟试衣服务。网络用户可以提供他们的身高、性别、年龄、胸围、腰围和臀围等信息创建自己的虚拟身材模型。客户甚至仅使用鼠标，就能查看不同角度的试穿效果。

越来越多的零售业分析师预测，实体零售商将大规模消失。至顶网技术编辑贾森·珀洛（Jason Perlow）表示，7-11 等便利店、沃

零边际成本社会

148

THE
ZERO
MARGINAL
COST SOCIETY

尔格林等药店、克罗格等连锁超市、瑰柏翠等高档专卖店和奢侈品商店以及沃尔玛这样的大卖场将继续营业。然而，大部分实体零售业务正在缩减，尤其是在这个从小就开始网购的年青一代逐渐成长的时代。

珀洛说，虽然实体零售商不会消失，"但在此后的 10 年里，零售业昔日的繁荣景象将成为幻影，来自网络的激烈竞争将只允许最强大的实体店生存下来"。[30]

其他行业都在利用自动化快速削减人类劳动，虚拟零售也不例外。我们越来越接近零劳动力边际成本和几乎无工人的世界，而在实体零售店工作的 430 万名员工则前景不妙。[31]

—— 知识型劳动者也是牺牲品

到 2005 年，自动化在制造业和服务业将代替工人的传闻已不再新鲜。自动化已经变得无孔不入。似乎我们所到达的每一个地方都已看不到工人。我们发现自己被智能机器的化身所包围，它们可以跟我们对话，听从我们的指挥，为我们提供指引和建议，和我们做生意，为我们带来欢乐，甚至照管我们的工作和生活。在早期，一个没有工人的工作场所往往是可笑的，有时会令人厌恶，甚至令人毛骨悚然。而现在，人们对没有工人的工作场所早已司空见惯。尽管如此，直到 2010 年左右，有着令人恐慌的书名的新书才大量涌现，例如《与机器赛跑》(The Race Against the Machine)、《隧道尽头的一抹亮光》(Light at the End of the Tunnel)，以及《自动化——算法统治世界》(Automate This)，这些书无一例外地就自动化对就业的影响提出了警告。这些书的作者走上谈话节目，带来"无工作世界即将到来"的消息，从而获得了社会化媒体的关注，甚至获得了来自决策者、智库研究人员、经济学家和美国前任总统奥巴马的评论。

一些有关自动化和未来工作的全球性政策辩论的声音才开始出现。从某种程度上说，"大萧条"以后，由于失业型经济复苏，对于上述问题人们早已议论纷纷。GDP不断增加导致了失业率上升，二者严重的反比现象再也不容忽视，但令我惊讶的是，即使在当前情况下也很少有经济学家愿意挺身而出，最终承认潜在的古典经济理论假设（即生产力创造的就业机会比它所取代的就业机会要多）不再可信。

我猜测有关自动化的大范围辩论可能即将开始，这是基于另一个原因：大数据应用不断创新，算法日益复杂，人工智能不断进步，这些技术第一次爬上技能天梯，开始影响某些专业工作本身，但是长期以来，这些专业被认为是不可能被自动化的力量和技术进步所替代的。计算机通过程序识别模式、推进假说、自编响应程序、实施解决方案，甚至破译通信，并实时翻译不同语言中的复杂隐喻，且与世界上最佳译者的准确度非常接近。

目前，人工智能的进步正在大量专业学科领域内得到应用，以提高效率和生产力，减少人力劳动。电子搜索是一个软件程序，它可以筛选数以百万计的法律文件，寻找行文模式，并标出观点、概念等关键信息，其速度可以胜过哈佛顶尖的律师，而且能够捕捉到连最训练有素的法律学者都可能漏掉的细节分析。电子数据显示节约的劳动力成本同样引人注目。

以1978年的一个重大案件为例，《纽约时报》的记者约翰·马尔科夫（John Markoff）对此进行了说明。该案例涉及5个电视演播室、美国司法部和哥伦比亚广播公司。这些演播室的律师和律师助理完成了一项艰巨的任务，即在几个月时间内阅读了600多万份文件，并耗费了220万美元的劳动时间成本。但是2011年1月，位于加利福尼亚州帕洛阿尔托市的"黑石发现"公司则以不到10万美元的成本，利用智能搜索软件分析了150万份法律文件。

比尔·赫尔（Bill Herr）是美国一家化工公司的律师，他曾经召集大批律师一起在礼堂读了几个星期的文件。他说："从法律人员的视角来看，这意味着现在已经不需要负责文件查阅的工作人员了。"[32]迈克·林奇（Mike Lynch）是另一家智能搜索引擎公司 Autonomy 的创始人，他计算出，在新的搜索软件的协助下，一位律师可以更精准地胜任 500 位律师的工作。海尔发现，当律师自己做研究时，准确率只能达到 60%，他因此抱怨道："投入和产出完全不成正比。"[33]

大多数专业领域都会涉及 IT 和大数据算法，包括放射科医师、会计师、中层管理人员、平面设计师乃至营销人员在内的各类知识型员工都已经非常强烈地感受到这一点：模式识别软件已经渗透到了各个专业领域。迈克·麦克里迪（Mike McCready）是一家名叫 Music Xray 的创业公司的负责人，该公司使用大数据与算法识别潜在的热门歌曲。在不到三年的时间里，该公司通过使用先进的软件对歌曲的结构与以前录制的歌曲进行比较，来评估其流行和打榜的潜力，从而为 5 000 多名艺人争取到了录音合约。他的公司还发现了许多不知名艺术家的歌曲，并准确地预测了他们能否成功，这一成就非常惊人。英国电影公司 Epagogix 也为电影业开发了类似的程序，以分析电影剧本是否可以拍成卖座的电影。[34]它在判定获奖者方面取得了成功，从而制定了电影业的算法评估标准票价。在未来，这些类型的预测工具将不再需要聘请昂贵的营销代理开展高成本的小组座谈和制定其他营销调研方案，因为这种传统做法在精度上远不如经过算法过滤的大数据。

大数据和算法甚至可以用来创作包含海量信息的闲谈式的体育评论。仅在赛后几分钟，美国一个地区体育有线电视和卫星电视网络 BTN 就利用算法创作出了原创评论帖，完全不再需要职业撰稿人。[35]

2011 年，人工智能取得了巨大的飞跃，以 IBM 前任董事长名字命名的 IBM 电脑系统 Watson 击败了曾经 74 次获得知名电视益智节目《危险边缘》（Jeopardy）冠军的肯·詹宁斯（Ken Jennings）。虽然这为 IBM 赢得了 100 万美元的奖金，但观众对此感到索然无味，因为他们眼睁睁地看着自己的电视节目英雄在无所不知的 Watson 面前败下阵来。Watson 是一个认知系统，正如对此引以为傲的 IBM 之父所述，它能够通过整合"自然语言处理、机器学习，以及假设生成与评估"来思考问题，并对疑问做出反馈。[36]

目前，Watson 系统已经被应用于具体的工作。IBM 医疗分析将利用 Watson 系统辅助医师分析存储有数以百万计患者的电子健康记录以及医学期刊的大数据，从而做出快速而又准确的诊断。[37]

IBM 的 Watson 系统计划的范围已经远远超出了研究领域，以及大数据后台任务管理的特殊需求。Watson 系统正在开拓个人助理服务市场，即企业和消费者可以通过文本输入或实时对话进行交谈。IBM 表示，这是人工智能第一次从简单的问答模式向复杂的对话模式转变，从而可以进行更多互动，同时还能够针对个别查询提供定制化的解答。[38]

人工智能科学家会告诉你，人工智能产业面临的最大挑战是突破语言障碍。在一种语言中，在理解复杂的隐喻和短语的丰富内涵后立刻用另一种语言复述出来，这可能是最复杂的认知任务，也是最独特的人类能力。多年来，我在演讲中或参加会议时都会使用译者，甚至在社交需要时也会请译者。他们对我的语言的理解能力非常强，对此我感到很惊讶。除了字面意思，他们还能理解我说话时的语气、语调，甚至面部表情和肢体语言，并且不假思索即可把我所要表达的意思和意图传达给别人。一般译者只翻译字面意思，其目的只是匹配两种不同语言的单词和短语。这样的翻译非常机械，意思混乱不清。最好的译者可以同时理解两个不同的认知主体，堪称艺术家。

零边际成本社会

152

THE
Z E R O
MARGINAL
COST SOCIETY

　　长期以来，我对人工智能可以打造最好的世界级译者这一设想一直持怀疑态度。然而，基于人工智能的最新进展，我们确实离那一天更近了。莱博智（Lionbridge）是一家为客户提供在线实时翻译的公司，可针对用户生成的内容为客户提供即时翻译，以实现不同语言之间的对话。它有一款名叫 GeoFluent 的软件，这是一种"软件即服务"的解决方案，通过使用微软的翻译技术，可以在 39 种语言之间互译。虽然 GeoFluent 的翻译技能还不如最好的译者那样纯熟，但是它已经足以打破语言障碍，让 1/3 同时在线的人真正实现全球对话，这在历史上还是第一次，促进了翻译向全球协作共享时代的过渡。[39]

　　在未来 10 年左右的时间里，商人、工人和游客都将配备有关移动应用程序，从而能够毫不费力地与使用不同语言的人在网上交流或面对面交谈。在 15 万—30 万名学历高且收费昂贵的译者中，大部分人会改行从事收银员、文员或者秘书的工作，因为人工智能所提供翻译服务的劳动力边际成本接近于零，这就意味着又一个专业工种的终结。[40]

　　我们的工作性质正在发生跨时代的变化。第一次工业革命结束了奴隶和农奴劳动；第二次工业革命极大地减轻了农业和手工劳动；第三次工业革命则正在终结制造业和服务业中的大多数有偿劳动，以及知识领域内的很大一部分专业性有偿劳动。

　　IT、电脑、自动化、大数据、算法和人工智能嵌入互联网，正在使生产过程和提供丰富多样商品及服务的劳动力边际成本快速下降，直至接近于零。在进入 21 世纪后，除非有意想不到的反作用，很多来自社会的生产性经济活动将越来越多地采用智能技术，仅需少数高度熟练的专业技术工人即可进行监督。

　　智能技术对有偿人力劳动和有偿专业工作的大量取代开始打破资本主义制度的运作模式。经济学家无法面对的是，当智能技术提高生产率，从而减少对人力劳动的需求时，市场资本主义将发生怎样的变化？对此，我们现在看到的是将生产力从雇用劳动力中释放出来。在这两者中，现在表现出来的关系并不是前者促进后者，而是前者削减后者。但是，在市场资本主义条件下，资本和劳动是互为条件的，那么如果只有少数人从事有薪工作，是否有足够的买家从卖家那里购买商品和服务呢？

首先，不断扩张的零边际成本经济将从根本上改变我们对经济过程的认识。业主、工人、销售商与消费者的旧有范式将被打破。消费者正在开始从事自我生产，从而消除了上述角色之间的差别。个人用户将在边际成本趋近于零的条件下越来越多地通过协作生产、消费和分享自己的商品与服务，这就带来了经济生活的全新组织方式，超越了传统的资本主义市场模式。

其次，市场经济各个领域的工作逐渐实现自动化，可以将人力劳动释放出来，并转移到不断发展的社会经济中。未来，在市场经济中，协作共享将和辛勤工作同样重要，而社会资本的积累也将和市场资本的积累同样有价值。衡量人生价值的标准将变为个人的社会归属感，以及对超越与意义的追寻，而非物质财富。

虽然这种说法听起来想入非非且遥不可及，但是要知道，数以百万计的年轻人已经开始从旧秩序中脱离出来，融入新的经济模式。在互联网时代，人们更愿意把自己看作积极的参与者，而非工人；更倾向于把个人属性看作才华，而非技能；更愿意在社交网络上展现自己的创意，而不是在市场经济中从事刻板的工作。对越来越多的年轻人来说，新兴的协同社会经济给予了他们挖掘自我潜力的机会，带来了比传统的资本主义市场更多的精神激励。（对于在资本主义市场经济下就业如何向社会经济协同共享迁移，第十四章将做更加充分的讨论。）

如果说蒸汽机将人类从封建束缚中解救出来，使人类在资本主

零边际成本社会

154

THE
ZERO
MARGINAL
COST SOCIETY

义市场经济中追求自身利益，那么物联网则把人类对市场经济的追求提升到了对协同共享的非物质共同利益的追求的高度。在接近零边际成本的社会，我们所需的基本物质将几乎全部免费。在以充裕为中心而不是以稀缺为中心的经济环境中，智能技术将充分施展自身的力量。在一个半世纪后，当我们的子孙回首大多数人在市场中就业的时代时会觉得难以置信，就像我们以现在的眼光看待从前的奴隶制和农奴制一样。仅用一个人所生产的物质产品和输出的服务以及物质财富来衡量其价值，这种想法显得非常原始甚至野蛮。在我们的后代所生活的高度自动化和高度依赖于协同共享的世界里，上述想法将被视为人类自身价值的损失，是非常可怕的。

第九章

産消者和智能经济时代的来临

在协同共享机制下，买卖双方都让位于产消者，产权让位于开源共享，所有权让位于访问权，市场让位于网络；信息制造、能源产生、产品生产和学生教育的边际成本都接近于零。于是问题出现了：既然新兴物联网能使上述一切成为可能，那么如何对物联网基础设施投资呢？（第十二章将单独论述如何监管接近于零边际成本的社会的问题。）

── **边际成本论战**

早在 20 世纪三四十年代，如何对基础设施进行投资的问题就已经出现。当时它被称为"边际成本论战"，并在经济学家、商界领袖和政府政策制定者中引发了一场争论。当时，该问题更多的是一个抽象问题。但是今天，它已经成为社会面临的重要的政治问题之一。我们对几乎零边际成本的社会进行投资的方式，将在很大程度上决定我们在 21 世纪剩余时间内组织经济、社会和政治生活的方式。

1937 年 12 月，已退休的计量经济学会主席、经济学家哈罗德·霍特林（Harold Hotelling）在学会年会上发表了一篇深奥的论文，论文标题为"与税收、铁路运价和最大利用率相关的公共福利"（*The General Welfare in Relation to Problems of Taxation and of Railway and Utility Rates*）。

霍特林在论文开篇中指出："获得最佳公共福利的条件是所有产品以边际成本销售"。[1] 当然，如果企业以边际成本销售它们的产品，它们很快会因为无法收回投资而被淘汰，因此，每个企业家都会将前期成本计入所销售的单个产品中。

然而，霍特林意识到，公共商品领域的一些商品并不存在竞争，因为每个人都有对公共商品的需求，例如道路和桥梁、水和污水处理系统、铁路、电网。这些公共商品通常是为开展其他经济活动而建设的基础设施，并且一般需要大量的资金投入。由于不存在竞争，这些公共商品更适合自然垄断模式。在路网、桥梁、供水和污水处理系统以及电力传输等方面开展竞争会造成巨大的资源浪费。

这就引发了一个问题：如何支付建设基础设施和制造公共商品的费用呢？霍特林认为，如果在使用基础设施时仅仅支付边际成本，那么公众将从中受益。鉴于此，建设基础设施和制造公共商品的最佳资金来源应该是公共税收。霍特林倾向于利用所得税、遗产税、土地增值税进行公共商品投资。他认为，如果政府将税收用于对非竞争性基础设施建设的前期投资，那么"每个人都会从中获得更多的好处"。[2]

霍特林以对桥梁收费与否为例进行阐述：

一座不收费的桥梁的建设成本并不会比收费的桥梁多，并且前者运营成本更低；此外，免费桥梁会更多地被利用，尽管社会必须以某种方式为其埋单，但整个社会也会因此获得更多效益。相比之下，收费桥梁则会导致一些人把时间和金钱浪费在绕行不收费道路上，更会使一些人就此放弃桥梁通行。[3]

霍特林承认，用税收支付公共商品开销可能会对一些纳税人产生影响，尤其是富裕阶层，其影响程度取决于税收的种类。举例来说，遗产税和地产税虽然能够增加公共福利，但会给全国最富裕的人群增加一些轻微的负担。

霍特林认为，政府收入应该"用来支付建设基础设施所需的固定成本，包括电厂、水厂、铁路，以及其他需要巨额固定资本投入的行业，以降低这些行业产品销售和服务的边际成本"。[4]许多当时的著名经济学家认同霍特林的观点，认为这是实现公共利益的最合理方法。

然而，也不是所有经济学家都赞同他。自由企业的众多传统提倡者认为，公共商品（尤其是构成基础设施的公共商品）不存在竞争，在这种情况下，市场上新增单位商品的平均成本将随着需求时间的增长而下降。他们认为，以"下降的平均成本"收费更加明智，这会在确保企业收回投资的同时避免政府干涉经济运转。

1946年，经济学家罗纳德·科斯（Ronald Coase）参与到边际成本论战中，通过特例的方法证明霍特林主张的社会补贴"可能导致生产要素分配不均、收入分配不均，而且可能造成一定的损失，而这些损失则是霍特林曾经极力避免的"。[5]

科斯认同霍特林关于"价格应该等于边际成本"的观点，但他同时认为价格应涵盖所有成本。他提出了一个分区定价方案，即公共商品或服务的使用者应该在边际成本的基础上为商品运输支付额

零边际成本社会

158

THE
ZERO
MARGINAL
COST
SOCIETY

外费用。这样，纳税人就不用为此埋单了，因为一些纳税人根本就不会用到这些公共商品或服务。科斯认为，分区定价能够涵盖边际成本和总成本。[6]

无须费力解释关于边际成本论战的细微差别，我只想说，科斯开启了推崇自由市场的潮流。在传统的无干涉市场理论中，自然垄断行业应该由私营机构控制，企业则应该制定高于边际成本的价格来收回投资，而政府不应该进行补贴。到1946年，"市场在不受干涉的条件下才能成功"的理论再次受到专家的青睐。现在，与此有关的争论仍然此起彼伏。华盛顿大学法学院教授约翰·杜菲（John Duffy）认为："总之，现代公用事业理论一般不建议使用普遍的公共补贴来迎合全球边际成本定价法则。"[7]

在现实中，许多反对政府补贴的市场经济学家认为，政府不应该对建设公共商品和服务的基础设施进行投资，自然垄断者应该采取高于边际成本的定价来收回固定成本。事实上，这种论调非常虚伪。他们一方面反对政府补贴，另一方面却对私营企业以近乎垄断的地位从事公用事业的现象视而不见，而大量政府税收补贴正是被这些私营企业收入囊中。

在美国，超过一半的联邦政府税收补贴流向4个行业：金融、公用事业、通信以及油气及其输送管道。除金融行业外，其余三者都具备公用事业的所有特征，可以归类于公用事业。2008—2010年，天然气和电力获得了超过310亿美元的政府补贴，通信获得的补贴超过300亿美元，油气及其输送管道则获得了240亿美元。[8]

事实上，在20世纪80年代解除管制和私有化浪潮之前，在大多数工业化国家，上述三个行业都归政府所有，并且由政府进行投资，这样消费者就能够以相对低廉的价格享有产品和服务。但是在美国，上述行业的很大一部分仍归私营机构所有。尽管电力和天然气这两项公用事业由政府监管，但是私营机构仍然能够以高于边际成本的金额定价，使他们在赢利的同时享受丰厚的政府补贴。

这些补贴还未包括政府以专利形式对知识产权所进行的保护。尽管最初的目的在于鼓励发明，以及促使企业家回收成本，但是长期以来，知识产权保护却一直发挥着其他作用：使自然垄断者能够对其提供的商品和服务享有再次垄断，从而以远高于边际成本的金额定价。

但是，随着互联网迅速崛起，维护信息安全的边际成本趋近于零，这一切也都将随之改变。接下来，随着太阳能、风能和其他可再生能源、3D打印"物体"以及在线高等教育取得丰硕成果，边际成本将持续快速下降。

物联网是史上第一个通用技术平台，它可以将大多数经济组成部分的边际成本降至接近于零。这就是边际成本论战对人类的未来如此重要的原因。能否发掘物联网的潜在本质，取决于谁为物联网平台投资。控制权之争已经在幕后展开，各地的管理委员会、法庭、立法机构、公司董事会、民间社会组织以及学术界都在试图获得这一权力。迄今为止，公众只接触到边际成本论战的冰山一角。随着年青一代不断成长，他们对经济前景的偏好也将逐渐显现出来，这种偏好将有可能改变边际成本论战的现状。

—— 第三次工业革命

现在的问题在于，一方面，从小习惯了开源访问和对等协作的产消者能否找到一种融资模型发掘新基础设施的潜力，以创造一个接近于零边际成本的社会；另一方面，采用旧有资本主义模式的企业能否使用知识产权保护、监管政策以及其他法律手段，迫使基础设施按照他们想要的方式运作，进而以远高于零的边际成本定价，并维持利润流。

两方面势力达成共赢的关键在于利益。在第一次和第二次工业革命期间，不断增长的私人资本使企业家阶层发展壮大，并获得了对关键基础设施的掌控，与此同时，该阶层也掌控了立法、司法及行政监管权。尽管政府对大量基础设施及其周边关键行业进行了补贴，但是真正实施运作的却是私人资本，至少在美国是如此。如前所述，在欧洲和其他地方，很多重要的基础产业都归政府所有，特别是那些提供非竞争性公共产品的产业，这种情况一直持续，直到里根/撒切尔推动将国有企业抛售给私营机构的大管制解除时代。在鼓励自由市场的幌子下，抛售持续了将近30年。

然而，物联网基础设施的资金来源则有所不同：来自富裕资本家和公司股东的资金并不多，大部分资金来自数百万消费者和纳税人。首先，让我们从物联网基础设施的通信媒介——互联网说起。谁是互联网的拥有者？实际上，可以说每个人都拥有互联网，也可以说互联网不属于任何人。互联网系统构建于一系列协议之上，计算机网络则能够通过这些协议实现相互交流。尽管互联网的物理网络（互联网骨干网）是由一些大公司通过铺设电缆、提供有线和无线连接、流量路由以及数据存储等建设起来的，但这些公司仅仅是供应商和推进者。此外，还存在一些网络公司和非营利的网络组织为互联网提供内容服务。然而，互联网本身是一个虚拟的公共广场，任何可以支付互联网接入费用的人都可以进入这个广场，并加入对话。互联网已经将27亿人连接起来，在那里，访问和发送各种形式信息的边际成本都接近于零。[9]

互联网正在将分散的可再生能源整合起来，以创造新经济模式的神经系统，因此，问题就转换为：谁在投资物联网？总的来说，不断发展的智能基础设施（尤其是能源互联网）是由消费者投资的，还有少量由政府投资，主要是为了刺激新型应用技术的研究和开发。

绿色入网补贴已经成为推动分布式可再生能源的主要手段。为了鼓励早期应用者投资并安装风能、太阳能、地热能、生物能以及小水电可再生能源发电设备，并将绿色电力回输到电网，地方、区域和国家的各级政府都在力争提供高于其他能源市场价格的溢价，其期限一般为 15—20 年。随着越来越多的个体将其生产的可再生能源入网，整个行业的规模不断扩大，吸引了来自制造商的新投资进入，创新了电力回收技术，提高了效率和生产力，降低了成本，而所有这些都刺激了市场的进一步成长。

效率和生产力的提高降低了可再生电力的发电成本，使得绿色能源电力价格逐渐降低，接近了传统的化石燃料和核燃料电力的市场价格。随着新型可再生电力价格接近平价，政府可以逐渐削减对其的补贴，并在该电价真正达到平价时取消所有补贴。

目前，已经有 65 个国家实行了入网补贴，其中半数为发展中国家。[10] 事实证明，入网补贴是促进可再生能源入网的有力政策。全球接近 2/3 的风能发电和 87% 的光伏发电都得到了入网补贴。[11]

入网补贴资金要么来自月付电费账单上的小幅增长，要么来自税收。换句话说，要么是电力公司将因电价提高所产生的额外负担转嫁给可再生能源的消费者，要么是纳税人经由政府税收支付入网补贴费用。在实施入网补贴的早期，大型太阳能和风能公司最有可能从入网电价溢价中获益。它们通过建立大型集中式太阳能和风能发电站获取利润，收益则来自分摊到数百万小规模电力消费者头上的上涨电价。有时，电力和公用事业公司甚至建立自己的子公司来生产风电和太阳能电力，加上溢价后再回输给母公司，最后全部由公司的电力消费者埋单。这种方式使公司从数百万用户的电价差额中获利。

然而，公众逐渐意识到了企业的"敲竹杠"行为，也意识到了自身有机会成为集生产和消费绿色电力于一身的产消者，这使数百万小企业主和家庭用户成为向分散式可再生能源转变的推动者。

零边际成本社会

162

THE
Z E R O
MARGINAL
COST SOCIETY

在承担入网补贴的同时，数百万电力消费者也开始获利，而且此类消费者的数量还在不断增长。此外，他们还将自己的钱投资到可再生能源就地收集技术上。尽管前期投资巨大，但他们已经开始获得银行和信用机构的低息绿色贷款。贷款人愿意降低利息来发放贷款，因为将绿色电力回售给电网的溢价非常可观，可以确保贷款得以偿还。

从能源消费者向产消者的转变成为电力生产和使用方式的转折点。20世纪，大型石油、煤炭及天然气公司经常勾结银行和其他金融机构，怂恿政府进行补贴，因此，他们有能力聚集和运作巨额的金融资本，从而获取国家电力供应的控制权。今天，电价上涨为入网补贴提供了资金来源，利用入网补贴，数百万小企业发起了它们自己的可再生能源革命。

目前，德国正在引领欧洲迈向绿色电力。截至2011年年底，德国意昂集团、莱茵集团、巴登符腾堡能源集团、瑞典大瀑布电力公司等传统的大型电力和公用事业公司仅占可再生发电装机容量的7%，而个人则"拥有40%的可再生能源发电量，能源利基市场参与者占14%，农民占11%，各种能源密集型产业公司占9%，金融公司占11%，小型区域公用事业公司和跨国公用事业公司占剩下的7%"。[12]德国近半数的风力涡轮机由当地居民拥有，[13]其他欧洲国家的有关模式也与之类似。消费者正在变成产消者，生产自己的绿色电力。

法国燃气苏伊士集团的CEO热拉尔·梅斯特拉莱（Gérard Mestrallet）说，仅在10年前，欧洲的能源市场还被屈指可数的区域性寡头公司所垄断。梅斯特拉莱说："那些日子已经一去不复返，现在的一些消费者已经成为生产者。"[14]德国莱茵集团的CEO彼得·特里姆（Peter Terium）肯定了欧洲供电模式从集中式电力到分布式电力的大规模转变，他说较大的电力和其他公用事业公司"必须认清事实，转变思想，从长远来看，常规发电的赢利能力将显著低于近年来我们所看到的水平"。[15]

假如10年前有人声称欧洲大型电力和公用事业公司将纷纷崩溃，同时，数以百万计的小型分布式可再生能源微型动力的参与者将开始为电网输送他们自己生产的绿色电力，这一定会被斥为无稽之谈。而现在形势真的变了。"这是一场真正的革命。"梅斯特拉莱说。[16]

消费者和小企业主不仅通过上涨的电费和税收承担起了绿色电力入网的成本，还承担起了扩建能源互联网的大部分成本。就在最近，美国政府动用了34亿美元联邦复苏法案基金，同时向私营部门筹措相等或更大数额的资金，并最终将筹集到的78亿美元用于支持电网现代化。[17]如果你觉得这个数额听起来很大，那么不妨考虑一下每年因低性能和低效率电网导致的电力中断、限电、停电给企业和消费者带来的损失。"电力损耗和中断……导致美国人每年至少损失1 500亿美元，相当于每人损失500美元（包括男人、女人和儿童）。"[18]

在美国，地面以上仍有许多老旧的输电线路，而电线则挂在腐烂的木头电线杆上，这成为电力中断的一个重要原因。由于气候变化，越来越多的极端天气不断出现，包括冬季的暴风雪、春季的暴雨和洪水、飓风等，这些都导致输电线路的断裂频率大大增加，从而造成大范围的电力短缺和电力中断。电力损耗曾经只是偶发事件，但现在在美国大部分地区，电力损耗已经成为常态，其原因也是极端天气对老旧、下垂的输电线路的无情侵蚀，事实上，这些输电线路早就应该埋入地下。但这些还不是全部问题，"全部用电量的10%以上消耗在低效转换上"。[19]部署安全、数字化、分布式的现代智能地下电网将极大地降低电力损耗、减少电力中断，同时提高输电线路的传输效率。

美国电力行业的非营利性智库 EPRI（美国电力研究协会）进行的一项研究预计，为了逐步建立国家能源互联网，在接下来的 20 年里，每年需要花费 170 亿—240 亿美元，总花费高达约 4 760 亿美元。[20]这看起来耗资巨大，但考虑到经济回报，也不算太过昂贵。这个数额约等于美国国防部每年建造两艘新航母所需的花费，或者从能源领域来说，该数额相当于荷兰皇家壳牌集团 2011 年全年的收入（4 700 亿美元）。[21]

然而，美国电力研究协会估计的金额可能太低了。它只计划通过安装智能仪表，以及铺设更多电力线路等廉价、简单的方式实现能源互联网的智能化。其他研究指出，考虑到还需要能源存储、机器布线、设备、电网温度控制器，以及对能源互联网中成千上万节点反馈回来的大量数据进行管理的费用，建设国家能源互联网所需金额将高达 2.5 万亿美元。瓦茨拉夫·斯密尔（Vaclav Smil）是一位卓越的能源分析师，他提醒我们，这个数字还不包括替换现有的化石燃料电厂和核电厂所需的至少 1.5 万亿美元的费用。[22]

但是，现实情况可能是：建设时间将持续 30 年以上，投入资金在 1.2 万亿美元左右。电力公司将通过提价的方式将建设能源互联网的部分成本转嫁到消费者身上。当然，涨价幅度会很小，而且易于管理。其余的成本将被地方、州和联邦政府以直接支出、补贴、奖励、减免等方式承担。这种私营和公共组合的投资方式，也是第一次和第二次工业革命期间通信／能源基础设施建设的融资方式。

美国电力研究协会的研究表明，部署大陆范围的能源互联网将给消费者带来更多节能效益，这一金额高达两万亿美元左右，足够收回建设基础设施所花费的前期费用。[23]然而，这两万亿还不包括将所有经济活动纳入智能网络化的物联网基础设施所带来的因潜在生产力显著提升而产生的效益。这种智能网络化的物联网基础设施不断使用大数据反馈和最新的分析方法和算法，在社会的每个角落提高热力学效率和生产力。如前所述，总体能源效率从第二次工业革命时期 14% 的水平急剧提高到第三次工业革命时期的 40%，与此同时，生产力也有所提高，这些都将使我们更接近零边际成本社会。

当前，有 14 个国家正在建设智能电网。在多数情况下，能源互联网的资金来自提高的终端消费者电价，以及居民及企业的税款。大部分资金花在了重新配置电力线路，建设变电站，以及组成物理操作系统的其他硬件设备上。[24] 剩余的大部分资金则将投入智能通信技术。智能通信技术用于协调由数百万独立产消者生产、存储和分享的复杂的绿色电流。

正如第五章所述，每栋建筑的每个设备上都将安装连接到物联网的传感器和软件，从而将电力使用的实时信息反馈给产消者和网络的其他环节。整个网络可以感知每台设备的即时耗电量，这些设备包括温度控制器、洗衣机、洗碗机、电视机、吹风机、烤面包机、烤箱、电冰箱等。持续的信息反馈使产消者可以对自己的电力使用情况进行编程优化。同时，由于系统的分布式和协作化特点，成千上万的能源参与者以能够优化整个网络的方式共享电力。例如，大量的能源产消者可以对他们的节点进行预编程，以形成一个自愿式的系统，这样，当某个地区热浪来袭，出现空调用电需求高峰时，各家的温度控制器会自动调高一两度，洗衣机会自动切换到较短的漂洗循环，以节约电力，使得系统在电力需求增长的情况下保持稳定。为电网提供帮助的产消者将在下一张电费账单中获得电费抵免。

公用事业公司急于从智能电网中获利，并倾向于控制整个网络的通信。由于成本转嫁到了消费者每月的电费中，大量安装在建筑中的智能电表实际上最终是由消费者埋单的，尽管如此，这些仪表

零边际成本社会

166

THE
ZERO
MARGINAL
COST SOCIETY

的所有权却属于公用事业公司。通过锁定对管理能源互联网至关重要的通信设施，公用事业公司可以阻止大量企业和家庭用户从自己投资的智能电力系统中获利。

但他们的努力很可能会失败。因为数十家公司正在进入市场，他们带来了全新、有网络连接的智能能源设备，使产消者可以连接他们建筑中的每一台设备，并通过无线网络与电网进行通信。[25] 戴夫·马丁（Dave Martin）是 Intwine 能源公司（美国一家致力于无线电网连接的初创公司）的总裁，像其他推崇能源互联网无线接入的人一样，马丁注意到了用分布式、开放的、协作式的横向模式绕过老旧的、中心化的专有通信方式背后的机会：

> 我们相信，较之于必须依赖专用、封闭的系统，为家庭配备宽带，使其有能力接入现有的互联网并使用互联网，这会为家庭和公用事业带来显著的益处。[26]

马丁指出，使用无线网络和远程设备对能源互联网上的能源进行编程、管理和调度，具有灵活性、移动性和简洁性的特点，并且能够降低成本。他这样解释无线智能电网连接背后的原理：

> 我们的系统能够加强家庭用户和公用事业之间的合作。成果是：能源用户可以根据个性化生活方式定制自己的能源管理措施，而能源生产者无须建设和部署专门系统，即可满足管理需求。
>
> 无线网络设备将使成千上万的人直接控制自己的能源生产和消费，使他们能通过大陆能源互联网将能源管理的边际成本降低到接近于零。[27]

将整个社会基础设施推向第三次工业革命，这令人望而生畏，但它并不比第一次和第二次工业革命可怕。前两次工业革命都在 40 年内开花结果。而这一次工业革命的进程很可能演变得更加迅速，在很大程度上，这是因为互联网具有全球互联性，其使数十亿人积极参与新的通信／能源矩阵构建活动成为可能。这种参与范围非常广，可以使能源互联网的横向扩张速度加快，甚至达到过去 20 年来互联网的指数增长速度。

── 清洁网络

年青一代的社会企业家正在通过运用社会化媒体，鼓励他们的同龄人像加入互联网一样参与到能源互联网中。在这个过程中，他们正在创造新技术，以释放物联网基础设施固有的热力学效率和生产潜力。

"清洁网络"运动是始于 2011 年美国和世界各国的草根运动。两个年轻的风险资本家苏尼尔·保罗（Sunil Paul）和尼克·艾伦（Nick Allen）在麻省理工学院技术评论网站上这样阐述清洁网络的愿景：

> 我们相信下一个机会就是我们所说的"清洁网络"，它是一种清洁技术，能够利用互联网、社交媒体和移动通信改变我们消耗资源、联系世界、相互影响和追求经济增长的方式。[28]

清洁网络运动（也被称为能源 IT 或清洁 IT）可能会以闪电般的速度驱动变革。当这场变革将传统商业实践边缘化的时候，商业领袖们会对他们的一败涂地感到疑惑，就如同当互联网时代开始创建应用程序并使用社交媒体分享音乐、视频、新闻和信息的时候，大部分传统媒体和娱乐产业都遭到了无情的淘汰。

为了理解这种变化发生的速度，我们需要退一步考虑，看看"扎克伯格法则"。该法则以 Facebook 的创始人马克·扎克伯格的名字命名。扎克伯格发现：社交媒体的指数曲线类似于摩尔揭示的计算能力，以及斯旺森揭示的太阳能技术。扎克伯格用 Facebook 的内部集成数据计算出网络共享信息量每年翻番，而且这种势头在可预见的未来仍将保持。廉价电脑和移动设备数量激增，使人们更易于通过社交媒体分享我们日常生活的每一刻。例如，Spotify（声破天）音乐流服务可以将用户听过的每首歌自动发布在 Facebook 上。在其推出的前几个月，15 亿段"音乐"通过 Spotify 和其他应用程序被共享。现在，iPhone 推出了一个"找朋友"的应用，iPhone 可以追踪一个人的位置，并将之分享给网络中的其他人。[29] 越来越多的类似应用程序使人们能通过能源互联网合作生产，并共享绿色电力。

"清洁网络"运动还在世界各地举办周末比赛。这些活动将促进软件开发人员、社会企业家以及环保主义者的深入合作，以建立应用程序，让数亿人参与到能源互联网中来。奖项会颁发给最佳应用程序的开发人员。

在纽约清洁网络大赛上，数百名开发人员被分为 15 个团队。经过 28 小时的紧张工作，他们研发出了通过使用网络技术管理绿色能源的创新型应用程序。纽约清洁网络大赛的获胜者是一个名叫 Econofly 的团队，在他们的网站上，消费者可以比较电器的能效评级；Parkifi 是另一组获胜者，其应用程序帮助用户找到在纽约提供 Wi-Fi（无线局域网）接入的公园信息；第三组获胜者是 nycbldgs.com，他们使用纽约能源数据绘制所有市政大楼的地图，并按照能源使用和二氧化碳排放量来排名。该应用程序的目标是识别那些可以被改造和转换成微型电厂的建筑物，也就是那些可以突出绿色设计和能源效率的"最佳"建筑物。[30]

"清洁网络"运动背后的理念是运用通信技术、互联网和社交媒体等手段，将志趣相投的人聚集到一起，共同创造横向规模经济，提高能源利用效率，并引入可再生能源技术。这意味着能效信息的收集过程被简化，从而使投资可再生能源技术更容易且更便宜。

美盛公司是一家清洁网络公司，利用基于网络的大众资金，在屋顶上安装太阳能电池板。有趣的是，可再生能源成本主体并非太阳能电池板本身（它们越来越便宜），而是包括寻求客户、网站评估以及融资在内的软成本。在美国，太阳能公司大约需要花费2 500美元来争取一个新客户。据估计，IT解决方案（利用社会化媒体）能够使太阳能的成本下降75%，变得比煤炭还便宜。[31]

"清洁网络"运动获得了大数据的支撑，此项支撑来自美国联邦政府发起的"绿色按钮"计划。这项计划于2011年启动，它鼓励能源和公用事业公司自愿提供实时能源使用数据。而这一计划之所以能够实现，得益于安装在数百万家庭和企业中的智能电表。智能电表是能源互联网基础设施中至关重要的数据收集点，公司客户可以下载数据以获得自己需要的信息，以便更有效地管理能源的使用。不到一年时间，即时访问能源使用数据的客户数量已经飙升到3 100万。[32]

Opower、埃创集团、First Fuel Software、Efficiency 2.0、EcoDog、贝尔金公司和Honest Buildings等公司正在争先恐后地开发新的智能手机应用程序和网络服务，通过使用"绿色按钮"数据，确保用户能在未来掌控自己的能源使用情况。[33]

这些个人能源使用数据的价值正在被社交媒体放大。研究表明，金钱往往不是改变人们能源使用方式的关键因素。相反，改变一个人能源使用习惯的因素在于为营造可持续生活而合作的意愿，以及对行使集体权利理念的认同。

在社会化媒体上共享能源数据，开启了探讨能源管理途径的新方式。共享能源，提醒对方采用新应用以提高能源效率，合作并集中安装能源设备以使可再生能源更便宜，或通过友好竞争寻找乐趣，这一切都将使可持续发展支持者的全球社区逐步壮大。

2012年，Facebook与美国自然资源保护委员会、Opower等

零边际成本社会

170

THE
ZERO
MARGINAL
COST SOCIETY

16个公用事业公司合作推出了"社会能源应用"。参与者可以在Facebook的绿色能源应用或Opower网站上注册。应用程序从用户的能源清单上收集数据，经过一系列计算后，它会显示各个家庭在全美类似家庭中的能源使用情况排名，同时也可以显示其在Facebook好友中的排名。参与者不但可以与他人比较以提高能源利用率并减少能源使用量，还能通过建立兴趣小组探索各种绿色能源计划。社会能源应用还为所有参与者提供提示和平台，从而为其能源共享建议提供帮助和支撑。Facebook可持续发展项目经理玛丽·斯科特·琳恩（Mary Scott Lynn）说："应用程序旨在使能源节约社会化，并构建一场有关节能技巧的对话，而这样的对话之前从来没有过。"琳恩认为："在之前创建在线能源社区的尝试中，缺少的就是增加环保行动的社会属性。"[34]

"清洁网络"运动把信息技术、互联网、移动通信和社交媒体与可再生能源整合到一起，创建了一个强大的组合。这一新运动的先驱们已经看到了网络通信与可再生能源融合所产生的重大意义。多米尼克·巴索托（Dominic Basulto）说："当绿色能源满足摩尔定律时，试想'清洁网络'会发生什么神奇的事情吧。"他在"大思想"博客中写道：

> 社会创业者曾经认为，"清洁技术"和"网络"是两个非此即彼的投资方案，但现在可以实现两全其美：未来可以在投资太阳能公司的同时投资网络或手机。在过去的20年里，原始计算能力迅速增强，但愿硅谷也能以同样的速度迅速扩大清洁网络规模，这是十分可行的。[35]

免费 Wi-Fi 共享

产消者未来会自费生产绿色能源，并使用自有无线设备监控能源的使用和分配。随着共享免费 Wi-Fi 的推出，以近乎零的边际成本实现上述设想又向现实靠近了一步。2013 年 2 月，美国电信行业的监督机构 FCC（美国联邦通信委员会）投下了一枚"炸弹"。委员会发表了一份提议，即在美国创建"超级 Wi-Fi 网络"，所有人都可以免费使用。FCC 计划要求电视台和其他广播公司将未使用的频段重新卖给政府，这样，这些频段就可以重新应用于公共 Wi-Fi 网络。重新使用的广播频率的传播范围能达到 1.6 千米或更远，可以穿透墙壁和障碍物的阻隔，用户可以通过互联网使用他们的手机打免费电话，家庭和企业也可以免费使用 Wi-Fi 连接，这使上网费用大幅降低。[36]

利用通信零边际成本管理接近零边际成本的可再生能源，这会为社会构建物联网基础设施和改变经济模式提供关键的操作平台。FCC 富有争议的提议使得美国电信公司的无线运营商与同等实力的互联网企业相互对峙，前者包括美国电话电报公司、德国电信的子公司 T-Mobile、英特尔和威瑞森等，后者包括谷歌和微软等。前者已经支付了数十亿美元，用于获得 FCC 频谱许可证，但是免费 Wi-Fi 将导致其面临亏损 1 780 亿美元的严重风险。[37] 后者则认为免费 Wi-Fi 连接将促使"数以百万计的设备接入网络，并形成未来物联网"。[38] 谷歌已经开始在曼哈顿的切尔西街区和硅谷附近社区提供免费 Wi-Fi 服务。[39]

行业分析师预测，免费的 Wi-Fi 服务"可以取代无线运营商服务"。[40] FCC 也有类似的看法，FCC 的一位官员说："我们希望我们的政策更关注终端用户的利益，而不是运营商的利益"。[41]

FCC 的提议是过去 10 年技术快速进步的结果，技术已经将电磁频谱这种稀缺资源变成了具有无限潜能的资源，就像封存在地球上的太阳能、风能和地热能一样。当 20 世纪 20 年代出现广播时，如果两个或两个以上的广播电台在使用相近或相同的频率，那么这

零边际成本社会

172

THE
Z E R O
MARGINAL
COST SOCIETY

两个频率就会中断或干扰彼此的信号。到 1927 年，无线电广播数量激增，导致无线电接收混乱，这迫使国会制定并通过了无线电法案，建立联邦无线电委员会，以明确哪些频段可以使用，并确定频段的使用者。[42] 1934 年，后续通信法案赋予了新成立的 FCC 频谱分配的权力。[43] FCC 承担频段管理的责任，这意味着分配给每家广播公司的是一个特定的、独立使用的频率。由于频谱本身是一种稀缺资源，所以也被视为一种有价值的商业资产。

现在，无线通信管理的新技术使得频率不再像过去那样稀缺，广播通信的本质正在发生变化。智能天线、动态频谱接入、认知无线电技术以及网格网络等新技术不断涌现，通过更有效和更灵活的使用方式，将频谱扩展为丰富的资源。新技术可以集中传输信号，将信号仅传送给用户天线，从而避免与其他天线之间发生干扰。它们可以感应到其他传输，并共享未使用的频谱。它们还可以扫描频谱，寻找暂时未使用的频点并加以利用。在无线网络中，无线电接收器甚至可以互相协调信息，允许并行传输，以及优化特定的时间槽。

一份由 NTIA（美国国家电信和信息管理局）于 2010 年发布的关于未来使用非授权频谱的报告表明："当这种技术可用时，射频频谱的容量将呈指数增长，并且增长多个数量级。"[44] NTIA 报告得出的结论是："如果连这么小的潜在可能都能成为现实，那么当今的频谱短缺概念就可能会消失，而拥有许可证的传统频率需求也会发生显著改变。"[45]

许多业内人士说，新技术将使电波"极大丰富，以至于政府没有理由定量分配频谱的访问权，或为某些服务商提供优先权"。[46] 在不久的将来，每个人都将能够通过丰富的免费无线电波进行通信，正如我们将免费分享丰富的太阳能、风能和地热能一样。

开放式的无线 Wi-Fi 通信互联网将很快超越传统的授权有线

通信。网络流量分析公司康姆斯科的一项研究发现："2011 年 12 月，在美国，有 40.3% 的移动互联网连接，92.3% 的平板电脑通过 Wi-Fi 连接互联网。"[47] 更有趣的是，思科公司的一份报告发现：只有 35% 的移动数据是在"移动"中使用，而 40% 是在家中使用，25% 则是在工作中使用；[48] 在 2012 年，33% 的移动数据通过 Wi-Fi 进行传输。思科公司得出的结论是，在 2017 年，这个比例将超过 46%。

开放式无线 Wi-Fi 通信的影响将在智能电网中表现得越发明显。无线服务在智能电网通信中的占比已经达到了 70% 以上。[49]

在未来几年，通过免费 Wi-Fi 网络使用无线连接，这很可能成为美国乃至全球的一种常态。即便传统有线运营商对此表示反对，但考虑到 Wi-Fi 网络对人类发展的巨大作用，也必须对其加以利用。对 21 世纪中叶的年轻人而言，通过集中有线通信互联网进行通信的概念即将成为历史。

—— 超越政府和市场

现在，我们面临一个很难理解的新现实。以前，我们一直认为经济资源是稀缺的，以至于我们很难相信经济过剩的存在。但是，事实确实如此。新通信技术把广播频谱从稀缺资源转变为过剩资源，信息、可再生能源、3D 打印和在线高等教育也是一样。然而，通往经济过剩的路上荆棘密布，对协同时代的到来构成了威胁。找到一种新的管理模型，从而将社会带入新时代，这是一项挑战，而这种探寻将我们带回边际成本论战。70 年前，两位著名的经济学家为此持续争论了很久。霍特林和科斯对社会管理模式持两种不同的态度，霍特林强烈主张由政府管理公共基础设施产品，而科斯则支持由市场来管理。

命运就是如此，科斯的非凡成就帮助他在边际成本论战后获得了诺贝尔经济学奖，该成就恰恰是关于频谱私有化的论文。他主张将全部频谱一次性售出，供商业企业专有使用，或在市场上进行交易。

科斯认为，与政府监管机构和官僚机构相比，市场是一个更加有效的资源分配途径。或者，按照今天的说法，"政府不应该在商业中选择赢家和输家"，这不仅因为它缺乏即时市场信息，无法判断卖家和买家创造的市场价值，而且因为政府决策者还可能受到特殊利益的驱使而以权谋私。

大多数经济学家赞同科斯的观点，FCC 也最终开始采纳科斯的观点，即将频谱授权分配给公共拍卖中出价最高的人。[50] FCC 拍卖租赁的做法并非毫无私利。从纯粹的金融角度来看，政府认为，出售宝贵的频谱可以为联邦资金带来数十亿美元的收入，因此，这远比免费要有意义。他们的想法是通过出售频谱租约，使政府和私人企业从中受益。

然而，双赢的合作基于一种假设，即频谱是一种稀缺资源，因此也是一种非常有价值的商业资产。随着新技术的引入，这种假设在 20 世纪 90 年代末开始崩溃，因为新技术将频谱从稀缺资源转变为过剩资源。工程师认为，即便频谱不是无限资源，那也无疑是一种尚未被开发潜能的可再生资源，它的使用成本几乎为零。

社会评论家和一小群有影响力的经济学家则抓住了频谱过剩的机会，开始从社会条件的角度讨论相关框架建设。他们认为，拒绝赋予数百万的人以接近于零边际成本相互沟通的能力，相当于剥夺他们的言论自由。毕竟，今天，在美国和世界各地，沟通都是通过电子邮件、智能手机和平板电脑完成的。在协同共享时代，由于人们之间越来越多的通信交流，Facebook 和 Twitter 等社交媒体将成为不可或缺的沟通手段。

包括哥伦比亚大学的伊莱·诺姆（Eli Noam）、哈佛大学的尤查·本科勒（Yochai Benkler）和宾夕法尼亚大学沃顿商学院的凯文·沃巴赫（Kevin Werbach）在内的新一代学者都赞同传统市场经济学家的观点。他们都认为，FCC 监管无线电会导致低效和浪费。但他们不认同科斯的观点，即认为市场管理是替代政府监管的唯一可行的办法。他们认为，如果将剩下的频段出租或出售给私营领域，电信巨头将囤积大量频谱，从而形成垄断，这就增加了电信巨头对全国通信渠道的控制力度，剥夺了数百万产消者和数十万企业的免费通信权利，以及与之相关的经济、社会和政治利益。他们支持第三种替代方案，也就是使国家通信脱离政府和市场的控制。他们称之为"协同网络"的新管理模式。网络活动家谈论的不是昔日封建老祖先们的共有权，而是一种高科技的、21 世纪的共有权。它可以对分布式的、点对点对等的、基于物联网的横向规模经济进行管理。该网络化的共有权将成为全新协同经济时代的管理机构。

他们所倡导的方案远远超出了频谱管理的范畴。因为 IT 计算、无线通信和互联网技术越来越多地被用于组织和管理信息、绿色能源、电力、3D 打印、网络高等教育、社会化媒体营销，以及清洁运输和物流，网络协同已经成为对物联网各个组成部分进行管理的模型。虽然新数字时代的民众都不希望政府或市场突然萎缩，但他们已经看到政府和市场向第三种替代方案做出了让步，在接近零边际成本的世界，第三种方法将在管理各个地区以及地区经济、社会和政治事务中发挥日益主流化的作用。协同共享的经济模式已经登上世界舞台。

THE ZERO MARGINAL COST SOCIETY

第三部分　协同共享时代的到来

第十章

‖

共享的喜剧

　　尽管大部分人对共享管理（参见第一、二章）知之甚少，但这一名词的出现远远早于资本主义体系的出现，并且在封建和中世纪时代，共享管理就已经被证明是管理经济生活的一种有效方式。然而，这个词现在被曲解了，从最初启蒙运动中的哲学家到近代传统经济学家，大多数专家学者都在致力于用普遍存在的私有财产制度和市场交换模式来替代它。

　　1968 年，加勒特·哈丁（Garrett Hardin）在《科学》（*Science*）杂志上发表了一篇名为《公地的悲剧》（*The Tragedy of the Commons*）的论文，虽然这篇论文彻底否定了共享，但这可能是当代最为大众所熟知的关于共享的论述。哈丁是美国社会生态学教授，就职于圣巴巴拉市的加利福尼亚大学。他提出了"对所有人开放"的牧场这一假设。在这片牧场上，每个牧人都会竭尽所能放养尽可能多的牛，以获取利益。然而，如果每个牧人都抱有这样的想法，他们就会自食草场退化的恶果。而且随着牧场状况进一步恶化，牧民之间的冲突也随之升级，他们都试图在草场成为不毛之地前最大限度地使用牧草。为眼前利益而进行短期竞争，必然导致资源缩减。哈丁写道：

> 这是一个悲剧。每一个人都受困于这样一种想法，即强迫自己无限制地增加牲畜的数量。然而在现实世界中，资源是有限的。在一个所有人都认为共享资源可以自由支配的社会，人们都追求自己的最大利益，结果所有人的利益都会受到损害。共享自由将给所有人带来毁灭。[1]

由于"搭便车困境"的存在，即使牧场被一些牧民尽心维护，共享的悲剧也不可避免。也就是说，如果牧场对所有人开放，且有一部分人试图管理资源，那么其他使用者将利用管理者的善意见缝插针地放养更多的牛，却不会付出哪怕最小的努力来护理草场。如果使用者的破坏力超出管理者的维护能力，那么结果就是共享的毁灭。

据此，哈丁得出了这样一个悲观的结论："共享实在太恐怖，根本不需要将其作为一种方案去考虑。"[2] 作为一位热心的生态学家，哈丁确信如想恢复地球日益恶化的生态系统，唯一有效的办法就是实施政府集中指挥和管控。他写道：

> 如果要在一个拥挤的世界里避免被毁灭，人们必须响应一种在个人心理之外的强制力，借用霍布斯（Hobbes）的话来说，就是"利维坦"（霍布斯文学作品里的一个海怪）。[3]

哈丁关于共享的描述确实是伟大的真理，但是他忽略了共享中最显著的因素，即成员约定的自我调节和自我执行的协议，以及相应的惩罚措施，而这些协议和措施则是参与共享的前提条件。如果没有这些协议和惩罚措施，共享的悲剧即使并非无法避免，也是很可能发生的。换句话说，哈丁忽视了管理因素。

让我觉得奇怪的是，哈丁认为共享是释放当代社会贪婪和毁灭的祸根。事实上，资本主义体系才是贪婪和毁灭的罪魁祸首，它过度疯狂地追求利润，且由政府主导制定殖民和新殖民政策，并驱动了市场导向的形成。18—20世纪，资本主义体系导致了发生在发展中国家的大规模资源掠夺和剥削。

── 重新认识共享模式

直到最近，经济学家和历史学家才重新把共享看作一种独特的经济模式，这种模式曾被认为与封建社会有着密不可分的联系。然而，在过去的25年里，年青一代的学者和实践者开始重新审视共享这一管理模式。他们发现，如果重新研究和更新它的指导原则和假设，也许可以为经济转型提供一种更实用的组织模式。在这种模式中，商业的集中指挥与管控让步于分布式的横向扩展对等生产。与在网络中获得可分享的商品和服务相比，在市场中进行产权交易的重要性正在不断降低，在经济生活方面，与市场资本相比，社会资本的价值正在不断增加。

在哈丁发表这篇论文后的18年里，共享似乎被彻底判了死刑。然而，1986年，美国西北大学法学教授卡萝尔·罗丝（Carol Rose）在一篇题为《共享的喜剧》（*The Comedy of the Commons*）的文章中抨击了哈丁的观点，使得曾经被断定为没有生命力的共享重新焕发了生机。她充满激情的严谨反击震撼了学术界，也带动了共享的相关学术和实践的再次兴起。

罗丝教授一开始就提醒她的读者，不是一切事物都适用于私有制。例如，大海、涨潮后被淹没的土地、湖泊和河流、森林、峡谷、山口、空地、乡间小道，以及我们呼吸的空气等都具有公共物品的性质。尽管这些都可以在市场中以产权交换的形式实现私有化，但在更多时候，它们都是受政府监管的（虽然并非总是如此）。罗丝指出：

> 在纯粹的私有财产和政府控制的"公共财产"之外，还存在一种截然不同的"天然公共财产"，这种财产既不完全由政府控制，也不完全由私人控制。（这种）财产被集体"享有"，并由整个社会"管理"，事实上，其主张独立于乃至超出任何政府管理者的管理范围。[4]

在法律范畴内，这些主张被称为惯有要求权，存在于英、美和世界各国的法律中。这些权利是实际存在的，比如一个社区有权使用公共土地饲养家畜，从本地的森林中获取木材，从沼泽、田地里取得泥炭和草皮，在本地小溪里捕鱼，使用"共享财产"为节日做准备等。有意思的是，这种惯有要求权经常附带有正式或非正式的管理协议，以确保对共享财产的妥善管理。

已故的多伦多大学教授克劳福德·麦克弗森（Crawford MacPherson）是 20 世纪产权历史方面的权威专家之一。他指出，人们习惯于把财产权视为私有的排他性权利，以致忽视了有关财产的一个古老的概念，即使用共同财产的惯有要求权，比如在水道里自由航行、沿着乡间小路散步或使用公共广场。[5]

罗丝教授援引公共广场这一惯有要求权指出，长期以来，公共广场一直被视为社会生活中不可或缺的事物。至少在互联网出现之前，公共广场一直是人们进行交流、社交、互相陪伴、发行公共债券，并建立社会资本和信任的地方，是发展社区不可或缺的元素。基于这个原因，参加节日庆典和体育赛事，或者是在人行道上集结，历来都是所有权利中最基本的权利。参与其中，接触他人的权

零边际成本社会

182

THE
ZERO
MARGINAL
COST SOCIETY

利（也就是"共同参与"）是基本的财产权。虽然私有产权具有封闭、独有和排他的特点，但它也仅仅是权利规范的一种衍生物，因为尽管在现代，私有权也几乎被纳入了权力规范。

罗丝教授对在公共区域举办公开庆祝活动这一惯有要求权进行了深刻的洞察。她指出，这一权利与近来由人们普遍在网络空间里进行社交的权利所引发的辩论有着密切联系。至于在公共广场举行节日庆典、舞蹈、体育赛事以及其他社交活动，罗丝说，参加的人越多，"对每个参加者来说意义越大"。[6] 罗丝认为，与"共享"的悲剧相反，它是一个"共享"的喜剧，用"多多益善"来形容它再贴切不过了。[7]

之所以说罗丝教授具有独到的洞察力，是因为她的文章发表于1986年，而那时互联网还没有诞生。她以简单的散文笔调提出了最重要的问题：财产权何时应该掌握在私人手中，而共享权何时应该为大众所管理？罗丝认为，上述问题中的财产权必须能够被私人实际垄断。然而，"公有诉求必须超越私人所有者，这是因为，只有在社会中被绝大多数成员使用时，财产本身才最有价值"。[8] 罗丝教授认为，商品和服务的"公共性""创造了财产的'可租借性'"，而公共财产学说（就像警察权利学说一样）则可以通过抵制私有权来保护对公共性所创造的租金的获取。[9]

罗丝教授对哈丁教授有关共享悲剧的论文进行了猛烈的抨击。然而，仅仅过了4年，埃莉诺·奥斯特罗姆（Elinor Ostrom）就发表了《共享管理》（*The Governing of the Commons*）一文。奥斯特罗姆是一名经济学家，同时就职于印第安纳大学和亚利桑那州立大学。这篇文章针对共享上千年的历史，首次从经济学和人类学的角度进行了分析。文章的发表震撼了知识界乃至经济学界。奥斯特罗姆对以往共享管理的成败做出了解释，并为确保未来共享管理成功提出了一些务实的建议。这些研究使她获得了2009年的诺贝尔经济学奖，她也是历史上第一位获此殊荣的女性。

尽管本质上是一位经济学家，可是奥斯特罗姆也毫不避讳其作为一位人类学家的角色。她的研究范围遍及从瑞士阿尔卑斯山到日本村落的世界各地，在这些地方，她发现了一些有效的基本共享原则。在文章开头，她便提到她研究过的许多共享都"在干旱、洪水、战争、瘟疫，以及重大经济和政治改变中幸存下来"。从这些历史中可以很明显地看出，共享本身是一套强大的管理机制。在全球联系日益紧密的当代，鉴于人类面临的环境、经济、社会挑战和机遇问题，共享是值得重新思考的。[10]

她的研究反驳了哈丁教授的"'所有'共享物品注定会因使用者的存在而被毁坏"的观点，她还质疑长期被经济学家奉为圭臬的亚当·斯密的理论，即市场中的每个人都追求自身的眼前利益。[11]

与哈丁和亚当·斯密不同，奥斯特罗姆的发现是：在管理公共资源时，饲养家畜的牧场、渔场、灌溉系统、森林的管理者往往把社会利益置于个人利益之上，认同对公共资源的长期保护优先于个人的短期利益，即便是在他们的状况极其糟糕的情况下也坚持如此。在每个实例中，所有民主化的参与者共同议定是使共享可行的黏合剂，自愿签署自主管理协议。正是持续的协作和反馈一代又一代地造就了社会信任的纽带。这种社会纽带使共享免于僵化和崩溃。在最困难的年代，"社会资本"被证明是共享可以依赖的对象。奥斯特罗姆在其关于共享管理的历史性研究中评论道：

> 当打破规则即可获取巨大利益时，就出现了不计其数的机会，但对打破规则的预期惩罚力度却相对较小。在西班牙平原灌溉的缺水期，有时偷水可以救活整个季节的庄稼；当一名菲律宾农民放弃对灌溉系统日复一日的维护时，他也许可以从其他方面获得所需收入；在瑞士或日本的公共深林里非法采伐木

零边际成本社会

184

THE
ZERO
MARGINAL
COST SOCIETY

材，则会制造出有价值的商品。考虑到上述案例中的诱惑，遵循更严格的规定也许更有意义。[12]

所有的共享设施都建立了明确的制裁和惩罚措施，以加强对约定的管理协议的遵循。然而，奥斯特罗姆认为最突出的问题是，在每个案例中，对于违反规定的惩罚力度"远远不够"，且"与违规所获得的利益相比，罚金只占很少一部分"。[13]

对组织中其他人的监管几乎完全靠成员自己。有趣的是，如果监管者之间存在亲密的关系，那么潜在违规行为发生的可能性就会变小，这不仅仅是因为违反者"无处藏身"，也因为他们会因辜负邻居和朋友的信任而感到羞愧和内疚。[14]

瑞士的特波尔村是奥斯特罗姆援引的众多成功案例中的一个。该村有 600 人，它的共享模式已经成功运行了 800 年之久。特波尔的农户在自有土地上生产蔬菜、谷物和水果，并用干草在冬季喂养奶牛。夏天，当地牧民在阿尔卑斯山的公共牧场放养他们的奶牛，而利用奶牛所产的牛奶生产的奶酪则是当地经济的重要组成部分。[15]

几个世纪以来，1483 年签署的《特波尔契约》被多次更新和修改。该契约阐述了有关草地、森林、荒地、灌溉系统以及连接私有和公有财产的航道和道路的管理协议，以保护阿尔卑斯山牧场，确保牧民正常放牧。

瑞士的共享模式有着完备的权利界限，只允许当地居民使用公地资源，而详尽的规则能确保资源不会被过度利用。1517 年，瑞士制定了首个限制性条约，规定"在冬季，禁止任何公民在阿尔卑斯草场放养超过其可饲养数量的奶牛"。[16]在冬季清点夏季被放牧到山上的奶牛，这样可以确定每个家庭在年度分配时分得多少奶酪。[17]

共享协会每年都会举行会议讨论管理模式和审查规则，并选举管理者。协会负责罚款、组织养护道路、修复基础设施、并收取用于日常工作的会费。会费的数额一般与每户拥有的奶牛数量成正比。同时，协会还会标记一些用于砍伐的树，这些树用于（为公共目的）建设、供暖以及作为报酬分配给那些参加伐树的家庭。尽管每个家庭都有自己的农田（花园、葡萄园和粮田），但他们都能享用公共设施，包括谷仓、粮仓以及多层住宅。[18]

几个世纪以来，特波尔村一直保持着高水平的可持续生产力，这得益于妥善的共享管理。罗伯特·麦克·内汀（Robert McC. Netting）在一篇发表在《人类生态学》(*Human Ecology*)杂志的研究报告中写道，尽管每个家庭拥有私有土地，特波尔人仍然出于非常实际的理由偏爱共享公共资源，这"不仅可以使大家都获取某种资源，从而利用这些资源进行最优化生产，同时还能责令整个村落采取必要的保护措施，以避免这些资源遭受毁坏"。[19]特波尔村不是特例，在瑞士的阿尔卑斯山地区，超过80%的村落都采用农业私有制及草地、森林、荒地共享的混合管理模式。[20]

在过去几年里，我的妻子卡萝尔（Carol）和我曾饶有兴致地拜访过这些阿尔卑斯山地区的村落。它们高品质的生活令我们印象深刻。那里的村民在传统和现代中找到了平衡，他们把高水准的公共管理、市场知识和先进的地方管理很好地结合在一起。瑞士阿尔卑斯山地区的村落可以看作一个广告，这些村落向世人展示了可持续发展的伟大实践，以及共享模式如何在当地生活中发挥重要的作用。

瑞士阿尔卑斯地区的共享模式不完全是一个罕见的特例。毫不夸张地说，从发展中国家的传统农耕区到全美郊区管理共同利益发展的复杂的财产共有权安排，关于共享管理的类似例子数不胜数。

在研究了三种主要管理模式（政府、私营部门以及共享制）的优缺点后，我们仍不能清晰地看出其中哪一种一定更好或更差，因为在很大程度上，优劣与否取决于特定的环境。

在某些方面，私有财产管理是相当有效的，但是使地球上所有

零边际成本社会

186

THE
ZERO
MARGINAL
COST SOCIETY

的物品都由私人占有（像大部分自由市场经济家所拥护的那样）是绝对行不通的，在处理人们发展所必需的公共产品时尤其如此。试想，我们是否希望围起每一处海滨、每一片湖泊、每一条河流、每一片森林、每一个郊区社区、每一条道路、每一座桥梁，使之为私人占有？再甚者，我们是否希望把整个地球多样化的生态系统也置于私人手中，允许某人利用专有的私有产权向资源的使用者收费，甚至干脆禁止他人使用？如果你体验过商业和住宅开发商对生态系统资源的破坏和掠夺，你一定不会认为自由市场始终是优化公共福利的最有效手段。

同样的道理，尽管政府对道路、供水系统、邮政业务以及公立学校等诸多公共财产的监管工作可圈可点，但考虑到某些地方独特而复杂的动态性，这些监管往往是不够的。"一刀切"的管理办法通常会产生可怕的后果，尤其是当负责监管的官员信息不对外公开，并且他们与所管辖的社区没有任何关系时，后果会更可怕。

如果给共享加上一个必要的主题，那就是社区成员最了解如何更好地管理自己的生活。如果想优化天然的公共资源、商品和服务，那么最好由整个社区进行整体上的管理。

针对如何实施共享，奥斯特罗姆和她的同事进行了多年的实际调查和研究，最终提出了7种"设计原则"，在每一种接受调查的有效共享模式中，这些原则似乎都是不可或缺的。

第一，要对一种共享模式进行有效管理，就需要"清晰地界定范围"，即哪些人被允许从共享中获得拨款，哪些人则无此权限。

第二，必须建立限制时间、地点、技术以及资源质量的拨款制度，同时建立一套有关劳动力、物资和资金数量的规则，使之合理地分配到拨款中。

第三，共享协会需要保证那些被拨款制度覆盖的人能够一起民主地制定这些制度，并在此后不时地进行修改。

第四，共享协会应该确保公有物使用的监管者为其占用者或负责人。

第五，原则上，共享协会里违反规则的成员都应该受到协会其他成员或协会负责人的制裁，这样也是为了防止过度惩罚，从而避免受罚者未来消极地参加协会活动，或对共享协会产生反感情绪。

第六，共享协会应该建立低成本、私下调节的快速应对机制，以便迅速解决发生在所有者之间以及所有者和管理者之间的冲突。

第七，至关重要的是，政府司法机关承认共享协会所制定的制度的合法性。如果政府部门对共享协会的自我管理权威不认同而将之视为非法，那么团体的自治制度就不太可能长期保持下去。[21]

奥斯特罗姆及其同事在实验室里试验上述 7 种原则之后发现，当被试被要求彼此不许交流，独自匿名做出有关公共资源问题的决定时，他们总会过度使用资源。然而，当他们被允许公开交流时，过度使用资源的行为就戏剧性地消失了。试验研究还表明，被试愿意替其他违反者接受惩罚，这表现出了一种"为他人的错误埋单"的担当。[22]奥斯特罗姆还发现，当被试能够自行制定有关撤回惩罚、是否惩罚别人以及惩罚轻重的制度时，他们在倾向于可撤销惩罚的制度，这非常接近最优的共享管理模式。同样，他们也很少惩罚别人，但在必要时也会这么做。试验表明，当人们能够自主设计规则管理公共资源时，他们会本能地对世界上既存的一些共享管理原则做出一些形式上的改变。[23]

大多数经济学家会感到困惑，因为他们笃信人的本质是纯粹自利的，并且每个人都追求自身自主权的最优化。对于很多信奉市场导向的经济学家来说，自发地追求集体利益的观念是一个诅咒。他们可以钻研一下进化生物学家和神经认知科学家的研究成果，或许能够从中获得启发。在过去 20 年里，大量研究和发现打破了人们长期以来所持的这一观点，即人本质上都是功利主义者，他们在市

零边际成本社会

188

THE
ZERO
MARGINAL
COST SOCIETY

场上独自前行，寻找机会，利用他人，造福自己。

我们了解到，人类是最社会化的生物，自身具有强大的、极端复杂的大脑新皮层。对人类最严厉的惩罚就是被别人孤立。认知科学家告诉我们，我们的神经回路是一个柔性线路，它可以感受到移情的痛苦，而进化性的生存更依赖于人类的集体社交性而不是自我疏导倾向。采用共享模式组织经济活动，似乎比鲜明的匿名市场更适合我们的生物本能。匿名市场一直在进行零和博弈，一只"看不见的手"在不断机械地回馈着人类的自私行为。

然而，社会为什么会突然对恢复共享管理模式产生了兴趣呢？这是一个无解的问题，但我可以介绍一些相关参数。

在里根／撒切尔政府领导的经济私有化运动中，电信网络、无线电频率、发电和输电网络、公共交通、政府资助的科学研究、邮电服务、铁路、公共土地、探矿权、水和污水处理，以及多种长期以来被视为公共财产且由政府机构管理的活动，所有这些都被大量抛售，这标志着监管社会公共财产的公共责任最终向私有化投降了。

随后，撤销管制和私有化浪潮迅速席卷了其他国家。这场私有化浪潮席卷的范围和规模都是惊人的，很多国家的政府一夜之间都变成了空壳，而大量的社会公共事业被转移到了私营领域。公民被剥夺了"集体"权，沦为自治推动者，被迫在市场中自谋生路，而几百个跨国公司逐渐控制了整个市场。这场私有化浪潮以闪电般的速度蔓延，几乎没有为公众参与这一进程留下任何时间。事实上，尽管这在后来产生了深远的影响，但是当时并没有出现对该浪潮的大规模辩论。大部分民众并没有意识到权力从政府向私营部门的转移，也对此表现得漠不关心。

在大多数情况下，自由市场经济学家、商业领袖、新自由主义知识分子以及改革派政治家（如美国前总统克林顿和英国前首相布莱尔）都将市场竭力推崇为促进经济发展的唯一关键因素，并且批评评论家们守旧、不与时俱进，甚至认为他们像拥护大政府的苏式辩护者一样。苏联的解体及其大范围的腐败、低效以及停滞不前的经济往往被当成替罪羊在每个场合被谈起，而苏联也完美地做出如下证明：为了进一步确保社会福祉，必须把所有经济环节交给市场，压缩政府职能，使之只负责最基本的公共职能。

尽管大多数人反感企业家的急于渗透，以及对丰厚经济利益的追求（这些经济利益长期处于政府的控制下，不属于市场的范畴），但是公众仍然默许这种观点，一定程度上是由于他们对政府的商品和服务管理感到沮丧和失望。毕竟在大多数工业化国家里，由政府管理的商品和服务行业都取得了不俗的业绩，比如火车整点运行、邮政服务可靠、广播质量高、电力供给充足、电话网络稳定、公立学校数量满足需求。

最终，自由市场意识形态占了上风。但是，在发达工业化国家里，各种公众部门（工会、小企业、非营利组织和各种草根阶层）很快缓过劲儿来，他们纷纷采取股份制，并意识到私营领域已经在眨眼间把地球上的大部分财富吞掉，使之转化为企业的脂肪和肌肉了，这样，私营领域就有充足的实力守住其霸主地位，成功应对任何挑战。

随着政府职能的空心化，政府不再能够对私营市场采取有效的制衡措施，受到影响的选民开始寻求其他管理模式，来更好地反映他们的利益和诉求。人们不再着迷于中央集权式的、有时甚至没有人情味的官僚政府管理，也不再着迷于一毛不拔、牢牢掌控行业的商业巨头，因为这样的商业巨头决定着生活的方方面面，并尽力敛取现金流和利润空间。受影响的选民开始寻求一种新的管理模式，从而更加民主和协作化地组织经济生活。就这样，共享进入了他们的视线。

社区也开始意识到本地生态系统的不断恶化。政府首先借助地缘政治权力，接着又放松了管制，而跨国公司则恃强凌弱，迫使世界的每个地区都屈从于他们对廉价劳动力和宽松环境管制的渴求。

由于资源的减少和气候变化带来的灾难性影响，各个社区相继成为牺牲品。上述因素也开始对当地的农业生产和基础设施造成破坏，并威胁到了社区的生存。由于政府没有有效地应对，社会民间组织和当地企业不得不把共享视为第三种管理模式，以此夺回自己的经济平衡。

在20世纪最后25年，一个新的技术流派出现，它开辟了广阔的新经济发展前景，并引发了一次全球性的讨论。这次讨论针对地球可能和应该保留多少资源，以及这些资源是否应该被封闭起来，变成私有或公共管理的财产。这次讨论直接触及了地球的核心组成部分。

生物技术产业寻求获得描绘一切生命蓝图的基因的专利权。电信业力争将无线电频率出售给私营领域，以获得社会通信和信息无线电频率控制的专属权。而现在，纳米技术产业正在原子维度上寻求操纵物理世界的专利。

—— 我如何认识到了共享模式

1979年，我第一次接触到高科技知识。阿南达·查克拉巴蒂（Ananda Chakrabarty）是通用电气的一名微生物学家，他打算向PTO（美国专利及商标局）申请一项基因工程菌的专利，该基因工程菌可被用来消除海上漏油。[24] 然而，PTO拒绝了他的申请，理由是任何生物（除了已被国会授予特殊专利保护的无性繁殖植物）在美国法律中均不被授予专利。

查克拉巴蒂上诉到美国最高法院。这时，我通过一个名为"人民商务委员会"（不久之后更名为"美国经济趋势基金会"）的非营利组织介入其中。我们的组织代表 PTO 提出了法庭意见书。与 PTO 一致，我们认为，基因不属于被发明的事物，是自然界中已存在的东西，仅仅是之前未被发现而已，即使它被隔离、净化、分离后具有实用性和功能性，也不能申请专利。毕竟，化学家从未被允许就元素周期表中的化学元素申请专利，尽管他们也认为通过分离、提纯和识别功能特性，元素应该算是"发明"，而不只是发现。然而，PTO 坚持拒绝承认任何基于基本化学元素的专利。[25]

在我的同事特德·霍华德（Ted Howard）准备的简短申明中，我们警告称，如果类似专利要求被承认，那么所有组成生物物种进化架构的基因模块都可以获得专利，因此灾难之门就会被打开。给予私营企业基因密码所有权，将使所有最珍贵的资源（包括生命本身）变成一个可在市场中被开发、出售并获取利益的商品。[26] 我和一些对背景知识不甚了解的企业说客一起坐在高等法院里聆听本案的口头辩论。我在心里对自己说，对地球基因库可能进行的"圈地"对我们人类来说将是一个重要的转折点，其注定会影响人类及其同类的未来。

然而，法庭最终以 5：4 的微弱比例裁定了第一个基因工程生物专利的合法性。首席大法官沃伦·伯格（Warren Burger）特别提到了我们的法庭意见书，并将其视为"可怕的恐怖游行"。他认为我们错了，将地球内在的基因转让给私营企业不会给这个社会带来不可估量的后果。[27]

在最高法院做出判决的几个月后，1980 年，第一家生物科技公司基因技术公司上市，发行了 100 万股股票，股价为每股 35 美元。在开盘后的几个小时里，股价飙升至 88 美元。当天收盘时，基因技术公司已经"创造了单只股票涨幅纪录"，募集到了 3 500 万美元资金，而其并没有生产任何产品以供出售。[28] 农业、医药行业、化工业和生物技术初创公司都参与了这次竞争，且都下定决心从基因密码中分得一杯羹。

然而，7 年后，我们曾警告的"恐怖的游行"变成了现实。1987 年，PTO 改变了其一贯坚持的生物不可被授予专利的立场，裁定所有基因工程和多生物细胞（包括动物）都具有潜在的专利性。PTO 的委员唐纳德·J. 奎格（Donald J. Quigg）在努力平息舆论哗然时清楚地表示，由于宪法第十三条修正案禁止对人类的奴役，因此裁定范围中不包括人类。[29] 然而，由于基因变异的人类胚胎以及人类基因、细胞系、组织、器官等都是潜在的专利对象，因此人体的所有部分均可成为专利对象。

从那时开始，生命科学公司就逐渐遍布世界各地，在地球的每个角落"勘探"稀有、珍贵的基因和细胞系，包括土著人群的基因。从农业到制药和医学行业，各种潜在的、具有商业价值的"发现"都被迅速地加以专利保护。在过去 32 年的大部分时间里，美国经济趋势基金会一直周旋于专利局、法庭和国会两院之间。

1995 年，经济趋势基金会组织了一个 200 多位宗教领袖参加的联盟，其中包括几乎所有主要的信教教派、天主教主教以及犹太教、伊斯兰教、佛教、印度教等宗教的负责人，该联盟表达了他们反对将专利授予动物和人类的基因、器官、组织和生物体的主张。这些宗教领袖就同一问题结成了联盟。这是 20 世纪美国同类活动中规模最大的一次，但仍然收效甚微。[30]

20 世纪 80 年代中期，我开始认识到，在资本主义制度下，反对对生命授予专利完全是徒劳的，因为资本主义制度下的法律和政府监管通常都鼓励地球的商业化。如果政府和私营领域步调一致，那么还有哪些机构能够挺身而出，采取有效手段管理地球上的生物，以及在此所论述的地球上的其他资源呢？对这个问题的探索让我重新发现了共享模式。

我发现共享的有关信息非常少，大部分仅限于人类学研究，在正式的历史中极少有记载。在大多数情况下，共享的历史在英国教材中被归类到封建经济，并附有小篇幅的说明。然而，当我继续探索时，我开始在世界各个地方发现更多有关共享的信息，其中相当大一部分被用于封建经济管理。我恍然大悟，原来"共享"可能具有更广阔的含义，而且这些含义可以运用于更加多样的现象。因此，我开始着手写一本关于共享和圈地历史的书，这本书以欧洲封建社会的圈地运动为开端。接着，在盛行探索和发现的16世纪，"海洋公地"被圈了起来；在18世纪末，随着以专利、版权和商标为形式的知识产权的出现，"知识共享"也被圈了起来；在20世纪初，"电磁频谱共享"也被圈了起来，无线电频段许可证被发给私营企业；最终，在授予基因专利的20世纪末期，"基因共享"也被圈了起来。

我从共享和圈地运动的角度叙述历史事件，生动地重现了人类过去500年的历史。我把我的发现写入了我在1991年出版的《生物圈政治》（*Biosphere Politics*）一书，在该书中，我敦促重新开放"共享"话题，并建议重新对共享模式进行思考。因为21世纪可能是一个结合点，能够把来自不同领域的各种利益集合成一项公共事业。

2002年，经济趋势基金会把这一理论付诸实践：在巴西的阿雷格里港举办的世界社会论坛汇集了来自50多个国家的250个组织，该论坛拥护《基因公有模式条约》（*Treaty to Share the Genetic Commons*）。参加论坛的组织包括农村协会、妇女团体、公平贸易倡导者、生物科技活动者、有机食品协会、宗教团体、环保组织以及饥饿和紧急援助组织。条约的序言中提出，地球上的基因遗产应该成为可以共享的"公有物"，由人类代表自己和我们的同类生物对其进行管理。序言内容如下：

我们声明，以下真理是普遍存在且不可分割的：

在所有的生物形式和表现中，地球基因库的内在价值优先于它的实用价值和商业价值，因此它必须受到政治、商业和社会机构的尊重和保护。

在所有的生物形式和表现中，地球基因库存在于自然界中，即便经过实验室的提纯与合成，其也不能称为知识产权。

在所有的生物形式和表现中，全球基因库是共有遗产，因此其也应该属于集体所有制范畴。

然而，随着我们的生物学知识日益增加，人类承担起了一项特殊义务，即扮演起"管理者"的角色，代表人类自身以及其他生物物种的生存和福祉。

因此，世界各国应该宣布，在所有的生物形式和表现中，地球基因库为全球共同享有、由各国人民保护和培育，并应进一步声明，在基因的自然、提纯或合成形式，以及染色体、细胞、组织、器官和有机体等形式下（包括克隆、转基因和嵌合生物），基因和由基因编码得到的产品不得被政府、商业组织、其他机构或个人视为可进行商业谈判的遗传信息或知识产权。[31]

自此，许多团体和组织建立起来，旨在促进全球基因共享并防止它被"圈占"。

由卡里·福勒（Cary Fowler）创办的全球农作物多样性信托基金是一个独立的非营利组织，与研究机构、种质保存团体、农业协会、独立的植物育种者以及其他农业利益相关者一道，致力于保护世界上日益减少的植物遗传资源。作为其使命的一部分，在挪威斯瓦尔巴群岛的一个小岛上，信托基金已经在这个最偏远的北极地区建立起一个深处冰层的地下保险库。在装有空调的密封的地下仓库内，迷宫般的隧道里存放着来自世界各地的成千上万种稀有种子，以备后代不时之需。该地下仓库设有自动保险装置，可以存储多达300万个农业种子品种，以确保其在战争和人为灾难中的安全。作为一家自我管理的全球公共资源信托基金，该组织凭借数千名科学家和植物育种者组成的网络，不断寻找遗传物种和野生种子，对其进行培育，以增加种子储备，并把样本运送到地下保险库进行长期储存。[32] 2010 年，该信托基金发起了一个全球项目，以安置、编录和保护人类赖以生存的 22 种主要粮食作物的亲缘野生物种。

正当新兴的 IT 和计算技术加速推动基因研究之际，基因共享的倡导力量也在不断加强。如 IT、计算机和互联网技术在可再生能源领域和 3D 打印领域的发展一样，生物信息学的新领域已经从根本上改变了生物研究的本质。据美国国家人类基因组研究所的研究表明，基因测序成本下降的速度超过了遵循摩尔定律指数曲线的计算机运算增长的速度。[33] 哈佛大学和麻省理工学院博德研究所副主任戴维·阿特舒勒（David Altshuler）博士指出，在过去几年里，基因测序的价格已经下降到之前的 1/1 000 000。[34] 想一想，人类基因包含 30 亿个碱基对，而破译 100 万个 DNA 碱基对的成本已经从 10 万美元下降到 6 美分。[35] 这意味着，在不远的将来，基因研究的边际成本将接近于零。这样，有价值的生物数据就可免费获得，就像在网络上获取信息一样。

基因序列及其他新型生物技术研究使我们走在了民主化研究的道路上。《华盛顿邮报》（*Washington Post*）科技记者查恩俊（Ariana Eunjung Cha）意识到：

> 在操作生物基因过程中，上一代技术需要花费数百万美元在高级设备上，而且要经过多年的反复试验。
>
> 而现在，甚至可以在车库里面用网上买到的二手设备进行试验，并且只需要几天的时间。[36]

20 年前，只有为政府工作或行业内的科学家精英团队才能拥有生物研究能力和相关技能。而现在，有成千上万的大学生和爱好者都致力于生物研究。因为担忧全球的生命科技公司会快速地将地球上的生物信息转化成知识产权，环境保护者正在努力阻止这场他们眼中的"终极圈地运动"。他们的努力在伴随网络长大的年青一代研究者中获得了支持。这群年轻的研究者认为，公开分享基因信息的权利和免费获得其他信息的权利一样重要。

未来，由于几乎免费的基因组研究和低廉的应用，对于科学事业的共享管理将成为一个非常现实的选择。针对基因研究及应用共享管理的科技论文和提议充斥着社交空间，同时，管理基因创新的共享协会数量也正在激增。

由于年青一代科学家的推动，基因共享开发已被提上公共议程。由于支持基因信息共享越来越受欢迎，美国最高法院被迫撤销了早前裁决授予的部分生命专利。2013 年 6 月，法院一致裁定，与乳腺癌有关的基因是自然发现，而不是人类的发明，因此，判决麦利亚德基因公司的此基因专利无效。这一决议虽然是对基因共享开发非常重要的第一步，但也并不像看起来那么重要，因为对自然基因稍加修改的新克隆技术仍被认为是人类的发明，并能获得专利，这就使得生物技术、制药和生命科学公司能够继续圈占部分基因库。

对免费共享知识的追求与 1992—2008 年免费共享软件、音乐、娱乐和新闻的经历相似。当时，信息的边际成本骤减，诞生了像 Linux 操作系统、维基百科、纳普斯特软件和 YouTube 这样的免费共享资源。

—— 信息与生命科学：比尔·盖茨的兴趣点

在过去 30 年里，"免费基因"运动和"免费软件"运动共同发展。相比传统的知识产权保护，这两者都拥护信息公开共享，但同时又都面临着严峻的挑战。早期免费软件运动的领导者意识到，大媒体、电信行业和娱乐社区会因共同利益而团结起来，弥补知识产权法中的漏洞，以避免"免费软件"运动的开始。面对生命科学行业、制药公司和农业联合企业，环保主义者也存在同样的问题。

这两个运动不仅共享同一个哲学理念，而且随着生物信息学的兴起，他们在技术层面也达成了契合。研究者开始使用计算机技术破译、下载、分类、存储并重新配置遗传信息，客观上推动了生物产业中基因技术的发展。成熟的计算机软件提供了将生物学概念化的新语言。同时，在生物科技中，这一语言也放大了媒介在遗传信息流动中的作用。正如我在 1998 年出版的《生物科技纪元》（The Biotech Century）一书中所写："现实就是，计算技术和基因技术正融合在一起，形成一种强大的新技术。"[37]

如今，世界各地的分子生物学家都致力于这一研究，即如何最大限度地将过去的数据库扩展到最大。在政府、学校和企业实验室，科学家们对从最低等的细菌到人类的基因序列进行映射和排序。他们共同的目标就是找到一种新的方式控制基因信息，从而获得经济利益。

科学家希望能在 21 世纪中叶，将数以万计的活体生物的基因信息下载，并储存到一个巨大的数据库中。这个数据库包含了地球上各种动植物和微生物的发展蓝图。事实上，这些生物的基因信息量巨大，所以它们只能以数千个数据库的形式储存于计算机中。例如，如果将完整的人类基因组序列以电话簿的形式储存，储存量相当于 200 本曼哈顿千页电话簿。[38]这将是一个包含超过 30 亿条信息的数据库。换句话说，如果我们要打印出所有的人类多样性数据，那么数据库的大小将至少增加 4 个数量级，或相当于第一个数据库规模的一万倍。

基因的映射和排序只是一个开始。要想了解和记载基因、组

零边际成本社会

198

THE
Z E R O
MARGINAL
COST SOCIETY

织、器官生物体、外部环境和引发基因突变的干扰和表面反应之间的所有关系，其复杂程度远远超出传统的系统建模。因此，只有运用跨学科的方法，并在很大程度上依靠信息科学家的计算能力，才有希望完成这项任务。

各个领域的泰斗级人物，例如计算机领域的比尔·盖茨和华尔街内部人士迈克尔·米尔肯（Michael Milken），他们均在生物信息学这个新领域进行了投资，共同致力于推进信息和生命科学领域的合作。

在被用来破译和储存遗传信息的同时，计算机也被用于模拟虚拟生物环境，从中模拟复杂的生物有机体、网络和生态系统。这种虚拟环境帮助科学家提出新的假说和方案，并将这种假说用于在实验室中测试新的农业和医药产品。在虚拟实验室，生物学家可以创建、合成含有几个键的分子，然后试图在实验室平台合成真正的分子，这样就可避免通常长达几年的实验室工作。通过 3D 计算机模型，研究人员可以在屏幕上连接不同的分子，来观察它们是如何相互作用的。

科学家准备使用新信息时代的计算机技术，在未来创建全部种类的分子。化学家已经开始展望一种新的可能性，即合成一种可自我繁殖、导电、防污染、抗肿瘤、防可卡因甚至可阻止艾滋病病毒蔓延的化合物。

盖茨对即将到来的信息和生命科学的结合非常感兴趣，他说："这是信息时代，而生物信息是我们正在破译并试图决定改变的最有趣的一个方向。问题在于怎样去做，而不是是否要做。"[39]

目前，计算技术正在逐渐应用到其他领域，成为可再生能源、3D 打印、市场营销、物流、运输、医疗保健以及在线高等教育的媒介。重新构建社会的新计算语言带来了各种利益，包括信息黑客、生物黑客、3D 黑客和绿色黑客。维系这些团体的纽带就是对协同开源经济和共享管理模式的认同与追求。尽管市场没有被完全摒弃，政府也没有被完全排斥出局，但这些新运动的参与者依然对对等的共享管理有着热切的期望。他们认为，要确保接近乎零边际成本的社会产生利益（而不是妨碍这样的利益产生），对等的共享管理模式是最佳模式。

零边际成本社会

200

THE
ZERO
MARGINAL
COST SOCIETY

第十一章

‖

一场深刻的社会变革

新的共享支持者远远不只构成了一场政治运动，他们更代表了一次深刻的社会变革，其影响力可能与资本主义时代初期神学向意识形态世界观的跃进一样显著和持久。

以产消者构成的协同主义者和由投资者组成的资本家之间的斗争虽然处于初级阶段，却在塑造着整个 21 世纪上半叶经济战争的关键形态。回想一下，在第一部分里，我们研究了第一次工业革命中经济是如何通过将工人与自有生产工具相分离，以及将股东投资者与其对自有公司的管理相分离，来实现向通信 / 能源矩阵转移的。今天，新的第三次工业革命中的通信 / 能源矩阵让消费者成为自己的生产者。产消者这一新概念反过来促成了更多的合作，并在接近于零边际成本的条件下进行着商品和服务的全球分布式网络化共享，扰乱了资本市场的运作。协同者与资本家之间的经济冲突实质上是一场文化冲突，它将有可能重新定义未来几年内的人类发展进程。如果为这个新兴的文化事件设定一个基本主题，那就是"一切事物的民主化"。

自由文化运动、环保运动、收回公地运动，这些运动是这出徐徐展开的文化大戏的共同缔造者。每一个运动的宣言和理念中都具有独特且鲜明的隐喻。在同一时间，这些运动因为越来越多地借用彼此的理念、战略和措施，而更加接近彼此，从而形成一个单一的框架。

如果说自由文化运动拥有某一个触发点，且在那一刻所有黑客的希望和想象都被激发，那么这一触发点可能是：他们中的一员开始攻击他们，并显露出计算机和软件革命商业化丑陋的一面。1976年，愤怒的比尔·盖茨发表了一则谩骂式的警告，以表达他对黑客的谴责和愤怒：

> 大多数电脑爱好者必须明白，你们的电脑中使用的大部分软件都是偷来的。电脑硬件必须花钱购买，软件却可以分享。谁关心过软件开发者是否得到了报酬？这样做公平吗？……谁能接受承担了专业工作后却得不到任何回报？……事实上，除了我们，没有人会投入大量资金开发软件……但是，我们并不愿意把自己开发的软件提供给软件爱好者免费使用。更直接地说，你们所做的事就是盗窃。[1]

盖茨的谴责并非空穴来风。计算机和软件行业日臻成熟，黑客文化在麻省理工学院、卡耐基梅隆大学、斯坦福大学这样的名牌科技类高校中十分流行，他们在一种轻松且具有创造性的氛围中进行软件开发的协同共享。然而，他们此刻需要面对盖茨这位新成员，他试图将这次通信革命带来的成果推向商业社会。盖茨是第一个与他们划清界限的人，而另外一位在麻省理工学院人工智能实验室工作的年青黑客理查德·M. 斯托曼（Richard M. Stallman）则接受了盖茨的挑战，并触及了盖茨的底线。

—— 免费软件拉力赛

斯托曼认为，软件代码正在迅速成为"人—人"以及"人—人—物"沟通的语言，允许私营企业获得这种通信方式的所有权，设定其他人使用软件代码的条件并实现租赁收益，这是不道德的行为。斯托曼宣称，所有软件都应该是免费的，他将自己的观点比喻为"啤酒不是免费的，言论却是自由（免费）的"。斯托曼和盖茨的观点极端对立。盖茨认为，免费使用软件是盗窃行为，斯托曼则认为软件的使用就好像言论自由一样，应该不受限制。

为了创建一种技术方法来保证软件的分发、协同和免费，斯托曼将身边最好的程序员组成了一个合伙人组织。他们选择了一种名为 GNU 的免费操作系统，该系统完全由免费软件组成，任何人都可以自由访问、使用和修改其中的代码。斯托曼等人随后于 1995 年创立了免费软件基金会，并发出了 4 条自由宣言：

> 无论出于何种目的，运行程序都是自由的。学习软件的工作原理应是自由的，出于个人意愿和计算目的修改软件的工作方式应是自由的……为帮助身边人而分发软件副本应是自由的。（而且）分发修改过的软件版本，并将其拷贝给他人应是自由的。这样，整个社会都有机会从你对软件所做的修改中获益。[2]

为了实现他的宣言，斯托曼全身心地投入了这项工作，他创建了 GNU 通用公共许可证，这个项目能确保他实现这 4 条自由宣言。这些许可证被斯托曼戏称为"著佐权"（Copyleft），是版权法的另一种应用途径。[3] 不同于传统版权法赋予软件持有人的禁止他人复制、使用或分发其作品的权利，"著佐权"协议许可允许作者"让每个获得软件副本的人都能重新制作、修改或分发这些副本，并要求所修改或分发的任何副本或改编版本也受同样的许可协议制约"。[4]

GNU 通用公共许可证成为建立软件免费共享机制的媒介。该协议引入了很多奥斯特罗姆所提出的共享管理特性，其中最重要的当属对代码的包含条件和排除限制，对代码的访问、提取、监控等权限的管理，以及对资源的自我管理、加强和监护。GNU 通用公共许可证以及其他遵循该协议的免费软件协议，赋予了数百万人与他人自由协同创作软件的合法手段，其中也包括经过正式商定并具有经营原则的法律手段。此外，GPL 也为后来的自由文化运动奠定了基础。哈佛大学的法律教授劳伦斯·莱斯格（Lawrence Lessig）将文化自由运动进行了拟人化的描述，并且创造了一种贴切的说法——"代码即是法则"。[5]

在斯托曼发布 GNU 操作系统和 GNU 通用公共许可证 6 年后，芬兰赫尔辛基大学的一位名叫莱纳斯·托瓦德斯（Linus Torvalds）的年轻人针对类似 Unix 操作系统的个人计算机开发了一款免费软件内核，该软件与斯托曼的 GNU 项目兼容，并遵循免费软件协会公布的 GNU 通用公共许可证进行分发。这款名为 Linux 的软件内核使全世界成千上万的个人用户能够通过互联网彼此协作，共同提高免费软件代码的质量。[6]

今天，世界范围内速度最快的 500 台超级计算机以及 90% 的世界 500 强企业都运行 GNU/Linux 系统，其使用范围甚至涵盖平板电脑和手机等嵌入式系统。[7]

哥伦比亚大学法律和法律史教授伊本·莫格林（Eben Moglen）曾在 1999 年这样记录了 Linux 带来的重要开创性：

> 由于托瓦德斯选择遵循免费软件基金会的 GNU 通用公共许可证来公布 Linux 内核代码……因此，全世界成千上万的程

序员选择继续贡献他们的力量，对 Linux 内核进行进一步的开发和维护。因为他们知道，这个协议可以确保没有人能够获得 Linux 的所有权。大家都知道，每个人都能够测试和改进代码并发布改进后的代码。[8]

GNU/Linux 更重要的意义在于，它实现了全球框架下的免费软件协同，并以最佳的方式实现了资本市场条件下的软件开发。莫格林继续写道：

> Linux 内核的开发证明了互联网集结程序员的协同能力，该能力超越了以往任何商业公司。人们彼此平等地开发和维护一个超过 100 万行的代码项目，开发人员遍布全球，且这种劳动是无偿的，这在以往的人类历史上都是不可想象的。[9]

免费软件运动也不是没有遭到过批评，甚至在 IT 圈内都有类似的声音。1998 年，免费软件运动的一些重要成员离开，成立了一个他们称为开放源代码促进会的组织。该组织的两位创始人埃里克·S. 雷蒙德（Eric S. Raymond）和布鲁斯·佩伦斯（Bruce Perens）曾警告说，免费软件的理念会吓走商业利益。他们尤其担心软件的免费性可能会让人认为软件开发成本为零。对于私营企业而言，零边际成本就意味着零边际利润、零利益和免费商品。对商业社会来说，这是一种过于重大的理念性飞跃。[10]

该组织选择开放源代码软件。实际上，免费软件和开放源代码软件之间的区别是概念性的，而不是实质性的。开放源代码软件与免费软件都基于大致相同的许可协议。然而，雷蒙德和佩伦斯都急于让商业社会认可开放源代码软件作为一个实际商业提案的优点，但其前提是持有软件授权是不道德的行为。[11]

斯托曼和雷蒙德都承认，免费软件和开放源代码软件在实际操作中几乎没有差别。但斯托曼认为，开放源代码软件这一转变弱化了免费软件运动的概念，削弱了这一运动的实际效果，从而为软件的商业化打开了一扇门。从长远来看，开放源代码软件的概念鼓励了在许可协议之下获取长远收益的行为。因此，斯托曼总结并断言："开放源代码软件是一种软件开发方法，免费软件却是一场社会运动。"[12]

斯托曼理所当然地认为，开放源代码会让更多的商家使用免费软件，这并不是因为这些商家同意开放源代码软件的初衷或理念，而是因为开放源代码可以实实在在地为他们带来更多的用户，并且使他们从中获益。斯托曼警告说："这些用户迟早会因为一些实际的好处而被建议重新使用专有软件。"[13]尽管如此，开放源代码软件已然取得了巨大的成功，并已引起大量商家的注意，同时，它还可继续从学术界和民间获得技术支持。

尽管如此，免费软件和开放源代码软件都更侧重于确保代码这一新媒体语言的普及。随着互联网的普及，一个极客的代码练习演变成了一场社会运动。一夜之间，数百万人创建了虚拟社交沙龙，彼此连接在一起。社交媒体的出现让人们的话题从对代码的讨论转向了彼此的沟通和对话。互联网成了虚拟的全球市民广场，人们共享音乐文件、视频、图片和新闻。突然之间，免费软件运动成了一场更大的自由文化运动的一部分。雷蒙德用"集市"比喻虚拟空间中的活动表象，这些活动表象可能是创意、愿望、梦想融合在一起的无数种表现形式，也可能是人们在其中的深度合作和角色扮演。[14]一种对互联网的认识正在逐渐形成，那就是互联网是创造社会资本的地方，而不是创造资本市场的地方。世界上的每一个年轻人都希望登台演出，彼此分享各自创作的视频和照片，分享音乐心得，用博客记录想法并分享观点，在维基百科上编纂学术条目，希望自己的努力和付出可以给他人带去价值。

这种人类社会属性的变化超越了血缘、宗教信仰和民族意识，演变为一种全球性意识。这是由 27 亿业余爱好者引领的一种规模空前的文化现象。因为有了互联网这一分散、协同和横向操作的通信媒介，这场文化的全球民主化成为可能。而互联网的这种操作逻辑则有利于建立一种开放共享的民主化自我管理形式。

劳伦斯·莱斯格是最早看到这种民主化文化媒介所产生的深刻社会意义的人之一。至少在过去的一个世纪中，"文化"这个词被分成高低两个层次。其中隐含的意义是，前者创造具有持久价值的社会资本，后者退居其次，是用于娱乐群众的廉价文化。

但是，互联网颠覆了这种文化尺度。现在，20 亿业余爱好者发现自己正居于上层，为上至社会精英和下至普通百姓重新定义社会导向。但是，文化的民主化却无法得到保证。莱斯格等人警告说，商界和专业人士为了利益联合起来反对这种颠覆，这加强了对知识产权的保护，并关闭了互联网上那些独具合作潜力和个体创造性的论坛。

—— 介质即主宰

无论是精英还是民众，在很大程度上，文化的创造依赖于介质的性质。以煤炭为动力的蒸汽革命催生了图书及期刊，而后来的电力革命又催生了受版权保护的电影、广播和电视。媒体的集中特性以及贡献者的边界和轮廓使文化的内容具有"个体化"性质。[15]

印刷技术使个人版权成为可能。虽然个体作家以前也存在过，比如亚里士多德或托马斯·阿奎那，但这非常罕见。在文字文化中，一部手稿往往由数百名匿名文士合作，花费很长的时间才能完成。在抄写的过程中，文士可能会改变文本的微小细节，或者放大文稿中的一两句话。他们对文稿所做的这些改变，很难被当作重要的原创性贡献。文士通常将自己视作复印机。即使自己的名字与整部作品联系在一起，也很少有人认为这部作品是自己独创思想的体现。相反，他们认为，观点不应该来自对自己产生启示的想象或灵感，而应该完全来自内心独特的创造性见解。然而，这样的观点显得非常奇怪，甚至不可理喻。

印刷技术允许任何人写下他们的想法，然后通过印刷和广泛阅读的形式实现写作的民主化。接着，版权法的出台又激发了人们拥有自己的思想和话语这一新颖想法。既然能够拥有对自己话语的所有权，不可避免地，人们继而顺理成章地认为，思想也是自我劳动的产物，因此，个人成就可以在市场上出售。印刷技术以及版权法在历史上第一次关闭了部分公共交流的渠道（在文字或口头文化中，一个人拥有自己话语的所有权，并对倾听者收取费用，这种想法简直是无法想象的）。

图书印刷也关闭了另一个层次的交流。在口头文化中，人与人之间的沟通是实时发生的。在人与人的沟通交流中，思维具有流动性和开放性，主题常常不停变化。而图书正好相反，它是一种单向的对话，整本书一般围绕一个中心主题或一个观点，而观点则永远固定在了那些打印出来的纸张上以及前后书皮之间的书页里。

语言被视为一种人与人之间的经验分享，而印刷技术如此不同寻常的原因是与语言相比，它是一种"孤独性的体验"。印刷技术实现了沟通私有化。人们阅读的过程都是独立进行的，读者不能与作者交流。无论是作者还是读者，都处于自己独立的世界中，无法进行实时对话。阅读的这种单向性本质强化了"沟通是一种纯粹发生在心灵内部的自主行为"这一看法。这样，沟通的社会质量就会大打折扣。当人们阅读时，读者就退入一个远离社会的封闭空间。沟通的封闭实际上建立了数百万个自我的世界。历史学家伊丽莎白·爱森斯坦（Elizabeth Eisenstein）指出，阅读文化比口头文化更具有个人主义色彩，更自主。她写道：

零边际成本社会

208

THE
ZERO
MARGINAL
COST SOCIETY

将社会视为离散单元的集合体的概念或"个人优先于集体"的概念更适合读者而不是倾听者。[16]

而互联网正好相反,它消除了界限,使著作权变成了一种协同开放的形式,而非始终受版权保护的封闭过程。莱斯格提醒人们注意互联网上文化创造的模仿特性。对于起步者来说,互联网一代写的文字并不多,他们主要通过图像、声音和视频进行交流。由于互联网的分布特性,对不同类型的内容进行混合、匹配、剪切和粘贴非常容易。而且由于在互联网上复制信息的边际成本几乎为零,所以孩子们从小就认为分享信息和分享谈话之间没什么区别。互联网互联互通以及互动的性质亟待人们展开合作,从而产生了莱斯格所说的"混音"文化,即其中每个人都参与到其他人的活动中,使用多种媒体,将自己的更改添加到共同的主题里,并将作品传给其他人,这样往复,永无止境。莱斯格说:"这些混音都是对话。而正如上一代人在对话中不向彼此收费一样,互联网一代也有同样的感觉,唯一的区别就是他们彼此间对话的性质稍有不同。"[17]

虽然现在的对话交流还局限于大约 27 亿人,但这种新的"混音"交流形式已经变得几乎和口头交流一样便宜。[18]要确保这种全球对话以及协同文化不被切断,就需要寻求法律手段,以确保这种新的"公共品"的开放性。2001 年,莱斯格和一些同事创立了一个名为"知识共享"的非营利组织,该组织追随斯托曼和其他免费软件运动,颁发名为"创造共享制"的"著佐权"许可证书,该证书对任何文化内容的创造者免费。它提供了多种选择,作者可以标记自己创造的那部分内容,并确定他们希望其他人可获得这些内容的自由度。莱斯格解释说,"知识共享"证书的关键特征是使用"保留部分权利"来代替"保留所有权利"。

自由可以指自由地分担工作,也可以指自由地进行混合创作，或两者兼有。这些限制是指该作品仅用于非商业目的，或者只有当用户平等分享时方可使用（赋予他人可继承的权利的自由），或两者兼有。创作者可以混合利用这些自由和限制，这产生了三个层次、6个不同种类的许可证。[19]

莱斯格列举了一个他最推崇的使用知识共享许可证的实例。

《我的生活》（*My Life*）是由艺术家科林·慕彻勒（Colin Mutchler）创作的一首歌曲。他将这首歌曲的吉他乐谱上传到了一个免费网站，让其他用户可以在"知识共享"的授权下进行下载。一位名叫科拉·贝丝（Cora Beth）的17岁小提琴手下载了这个乐谱，在上面加入了小提琴乐谱，并将歌曲改名为"我的生活改变了"，然后重新把它上传到该网站，让其他人随意下载修改。现在，我已经看到了很多关于这首歌曲的混音版本。最关键的一点是，这些创作者能够在不违反现行的版权法且无律师阻挠的情况下进行创作。[20]

"知识共享"证书正以一种近乎"病毒式"的速度扩散。截至2008年，该证书已对1.3亿件作品进行了授权，其中不乏很多唱片界的大牌作品。[21] Flickr网站就有近2亿张拥有该授权的照片。[22] 2012年，也就是仅在YouTube推出"知识共享"视频库一年后，就有超过400万个视频上传到该网站。[23] 2009年，维基百科依据"知识共享"，对其网站内的所有内容进行了重新授权。[24]

"知识共享"还建立了一种科学共享的模式。研究人员认为，版权保护法（尤其是专利技术）阻止了信息的及时共享，拖延了研究进度，妨碍了科学家之间的合作，并且阻碍了创新。更糟糕的是，知识产权保护为巨头公司（例如生命科学公司、农业、制药公司）提供了一种阻碍创造力并打压竞争的手段。在越来越多的大学

零边际成本社会

210

THE
Z E R O
MARGINAL
COST SOCIETY

实验室和世界各地由基金会赞助的实验室中，科学家们不再用版权法保护他们的研究成果，而是将他们的研究上传到那些受规管的共享开源网络中，与同行们免费共享。

哈佛大学医学院进行的人类基因组计划就采用了"知识共享"证书。[25]这是一个长期开展的基因队列研究课题，旨在对 10 万名志愿者提供的基因组数据进行排序和传播，以便推进个人订制医疗领域的研究。[26]所有受"知识共享"证书授权的基因组数据将被放置在公共领域，允许科学家在互联网上自由访问，并免费使用他们实验室的研究成果。[27]

尽管"知识共享"证书取得了成功，莱斯格仍然竭尽全力地解释他并不是"逐渐摒弃版权运动"的一分子。[28]他认为，版权在未来一段时间内仍可行，但需要给予开放源一定空间来确保商业市场与共享的同时存在。我猜想，他的想法在短期内是正确的，但从长远来看并非如此。

在经济生活中，当资源稀缺时，专利和版权意识就会蓬勃发展；在资源丰富时，专利和版权意识则没有用武之地。当越来越多的商品和服务近乎免费，且边际生产成本接近于零时，知识产权保护还有何意义？

对传统的版权和专利保护来说，开放源许可的发展壮大已经是严重的威胁，因为创意作品从以前的单一署名权成果逐渐变为多人协同的共同成果。同时，由数以百万计的个人信息混合而成的大数据也正在被更多地分享。正如信息需要自由一样，"大数据也需要得以传播"。为什么大数据具有这样的价值？这是因为，通过对数以百万计的个人贡献者以及来源进行分析，可以寻找一种模式，举一反三，并利用大家共享的数据来解决问题。在一个分布式协同的社会中，数百万的个人数据有助于集思广益，通过公共分享使所有人受益，而不是由少数人控制封闭的知识产权形式。

—— 新共享理论

旨在鼓励文化民主化的开放源代码许可协议当然是一件好事，其附带的法律文书规定的共享管理运作模式更是锦上添花。有一种观点认为，在人类社会中，很多方面都可以采用公共管理的方式，并得到最佳的优化，因为共享能为我们建立社会资本和信任。但是，我们能否依靠开放源代码许可、公共管理等这样一些模糊的概念打造出一个全新的社会呢？这些都属于法律工具和管理方法，并不能算作世界观，因为它们缺少一项总体描述，缺乏对人类未来旅程的全新演绎，更缺乏对现实的理解。

IT界、互联网和自由文化运动的领导人意识到，尽管他们通过免费软件许可以及"知识共享"协议等方式获得了成功，但是他们的理念缺少理论元素。虽然他们的活动声势浩大，但其眼光的远大性比不上其活动的活跃性。他们发现自己所做的仅仅是"救火工作"而已，而不是开辟一片新的天地。由于资本主义市场所有权依然存在，这些人往往被约束在回旋集中的旧范式里，很难打造出一片新天地。

虽然自由文化理论家开始努力为该运动寻找一个理论框架，但这种努力仍处于空想阶段。2003年，杜克大学法学教授、"知识共享"协会的创始人之一詹姆斯·博伊尔（James Boyle）发表了一篇题为《公共领域的第二次圈地运动和建设》（*The Second Enclosure Movement and the Construction of the Public Domain*）的文章，引发了关于寻找理论依据的争论。[29]

他的文章指出，经济趋势基金会和其他遗传及环境活动家之所以如此努力，是为了保持遗传基因组的共享和开放性，人类基因组和其他所有基因组都是人类进化的"共同遗产"，因此不能成为个人的私有财产。[30]

博伊尔感觉到，新出现的"生物信息学模糊了计算机建模和生物研究之间的界限"，它使开放源的基因组研究从狭隘的企业利益中跳出来，解放了生物医学研究，使地球上的遗传资源管理工作成为人类"共同"的责任。

通过这个例子，博伊尔从自由文化者与传统市场捍卫者之间日复一日的斗争中跳出，转而对人类的未来进行思考，这是一种完全不同于我们当前人类进程的形式。他的观点十分深刻，并提出了一种新的观察方式。他写道：

> 我们希望至少在未来的世界中，更多的知识和创造性生产是免费的，这样的未来是一定可以能实现的。斯托曼解释说，这里的"free"是指"自由言论"中的自由，而不是"免费啤酒"中的"免费"，但是我们希望，其中很大一部分不仅不受集中控制，成本也很低，甚至为零。当生产的边际成本为零，传输和存储的边际成本也趋近于零时，创作的过程就成了一种添加剂，大部分劳动也将无须付费。这样的世界看起来和现在稍有不同，但这至少是一个可以预见的未来，或者是这个可以预见的未来的一部分。这也是一个我们应该勇于接受的未来。[31]

我们应该如何打造这样的未来？当然，我们不能生搬过去的公共领域中那些模糊的法律概念。博伊尔等人都意识到，他们需要一个能将松散的想法进行整合的理论，并构建一个框架讨论他们想建立的世界。

博伊尔开始意识到，伴随了自由文化运动20年的环保运动已成功发展了一套严谨的普遍理论，它不仅能启发环保运动的发展，而且能把这两项运动协调起来，使之共同发展。

现代环保运动存在一种双重现象。生态科学界一直在研究构成地球生命系统复杂的动态平衡的方式和关系，同时，活动家们也在利用其获得的知识，不断探索重新构建人类与自然之间关系的新途径。例如，早期活动家就保护濒临灭绝的物种付出了巨大的努力。当生态学家们对生物与环境之间错综复杂的关系有了更多的了解后，他们意识到，要想保护物种，就必须把重点放在保护它们的栖息地上。这让他们进一步认识到，濒危物种之所以常常处于危险之中，都是由于政治、商业和住宅的肆意规划。这些规划打乱了生态系统，破坏了复杂的动态生态平衡，造成了天然动植物数量的锐减。20世纪90年代，在获得了这方面的数据后，活动家们开始推动"跨境和平公园"，这是一个正在世界各地实施的全新发展理念。它的使命是：重新连接先前被国界割断的自然生态系统，不仅要恢复生物迁徙方式，还要恢复各种生态系统中复杂的物种关系。

"跨境公园"的理念脱离了目前强调环境的隔离、私有化和商业开发的论调，有利于整合区域生态系统的共享区域，并在其中恢复和管理生物的多样性。让大自然的界限取代政治和商业界限具有重要意义，它重新定义了社会发展方向，使人们抛弃对个人私利、商业追求和地缘政治的考虑，转而追求自然的总体幸福感。

"跨境公园"代表着一个大逆转的开始。在地球环境共享被逐渐隔离了半个世纪后，"跨境公园"重新恢复了共享，尽管恢复程度十分有限。

生态学因其重要性而成为一门学科，因为它强调地球是一个相互关联的复杂系统，能以共生和协同的方式运行，以维持整体的功能。达尔文则更关注生物个体和物种，他从资源背景的角度看待环境，而生态学则从环境的组成部分来看待环境。

生态学的前身是对栖息地和生态系统的研究。20世纪初，俄国科学家弗拉基米尔·沃纳德斯基（Vladimir Vernadsky）扩大了生态学的概念，将地球的生态运行作为一个整体涵盖了进去。沃纳德斯基的观点与传统科学思想截然不同，他并不认为地球的地质过程是由生物学进程的演变独立造成的。他于 1926 年出版了重要著作，提出了地质和生物进化过程的发展具有共生关系这一基本理论。沃纳德斯基提出，地球上惰性化学品的循环受到生命物质质量和数量的影响。反过来，这些生命物质也受到在地球上循环的惰性化学物质的质量和数量的影响。他把这个新理论称为"生物圈"。[32] 他对地球进化方式的看法改变了科学家们理解和研究地球运作的理论框架。

生物圈被描述为：

> 一个"综合的生活和生命保障系统"，包括目前自然存在的任何生命形态的地球外层，及其大气层自下而上的环境。[33]

生物圈从栖息着最原始的生命形态的大洋海底向上延伸到平流层，只有约 64.4 千米。在这个狭窄的区域，地球上的生物进程和地质进程以一种复杂的形式不断相互影响。生物圈决定了这个星球上的生命进化之路。

20 世纪 70 年代，公众逐渐意识到全球污染和地球生态系统的不稳定性，生物圈科学的地位因而变得更为重要。由英国科学家詹姆斯·洛夫洛克（James Lovelock）和美国生物学家林恩·马古利斯（Lynn Margulis）发表的盖亚假说引发了科学界的新一轮兴趣，他们开始日益关注工业污染对生物圈造成的影响。

洛夫洛克和马古利斯认为，地球就像一个能够自我调节的有机生命体，地球化学和生物进程互相影响、互相检查，以确保在地球温度下，维持一个相对稳定的平衡状态，使这个星球适宜生命的延续。这两位科学家引用了氧气和甲烷调节的例子。地球上的氧气含量必须保持在一定的水平，氧气太多会使全球面临大灾难的威胁，氧气太少则会面临阻断生命传承的威胁。洛夫洛克和马古利斯的理论认为，当氧气含量超过一个可接受的水平时，某种预警信号就会触发微小细菌，释放更多的甲烷到大气中，以减少氧含量，直到达到稳定状态。[34]

盖亚假说已经被地球化学、大气科学、生物学等许多学科的科学家采纳。他们对保持气候稳定的地球化学进程和生命进程之间的复杂关系和共生反馈循环进行研究，并就其达成了一系列共识。更全面的生态学新观点将单个物种的适应和进化看作更大、更一体化的进程的一部分，以及这个星球整体适应和进化的一部分。

如果地球的运行更像是一个自我调节的有机体，那么破坏了地球生态平衡的人类活动则可能导致整个系统进入灾难性的不稳定状态。在第一次和第二次工业革命的过程中，大量的二氧化碳、甲烷和一氧化二氮被排入大气，造成了地球的不稳定状态。由工业排放温室气体造成的持续升温，地球的水循环系统已经被显著改变，从而导致生态系统快速恶化，并引发了4.5亿年来第六次物种灭绝事件，对地球上的人类文明和未来健康造成了可怕的威胁。

人类正在迅速意识到，生物圈是我们不可或缺的首要社区，我们都属于这个社区，它的良好状态是我们生存和幸福必不可少的保证。随之而来的是新的责任感，即在我们的家庭、企业和社会中，在更大范围的生物圈内，个人和集体的生活方式应提升健康水平。

詹姆斯·博伊尔及其同事们寄希望于从环境角度进行类推，从中吸取经验教训，进而创造他们的文化环保理论。这是一个主张公共领域不可分割性的系统理论，它可以将所有不同的利益和倡议结合起来。但他们仍在寻觅中，因为事实上，他们类推的根据就是将人类团结起来的一个公共框架。应用于生物圈的普遍理论决定了社会的整体福利。

在资本主义时代，地球生态系统的隔离、私有化和商业开发急剧提升了极少数人的生活标准，却是以牺牲生物圈本身作为代价的。当博伊尔、莱斯格、斯托曼、本科勒等人仍在哀叹以能在市场上交换的私有权封闭各种共享的后果时，这种形式造成的损害已经

零边际成本社会

216

THE
ZERO
MARGINAL
COST SOCIETY

远比无法自由沟通和创造的问题要严重得多。对陆地和海洋共享、淡水共享、大气共享、电磁频谱共享、知识共享、遗传共享的隔离已经扰乱了地球生物圈复杂的内部动态平衡，危及了每个人的福祉，也危及了地球上其他生物的生存。如果我们要寻找一个能为大家带来共同利益的普遍理论，那么恢复生物圈群落的健康似乎是个非常正确的选择。

自由文化运动和环保运动的真正历史意义是，他们都在与隔离力量做斗争。通过重新恢复各种共享，人类开始以团结的态度思考和行动。我们认识到，终极创造力正在重新将我们连接起来，并将我们拉入日益庞大的关系系统，这个关系系统包括构成生物圈共享的一整套关系网。

如果想通过推动文化发展寻求文化的意义，那么就必须探索我们与更大的物联网之间的关系。我们必将与这个物联网联系在一起，这个物联网就是我们的公共生物圈，以及这个生物圈之外的宇宙。"自由言论"不是"免费啤酒"，但如果不以尊重地球生命的态度团结起来并重新进行协作、构想人类的旅程，那么"自由言论"的目的又是什么呢？与隔离相对的不仅仅是开放，还应该是超越。

由于互联网通信具有分散、协同、横向分布的性质，所以它既是一种媒介，也是一个领域。反过来说，这个领域又是社会的公共资源。在这里，人类为了凝聚成为一个整体而团结起来，并建立必要的社会资本。同时，我们也希望在这里扩展知识范围，了解更多与我们共存的、构成公共生物圈的其他生物群落，因为我们往往没有注意到它们。

社会共享仅仅是我们这个物种的栖息地，以及生物圈的一个区域。事实证明，社会共享也是在公共领域中不变的能源法则，决定着自然界成熟生态系统的最佳福祉。在像亚马孙流域这样的顶级生态系统中，热力学效率是最优的，因为物质消耗的水平没有显著超过生态系统吸收、循环废物和补充储备的能力。在顶级生态系统中，共生和协同关系能最大限度地减少能量损耗，优化资源利用，并根据每个物种的需求提供丰富的资源。同样，在经济中，当边际成本趋近于零时，就达到了最佳效率状态。也就是说，每增加一个单位产量的生产和分配以及每增加一次废物循环所消耗的时间、人力、资本和电力等能源支出就应该尽可能减少，以达到优化资源可用性的临界点。

用来实现文化和环境共享的法律工具也惊人地相似。例如，保护地役权就是通过一系列模仿文化领域的"知识共享"许可条约来实现的。我和我的妻子在弗吉尼亚州的蓝岭山脉附近拥有一片土地。这片土地变成了保护黑熊、白尾鹿、红狐、野生火鸡、浣熊以及其他原产于该地区的野生动物的保护区，这块地在保护地役权的范围内。也就是说，我们对这片土地的使用权是受限制的。虽然我和我的妻子拥有这片土地，但我们不能将它分割出售，或在上面搭建任何建筑物。

保护地役权可能要求土地保持原始状态作为野生动物栖息地，或出于景区美观的考虑作为开放空间。像"知识共享"证书一样，地役权的目的是通过分离土地所有权和享有独家使用权来推动共享的发展。

保护地役权将某些用途转移到公共领域，从而改变了隔离现象。这种法律手段与具有相似功能的开放源知识许可并无不同。二者的目的都是消除地球上的各种共享隔离现象（资本主义时代的主要特征），重新开启并恢复共享，以修复生物圈，并使其蓬勃发展。

重点是，共享不会只停留在公共土地上，而是不断向外延伸，直到地球生物圈的边缘。我们人类是地球上物种进化家族的一员。生态科学正在让我们认识到，整个生物家族的福祉取决于每个成员的福祉。共生关系、协同效应和反馈机制创造了大规模协同形式，从而让这个大家庭始终保持活力，并让生物圈家庭一直存在下去。

我来分享一件与共享概念有关的私人逸事吧。大约 25 年前，当我第一次开始有关共享的演化、转移和重建方面的写作时，我怀疑自己当时对此已近乎痴迷，这种痴迷让我不断进行自我完善。无论走到哪里，我都能看到隔离现象。作为一个社会活动家，每当出现一个能推进我们曾称之为"参与式民主"（这个术语后来被"对等参与"所取代）的机会时，我都会不由自主地思考形成新的共享的可能性。我的沉思冥想成了朋友和同事的笑柄，更不用说我的妻子了。每当我提起我正在写作的新书，或我的办公室正在着手开展的工作时，我都会受到毫不留情的打击："别再说共享了……事实并非如此。"

20 世纪 90 年代中期，我开始听说有人遭受了这种罕见的"共享苦恼"，随后，这种苦恼开始蔓延。无论走到哪里，我都能听到"隔离"和"共享"这两个词。这两个术语在整个社会中传播，像流行病一样在公共广场扩散，甚至以更快的速度在虚拟空间传播。全球化是这两个词滋生的温床，事实上，"全球化"是一个极其错误的比喻，它不过是在全球"互联互通"的外衣下虚伪地掩饰着政府的不作为和公共产品与服务的私有化。

新一代的学者和活动家继续反对这一现象：将地球上的人力资源和自然资源私有化，并集中在几百家商业企业手中，然后为它贴上"全球化"的标签。他们关于全球化的观点与之正好相反：要将被边缘化和被剥夺权力的群体吸收进来，让更多的人参与对地球资源的分享。

—— 全球共享时代

1999 年，数以万计代表着包括工会、女权主义者、环保主义者、动物权利活动家、农场组织、公平贸易活动家、学者和宗教团体等所有非政府组织及其利益的活动家走上西雅图的街道，进行了大规模的抗议活动，反对世界贸易组织会议在当地召开。他们的目标是收回公共资源。抗议者遍布华盛顿州会议和贸易中心周围的繁华街道。他们堵住路口，并阻止世界贸易组织的代表出席预定的会议。西雅图市议会也加入了抗议者的队伍，该市议会一致表决通过了一项决议，宣布西雅图市是多边投资协定自由区。众多国际媒体参与了对此事件的报道，其中有不少媒体站在了抗议者一边。伦敦的《独立报》（*The Independent*）撰写了措辞严厉的社论，对世贸组织进行抨击：

> （世贸组织）行使（其）权力的方式正在遭受越来越多的质疑，质疑者说，其英文缩写真正的意思是"世界接管"（World Take Over）。在一系列裁决中，它已经代表了私营企业（通常是美国企业）的利益，推翻了帮助世界穷人、保护环境、维护健康的措施。[35]

虽然该次抗议活动导致 600 多人被捕，但它标志着全球化进程中的一个转折点。至少现在，社会上已经存在明确的公众反对意见了。[36]

同时，街头示威也发挥了显著的作用。许多活动家都是电脑黑客，他们负责组织示威活动的传播工作。这是最早使用电子邮件、聊天室、网络现场直播、虚拟静坐示威和手机来协调动员并最终引导事件发生的抗议活动之一。该活动在街头示威时利用 IT 技术和互联网媒体进行同步传播，成了 12 年后"阿拉伯之春"运动中，开罗和其他中东热点地区街道上所爆发事件的一次预演。

黑客们有充分的理由站在环保主义者、工会会员和公平贸易活动家这一边。就在一年前，美国国会通过了《松尼·波诺版权期限延长法案》（*Sonny Bono Copyright Term Extension Act*）。克林顿总

零边际成本社会

220

THE
Z E R O
MARGINAL
COST SOCIETY

统签署了该法案，将之纳入法律。[37] 该法案将作者的作品版权保护期延长至作者去世后 70 年。同年，《数字千年版权法案》（*Digital Millennium Copyright Act*）由美国参议院批准，并由克林顿总统签署，从而开始实施世界知识产权组织的两个协定。[38] 该协定和国家法律共同规定，使用技术和其他手段规避版权保护措施的行为是违法的。这些版权保护措施被称为"数字版权管理"。

自由文化运动就是因这两个具有里程碑意义的法案而产生的，而这两个法案的唯一目的就是防止受版权保护的作品通过互联网被免费传播。1999 年，莱斯格对《松尼·波诺版权期限延长法案》提出质疑，并最终上诉到最高法院。

在西雅图聚集的抗议者们清楚，他们所反对的是人类知识和地球资源的私有化，而反对全球化的声音是对现有模式的否定。但是，在抗议者内部和广大民众中存在这样的疑问：他们为什么要这样做？如果不是为了通过私有化实现全球化，那又是为了什么？正是在这个时候，在人类生活的各个方面，推翻隔离、恢复共享的思想开始从学术界的小思潮逐渐演变为公众的呼声。人们开始要求开放公共广场共享、土地共享、知识共享、虚拟共享、能源共享、电磁频谱共享、通信共享、海洋共享、淡水共享、大气共享、非营利性共享，以及生物圈共享。200 年来，在资本主义统治下，几乎所有被封闭、私有化和市场商品化的共享都在人们的监督和审查下突然回归了。为了捍卫这些将人类融入生物圈的共享，使之重新开放，人们成立了非政府组织，并发起了一系列倡议。至此，全球化已经遭到了致力于推翻隔离、恢复全球共享的多种运动形式的挑战。

英国房地产大亨哈罗德·塞缪尔（Harold Samuel）勋爵曾经说过："有三样东西对产业价值至关重要：第一是地理位置，第二是地理位置，第三还是地理位置。"活动家们首次走上西雅图街头后的 14 年里，世界各地的街道不断掀起了自发组织的公众示威浪潮。虽然塞缪尔勋爵的这句话现在已经成为陈词滥调，但是在我们理解这些运动时，这句话仍然十分贴切。看似不可思议的大规模示威活动已经爆发，在各大洲出现了颠覆政府的行为，并引发了社会动荡。虽然抗议活动因一系列不同的社会问题而引发，但它们有一个共同的特点。相对于精心策划的抗议活动，这些示威活动更像是群龙无首的无组织行为，其本质是非正式的、网络化的。在所有案例中，参与者都涌入世界上最大城市的中心广场，在那里安营扎寨，并对抗政府力量，建立起一个拥护社会共享的团体。

杰伊·沃加斯帕（Jay Walljasper）是一名作家，也是一个为收回公共资源而组织全球运动的早期领导者。他发现，在 2011 年的中东地区，媒体对年轻人利用 Facebook、Twitter 和其他社交媒体等虚拟公共资源来组织的抗议活动投入了极大关注，"在这些叛乱中，一种更传统的共享的重要性并没有引起足够的重视，那就是公共场所，在这里，公民团结起来表达他们的不满，展示自己的力量，并最终表达他们对家园的新愿景"。[39] 沃加斯帕提出了一个重要观点："能否实现民主取决于是否有可供人们以公民身份进行集会的公共资源，比如广场、主要街道、公园或其他向所有人开放的公共空间。"[40]

虽然活动家们支持多种运动，但他们共同的信念是收回市民广场，并以此为契机，恢复那些被特殊利益群体和少数特权阶层征用、商品化、政治化和隔离的其他共享。"阿拉伯之春"运动中在塔里尔广场上被拘捕的青年、华尔街的占领者、伊斯坦布尔盖齐公园的示威者，以及圣保罗街头愤怒的底层民众都战斗在新文化现象的前线，这种新文化现象的基本主题就是以各种形式反抗隔离，建设一种透明的、无阶层的、协同的文化。他们都是新共享主义者。

已故的乔纳森·罗（Jonathan Rowe）是新互联共享的预言家之一，他很好地解释了关于所有与共享相关的思想。他写道：

说起公共权益共享，人们就会感到困惑。然而，公共权益共享是比政府和市场更基础的东西。它拥有广阔的覆盖范围，是我们所有人的共同遗产，在使用它时我们通常无须缴纳费用。大气和海洋，语言和文化，人类的知识和智慧宝库，群体的非正式支持系统，我们迫切需要的和平与宁静，生命的遗传基因，这些是公共权益共享的各个方面。[41]

我特别喜欢自然主义者迈克·伯根（Mike Bergan）有关资本家和协同主义者为之斗争的共享性质的一段妙语。他警告说：

> 不要相信企图把我们大家可共享并可从中平等获利的东西拿走、并把它交给对其独占并获利的任何人。[42]

锡拉丘兹大学伯德图书馆副馆长夏洛特·赫斯（Charlotte Hess）是已故的埃莉诺·奥斯特罗姆教授的得意门生，她将共享的许多分支整理成了目录。因此，她能很快地将新共享与旧共享区分开来，并在发现它们相似之处的同时指出它们之间的差别。

无论是新的还是旧的共享，都限定了人类对地球资源的管理方式。共享意味着某事物被共同拥有，并由集体管理。共享这个术语描述了一种治理形式。赫斯提醒我们，任何事物只有在某种技术手段的管理下才可能成为公共资源共享。觅食者和猎人虽然享受着大自然的恩惠，但他们并没有管理大自然。共享最开始出现在农业和畜牧业。直到人们发明了能在海上航行的船只，海洋才成为公共资源共享。

当今时代不断产生新的技术，使地球生物圈中曾经不受人类监管的新领域得到管理。文字印刷、电力的发现、电磁频谱、空中飞行、基因的发现以及纳米技术都开启了先前未知或者未开发的领域管理。这些新领域可由政府、私人市场或以共享的方式进行管理。

如第三章所述，第一次和第二次工业革命的通信／能源矩阵需要投入巨额的金融资本，依靠垂直整合的企业和集中指挥机制来实现规模经济，所有这些都将经济置于由政府支持的资本主义市场内。而物联网这个第三次工业革命的通信／能源矩阵则更多地由社会资本推进，而不是由市场资本推进。它通过横向扩展，以一种分布式和协同的方式组织起来，使公共权益管理与政府参与结合起来，从而实现更好的治理模式。

本科勒说：

> 尽管人们对免费软件过度关注，但实际上，它是更大范围的经济社会现象中的一个例子。依我之见，我们正在见证一种新生的第三种生产模式在广泛的数字互联环境中诞生并带来的深远影响。我把这种模式称为"共同对等生产"，以将其与基于财产和契约的企业和市场模式区分开。其核心特征是，通过一系列意愿和社会信号的驱动（而不是在市场价格或管理命令的推动下），一群个体能够成功地在大型项目中进行合作。[43]

尽管我们这样预期，但是认为共享模式将持续统治人类的未来发展的观点也是错误的。当协同主义者占上风时，资本家就被削弱。绝大多数的全球能源公司、电信巨头和娱乐行业都是在第二次工业革命时期建立的，都由当前模式和政治主张来支持。然而，在政府多种途径的支持下，输电公司、建筑行业、IT、电子、互联网和运输部门正在迅速进行产品和服务的创新，以及商业模式的变革，从而在新兴的、结合了市场和共享的第三次工业革命中获得更多的市场份额。

在我的社会企业 TIR 咨询公司中，我们为城市、地区和国家制定第三次工业革命总体计划，每天都在体验这种新的混合治理方式。为了帮助社区建立物联网基础设施，我们采取的新举措都是以

零边际成本社会

224

THE
ZERO
MARGINAL
COST SOCIETY

协同的方式进行的。其中，市场和共享平行管理，互相支持，或以联合管理的模式进行协作，一般情况下，政府也会参与制定监管标准、规范和财政激励。彼得·巴恩斯（Peter Barnes）在其《资本主义 3.0：讨回公共权益的指南》（*Capitalism 3.0: A Guide to Reclaiming the Commons*）一书中展望了世界各国未来的日常工作。他解释说：

> 2.0 版与 3.0 版之间的主要区别在于，后者包含了一个我称之为"公共权益共享部门"的机制。改进后的商业系统将不再依赖单一的动力（即被企业垄断的私有化部门），而是拥有了双重动力：一方面是为了追求私营利润最大化，另一方面则为了保护并促进共同富裕。[44]

我几乎可以肯定地告诉你，在现实世界中，决定经济发展走向的因素将围绕即将到来的基础设施展开。当资本主义市场和协同共享这两种模式并存时，它们有时会协同作用，而在其他时候则可能互相竞争，甚至对抗。在这两种管理模式中，哪一个将最终占据上风成为主要形式，哪一个将丧失主导权，这在很大程度上依赖于基础设施领域的建设。

第十二章

基础设施：重大经济变革的关键

尤查·本科勒是共享模式最热情、最善于表达的倡导者之一。他也意识到，依赖私有设施实现通信共享仍旧希望渺茫。本科勒在他的著作《网络财富》（*The Wealth of Networks*）里说道，如果子孙后代要享受网络信息经济所带来的巨大好处，就必须建立一套共用基础设施。他写道：

> 网络信息经济能够使社会生产实践更加丰富。因此，网络信息经济的蓬勃发展需要一套核心的共用基础设施，以及一套供所有人公开使用的、进行信息生产与交换所必需的资源。这需要利用物理资源、逻辑资源和内容资源发表新的声明，并出于交流的目的对这些声明进行编码、发送以及接收。[1]

对于这一点，经济学家们并无异议。但是布雷特·M. 弗里施曼（Brett M. Frischmann）指出，本科勒的分析中漏掉了一个重要因素。弗里施曼写了一本书，名为《基础设施：共享资源的社会价值》（*Infrastructure：The Social Value of Shared Resources*），其内容与《网络财富》一样丰富，且和本科勒的分析及方法相吻合。[2] 他说："本科勒没有全面分析核心共用基础设施的构成要素，或者确保共用基础设施可持续公开使用所面临的挑战。"他还说：

> 核心的共用基础设施指的是那些建立在一视同仁基础上的能被所有人使用的基础设施资源。第一个困难就是鉴定哪些资源是真正意义上的基础资源，以及对以下问题做出解释：为什么应当在一视同仁的基础上管理这些基础设施资源的临界子集……一旦障碍被克服……共享管理应该通过什么制度性手段来实现？[3]

弗里施曼注意到，本科勒支持开放式无线网络以及通信基础设施中的某些公用形式，但他想知道光凭本科勒一人，支持力度是否足够。和本科勒一样，伊莱·诺姆、戴维·博利耶（David Bollier）、凯文·沃巴赫等人都极力推崇开放式无线网络。在他们的推动下，最近，FCC 做出提案，建议建立一个无须授权的全国免费 Wi-Fi 通信网络。这是对本科勒等人不懈追求、据理力争、支持开放式通信共享行为的极大褒奖。如果在这一点上缺乏想象力，那可能是对于能源在基础设施中所起的关键作用存在误解。就像本书最开始提到的那样，历史上重大的经济变革都是基础设施变革，而使基础设施变革发生转变的则是新传播媒体与新能源体系的融合。因为，历史上的每一次能源变革都伴随着自身独特的通信变革。能源变革改变了社会的时间和空间范围，并使更复杂的生活安排成为可能，所有这些都需要新传播媒体来发挥作用，以管理和协调能源变革带来的新机遇。试想一下，在由蒸汽驱动的城市工业革命的背景下，如果没有廉价、快速的蒸汽印刷机和电报机，如何组织复杂的生产和分配。在没有集中供电，尤其是没有电话通信、无线电和电视的情况下，如何管理复杂的石油文化、汽车文化和郊区大众文化。

本科勒等人认为，新网络通信促成了管理的网络共享，因为媒体的性质是分布式和协同式的，这使点对点的生产和经济活动的横向扩展成为可能。为了说清这个道理，让我们做个假设：假如美国仍然采用垂直整合的、高度集中的、需要更大金融资本注入的化石燃料能源体系，只要化石燃料能源是构成全球经济各方面的基础，那么其他任何依赖这些燃料获取材料、进行发电以及提供物流的商业企业，都必将被迫继续采用垂直整合的商业模式和集中管理来实现自身的规模经济，从而维持生存。

网络基础设施共享的倡导者能否想象这样一个问题：对于一个分布式的、协同式的、点对点的、横向扩展的通信革命来说，如何才能在一个高度资本化和集中化的化石燃料能源体系下取得成功？换言之，对于一个高度资本化和集中化的化石燃料能源体系来说，有没有可能迎来这样一场通信变革：它以进一步推动零边际成本社会并削弱资本主义制度为目的，为实现可再生能源和3D打印等的开源式、点对点管理提供可能。

另外，一个分布式的、协同式的、点对点的、横向扩展的通信媒体非常适用来管理那些可再生能源，它们分布在大自然中，以协同的方式被充分利用，支持点对点生产，并贯穿社会横向扩展。同时，网络通信和可再生能源会形成不可分割的矩阵，应用于依靠共享管理以实现最佳运作的基础设施。如第一章所述，基础设施由三个彼此相关的网络构成，它们是通信互联网、能源互联网和物流互联网。在物联网这个单一互动系统中，通信互联网、能源互联网和物流互联网相互联系，提供有关社会上往来的大数据流。由于人们追求"极限生产力"和零边际成本社会，因此可以通过一个开放的全球共享平台协同访问和协同共享这些大数据。

政府、资本主义企业和基于共享的新生社会经济倡导者，这些人都有野心定义即将到来的时代，都在积极努力地管理着构成物联网的三个彼此相关的互联网。

—— 通信共享

让我们从新共享基础设施中的通信互联网开始谈起。互联网是一个混合型基础设施，由三方面主要的利益相关者构成，分别是政府、私营部门和公民社会。到目前为止，互联网已被作为全球共享资源来管理，而在互联网管理中，政府、私营部门和公民社会这三方面利益相关者互相协同。

互联网的技术管理工作，包括建立标准及管理协议，已经交给了包括互联网工程任务组、互联网联盟和 ICANN（互联网名称与数字地址分配机构）在内的非营利组织。尽管 ICANN 最初由美国政府创建，且在名义上受美国政府管辖，但在 2009 年，美国放弃了对 ICANN 的监管职能。目前，ICANN 由一个国际委员会管理，该委员会的成员包括学者、企业和民间利益集团。[4] 至少从理论上来说，任何人都可以加入上述组织，但是因为这些组织都具有很强的技术性，所以通常都是由有技术专长的人通过协商共同做出管理运营的决定。

不过，互联网管理比人们想象的还要棘手、还要模糊。2003 年，这三方面主要利益相关者团体的代表在日内瓦召开信息社会世界峰会，共同讨论互联网管理。随后，第二次会议于 2005 年 6 月在突尼斯举行。互联网管理工作小组是由联合国秘书长成立的，旨在"在互联网管理过程中展开调查，并酌情制订适当的行动计划"。[5]

经过商定，互联网管理工作小组提出了一个管理框架，这个管理框架随后被 174 个成员国（地区）采纳。该框架声明：

互联网管理是针对形成互联网演变的共有原则、规范、规则、决策过程以及计划的开发和应用，由政府、私营部门和公民社会各自发挥自身的作用。[6]

这个三方利益相关者的参与模式至关重要。在过去，只有政府和私营企业可以参与全球治理事务的谈判，公民社会最多只能充当观察员和非官方代表。然而，人们认为，将公民社会排除在互联网管理之外是不合理的，因为很多凭借新媒体进行点对点生产的从业者和参与者都来自公民社会。

在同意三方管理后，为商讨互联网管理策略，联合国组织成立了一个多方利益相关者主体，即 IGF（互联网管理论坛）。IGF 定期举办会议，以确保商讨出的管理策略能够反映互联网的本质，即分布式、协同式、横向扩展式。IGF 在世界各地建立了区域级和国家级分论坛，这些论坛提供的是一个网络化的而非自上而下的管理模式，以实现这个杂乱无序的新通信媒体的集体自我管理。[7]

然而，联合国毕竟是代表世界的政府机构，它竟然悄悄将一篇同意赋予秘书长权力以使之开始"加强合作"进程的文章加入信息社会世界峰会——突尼斯分会已定稿的正式文件中。这：

使不同政府在处理与互联网相关的国际公共政策问题上，而非在处理对国际公共政策问题没有影响的日常技术和操作问题上，平等发挥作用，履行责任。[8]

各国政府非常关注一连串影响其公共福利和主权利益的互联网相关政策问题，其中包括对虚拟空间的商业活动征税、保护知识产权、维护网络安全，抵御网络攻击，以及消除政治分歧。目前，各国政府正在制定国家法律，其中有一些立法正在威胁媒体的重要特征，即开放性、普遍性、透明性。推行政府对网络控制新形式的国家包括俄罗斯、伊朗、中国、南非、沙特阿拉伯、印度和巴西。

2011 年，俄罗斯、中国、乌兹别克斯坦和塔吉克斯坦向联合国大会提交了一份提案，呼吁出台一份信息社会中的国际行为准则。提案不包括针对多方利益相关者方法的条款，但会导致政府对互联网的控制力度越来越大。[9] 提案的序言明确声明："对互联网相关公共事务的政策职权属于国家主权。"[10]

与此同时，私营部门也开始偏离三方利益相关者联盟，并通过差别定价的方式增加收入和利润。此举可能破坏网络中立性原则，该原则是互联网指导原则之一，它保证了通信共享的非歧视性、开放性、普遍性，确保每个共享者享有平等的接入权和收录权。

"网络中立"的概念源于互联网端到端的设计结构，这有利于用户而非网络供应商。尽管用户为网络连接付费，而且他们支付的价格取决于其互联网服务提供商所提供的速度和质量，但是一旦用户连接到互联网，其传输数据包就会被网络供应商按照统一方式处理。

大型电信和电缆公司这样的网络供应商现在想通过改变游戏规则，以及控制在互联网上所交换的信息获取商业利益。具体方式如下：允许网络供应商对不同信息访问收取不同的费用；进行优先传输，对排在最前面的、对时间敏感的数据包收取更高的费用；收取申请费；基于差别付费标准，在其提供的网络上，以有利于用户的方式限用某些特定的应用程序。

网络中立性的支持者认为，网络应该保持"愚蠢"，从而使数以百万计的终端用户通过开发自己的应用程序进行协同和创新。这种"分布式智能"使互联网成为一个独特的通信媒体。如果网络供应商获得内容访问与传递方式的集中控制权，他们将剥夺最终用户的权利，并破坏伴随分布式协同和横向扩展产生的创造力。

当然，网络供应商的感受是截然不同的。在美国，AT&T、威瑞森和 Cable TV 公司认为，在追求新的赢利计划的过程中，他们遭受了不公平的限制。AT&T 的前任 CEO 埃德·惠塔克（Ed Whitacre）在接受《商业周刊》（*Business Week*）的采访时发泄了他的不满：

> 现在，他们想要免费使用我们的通道，但是我不会让他们这样做，因为我们已经为此付出了成本，所以我们必须从中获取回报。[11]

事实上，AT&T 的客户和使用 AT&T 线路的网络服务提供商都向 AT&T 支付了信息包传输费用。尽管如此，AT&T 和其他网络供应商仍然希望在传输信息包的过程中使用各种不同的付费机制，以压榨出更多的利润。

德国通信巨头德国电信控制了全国 60% 的互联网连接，2013 年 5 月，德国电信宣布将对国内所有的互联网服务用户强制实行下载限制，并由此引发了争论。德国电信表示，之所以强制实行下载限制，是因为数据流量逐步攀高，预计到 2016 年，数据流量将增至原来的 4 倍。更有争议的是，德国电信还将向那些想扩大流量的客户提供升级版的互联网连接服务。而更令人不安的是，该公司还宣布将只接受源于自己的互联网电视服务的流量，而不接受源自包括谷歌、YouTube 公司和苹果公司在内的竞争对手的流量。[12]

由于看出德国电信公然破坏网络中立性的企图，德国监管机构立即对此做出回应。德国联邦网络管理局（国家电信监管机构）表示，他们正在审查德国电信的提议是否违反网络中立性协议（该协议禁止服务提供商通过收取不同费用进行客户歧视）。[13]

究其根本，网络中立性的斗争是一场模式之战。第二次工业革命后，电信巨头们急于抓住新的通信媒体，并借此进行集中指挥和控制，从而允许他们将内容和流量附入网络来提高利润，并凭借对

零边际成本社会

232

THE
ZERO
MARGINAL
COST SOCIETY

这些"管道"的所有权实现垄断。终端用户也同样决心将互联网作为一项开放的共享资源，进而发现促进网络协同、推动接近于零边际成本和近乎免费的服务，以开发新的应用程序。

在试图服务于两个主人时，政府似乎左右为难，一个主人致力于资本主义模式，另一个主人则致力于共享模式。尽管 FCC 曾经倡导网络中立性，但是 2010 年该机构还是发布了一个开放的互联网秩序，提出了三个基本规则，以确保实现开放式免费互联网。这似乎改变了 FCC 长期以来维护网络中立性的承诺。前两个规则提倡管理实践透明化，禁止应用程序及服务限制，然而第三个规则为网络供应商带来了一线希望，使之可能夺回主动权，并将互联网纳入其防御网络。规则指出："在传输合法网络流量时，固定宽带供应商对此可能会进行区别对待，但是会保持在合理的范围内。"[14]

第三个原则引发了不少争议。一些人认为这条规则是"醒悟"，另一些人则认为这条规则是"投降"。弗里施曼的讽刺评论"合理与否还有待观察"似乎捕捉到了这一事实：每个人都在怀疑 FCC 的本意。[15]

而且不只电信和电缆机构从外部侵入，试图封闭互联网，内部侵入同样存在。一些知名的社交媒体正在网络上加速寻求封闭、商业化以及垄断新通信媒体的方法，这些社交媒体所带来的威胁可能远远大于管理通信渠道的那些公司。

在 2010 年 11 月出版的《科学美国人》上，万维网的发明者蒂姆·伯纳斯－李（Tim Berners-Lee）在网络上线 20 周年当日发布了公文，表达了对互联网前景的担忧。

虽然伯纳斯－李的发明在设计上很简单，但其影响却是空前的。网络允许每个人无论何时何地都能与他人共享信息，而无须征求许可或支付使用费。网络被设计成一个开放式、分布式、人人皆可访问的网络。

然而，正是利用了这些规则，一些大型网络应用，像谷歌、Facebook 和 Twitter 等，才取得了如此大的成功，并销售了大量来自商业买家和企业的传输大数据。正是有了这些数据，企业才能进行有针对性的广告宣传和营销竞争，开展研究工作，开发新产品与服务以及提出许多其他商业主张。事实上，他们正在利用商业终端的共享。在其文章中，伯纳斯－李警告称"大型社交媒体正在封锁来自其他网络的用户发布的信息"，而且正在创建封闭的商业空间。[16]

虽然互联网是一种公共资源，网络应用程序却由被作为公共资源来管理的非营利组织和着眼于市场的商业企业这两类群体共同掌管。维基百科和 Linux 软件属于第一类，谷歌和 Facebook 则属于第二类。

尽管互联网上的网络应用程序用户都知道像亚马逊这样的网站是纯粹的商业网站，但他们不一定对谷歌和 Facebook 这样的网站持同样的看法，因为这些应用程序为他们提供了获取一系列免费服务的机会，从世界顶级搜索引擎到加入地球上最大的家庭相册，这些服务都可以免费获取。只是在连接这些网站时，用户不得不忍受出现在窗口边缘的广告所带来的些许不便。然而在幕后，谷歌、Facebook、Twitter 和其他许多社交媒体会封存进入其系统的大数据，这样做要么为了在自己网站上提供增值服务，要么为了向第三方出售这些数据。

伯纳斯－李解释说，采集专用数据的关键是，当用户进入一个社交媒体时，该用户的 URL（统一资源定位器）发生了什么。每个用户的 URL 都允许用户点击网络上的任意一个链接，在相互联系的信息共享空间中，这将产生一部分流量。但是至少直到最近还有些人不知道，当他们连接到商业化社交媒体时，他们的重要信息就被立即采集、存储、封存和商品化。[17]

伯纳斯－李这样描述用户的数据被封存的过程：

零边际成本社会

234

THE
Z E R O
MARGINAL
COST SOCIETY

通常在用户登录时，Facebook、领英（LinkedIn）、Friendster
等社交网站会通过采集类似用户的生日、电子邮件地址、爱
好、好友提示以及提供可能认识的人这样的链接信息来提供
价值。网站将收集这些数据组成庞大的数据库，然后重新利
用这些信息，提供增值服务，但仅限于在用户自己的网站上
提供。一旦用户数据被录入这些服务中的一个，用户就不能
在另一个网站轻易使用它们。每个站点都是一个与其他人隔离
开来的区域。用户个人页面是在网络上，但是个人数据却不是。
用户可以访问在一个站点已创建的人员列表网页，但不能从该
站点将人员列表或该人员列表中的某些条目发送到另一个站点。
之所以隔离，是因为不是每一块信息都有一个 URL，且数据之
间的联系只存在于网站内部。所以用户录入的数据越多，被锁
定的数据就越多。这样，用户的社交网页就会成为一个中央平
台、一个封闭的内容区域，以及一个无法完全控制自身信息的
地方。[18]

我们应该担心社交网站为获取商业利益而把所有用户信息分享
给第三方吗？当然，没有人愿意被有针对性的广告缠身。然而，比
广告更危险的是，医疗保险公司会获知你是否通过谷歌搜索过特定
的疾病信息，潜在雇主会通过分析你在网络上留下的数据记录窥探
你的个人社交历史，从而发现你身上潜在的怪癖、个人喜好，甚至
可能做出的反社会行为。

当然，并不是所有社交媒体都是商业化的。纯粹意义上的共享
管理对许多非营利网站（像维基百科）仍然适用。然而，如伯纳
斯－李描述所言，商业公司经营的社交媒体的商业模式是标准操作
程序。他说："这种架构应用的范围越广，网络就会变得越发支离
破碎，我们享受到的单一的通用信息空间也就越来越少。"[19]

伯纳斯－李暗示一种负能量在起作用。是否存在这样一种可能：互联网自身的运营特点（其分布式的、协同的、点对点的、横向扩展的结构）正在提供一个大型的、有价值的个人资料宝藏，而这个宝藏正在被开发、重新绑定，并被出售给营利性公司以进行有针对性的商业利用？再甚者，这是在虚拟空间中创建企业垄断的最新商业开发形式吗？当前的企业垄断是否和它们所推翻的第二次工业革命企业一样集中和专有？

截至 2012 年，谷歌每天承担着"180 多个国家的 30 亿次查询"。[20] 2010 年，谷歌在搜索引擎市场的份额分别为：占美国搜索引擎市场的 65.8%，占德国搜索引擎市场的 97.09%，占英国搜索引擎市场的 92.77%，占法国搜索引擎市场的 95.59%，占澳大利亚搜索引擎市场的 95.55%。[21] 2012 年，谷歌公司的收入超过了 500 亿美元。[22]

目前，Facebook 已经吞并了全球社交网络市场份额的 72.4%，截至 2013 年 3 月，Facebook 拥有超过 11 亿个活跃用户，也就是说，地球上每 7 个人中就有一个是 Facebook 的用户。[23] 在对访问者每月在最喜欢的社交媒体网站上花费的时间进行测算时，Facebook 的数据遥遥领先。访问者平均每月花费在 Facebook 上的时间是 405 分钟，这个时间是花费在以下 6 个排在其后的最受欢迎网站的时间总和：汤博乐（Tumblr，89 分钟），品趣志（Pinterest，89 分钟），Twitter（21 分钟），领英（21 分钟）、MySpace（8 分钟），谷歌＋（3 分钟）。[24] 2012 年，Facebook 的收入是 50 亿美元。[25]

2012 年，Twitter 有 5 亿个注册用户，其中两亿是活跃用户，其他用户则更喜欢潜水。[26] 预计该公司 2014 年的收入将超过 10 亿美元。[27]

像亚马逊和 eBay 网站这样具备协同共享特性的商业网站也正在迅速成为在线垄断者。福雷斯特研究公司进行的一项研究显示，"相比 13% 的人选择传统的搜索网站进行产品搜索"，每三个在线用

零边际成本社会

236

THE
ZERO
MARGINAL
COST SOCIETY

户中就有一个选择亚马逊网站进行产品搜索。[28] 亚马逊拥有"超过1.52亿个活跃买家账户"和"超过200万个活跃的卖家账户"，以及服务于178个国家的全球物流网络。[29] 截至2008年，eBay在美国已经占据了99%的在线拍卖市场，而它在其他大多数工业化国家也有类似的占比。[30] 2012年，eBay的收入为141亿美元。[31]

新兴社会化媒体的影响无处不在，以至于其使用者几乎意识不到自己使用这些资源的频率之高。举例来说，法国政府日前宣布了一条规定：禁止广播公司在直播中提及Facebook或Twitter，除非该消息有明确来源。该决议一经发布，立即引起了一些媒体评论员发布Twitter的信息评论，以及对法国官僚主义干涉行为的批评指责，这是我们意料之中的。然而对此，政府当局找到了一种有力的解释：广播员在新闻报道或娱乐节目中援引Facebook或Twitter的信息，这是在免费为他人做广告，有利于市场引领者，但忽略了其恶意竞争者中的效仿者。[32]

对于新兴企业巨头正在大量占领虚拟空间这一现象，哥伦比亚大学法律系教授、美国联邦贸易委员会资深顾问蒂姆·吴（Tim Wu）提出了一个有趣的问题，他说："如果不使用谷歌的话，我们该如何度过一周的时间？再进一步说，如果Facebook、亚马逊、Skype、Twitter、苹果、eBay和谷歌都不用的话，我们又可以坚持几天呢？"[33] 其实，吴教授已经将目光投射到了一个令人不安的新现实上：凭借其对开放、透明以及深度社会协同的承诺，新兴通信媒体吸引了年青一代。但同时，这些媒体也披上了另一层外衣，一件更关注于通过信息共享获利的外衣。吴教授写道：

> 如今，大多数（互联网上的）功能分区都被一家主导型公司或寡头所垄断控制，比如谷歌"占据"搜索分区，Facebook"占据"社交分区，eBay"占据"拍卖分区，苹果主

导在线资源传送，亚马逊主导零售。

吴教授问道：为什么网络"越看越像一个'大富翁'游戏局"？[34]

如果你还不确定这些新的企业"玩家"的意图，那你应该先去看看评论，再搜索一下最近的专利花落谁家，这可能会帮助你消除疑惑。在2011—2012年，新获专利项的交易金额足以使最老练的知识产权律师震惊。2011年，苹果、微软等公司在拍卖会上拍得北电网络的6 000项专利，总价值45亿美元；谷歌以125亿美元的价格收购了摩托罗拉，从而获得了17 000项专利；微软花费11亿美元，从美国在线公司购买了925项专利；Facebook花费5.5亿美元，从微软购得了650项专利。[35]

那么这些新晋的重量级虚拟空间是否像AT&T和20世纪的电力公司与公用事业公司一样成为"自然（形成的）垄断"？越来越多的通信业分析师、反垄断代理人以及自由文化运动的支持者提出了这样的质疑，希望使公共设施的反垄断行为或管制合法化。他们认为，如果不努力追求上述目标，那么即使做出了所谓将互联网作为共享的网络化"全球共享资源"这一伟大承诺，这个承诺也会不可挽回地成为一张空头支票。而对于身处对等网络共享主义思潮中的一代人来说，他们的热切希望也将随之灰飞烟灭。

共享的支持者认为，由于像谷歌这样的搜索引擎可以针对每一个人的需要提供全面服务，所以它已然成了一个"必需品"。其他搜索引擎的表现则相形见绌，因此这些搜索引擎在当今社会不易立足。从这个现象上看，谷歌俨然是一个自然形成的垄断。于是，有些人提出了"搜索中立性"的倡议，要求出台一些类似政府规定的相关规范，来保证网络的中立性。他们还警告说，出于经济或政治方面的考虑，占主导地位的搜索引擎可能会冒险篡改搜索结果。

零边际成本社会

238

THE
ZERO
MARGINAL
COST SOCIETY

而其他一些人则更担心像 Twitter 这样的社交媒体可能通过操纵排序来保证使用量。比如，Twitter 里有一个"Twitter 流行榜"的功能，这个板块会涉及一些时下的热门话题，或者"主流"事件。有人就提出，这些公司用来查找或排名的算法是否会被编程，以反映经营管理中有意或无意的偏见。朱利安·阿桑奇（Julian Assange）的支持者认为，在维基解密的泄密事件中，Twitter 有故意欺瞒大众之嫌。[36] 相关产业观察者也在不断思考维持"算法中立性"的方法。

康奈尔大学通信学教授塔尔顿·吉莱斯皮（Tarleton Gillespie）说，操纵计算机程序的算法的确是一个问题，尤其是当编制算法的商业公司从篡改数据中看到商业利益，或者受到意识形态驱动时。他写道：

> 我认为，有关"Twitter 趋势"这类工具的争议以后会越来越多。随着越来越多的公共言论在一系列精选的私人信息平台及社交网络上出现，为了管理这些海量信息，平台和网络的运营商们需要向复杂算法寻求帮助……（我们）必须……不仅要认识到这些算法并非绝对中立，还要认识到它们很可能带有政治倾向，并可能按照某种方式封装信息。[37]

吉莱斯皮提出，在大多时候，商业公司同时掌控数据和算法。随着公众越来越依靠算法分类、排名和筛选信息，我们必须建立相关的协议和规定，以保证信息的透明性和客观性。[38] 否则，如果只是寄希望于公司的良知来保护过程的廉正性，那么这一想法简直太天真了，甚至是非常鲁莽的。

但是，现状进退两难：像谷歌、Facebook 和 Twitter 这样的公司在不断壮大，越来越多的人从中获益。但是，因为这些公司属于商业营利性组织，其兴趣点在于如何以最大利润将客户信息卖给第三方，而其使用者的兴趣点则在于优化他们的社交网络。换句话说，这些公司在操纵社会共享资源，并将其作为一种赢利手段。北卡罗来纳州立大学社会学教授泽伊内普·蒂费克奇（Zeynep Tufekci）将这种现象称为"社会共享资源的公司化"。[39]

但是，并不是每个人都对少数公司将垄断互联网这一可能表示担忧。一些法律学者认为，这些社交媒体不同于电信公司、能源公司或者公用事业公司，而是通过将其巨额资金首先投入实体性基础设施来保证其自然垄断。设备领域的新进成员会发现，想要和一个已经在某地区拥有成熟物理性基础建设和固定用户群的公司竞争，并非不可能，但会十分艰难。与之相比，社交媒体的新进公司就不会遇到这样的问题，因为其门槛成本远远低于上述行业。编写代码和新应用程序的成本只是设备准备、新用户体验、快速占有市场主导地位，或者获得竞争优势所需成本的一小部分。为了证明他们的观点，这些法律学者指出：像 MySpace 和 Friendster 这些曾经在社交媒体市场中无可匹敌的主导网站，如今已经被 Facebook 和 Twitter 取代。

自由市场的支持者认为，像这种给谷歌、Facebook 或者 Twitter 网站冠以"社交神器"头衔，并任其形成垄断的行为，实质上是在使其免受竞争威胁，就像当年"一战"后的 AT&T 一样。我在第三章中曾提到，通过联邦法律规定，联邦政府使 AT&T 获得自然垄断地位，从而保证了在 20 世纪大部分时期该公司在通信行业不可撼动的垄断地位。

最后，那些反对将社交媒体认定为社会团体的人认为这会带来一定风险，使他们不愿意再创新。如果他们已经从垄断模式中获得了稳定的回报和固定的交易价格，他们还会有创新动机吗？

同时，反对者也以有力的驳论予以反击。像谷歌、Facebook、eBay 和亚马逊这样的巨头将成百上千亿美元投入全球市场的维护中，他们的用户数据库比以往任何我们可能拿来与之相比的事物都要庞大许多倍。当人类历史的大部分信息都由谷歌这个搜索引擎控制时，这意味着什么？或者当连接了 10 亿人社交生活的 Facebook 一枝独秀地监管网络虚拟公共空间时，当 Twitter 成为人类传播流言蜚语的唯一场所时，当所有人都只能在 eBay 上拍卖和竞拍商品时，或者当人们只能在亚马逊这个唯一的虚拟市场上交易时，这又意味着什么？所以说，在实体经济时代，一切都不能和这些垄断企业相抗衡。

现实情况是，这些公司已经占据了互联网最基本的部分，曾经，他们可以靠融资来投资一个好点子，也可以用很少的钱维持其行业主导地位，但在当今时代，这种情况越发难以实现。谷歌、Twitter、eBay、亚马逊这些网站现在需要投入大量的资金，以拓展其用户数据库，从而创造一个由一层又一层知识产权搭建的坚不可摧的领域，并从这个由它们参与创造的全球性社交圈中分得一杯羹。

不过，对于这些占有巨大社交资源的公司来说，它们不太可能通过反垄断行为或者个别监察疏忽来逃脱一些规定性限制，但是被忽视的内容到底有多少、范围有多大，这仍是一个悬而未决的问题。

毫无疑问的是，通信媒体商业圈占令人担忧，这个问题有必要加以解决，因为该领域的存在是以为全人类提供共享资源，并以接近于零的成本创造社会各领域的价值为前提的。

能源共享

保证互联网始终作为一种全球共享开放资源，实现社会和经济利益最大化，这是一个极富难度的挑战。确保新兴通信媒体公司对鳞次栉比的可再生能源管理得当，以及确保能源互联网对全球开放共享，这个工作的难度系数也很高。所以，现在出现了一些跨地区、跨区域、跨国家或者跨大陆的能源共享网络，以此抵御来自各方面对稳固的商业利益的威胁，这些威胁绝不亚于电信和电缆公司对通信互联网的威胁。

在某些情况下，全球性的能源企业、电力企业或者设备企业会联手阻止能源互联网的建立。除此之外，为了保证新能源的商业价值，这些企业会尝试在智能电网上强加一个集中体系结构，以实现新能源的商业化。

世界最大的经济体欧盟已经采取了以下措施：要求传统的电力和公用事业公司解除发电与输电之间的绑定，从而确保能源互联网的开放。由于数百万家小型新能源生产企业对大型电力和公用事业公司的抱怨日益增多，解除绑定的规定应运而生，因为前者认为后者让他们很难将本地的"微型"电厂与主要的输电网相连。大型电力和公用事业公司还受到了如下指控：对于由其商业伙伴生产的绿色电能，这些公司总是为之选择高速连接，因而这一行为存在歧视之嫌。此外，它们还利用官僚主义进行拖延，甚至拒绝接受源自其他企业的绿色电力。

这些电子企业也在试图开辟第二战场，通过暗箱操作，设计出一个集中、专属、封闭的智能电网，只允许数据从产消者到公司总部进行单线传输。这一设计的目的在于仅以电费的代价从数百万新产消者处获取实时变化的关键信息，并且防止产消者控制将电力传到电网上的时间，以便在每天的不同时间段实行高峰电价。

世界上许多国家都引入了"绿色输入税制"，以鼓励数百万终端用户自主绿色发电，并在能源互联网中共享，所以输电公司在慢慢失势。而越来越多的输电企业也意识到了能源产消者的存在这一新现实，并且通过改变其经营模式来适应新的能源互联网。未来，这些企业要想提高收入，就要进一步做好以下工作：通过管理其客户的能源使用情况降低客户的能源需求，从而提高客户的能源使用

零边际成本社会

242

THE
ZERO
MARGINAL
COST SOCIETY

效率和产值，以及分享一部分增长的产值和节约值。因此，其利润也将更多地来自更有效的能源使用管理，而不是出售更多的电力。

在能源互联网形成初期，管理分布发电的最佳方式问题已经被提出。一种新的共享模式正在形成，有意思的是，这个模式以 20 世纪 30 年代的电力管理共享模式为原型，以求将电力输送到美国的农村地区。

—— 罗斯福新政为什么能成功

首先，我们回顾一下哈罗德·霍特林于 1937 年所做的演讲，在演讲中，他建议由政府承担输电费用。由于电力是所有人都需要的公共能源，所以为了社会福利的最大化，电力应该由联邦基金埋单，而不是被私营企业所占有。因为消费者不会为了其所使用的电力向私营企业支付"租金"，电费也并不会增加边际成本，因为一旦传输系统建立起来，边际成本就会接近于零。

在第七章，我忘了提到霍特林举过的一个当时新组建的政府的例子，当时，他用这个例子论证了其想法的优势。田纳西河流域管理局（TVA）是当时规模最大的公共事业项目机构。1933 年 5 月 18 日，罗斯福总统签署了《田纳西河流域管理法案》（Tennessee Valley Authority Act），该法案计划在 1933—1944 年建成 12 座水坝和一座水力发电站。这将创造 28 000 个工作机会，覆盖 7 个最贫困的州（田纳西州、肯塔基州、弗吉尼亚州、北卡罗来纳州、佐治亚州、亚拉巴马州和密西西比州）的部分地区，其工程量相当于建造 20 座帝国大厦。[40]

联邦政府可以控制水电能源，将生产出的低价电力提供给国内的贫困社区，以此刺激长期的经济增长。霍特林解释说，将低价电能输送到田纳西河流域，可以"提高经济的整体水平，以及当地的文化水平。当地居民会从中获益，并提高发展成本中的货币价值"。[41] 他警告说:"如果政府因为对电能的需求而提高电价,并且以此作为投资回报,甚至从中获利,那么政府获得的收入将大大缩水。"[42] 所以,他总结道:"如果能出台一个公共政策,让人们投资电能产业,并以很低的边际成本将电能卖出,那么这个政策就很完美了。"[43]

霍特林认识到,田纳西河流域管理局所需成本将用其他州纳税人缴纳的税款来支付,但因为该地出口农产品的价格降低,所以该地经济水平的提高也会间接地使其他地区受益。[44] 该地区收入和生活水平的提高意味着来自其他地区产品消费能力的提高。最后他说,TVA 的成功会激励其他地区出现类似的政府公共事业项目,因为:

> 出于同样的原因,既然政府乐于营建这种项目,那么也会愿意在其他更广泛的地区建造水坝以及各式各样的公共工程。这会使各个阶层的人从中获益。这种随机性的分配应该保证国内各个地区的大部分人从中获益。[45]

罗纳德·科斯并不赞同霍特林的看法。科斯倡导自由市场,他认为,政府并不能很好地预测消费者的需求,即使对于每个人都绝对会用到的公共产品或服务,其需求都难以预测。他写道:"我本人认为,在一个建立在边际成本基础上的价格体制内,政府不可能对个体的需求进行精准的估测。"[46]

如果我们仔细思考科斯的第一个理由,就会发现其中谬误百出。虽然消费者享受着由低边际成本带来的价格便利,但是人们是否会因此拒绝饮用清洁度更高的公共自来水而饮用井水呢?或者是否会放弃公共高速公路而使用还未铺设好的土路?再或者,是否会拒绝使用公共电灯照明,反而代之以火炬,总之不去以边际成本反映价来享受这些便利呢?

零边际成本社会

244

THE
ZERO
MARGINAL
COST SOCIETY

根据传染效应，科斯忽视了一个问题：像田纳西河流域管理局这样成功的政府公共事业项目机构可能被其他地区效仿，从而带来很多积极影响。他认为，即使这个案例是成功的，我们也无法假设同样的条件会存在于其他地区，从而获得类似的成功。

1946 年，从战场返回的美国步兵及其家人们非常渴望用仅有的积蓄来购买各种各样战时没能得到的东西，来弥补其在战争中所失去的时间。科斯在其反驳霍特林的著作中写道，在当时，市场是消费社会的"发动机"。这样，对于在世界大战、"大萧条"和政府限购的 15 年间，人们为何可以自由地进出市场并自主决定如何支配其收入，我们也就不难理解了。

科斯的观点基本把握了时代的节奏，为大多数经济学家所追捧。传统的经济学家认为，市场（而非政府）才是一国经济生活中胜负的仲裁者，然而需要指出的是，当建设州际高速公路，提供退伍军人的学院贷款，或者为联邦住房管理局（FHA）的房贷提供的政府补贴需要大众融资的时候，美国大众更倾向于制造一些预想不到的情况。

但不要着急，没有几个学者对该段历史感兴趣到想要了解霍特林的论点以验证这种最佳情形示例是否正确。如果他们曾做过相关研究，就会发现科斯反驳霍特林的论文及其所使用的田纳西河流域管理局的实例都说不通。

我们从历史中获得的是一个新型共享资源管理机制，该机制可以从根本上调整美国在 20 世纪的经济发展进程，并且为规划 21 世纪的能源互联网提供重要的共享资源运营模式。

联邦政府已率先着手干涉电能生产领域，因为私营企业并不愿意将输送范围扩大到农村地区。他们的理由是，这些地区的居民数量并不多，且居民过于分散，而公司没有足够的资金支持该项目。

到 20 世纪 30 年代，用电的城市居民已占到 90%，而农村居民只占 10%。[47] 电气化不足这一问题一直是贫困人口面临的主要问题，这些贫困人口也很少考虑提高自己的生活水平。而在"大萧条"时期，这种分化大幅加剧。

田纳西河流域管理局有意将一个比较落后的偏远地区带入 20 世纪，并且以之为榜样，在国内的其他偏远地区推广该项目，从而使电力和公共事业企业望而却步。虽然这些企业对偏远地区没什么兴趣，但他们现在都非常不满，因为联邦政府正在迅速插手电力市场。田纳西河流域管理局已经获得了为农民和偏远社区提供廉价电力的特权。然而，尽管这些公司反对，到 1941 年，田纳西河流域管理局仍然成了美国最大的电能生产商，它用可再生的水能生产电能。[48]

受到保守主义利益集团的资助，私营企业谴责田纳西河流域管理局，称其是美国政府向社会主义社会迈进的幌子。《芝加哥每日论坛报》（Chicago Tribune）就将它比喻成"田纳西河流域的红色小苏联"。[49] 一些私营企业说，根据宪法，联邦政府没有夺取能源生产的权利，并且将其告到了最高法院，但最高法院以这种行为符合宪法为由，驳回了这些企业的诉求。

除了被授权生产能源，田纳西河流域管理局还得到向当地社区铺设运输管线的授权，以提高偏远地区的电气化程度。所以，在 1935 年，罗斯福总统又签署了另一个行政命令，以成立农村电气化管理局（REA），从而确保将输送管线铺设到美国农村的各家各户。"在 1936 年和 1937 年，尽管农村电气化管理局刚成立不久，但是已经成功铺设了 7.3 万英里的电缆，覆盖面积超过 30 万个农场。"[50]

农村电气化管理局的成功影响极为深远。但是，这些机构没有能力在内部集中技术专家以及相关劳动力来建设自己的全美偏远地区输送管线。因为私营企业一直不肯施以援手，所以农村电气化管理局只能以颠覆传统的思路解决这一问题：他们鼓励农民以社区为

零边际成本社会

246

THE
Z E R O
MARGINAL
COST SOCIETY

单位团结在一起，从而形成电能合作社。（在农村电气化管理局所处的宾夕法尼亚州和西北太平洋地区，一些电力合作社已经投入运营，并且取得了成功。）

在新的计划中，农村电气化管理局可以为当地农区提供低息贷款以资助管线建设，同时也提供技术和法律援助。其目的在于形成一个分散的供电体系，确保农村偏远地区的电力合作社建立自己的管线，并通过和其他地区连接形成区域输电网。电力合作社将作为一个非营利性的自营共享机构来发挥作用，其董事会成员通过成员内部民主选举产生。

建设农村电气化管理局管线，平均每英里所需成本为 750 美元，因为有当地农场主的参与，因此比私营企业的价格低 40% 左右。[51] 通常情况下，成本基本都可以控制在很低的水平，因为当地农场主们需要靠安装管线的劳动偿还欠合作社的费用。到 1942 年，美国国内 40% 的农田都已经实现了电气化；到 1946 年，电气化覆盖了一半的农田；[52] 4 年之后，另外一半美国农户也实现了电气化。这一成就主要归功于掌握技术的农场主，他们一方面可以管理自己的电力合作社，另一方面也为建设工作提供了帮助。

田纳西河流域和加利福尼亚州的农村地区从该项目中获得了巨大的经济利益。电力使有效的工作日得到延长，减轻了农田里繁重的运输工作，大大提高了农业生产率，改善了成千上万农村家庭的健康状况和生活水平。在农村电气化管理局开展工程的前 5 年里，超过 1.2 万所学校实现了电气化。[53] 电力和照明的使用使学生们延长白天的学习时间，把作业留到晚上做。

农村电气化对制造业和零售业的影响也非常大。农村电气化管理局说服了通用电气公司和西屋电力，使之生产更便宜的电器，并以平常价格的一半出售，以刺激数百万农村家庭购置最新的电力设备。[54] 由于农户纷纷购置新电器，在"大萧条"时期，电器设备的销售额增长了 20%，从而在一定程度上缓解了经济衰退。[55]

农村电气化还增加了美国农村地区的产值。20 世纪 50—80 年代，伴随着州际高速公路系统、郊区房、办公楼和购物中心的兴建，电力输送基础建设工程促进了城市居民向农村的大规模迁移。美国社会向郊区扩散的进程也为农村地区提供了新的商业机遇，随之而来的是成千上万的新工作机会，这成为美国历史上经济最具活力的时期。[56]

霍特林在其论著中完善了许多支持联邦政府资助田纳西河流域管理局的观点，事实证明，这些观点非常英明。美中不足但又引人深思的一点是，美国农村电气化项目并不要求使用巨额税费。大部分电力基础设施的兴建成本是由政府贷给农村电力合作社的低息贷款支付的，事实上，这些钱已经偿还清了。[57]霍特林未提及的是，其实政府并不需要承担这个项目的全部责任，而只需促进和保障整个过程的顺利进行。

最后，虽然农村电力合作社依旧继续接受联邦政府的补贴，但在所有电力公共事业企业中，"从单个消费者的角度来看，电力合作社所领取的政府补贴是最低的"，这一事实可能会让所有纳税人感到吃惊。[58]

如果说科斯被资本主义市场的优越性蒙住了双眼，霍特林被政府管理的优越性蒙住了双眼，那么无所隐藏的第三种方式则真正能够实现公共福利的最大化。政府通过支持合作社，使农村地区实现了电气化并完成了转型。这种自我管理的共享模式仅用了 13 年就形成了，这是政府和私营企业用两倍的时间也无法以低成本实现的。

如今，在方圆 250 万英里的 47 个州内，900 个非营利农村电力合作社为 4 200 万名消费者服务。农村电力合作社占有全国电力输送管线 42% 的份额，输送管线覆盖了全美 75% 的土地面积，且输电量为美国总用电量的 11%。全国农村电力合作社的资产总额超过了 1 400 亿美元。[59]

最重要的是，农村电力合作社的 7 万名员工为客户提供的是成本价电力服务，因为合作社的性质决定了其成立的目的并非是营利。[60]

── 第三次工业革命时代的新型合作社

关于合作社，第一个需要了解的就是，他们的存在是为了资源共享，而私营企业成立的目的则是赢利。合作社所要达到的目标与私营企业完全不同。

ICA（国际合作社联盟）是全世界合作社的代表，它将合作社定义为：

> 合作社是一个出于彼此共同的经济、社会或文化需求，通过共享机制和民主管理方式，由人们自愿、自发地建立的组织。[61]

成立合作社主要是出于合作而非竞争，是为了照顾广泛的社会利益，而非为了一小撮人的利益。ICA 继续解释道：

> 合作社建立在自我帮扶、自我负责、民主、平等、公平以及团结价值的基础上……合作社成员坚持诚实、开放、社会责任和关心他人的价值观。[62]

合作社的商业调度可以追溯到很久以前。现代的合作经营结构出现在 1844 年的英国，当时，28 个纺织工人成立了一个名为"罗奇代尔公平先锋社"的合作组织。这些纺织工人将他们的资金汇集到一起，按照成本价为其贸易购买高质量的物料。他们的第一家合作商店采购的主要是食品，包括糖、面粉等，然后将这些食品卖给自己的成员。

罗奇代尔公平先锋社为共享管理提出了 7 条原则，后来，这些原则形成了合作社的标准协议。这些合作社管理模式原则经过 ICA 修订，并获得了正式批准，集中体现了共享管理的愿景和实践：

第一，不分人种、信仰、种族、性别、社会等级以及政治身份，合作社欢迎任何个人加入。

第二，合作社是一个民主管理的社团，每一位成员都享有投票权。从成员中选举产生的代表要为社团的管理负责，并有向成员解释其行为的义务。

第三，各位成员应公平、民主地为合作社的资金积累做贡献，部分资金将变成合作社的常规财产。财产的日常管理和使用需要由成员共同决定。

第四，合作社是一个自治、自助的社团组织。虽然其成可以加入其他商业组织，但前提是必须保证其管理上的民主和自治。

第五，合作社要为其成员、管理层、雇员提供教育和持续培训，以鼓励他们全身心地投入计划和项目，并全力参与活动。

第六，合作社有望扩大这个共享网络，通过开展跨区域和世界范围内的合作，提供一个不断拓宽、整合的空间。

第七，合作社的使命是通过推行方针和开展项目，推动其所服务社区的可持续发展。[63]

在这个由资本主义市场和功利主义思想主导的世界里，人类的一切行为都被看作是自私且具有竞争性的，所以这个基于共享、公平、可持续性的合作经营模式乍一看就好像天方夜谭。但事实上，人们已经开始通过合作的方式运营经济生活中的某些部分了，只是我们没注意到而已。2012 年被公认为联合国的“国际合作社年”，谷歌却对其长达一年的庆祝活动讳莫如深。可能是因为这种全球性

零边际成本社会

250

THE
Z E R O
MARGINAL
COST SOCIETY

的媒体主要由极少的营利性媒体巨头控制，而只有他们才能决定什么有资格成为新闻。

事实上，全球已经有超过 10 亿人成为合作社成员，这占了世界人口总数的 1/7。超过 1 亿人在合作社工作，这比在跨国企业工作的人还要多 20%。300 个超大型合作社的总人数相当于第十个人数大国的人口。在美国和德国，有 1/4 的人口是合作社成员；在加拿大，这个比例达到 40%；在中国和印度，约 4 亿人隶属于合作社；在日本，每三个家庭中就有一个家庭是合作社成员；在法国，3 200 万人加入了合作社。[64] 美国国家合作社商业联盟的 CEO 保罗·黑曾（Paul Hazen）在 2011 年 6 月指出：

> 美国拥有 29 000 个合作组织和 1.2 亿合作社成员，分布在全国范围内的 73 000 个地区。美国所有合作组织的总资产约为三万亿美元，每年创收 5 000 亿美元，发放 250 亿美元的薪资，提供近 200 万个工作机会。[65]

美国的合作社涉及经济中的每一个板块，包括农业、食品生产、零售、保健、保险、信用、能源、发电、输电和电信等产业。下次再去全美最大的五金零售店 Ace Hardware 时，你就该意识到，其实你是在合作社内购物，别忘了"美国有 3.5 亿合作社成员"。[66]

世界各地的人在合作社商店中购买食物，住在由合作社盖的房子里，通过合作社融资的银行处理金融事务。很少有美国人会注意到，其实 30% 的农产品供应是由美国 3 000 个农民合作社经销的。[67] 商店货架上的蓝多湖牌黄油和韦尔奇牌葡萄汁等知名品牌产品实际上是由农业合作社经销的。[68]

欧盟有 1 000 万间合作建房，或者说在欧盟，12% 的家庭住的是合作建房。[69] 在埃及，1/3 的人口住在合作建房内。[70] 即使在号称私人住房最多的美国，也有超过 120 万间房屋是合作建房。[71] 在巴基斯坦，合作建房比例占 12%。[72]

合作社银行也是经济生活的重要参与者。在德国、法国、意大利、荷兰、奥地利、芬兰这六国，合作社银行占所有信贷量的 32%，占国内贷款的 28%。[73] 在亚洲，4 530 万人是信用合作社的成员，信用合作社是一个会员制的金融合作社。[74] 在法国，60% 的零售银行业务由合作社银行完成。[75]

在美国，信用合作社拥有 9 000 万个成员，这个世界上拥有成员最多的大联盟正处于 2008 年经济衰退后的复苏期。[76] 信用合作社的存款量上升了 43%，在同期，最大的国家银行存款量只上升了 31%。[77] 目前，美国信用合作社的总资产已经超过了一万亿美元。[78]

尽管合作社的发展历程很艰难，但在第一次和第二次工业革命中，其势力仅次于商业企业。因为集中式的通信 / 能源矩阵带来的大量资金需求都向私营企业倾斜，所以这些企业不但储备充足，而且有市场依托。由于纵向合并以及制造业和服务业不断扩大，操纵资本主义市场的私营企业得以主导之前的两个工业时代。

合作社曾经是中小企业维持生存的一种方式。一方面，中小企业通过集中财政资源，从上游供应商处以大额折扣采购原材料和货物；另一方面，中小企业通过共享营销、物流和分销渠道削减下游成本。在共享机制里作为非营利性企业来运营，在市场之外，这些中小企业可以降低边际成本，为其成员输送货物或提供服务，因为它们是以非营利性的商业模式运营的。

但是，如今的形势与之前大不相同了。前几章中我们提到过，物联网可以为成千上万的小企业提供便利条件，但前提是这些企业有能力在生产合作社中联合起来，并能够利用由新的分布式、协同式通信 / 能源结构推动的横向力量的优势。

这种新经济模式可以将边际成本降低到零，从而使这些需要靠大量投资获利的私营企业面临巨大的生存挑战。在零边际成本社

零边际成本社会

252

THE
Z E R O
MARGINAL
COST SOCIETY

会，合作社是唯一可行的经济模式。

在世界各地，数以千计的绿色能源和电力合作社如雨后春笋般出现，为跨区域和跨大陆的能源共享系统奠定了坚实的共享基础。

在欧盟，合作社（而非股票市场）获得了越来越多的投资，在投资绿色电力的企业中，合作银行逐渐占据主导地位。比利时Ecopower 合作社的创会董事迪尔克·范辛特扬（Dirk Vansintjan）说，大体来看，合作银行最先进军并投资风能、太阳能项目。本着合作社的 7 条基本管理规定，合作银行正在越来越多地使用会员资金投资像 Ecopower 合作社这样的绿色电能合作社。在 1990 年，Ecopower 合作社只有 30 名会员，而到 2013 年，它已经成为拥有43 000 名会员、为 1.2% 的佛兰德家庭提供绿色电能的企业，并且其电能源自可再生的风能和水能。[79]

在德国，绿色能源合作社越来越多，仅在 2011 年，就有 167 家新的绿色能源合作社成立。[80] 德国斯图加特的 Horb Ecumenical 能源合作社是比较有影响力的合作社的典型代表，在当地社区，它承担着能源生产和利用模式的转换。该合作社在该地区已经安设了若干个太阳能发电厂，并将安设更多的发电厂。我们提到过，德国有超过 23% 的电力是通过可再生能源生产的，而其中大部分则是由当地的合作社生产的。[81] 斯图加特可再生能源合作社的发起者博恩哈德·博克（Bernhard Bok）说："把德国说成'合作社之国'并不夸张。"[82]

通过建立物联网基础设施，丹麦也在大力推动社会转型，并且依靠合作模式建立一种可持续的经济模式。每当我去哥本哈根的时候，在飞机降落时，我都会望向下面的海港，欣赏那里的大约 20 个风力涡轮机，而它们中有一半归合作社所有。[83]

丹麦人发现，有效启用新基础设施的重点在于让当地的社区入股，合作社是启用新能源基础设施的最佳途径，因为它比较容易获得公众信任以及当地居民的支持，特别令丹麦人骄傲的是在约有4 000名居民的萨姆索岛上开展的灯塔项目。10年内，这个项目可使岛上的家庭和企业在用电方式上发生改变，由原来几乎完全依赖进口电能或煤炭能源的状态，转变为依靠100%的可再生能源。[84]

主要企业开发人员曾经在安设风力农场时遭到当地社区的强烈抵抗，对此，萨姆索将新能源项目的所有权分给当地居民，从而对抗这种负面情绪的冲击。该岛跟丹麦其他地区一样，风电装机容量的80%归合作社或个人所有。[85]

当地居民对岛屿来访者解释，这个项目成功的秘诀就是民主参与和社区主人翁精神。绿色能源合作社提供了一个共享平台，所有人都可以加入其中并对岛上风力涡轮机的发展和管理决定享有平等发言权。居民也成了股东，从而可以从价格更低廉的新绿色电能中获取收益。

合作社也为岛民的发展提供了很好的机会。岛民积极参与绿色能源合作社的决策和管理，这积累了社会资本、信任和善心。

在美国，农村电力合作社是推动绿色电能的先驱者。根据国家农村电力合作社联盟计划，到2025年，新能源电力的用电量将占其成员用电总量的25%。[86]2009年，北达科他地区的农村电力合作社——北新电力建成了一个国内最大、耗资2.4亿美元的115兆瓦风力发电场。该项目耗时4个月，可与当今世界上最大的可再生能源项目相媲美。[87]该合作社服务于西部9个州的280万农村消费者已经处于从矿物燃料发电向可再生能源发电的转型过程中。2005年，在该公司的电力中，94%来自煤炭提取物，1%来自风能；如今，已有20%的电力产自绿色可再生的风力发电场。[88]

在建设新能源互联网方面，农村电力合作社比私有的和市属的公用事业部门做得好。超过40%的电力合作社已经在工业区、商业区和住宅区安装了先进的电表。[89]

零边际成本社会

254

THE
ZERO
MARGINAL
COST SOCIETY

绿色电力合作社也在城市和郊区的居民区、农村地区以及世界许多地方出现。一项关于德国城市电力合作社未来角色的研究表明，之前有人假设绿色电力合作社不大可能在城镇地区发展，但事实恰恰相反，相比农村绿色合作社的发展速度，城市绿色合作社有过之而无不及。在德国的研究中，在某个全国最大的绿色能源合作社的成员中，80%的成员居住在城镇或大城市。当被问及他们成为绿色电力共享组织成员的理由时，大多数受访者提到了"政治动机"，这意味着他们有意愿积极参与规划自己和社区的能源未来。[90]

对于在互联网上长大并把在分布式、协同式的对等网络中创造价值视为理所当然的权利的一代，他们对于生产他们自己的绿色电能并将其分享在能源互联网中几乎没有丝毫犹豫。他们发现，自己生活在不断加剧的全球经济危机和更可怕的地球气候变化之中，其原因是经济体系造成的对化石燃料能源的过度依赖和集中式管理，以及自上而下的指挥控制系统。如果说这一代批评大型通信、媒体和娱乐公司限制他们与同龄人在一个开放的信息共享平台上自由协同的权利，那么在某种程度上，他们对能源、电力、公用事业巨头的批评将同样强烈，因为他们会说，是这些巨头们导致了高价能源、经济衰退以及日益严峻的环境危机。

对越来越多的年轻人来说，传统能源和公用事业公司是集中行政以及它强加给世界的一切弊端的原型。这些弊端可以通过加入开放、协同和民主管理的合作社来避免，从而生产和分享清洁的绿色能源。这一点鼓舞了这一代人团结在可持续发展的旗帜下。与免费通信一样，人们免费获取绿色能源的需求也与日俱增。

—— 物流共享

还有一项需要纳入矩阵中，从而构建整套共享基础设施。那就是网络传播，它正在管理横向扩展的绿色电力，并且被用来创建一个物流互联网，以改变本地和全球运输。通信互联网、能源互联网和物流互联网结合到一起，集成了基于共享的物联网，这为协同时代的到来铺平了道路。

总的来说，虽然在世界各地，道路被视为公共物品，但是我们出行以及运输物资和货物的交通方式是公共事业和私营企业的混合体。每天，数百万人采用公共交通方式上下班，实现社会流动。[91]凭借税收补贴，通勤列车、轻轨和公共汽车以略高于成本的价格提供服务。此外，还有数百万人依赖私家车实现经济和社会的流动性。其他人则选择公共交通、私家车、自行车或步行相结合的方式。

大多数商品的道路运输由私营运输公司完成。第二次工业革命中，垂直整合的大型公司依靠内部的汽车和卡车车队，或通过向其他私营运输公司外包的方式实现跨价值链存储和物资、设备、其他供应品及成品的运输。但是，单独这样做是有弊端的。尽管上述做法维持了内部的、自上而下的集中式物流和运输控制，为私营企业提供了针对生产、存储和分销渠道的强有力的控制措施，但是这种控制极大地降低了生产效率和生产力，提高了成本，并增加了二氧化碳排放量。

最近一项全球性研究指出，私营物流管理会通过以下几种方式导致生产效率和生产力丧失，以及二氧化碳排放量增加。第一，仅在美国，路上行驶的挂车中平均只有 60% 是满载的。全球其他地区的运输效率更低，估计在 10% 左右。[92]尽管卡车经常载着货物离开码头，但随着每次卸载，卡车所载的货物会越来越少，而且经常空车返回。2002 年，美国卡车平均在 20% 的行驶里程中为空载，全程空载的比例更高。[93]第二，制造商、批发商、分销商和零售商往往把商品长期存储在离最终目的地很远的仓库中，导致了高运输成本。截至 2013 年 3 月，美国企业库存约为 1.6 万亿美元。[94]这些库

零边际成本社会

256

THE
ZERO
MARGINAL
COST SOCIETY

存不仅意味着大量货物闲置，而这些闲置货物所需的管理成本也相当大。在某些时候，仓库没有得到充分利用，而在其他时间，仓库又由于产品线的季节性而周转不开。第三，因为物流效率低下，导致经销商无法及时交货，许多时效性强的产品（如食品和衣服）因此卖不出去。在运输和物流基础设施薄弱、不可靠甚至崩溃的发展中国家，这些时效性的损失更为严重；第四，产品运输往往选择在迂回的而不是最快的路线上进行，在很大程度上，这是因为经销商过度依赖服务于广大区域的中央仓库和配送中心；第五，全球物流系统由成千上万的私营运输公司组成，缺乏共同标准和协议，从而使企业无法通过使用最新的 IT 和互联网技术应用展开合作，无法提高效率和生产力并降低运营成本，进而共享物流资源。[95]

自由市场经济学家们认为，资本主义制度与市场上的私人商品和服务交易相结合，并以赢利为目的，因此，它是分配稀缺资源、实现生产率最大化的最佳方法。然而，说到物流和存储以及向客户交付商品和服务的方式，由于整个过程低效且无收益，导致了经济学家踌躇不前。现在，我们有必要反思一下物资及货物存储和运输的方式了。随着能源成本达到一个更高点，原本已经过剩和低效的物流系统的负担变得空前沉重。这种低效模式又导致二氧化碳排放量大幅增加。2006 年，美国卡车行驶 2 630 亿英里消耗了数十亿加仑[①]的燃料，排放到大气中的二氧化碳量更是创了历史新高。[96]

如果物流只是经济的一小部分，那它可能不那么重要。事实上，供应商和购买者在价值链的每一步都在建立联系并进行贸易活动，这是一整套系统，而物流就是这个系统的驱动。2009 年，运输业占"美国 GDP 的 10%，大约 1.4 万亿美元"。货运支出达到了5 000 亿美元，其中，包装支出大约为 1 250 亿美元，仓储支出为

① 1 加仑 ≈4.5 升。——编者注

330 亿美元。[97]

现在，新一代的学者和物流专业人士正在寻求分布式、协同式横向扩展的网络通信系统，其开放式系统架构和共享模式管理将作为一个模型，从根本上改变 21 世纪的全球物流。将互联网的经验和隐喻应用在物流上是一种讽刺，这些对行业领导者起不到作用，因为他们仍然记得，IT 和电信行业曾经借物流的隐喻来构想他们对网络通信变革的首次涉足。互联网上线之后不久，美国副总统阿尔·戈尔（Al Gore）就谈到了需要创建"信息高速公路"。他指出，上一代修建的州际高速公路系统已经与普通公路运输联系在了一起，它产生的溢出效应包括郊区发展、制造及零售业的地理分布，以及旅游业的增长。所有这些给美国带来了其 200 年历史上最繁荣的经济时期。[98]互联的州际高速公路系统具有开放式架构，从而使汽车无须经过任何信号灯就可以从东海岸行驶到西海岸。这为技术人员带来了启发，使之将互联的通信媒介概念化：在分布式系统中，信息数据包可以轻松通过各种网络进行传输。

现在，物流行业正在利用互联网隐喻重新思考自身。加拿大蒙特利尔企业网络、物流和运输研究中心的贝努瓦·蒙特勒伊（Benoit Montreuil）解释说，就像数字世界采纳高速公路的隐喻一样，现在，物流行业应该采取分布式网络通信的开放式结构隐喻，从而改造全球物流。[99]

蒙特勒伊描述了物流互联网的基本特性，他指出，许多组件已经开始运作，但是这些组件没有连接在一个透明开放的系统中。首先，在互联网上传输的信息包含身份标识和目的地路由。数据包的结构独立于设备，此外，数据包可以通过不同的系统和网络被处理，包括铜线、光纤电线、路由器、局域网、广域网等。同样，所有物理产品都需要嵌入标准化和模块化的容器，以便在所有物流互联网中实现运输。容器需要配备智能标签以及用于识别和分类的传

零边际成本社会

258

THE
Z E R O
MARGINAL
COST SOCIETY

感器。从存储到运送至终端用户，整个系统需要由同一标准技术协议来管理，以保证点对点的运输易于实现。

就物流互联网而言，传统的点对点和中心辐射型运输应该让步于分布式的联合运输。一个司机负责从生产中心到卸货地点的全部载货，然后前往最近的地点，接一批指定在返回的路上交付的货物，这样的模式将被取代。交付将是分布式的：第一个司机可能在比较近的中心交付货物，然后拉起另一拖车的货物返回；第二个司机会装运货物送到线路上的下一个中心，可以是港口、铁路货场或飞机场，直到整车货物抵达目的地。

蒙特勒伊解释说，在当前的系统中，一个司机从魁北克到洛杉矶往返需要驾驶 10 000 公里，至少花费 240 小时，将集装箱运到达洛杉矶需要 120 小时。而在分布式系统中，17 个司机每人平均驾驶大约 3 小时就能到达卸货地点，并能在当天返回。这种传递系统将集装箱运到洛杉矶大约需要 60 个小时，时间是传统点对点系统的一半。集装箱网络跟踪可以保证集装箱在每个配送点快速传递，确保在移交过程中不浪费时间。[100]

在目前的物流系统中，大多数私营企业都有一个或几个仓库或配送中心，只有很少的企业拥有超过 20 个仓库或配送中心。大多数独立仓库或配送中心通常只与一个私营企业合作，很少有仓库或配送中心同时与 10 家以上物流公司合作。这意味着私营企业只有几个可用的仓库或配送中心，这就限制了它们在运营中进行跨洲货物存储和运输。

但如果任一企业都可以使用美国当前所有在用的 53.5 万个仓库配送中心，那么情况又会怎样呢？[101] 如果这些中心被连接在一个由复杂分析方法和算法进行管理的开放供应网络中，那么企业就可以使用该系统存储货物，并在任何给定的时间内以最有效的方式按路线发货。此举将极大提高能源效率和生产率，令人为之一震。

通过使用该网络，每家企业都可以节省燃料，并减少二氧化碳的排放量。[102]

蒙特勒伊指出，如果企业的库存分布在数百个配送中心中离最终购买市场很近的几个，那么开放式供应网络将使企业的交货时间几乎缩短为零。此外，随着3D打印技术的进步，企业可以将产品的代码传到当地的3D打印机上，由其打印出货品，并将货物存储在附近的一个配送中心，从而向区域内的批发商和零售商交货。

这种技术已经可以使用。我们现在需要的是大家都能接受的、统一的标准及协议，以及用于管理一个区域、一片大陆乃至全球物流体系的商业模式。

只有物流合作社或在其他共享管理方式下共同努力，作为庞大网络一部分的私营企业才能获得成本效益。综合运输服务提供商已经出现，并将越来越多地承担合作社中聚集的客户任务，从而发挥物流互联网的潜能，促进横向规模经济发展。开放的物流基础设施将为综合运输服务提供商提供通用业务平台，即一个由成千上万个仓库和配送中心构成的单一协同网络，通过这个网络，综合运输服务提供商可以优化每个客户的物流需求。

── 全新的经济模式

组成物联网的三个关键基础设施承担着相似的管理任务。与大多数传统共享不同，自我管理的关注点是管理公共空间资源，避免库存损耗。因此，这三个基础设施共享需要管理时间资源，以防止拥堵。通信互联网需要自我监管，以避免信息通过无线电频段传播时造成数据拥堵；能源互联网需要通过管理高峰电力和基本载荷电力防止拥堵现象，同时，也要掌控存储电量和传输电量之间的平衡，以避免电力激增、限电和停电；物流互联网需要协调物流传输，平衡实物材料及货物的储存和运输，以防止交通堵塞，并优化

零边际成本社会

260

THE
ZERO
MARGINAL
COST SOCIETY

公路、铁路、水路和空中运输的交货时间表。在上面三个例子中，参与网络共享的成员越多，每个共享成员获得的收益就越多，与此同时，为避免拥堵，投入也就越大。

在私有制的资本主义模式下，每家公司本身就是一个孤岛，因此垂直整合经济活动并实现规模经济是不可能的。每家公司只能根据各自的运作特点，通过横向的、数以千计的公司合作管理。如果不进行共享管理，每家私营企业都试图通过牺牲其他方面来优化自己的时间流，那么只会导致更大的网络拥堵，造成可操作性降低，进而影响系统中的所有公司，最终导致共享丧失管理的悲剧。

通信互联网、能源互联网和物流互联网具有多种成本效益，但是，这些效益不可能在纯粹的市场经济中实现。无论一家公司多么雄心勃勃，它都不会希望通过作为横向扩展网络共享的一部分，充分参与兼并与收购来提高效率和生产力。

就像第一章中简要提到的，每个社会都需要一种通信手段、一个能源来源和一种移动形式。通信互联网、能源互联网和物流互联网组成了物联网，为在一个互联的、跨越整个社会的全球共享中将所有人集合起来提供了认知神经系统和物理手段。这就是当我们谈论智慧城市、智慧区域、智慧大陆和智慧星球时所要表达的。

在一个全球智能网络中连接每一个人类活动，这将产生一种全新的经济形式。在第一次和第二次工业革命时期，经济形式依赖于一个需要投入巨额资本的通信／能源矩阵和物流互联网，因而必须在集中指挥和控制下垂直整合企业，来实现规模经济。资本主义制度和市场机制被证明是推进这种范例的最佳制度工具。

然而，第三次工业革命则是一种完全不同的情况。它需要的金融资本更少、社会资本更多，规模扩展方向是横向而不是垂直，最好是通过共享管理来实施，而不是通过严格的资本主义市场机制来实施。也就是说，资本主义市场的持续生存取决于其能否在世界上找到价值。在这样一个世界里，新的效率和生产力处在一个分布式、开放式、协同式和网络化更明显的社会中。

如果在资本主义市场，旧系统支持自治利己主义，那么在网络共享中，新系统则支持深度合作。在即将到来的时代，用以组织社会经济生活的、由政府和私营部门构成的长期双方伙伴关系将让位于以共享管理为主、以政府和市场力量为辅的三方伙伴关系。

零边际成本社会

262

THE
ZERO
MARGINAL
COST SOCIETY

THE ZERO MARGINAL COST SOCIETY

第四部分　社会资本和共享经济

第十三章

从所有权到使用权的转变

如果说私有财产是资本主义制度的本质特征，那么私人拥有汽车就是这一特征的体现。在世界许多地方，拥有汽车的人多于拥有房产的人。汽车往往是人们最有价值的私有财产。长期以来，人们认为拥有汽车是走向产权关系社会的一条通道。

"汽车"这个词本身就传达了这样一个古典经济学理念：人类的行为都是为了追求自治和自由行动，每一个人都希望能够主宰自己的一切。从很早以前开始，美国人就将自由的理念与自治和自由行动联系在了一起。当由轮子带动的封闭式交通工具出现时，人的身体潜能被一种巨大的原始马力放大了，人们感受到了从未有过的自由主宰感。自主就是能主宰命运，自给自足，不需要依靠他人或成为他人的负担，换句话说，就是自由。汽车就是最终的圈地运动。人们把私家车看作一座孤岛，他们把自己放在孤岛上，不被他人妨碍。我们也把自由等同于不受阻碍的行动。不受限制地到任何地方就是人身自由的概念。在我们这一代，每个年轻人都体验过驾驶自己的汽车在宽阔的大道上狂奔的兴奋。在资本主义时代，我们对自由的定义是负面的，因为它是一种将他人排除在外的权利。于是，汽车就成了我们固有的自由的象征。

进入互联网时代，人们不再从"排他性"这种负面意义上理解自由，而是正面地将其理解为与他人联系在一起。就此而言，自由就是实现生活最优化的能力，而生活最优化的实现需要靠一个人多样化的经历，以及一生中可能在不同的社会群体中建立的各种关系。自由更多的是指社会网络中与他人的接触，而不是市场上的产权归属。与他人交往越深，彼此之间就越依赖，自由也就越多。在Facebook和Twitter等社交空间里，人们不断与他人"接触"，从而使自己的生活更有意义。对互联网时代的人来说，自由就是在点对点的世界里不受限制地与他人联系在一起的能力。

所有权和排他权正在向使用权和纳入权转变。如果你对有关自由本质的理解所引发的划时代变化持怀疑态度，那么你可以看一些随处可见的统计数据。根据最近针对18—24岁的驾驶者进行的一项调查，46%的人表示他们更愿意选择接入互联网，而不是拥有汽车。同样有数据显示："2008年，在19岁及19岁以下的潜在驾驶者中，46.3%的人有驾照，而1998年，该比例为64.4%。"当被问及最喜欢的31个品牌时，在3 000个出生于1981—2000年的"千禧一代"消费者所选择的前10个品牌中，没有一个是汽车品牌，而主要是像谷歌这样的互联网公司。[1]

零边际成本社会

266

THE
ZERO
MARGINAL
COST SOCIETY

── 汽车共享：从所有权到使用权

现在的年轻人正在改变自己与汽车之间的关系，相对于拥有一辆汽车，他们更愿意使用汽车。在全世界，汽车共享已经成为"千禧"一代普遍的选择。越来越多的年轻人成为汽车共享俱乐部成员，他们只需缴纳一点点会员费，作为会员，他们需要时随时可以用车。会员拥有一张智能卡，可以凭卡使用停泊在不同城市停车场里的汽车。通过网络或智能电话，会员就可以事先订车。Zipcar 和芝加哥的 I-Go 等公司是私人开设的，而更多的是像旧金山的 Philly 汽车共享、City 汽车共享，以及明尼阿波利斯市的 HourCar 这种由非营利机构经营的公司。

2012 年，美国有 80 万人加入了汽车共享俱乐部，全球有 27 个国家共 170 万人享受汽车共享服务。[2] 弗若斯特沙利文咨询公司最近进行的一项调研显示，到 2020 年，欧盟将有 200 多个汽车共享服务机构，预计车辆数量将从 2.1 万辆增加到 24 万辆。在不到 7 年的时间里，员人数将会从 70 万人增加到 1 500 万人，营业收入将达 26 亿欧元。在北美，预计汽车共享收入将增长得更快。[3]

随着汽车共享服务网络的扩张，自己拥有汽车的会员将越来越少。对 11 个领先的汽车共享服务公司的调查显示，在接受调查的样本人群中，80% 的人在加入汽车共享俱乐部之前拥有自己的汽车，但在加入俱乐部以后便将其卖掉了。对于仍然拥有私家车的家庭来说，平均每户家庭拥有的汽车数量也从 0.47 辆下降到了 0.24 辆。[4]

汽车共享不仅减少了公路上行驶车辆的数量，也减少了碳排放量。2009 年，一辆共享汽车所减少的碳排放量就相当于 15 辆私家车的排放量。而且，相比自己有车的情况，汽车共享族开车的频率降低了 31%。在美国，这种驾车出行情况的变化使二氧化碳的排放量减少了 48.217 万吨。[5]

汽车共享还带来了非常显著的综合效应。2011 年的一项调查显示，一旦人们愿意通过汽车共享来改变自己的出行方式，骑自行车、步行以及使用其他公共交通工具的出行方式也会随之增加。[6] 特别是在过去 5 年里，公共自行车出现了，这部分归功于智能卡这样的技术进步以及触摸屏技术的发展，通过这些技术，人们可以自如地取用及存放自行车，GPS（全球定位系统）可以让骑车人把公共自行车与汽车共享和其他公共交通出行结合在一起。目前，最新的创新成果是太阳能电动自行车，这项成果获得了年轻人的广泛好评。2012年，在北美，超过21.5万人参与了19项公共自行车骑行活动。[7] 在全球范围内，共有100多个公共自行车经营机构，有13.93万辆自行车可供使用。[8]

在美国和加拿大，在新成立的、基于IT技术的公共自行车经营机构中，有58%由非营利机构运营，21%由私人机构运营，16%由公共部门运营或租赁经营。其中，非营利机构经营者是主要力量，拥有会员的比例高达82%，提供的自行车占总量的66%。[9]

公共自行车的会员资格可以采取年费制、月费制、日费制的方式结算，还可以按次结算。人们可以凭会员卡、信用卡或者通过智能手机取用自行车。

在大城市非常拥堵的上下班高峰期，开车往往堵车，所以公共自行车就成了大家的首选。巴黎的Vélib公共自行车共享组织和华盛顿特区的首都自行车共享组织进行的调查显示，绝大部分使用公共自行车的人认为自行车既方便又快捷。与开车的支出相比，骑自行车还能省钱。[10]

汽车共享也可为家庭节约支出。在美国，保有汽车及使用汽车的平均费用达数百美元，占每个家庭收入的20%，成为除住房支出之外的最大开销。汽油价格急剧上涨，唯一结果就是增加了养车成本。汽车共享可使车主免于承担汽车保有费和使用费，包括维修费、保险费，牌照费和税费等。

在美国，汽车平均闲置的时间占92%，这使得汽车成为使用率最低的固定资产。[11]因此，年轻人更愿意按时间段支付交通工具费用，而不是自己拥有交通工具。[12]

零边际成本社会

268

THE
ZERO
MARGINAL
COST SOCIETY

汽车共享服务也为电动车的使用提供了借鉴意义。2013年，巴黎市政府与相邻的46个城市建立了汽车共享联盟关系，提供了1 750辆电动车，并在巴黎市区级郊区建立了750个充电站。[13]"自助使用"是一种正在发展的新型汽车共享服务方式，它通过零碳排放的电动车来提供可持续的交通方式。弗若斯特沙利文咨询公司的调查显示，到2016年，在汽车共享服务新增车辆中有1/5将是电动车，占汽车共享服务全部车辆数量的1/10。[14]

在点对点汽车共享服务中，私家车主通过网络自主在RelayRides网站进行注册登记，将车提供给需要用车的人，以实现共用。出租人可以按小时及实际使用的时间定价，并选择潜在的用车人。RelayRides网站对用车人的背景进行调查，并缴纳保险费。用车人支付汽油费和道路保养费用。在用车人支付的费用中，60%给车主，40%给RelayRides网站。出租人负责提供服务及汽车维护，但是，所有新车和许多旧车的大部分主要系统有免费服务和保修期，因此，车主需要承担的只是一些固定的间接费用。按照平均每小时5—12美元的租金计算，车主每年的租金收入可以达到2 300—7 400美元。车主每个月花在每辆车上的费用平均为715美元，通过点对点方式，保有汽车的费用就可明显降低。[15]

汽车共享俱乐部越来越多地通过提供ITPS（综合交通服务）来帮助会员换乘。会员可以采取汽车共享的方式到达某个轻轨站，然后转乘轻轨车。几站过后，他将在某个公共自行车服务点下车，骑上自行车，沿着街区道路一直骑到终点。用车人的智能电话上装有ITPS应用程序，可以保证他不会迷路。如果他途中想改变行程，在某个地方停下来，他可以向应用程序发出指令，而应用程序将在数秒内为他重新规划行程，新行程将途中的实时车流量和交通拥堵等因素考虑在内。

一些大型汽车制造商已经成为提供汽车共享服务的引领者。通用汽车已与 RelayRides 网站携手合作。通用汽车的合资公司通过提供资金支持，为用车人提供点对点汽车共享服务，其星空服务系统可以让用车人通过智能电话非常方便地联系上通用汽车的汽车共享服务。通用汽车公司副董事长斯蒂芬·格斯基（Stephen Girsky）说，公司提供汽车共享服务的目的是扩大其提供服务的范围，减少美国特大城市的交通拥堵，为城市交通贡献我们的一分力量。[16]

通用汽车和其他汽车制造商认识到，和其他经济领域里的资本运作公司一样，它们自己也正面临着地位难保的问题。网络化经济模式的出现正在降低交通成本。短期而言，没有任何一家制造商能够置身事外，因为其竞争对手将进入他们所在的汽车共享领域，并且试图分一杯羹。但是，在通过汽车共享服务赢利的同时，制造商也要在这种利益与汽车销量的减少之间做出权衡。我们还记得，在汽车共享前拥有私家车的车主中，80% 在成为汽车共享俱乐部会员后卖掉了私家车。路上每增加一辆共享车辆，就意味着减少 15 辆私家车。汽车制造商的利润已经很薄，这样继续下去，回旋余地也不大，所以他们无法承担失去汽车共享服务业务的后果，虽然他们不得不面对该业务造成的汽车销售量下降，以及已经相当微薄的利润进一步下降的困境。

2009 年前，劳伦斯·D. 伯恩斯（Lawrence D. Burns）曾经担任通用汽车公司研发与战略计划部副总裁。目前，身为密歇根大学工程学教授的他认识到汽车产业的症结所在。伯恩斯分析后得出结论：

> 对于密歇根州安阿伯市等地的市民来说，享受这种服务（汽车共享服务）的价格比自己拥有私家车的成本低 70% 以上，且居民投入的资金不到自己购车款的 1/5。[17]

令人难以置信的是，伯恩斯认为，"就同样水平的交通服务而言，只需极少的资金投入，所需的协同共享汽车的数量就比私家车少 80%"。[18] 当然，他承认，如果从效率的角度考虑，提供同等水平的交通服务，汽车共享的成本只是私家车成本的 20%，却可以使总体福利水平最大化。尽管这样一来汽车的产量和销量有可能减少80%，但这依然非常值得推广。另外，通用汽车之所以对从私家车向协同共享汽车服务的转变抱以如此大的热情和支持，是因为他们知道这样的服务会使行驶在公路上的汽车数量急剧减少。

私家车是第二次工业革命时期资本主义市场的主要产物。而随着建立在协同共享基础上的汽车共享服务日益兴起，人们获得了随时随地用车的均等机会。由于这样的服务方式有助于社会总体福利的最大化，所以私家车将逐渐被取代。与其说是市场驯服了公共服务，不如说是公共服务驯服了市场，这是已经存在的客观现实。当然，这一现实还有待那些为共享经济理念不懈努力的人们去充分掌握。这些人推测，这不仅不会成为资本主义的掘墓人，还将为市场经济带来机会。

随着无人驾驶汽车的出现，在未来几年里，私有权向使用权、市场机制向共享机制转变的过程可能进一步加速。2012 年，加利福尼亚州州长杰里·布朗（Jerry Brown）签署了一项法令，允许无人驾驶汽车在加州公路上行驶。内华达州和佛罗里达州也已允许无人驾驶汽车在本州公路上行驶。通过签署新法令，布朗州长宣布："今天，我们看到科幻作品中的情景将成为现实。"[19]

谷歌为新法令的出台付出了极大的努力。该公司累计进行过的无人驾驶汽车测试已达 30 万英里。[20] 通用汽车、梅赛德斯、宝马、奥迪、沃尔沃和大众也正在进行无人驾驶汽车的测试。谷歌测试的汽车是丰田普锐斯，该车配置了摄像头、雷达感应器、激光扫描浏览器以及详细的谷歌地图，并连接了 GPS，配备了这些设备的车辆即可实现无人驾驶。[21]

一些汽车爱好者对无人驾驶汽车的安全问题心存忧虑。但是，汽车工程师们指出，90%的汽车事故是人为因素造成的。[22]与人为驾驶不同的是，自动驾驶汽车在行驶时不会出现精力不集中、醉驾及疲劳驾驶等情况。仅在美国，这一物质每年就会为成千上万可能死于车祸的人带来生还希望。[23]根据客户满意度调查公司杰迪保尔商务咨询公司的一项研究结果，30%的18—37岁的驾驶者表示，他们一定会或可能会购买无人驾驶汽车，这充分表明了无人驾驶汽车不仅给道路交通带来了革命性变化，而且蕴藏着广阔的发展前景。[24]

　　而保守派则认为，绝大多数驾驶者可能不会接受无人驾驶汽车，因为他们更愿意享受自己驾驶的乐趣，更不用说对他们自己的汽车的掌控所带来的快感。然而，也许年纪大些的人才会有上述想法，但对于互联网时代的人来说，情况恐怕就未必如此了。对"千禧一代"来说，智能手机足以让他们坐在驾驶室里分神，因此，他们不一定感觉开车比坐车更有吸引力。在协同时代，时间是稀缺资源，注意力是非常宝贵的，让自己从每天几个小时的驾车中解脱出来，并把空出来的时间花在虚拟世界更有趣的活动上，这种意义非常大。

　　谢尔盖·布林（Sergey Brin）是谷歌公司的创始人之一。在他看来，数以百万计的汽车共享族通过电子手段召唤汽车服务的一天已经为期不远。在把汽车共享会员送到目的地后，无人驾驶汽车将自动开往下一个接客地点，或者前往最近的充电站充电，并等候召唤。

　　2013年5月，梅赛德斯–奔驰公司推出了一款S级新车，该车已经具有部分自动驾驶功能，甚至可以自动泊车。该车标价10万美元。它可以在行进途中自动刹车，并与前面的车辆保持距离。戴姆勒公司CEO蔡澈（Dieter Zetsche）说，梅赛德斯–奔驰公司推出的最新款轿车"标志着无人驾驶时代的开始"。[25]

零边际成本社会

272

THE
ZERO
MARGINAL
COST SOCIETY

产业分析师预测，只需 8 年左右，无人驾驶汽车就将实现商品化。布林对此则更为乐观，他认为，用不了 5 年时间，人类就将全面进入无人驾驶的时代。[26]

如果任何人只需按使用汽车的时间支付足够的费用，并通过手机发送用车需求，就可以坐上汽车共享服务公司的无人驾驶汽车，并借助 GPS 导航毫不费力地到达目的地，那么谁还会想要自己拥有汽车，并对其进行日常保养呢？

资本主义时代正在从市场经济的私有产权向以相互协助为基础的共享服务机制转变，人与汽车之间关系的变化就是这一伟大变革正在发生的初步证据。

——让所有权成为历史

2000 年，我的著作《使用权时代》（*The Age of Access*）出版发行，此时正是互联网泡沫快速膨胀的前夕。在宽带网络出现 10 年后，互联网时代终于来临。成千上万的人通过互联网与新的虚拟世界连接，并在这个虚拟世界中寻找着各种各样的机会，500 年前人们发现新大陆时也是如此。在几乎不受时间和空间限制的虚拟空间里，人们狂热地开疆拓土，力争开垦一片新天地。新社交媒体空间每天都在变化，所有人都在虔诚地寻找着建立全新协同方式的可能性，并与他人共享生活。

长期以来，在虚拟空间带给人无限想象的表象之下，学者们和行业人员开始思考：既然在人类历史上，这个虚拟的公共空间第一次使整个人类之间相互联系，那么它是否有可能给人类组织社会的方式带来什么根本性的变化呢？在社交空间里，每个人都能够与其他任何人发生联系，创造各种新的方式，在全球范围里与他人互动，这是过去从来都不曾想象的事情。那么这种情况会产生怎样的结果呢？

1998 年，我开始酝酿本书。当时，我正在宾夕法尼亚大学沃顿商学院高级管理班任教。来自世界各地的 CEO 们也开始对互联网产生了兴趣，并试图分辨网络对自己所在的行业是一种威胁，还是一个机会，或者两者皆有。我也是从那时才开始思索一些问题。如果数百万互联网使用者开始放弃传统的商业渠道，那将意味着什么？如果他们开辟了属于自己的虚拟会议场所，并通过本质上具有分布式、协作特征的互联网创造横向的规模经济，彼此分享创意、信息甚至在共享基础上分享一些东西，绕过传统资本价值链上所有的中间人、中间加价以及攫取的利润，以接近于零的成本制造、生产更多的产品，那又将意味着什么呢？亚马逊和 eBay 已经运营了三四年，它们打破了价值链上成本传导的固有模式，一改少数几个人把卖家与买家隔离的模式，提供了获得潜在收益的可能途径。

一个更有意义的事件是，成立于 1999 年的纳普斯特把获利的可能途径推向了更高的水平。纳普斯特建立了点对点的互联网音乐共享网络，数百万网民可在网上自由地传递和分享音乐。突然之间，一种新的经济模式出现了。短短几年时间，其他互联网文件共享网络不断涌现，征服了音乐产业。

纳普斯特改变了经济游戏的规则。许多买家和卖家消失了，取而代之的是音乐的提供者和使用者。人们可以从在线音乐库中随意下载曲目，而不再需要音乐光碟。网络化的共享机制代替了市场渠道。在数百万点对点协作者集体行为的强大威力下，由少数几个音乐制作巨头垂直垄断的音乐产业发生了变革。

这股旋风会吹遍全球吗？它会不会影响到我所教授的管理课程所涉及的每一家公司、每一个产业？我向来听这门课的公司高层管理者们提出了这个问题，但是没有人能给我一个肯定的回答。

在《使用权时代》一书中，我这样写道：

零边际成本社会

274

THE
ZERO
MARGINAL
COST SOCIETY

摒弃市场和产权交易，从观念上推动人际关系以实现结构性转变，这就是从产权观念向共享观念的转变。对今天的许多人来说，这种转变是难以置信的，就如 500 年前人们难以相信圈地运动、土地私有化以及劳动会成为人与人之间的财产关系一样。（但）25 年之后，对于越来越多的企业和消费者来说，所有权的概念将呈现明显的局限性，甚至有些不合时宜。[27]

在那本书出版后的 10 年里，我不断向沃顿商学院课堂上的公司领导者们提出同样的问题。随着商业文化从所有权向共享观念迅速转变，"不敢肯定"的回答减少了。那些全球化公司开始调整自己的理念，以适应所有权向使用权过渡的代际转变。他们在经营实践中弱化出售东西的概念，更加重视对客户价值链各方面的管理，也就是他们所说的"解决方案提供者"。他们在快速变化的经济环境中努力探求哪些因素会导致利润迅速消失。今天，由于年青一代对接近于零边际成本社会的极力追求，几乎没有几个产业未受到这一观念转变的影响。而具体地说，这种转变也就是所有权向使用权的转变，以及市场向网络化共享机制的转变。

利用网络化共享机制，成千上万的人分享汽车和自行车，分享自己的房子、衣服、工具、玩具和技能。出于各种不同的原因，共享经济正在浮出水面。2008 年夏，第二次工业革命形成的经济模式呈现全球性衰落，这为人们敲响了警钟。在美国及其他国家，成千上万的家庭一夜之间发现被自己所使用的"财产"所吞没，他们原本一无所有，但是为了拥有这些财产已经债台高筑。一个严峻的事实摆在面前：当市场上的原油价格飙升到每桶 147 美元时，人们的购买力严重下滑，经济遭受重创，导致成千上万雇员的家庭经济状况急剧恶化。另一个让人忧心忡忡的问题是"经济大衰退"，我们将其称为"经济大萧条"。手头无钱可用，未来几乎看不到希望，成千上万的家庭都寄希望于积蓄，却发现积蓄早已花光，他们拥有的只是一笔巨额债务，这些债务都是在过去近 20 年里他们通过自己的挥霍性消费行为所积累的。看看这个数据吧：2008 年，美国家庭所承担的债务总额高达 13.9 万亿美元。[28] 据经济学家的谨慎估计，走出这一债务困境需要数十年的时间。即便如此，今天的年轻人也不可能愿意过与父辈甚至祖辈们几乎同样的生活。

有史以来，成千上万的家庭第一次开始全面清理他们不需要的财产，这些财产甚至带有未完全还清的贷款。人们不只思考"我怎么买了这些东西"，而且不禁问"到底为什么"。大家都在思考这些问题，人们在灵魂深处开始重新评价现代生活的本质。"我在想什么"成了对所谓的"消费社会"不言而喻的反省。一些人开始质疑不停积累财产的价值何在，这些财产的积累并没有增加丝毫的幸福感，也没有提升福利水平。

与此同时，两个世纪以来，工业活动对气候造成的灾难性影响正在给父辈们发出振聋发聩的警示。工业发展创造了前所未有的繁荣，中上阶层个人平均拥有的财富超过了 4 个世纪前的皇帝或国王们的财富，但这是在以地球生态环境为代价实现的。这些财富为他们儿孙的生活奠定了雄厚的基础，但因此对环境产生的巨大破坏是否永远也无法弥补了呢？

许多家庭逐渐认识到，在各个企业动辄不惜血本地投入数十亿美元广告宣传费的攻势下，他们赊购了许多商品，并且买上了瘾。然而，负债摧毁了他们的生活，使他们陷入绝望的境地。人们因债务陷于绝境，需要从头再来。该是大家醒悟的时刻了。唯一的出路就是让整个经济体系掉过头来：少购物，多存钱，与他人共享自己所拥有的东西。毫无节制的消费将被共享经济取代。

一夜之间，一场威力强大的新经济运动开始了，大部分原因在于年青一代掌握了可以利用且能迅速有效地推广的工具，在全球范围内与他人分享自己的财物。互联网所具有的分布式、协作的本质可以让成千上万的人为自己闲置的物品找到分享的对象。共享经济就这样产生了。这是一种完全不同的经济方式，它更多地依赖社会资本，而不是市场资本。况且，这样的经济更多地依赖社会信任，而不是看不见的市场因素。

雷切尔·波特曼（Rachel Botsman）毕业于牛津大学及剑桥大学，曾经担任通用电气公司和 IBM 的咨询顾问，但是后来她放弃自己的事业，加入了共享经济的大潮。她对通往共享消费的路径进行了描述，她认为，社会网络已经经历了三个发展阶段：在第一个阶段，程序员之间可以自由分享网络规则；Facebook 及 Twitter 属于第二个阶段，它们可以让人们分享自己的生活；第三个阶段是 YouTube 和 Flickr，它们可以让人们分享自己创造的成果。"现在，我们正进入第四个阶段，"波茨曼说，"在这个阶段，人们认为，他们可以利用同样的技术，在线下与别人分享现实世界中的各种财产。"[29]

让我对其中的关键点做一个详细的阐述：如果通信互联网是一个使能器，那么若干年后，当它与能源互联网及物流互联网融合在一起形成一个一体化的、共享通信、能源和物流基础设施的物联网的话，这个网络就可以以接近于零的成本运行，并全面实现其他方面的共享潜能，包括收取租金、再分配网络、文化交流，以及职业技能和技术交流等。当这一切都成为现实，协同式生产和交换将迅速从利基产业领域普及到支柱产业领域，而资本主义将从共享机制中重新获得活力，并且这将是唯一的方式。

波特曼抓住了在我们身边成长起来的、新经济模式的内在机理。她写道：

人们每天都在进行协作式消费。通过技术和社会群体，传

统意义上的分享、物物交换、出借、租赁、赠送礼物、替换
又被技术和社会群体重新定义了。共享消费让人们认识到，越
过所有权，大家可通过共享产品和服务互利互惠，同时还可
以省钱、省地方、省时间、交到新朋友、让生活变得丰富多
彩……这些系统提高了使用效率，减少了浪费，并鼓励开发更
好的产品，消化了由于生产过剩和过度消费所产生的剩余产
品，因而对环境极其有益。[30]

── 共享一切

我们拥有的大多数东西都会有闲置下来的时候。一些人热衷于
分享空房间甚至沙发。爱彼迎和 HomeAway 是众多新兴公司中的成
员，它们正在联系数百万名房主，使之将房屋租给未来的住户。爱
彼迎于 2008 年上线，仅三年后，就有 11 万有效房屋信息发布在网
站上，并且以每天 1 000 间房屋的速度快速发展。[31] 迄今为止，300 万
爱彼迎客户在横跨 192 个国家的 33 000 个城市预订过 1 000 万个房
间。[32] 2012 年，预订量以每年 500% 的速度迅猛增长，毫不夸张地
说，这是令全球任何一个连锁酒店都嫉妒的增长曲线。[33] 2014 年，
爱彼迎每晚在全球范围内租出更多的房间，预计会超过高端的希尔
顿酒店和洲际连锁大酒店等世界上大型酒店企业。[34]

和其他共享经纪机构一样，爱彼迎从配对的租户和房主那里仅
得到很少的报酬。要价之所以这么低，是因为它的固定成本很低，
且额外的租赁安排接近于零边际成本。和所有新的共享网站一样，
互联网上横向伸缩的能力非常巨大，以至于像爱彼迎那样的新兴公
司可以在短短几年内起飞，追赶甚至超越老牌的全球连锁酒店。

爱彼迎是通过共享互联公共服务网络进行运作的一家私营企
业，其主要竞争者"沙发旅行"（CouchSurfing）则采取了另一种

模式。它以非营利性机构起步，并维持到 2011 年。在这期间，它发展了 207 个国家 97 000 个城市中的 550 万个会员。[35]（尽管在 2012 年，它在名义上转成营利性模式，但如果用户选择一次性支付 25 美元会费的话，它仍然可以提供免费服务。）[36] 它的会员之间相互提供免费住宿。

在本质上，沙发旅行也与它的主要竞争对手爱彼迎有所区别：它将自己的使命更多地视为社会性而非商业性。它鼓励成员在住宿时与他人交往，并进一步发展友谊。其目标是帮助"会员与他们遇到的人分享生活，促进自然交流和互相尊重"。[37] 超过 99% 的会员说他们有过愉快的沙发客经历。根据会员的记录，在住宿后，超过 1 910 万人交到了朋友。[38] 此外，会员还参加了超过 4 万个分享沙发的兴趣小组。[39]

玩具租赁也作为可分享的项目获得了成功。Baby Plays、Rent That Toy! 和 Spark Box Toys 这三家公司都是典型案例。每月仅需交 25—60 美元，会员每月就会收到 4—10 个共享的玩具。每次配送后，他们都会对玩具消毒，以确保玩具符合卫生条件。任何父母都知道，他们的孩子很快就会厌烦自己的新玩具，然后他们就会把玩具放在衣柜、衣橱或者阁楼上的盒子里，一放就是若干年，落满灰尘。有了共享玩具，幼童就可以及早地了解到玩具不是一项需要拥有的财产，只是一段短期享受经历，这会改变他们对自己用过的东西的思考方式。

即使衣物在所有项目中最私人化的东西，它也同样正在经历由财产到服务的转型。其中，领带就可以租赁。Tie Society 是华盛顿的一家新兴公司，它储备了超过 300 款领带，其中每一款的售价都十分昂贵。但每月只需花费 11 美元，用户就会收到一盒已经清洁消毒的领带，并且每月都有不同的领带款式供用户选择。[40]

对女性来说，Rent The Runway、I-Ella、MakeupAlley、Avelle

等网站可以在整个服装零售业使供给者与用户相互联系。那些购买过时髦裙装、手包和珠宝的女性可以和那些租用服装和首饰的用户联系，只需支付零售价的很小一部分，租用者便可以使用这些物品。

租赁正处于繁荣期，再分配网络亦是如此。年青一代在循环塑料、玻璃和纸张的伴随下成长起来，因此，他们会循环利用自己所拥有的物品，这并不奇怪。最大限度地在有效使用期内利用物品，以减少对二手产品的生产需求，对年轻人来说，这样的概念已经成为第二种天性，实际上，这也是一种新的节约方式。

TFN（免费回收网）是可共享回收物方面的早期公共服务领导者。这个非营利组织拥有来自85个国家的900万名会员，它组织了5 000个地方团体，会员们将可用却不愿再用的物品无偿寄给其他地方的会员。TFN的创立者说，他们的可循环公共服务模式可以"通过礼物改变世界"。[41]

ThredUP也是一家颇受欢迎的再分配机构。这家在线寄售商店拥有40万名会员，最初做幼童装回收，最近开始转做女性服装回收。[42] ThredUP指出，一般来说孩子17岁前要穿超过1 360件衣物。[43] 当孩子长高后，衣服将闲置，他们的父母就可以把衣物装在一个ThredUP的袋子中，放在门廊前。ThredUP会来回收并运走它们。每当ThredUP为衣物找到新主人后，衣服的提供者就会从ThredUP那里获得积分，用来为其还在成长的孩子获得"新的"旧衣服。这家共享寄售时装店出售的二手衣物最多可打2.5折，这让这些衣物可以经常流转，以享受多彩的生活。ThredUP将其成功归因于网络的力量，它可以在一个分布式、横向扩展的网络中，将成百上千的提供者和使用者聚集在一起。它的会员可以在网站上浏览上千种物品，并找到正好适合自己孩子的那款。ThredUP每月吸引38.5万个访问者，在2012年卖出了超过35万件物品，目前这个数字仍在以

零边际成本社会

280

THE
ZERO
MARGINAL
COST SOCIETY

每月 51% 的惊人速度增长。[44]

有谁会反对协同消费和共享经济的概念呢？这些新经济模式看起来发展良好。分享代表着人类本性最美好的部分，减少多余的消费，勤俭节约，培养出更多可持续的生活方式，对于我们未来的生存来说，这不仅仅值得称赞，而且还很有必要。

但这里同样有赢家和输家。仍占主导地位的资本主义体系相信，它能通过新的营收途径扩大共享，从而在协同经济中寻找价值。但比起失败带来的损失，任何从发展中的网络公共服务中获取的利润都不值一提。

尽管酒店仍然继续获得预订，但可以看到，其市场份额在不断下滑，因为上百万的年轻人正在将注意力转移到爱彼迎和沙发旅行上。那么，拥有较高固定成本的大型连锁酒店应该如何与可共享的、低成本甚至接近于零边际成本的上百万私人自有空间竞争呢？

在共享经济中，衣物、用具、玩具、工具和上千种其他物品正在通过租赁和再分配网得以循环使用，这让各种零售商的边际利润不断消失，并逐步走向劣势。物品循环利用的兴起明显地削减了新商品的销售。

当我听说了一个 2012 年上线的名为 Yerdle 的新共享网站时，零售商们的困境让我彻底震惊了。在开展与商业团体紧密相关的可持续活动方面，它的创始人都是老手：亚当·韦巴赫（Adam Werbach）是"山岭"俱乐部的前主席，安迪·鲁宾（Andy Ruben）是沃尔玛的前可持续发展总监。如果 Facebook 上的好友有不用的物品（除了衣服）想拿来赠送或者出售，Yerdle 会对其进行匹配。Yerdle 的会员可以交换任何物品：手机、计算机、运动设备、厨房用具、宠物用具……任何你能想到的东西都能用来交换。

迄今为止，Yerdle 已经打下了很好的基础。如果 Facebook 上的好友有 50 种以上的物品可供分享，他就可以建立一个共享的空间。

有些网络空间上甚至有上千种物品的库存，可为其好友提供一站式的共享物品选购体验。Yerdle 并不在各种共享交易中要价，但好友们常常需要支付运费。随着 Yerdle 的成长，当地网络会在地理上延伸，所以物品也会像出售给好友一样出售给陌生人。Yerdle 计划收取少量的交易费以维持其运营。

像许多其他机构一样，Yerdle 帮助促进循环经济理念的发展。他们认为，在使用寿命结束之后，每件物品都应该被循环利用，而不是被送进垃圾处理厂。可持续发展的商业逻辑勾勒出了美好的图景，但当其创始人试图处理零售商的购买问题时，就有些不知所以了。韦巴赫说："如果你想从邻居那里借一把锯，零售商的工作就是帮助你完成现在的意愿，而不是再卖一把锯给你"。[45] 现实可能是这样，但这种可能性会很大吗？恐怕并不大吧。

韦巴赫和鲁宾正在告诉人们"分享比购物更有趣"，而且越来越多的人似乎都开始同意这一点。但沃尔玛对此怎么看呢？不一定赞同吧！尽管如此，韦巴赫和鲁宾仍决定为大型连锁商店找到至少一个合适的商机。他们提出了一些情景，在这些情境中，他们可能从分享而不是购物活动中获益。例如，如果一个 Yerdle 会员第一次去野营，但在不确定这次经历是否有趣之前，他并不想花 500 美元或更高的价格购买装备，在这种情况下，他可以在 Yerdle 上搜索野营装备来解决这一问题。如果零售商是赞助人，或者是 Yerdle 上的好友，那么野营爱好者将寻求最新的露营用具，并通过商业的方式实现。这再一次成为许多游走在资本市场和社会公共服务之间的年青企业家的希望。核心问题是：忠诚度在哪里？像克里斯·安德森和其他人所争论的那样，接近于零边际成本的公共服务是会作为新的商机为市场所利用，还是会自我终结并产生一个能吸引市场参与获利的新经济范式？我坚持认为：绝大多数企业家会赞同第二种可能，但他们会渴望找到一条可靠的途径，使旧有的资本主义制度参

零边际成本社会

282

THE
Z E R O
MARGINAL
COST SOCIETY

与到新形成的网络化共享服务中来。

《分享》杂志（*Shareable*）是一个非营利的线上媒体出版机构，专门报道协同消费经济的新发展。其联合创始人兼编辑尼尔·格伦弗洛（Neal Gorenflo）记录道：2011 年，美国零售额为 4.7 万亿美元，而协同消费就占了将近 1 000 亿美元。格伦弗洛提出这样一个问题：零售商可以在哪些方面做工作，可以在放大他们的巨大的商业力量的同时迅速跟上协同消费的主流呢？[46]

格伦弗洛勾勒出了一个可遵循的系统，让零售商可以继续从各种物品的出售中获得收入流的一部分，这相当于以前在单个用户中获得的全部利润转换到从用户参与的协同经济中分离出的部分利益。零售商的购买点将是"一个通往协作市场的大门，在这里，零售商在商品的整个有效使用期内进行管理，多名所有者和使用者参与其中"。[47]每件物品都有自动打印在上面的生产和交易数据，也是唯一的识别标记，记录了物品一次次地从一个用户转移到另一个用户的过程。大型零售商可以建立一个大型在线市场，允许每个购买者列出其用于出租或互换的物品。格伦弗洛说，这样的计划会使人们控制自己的财产管理方式，并在世界上最大的市场分享自己的物品。他补充道："我很乐意为这种服务的每项交易支付一小笔费用。"[48]他说："在这种情形下，每个人都是赢家。"[49]通过这种途径，零售商将继续在产品的有效使用期内获得收入。同时，他们还可以出售一些收费商品，从而置身于共享经济的中心。这种做法可以在商品的整个有效使用期内提取价值，也能刺激零售商提高产品的质量和服务。相比长期拥有，用户可以从较低成本的短期使用中获得好处，并开始成为更大规模的共享经济中的一分子，从而减少浪费，促进可持续发展。

这是个有趣的想法，它确实能让零售商采取一系列行动。但是，这更像是丢给他们一个骨头，而不是为他们提供一个黄金机会。无论怎样，他们虽然从最初卖出去的商品的剩余有效使用期中获得了少量的交易费，但是比起因为上百万人只分享不购买而遭受的损失，这些交易费是微不足道的。我们不得不重申，尽管资本市场能够在共享服务中发现价值，但是它仍会继续下滑至更狭窄的空间，因为社会性经济已经开始让市场经济黯然失色了。

更有甚者，连房屋的后花园都被纳入了共享体系。互联网企业家亚当·戴尔（Adam Dell）创立了SharedEarth。戴尔想要在得克萨斯奥斯汀的院子里辟出一片菜园，但他既没有时间也没有精力去做这件事。于是，2010年，他在克雷格列表上发了一个广告帖，写道："如果你能提供劳动，我就可以提供土地、水和所需的材料。我们可以将产出平分。"最终他和一位住在公寓但是热爱园艺工作的女士达成了交易。[50]

正如很多熟悉互联网的专业人员那样，戴尔看到了将其经验向互联网横向拓展的潜在机会。在4个月内，SharedEarth的可分享空间由80万平方英尺扩大到2 500万平方英尺。戴尔预见，数百万亩荒置的院子即将被转化成公共菜园：

> 我认为SharedEarth有着重大的影响力，这也是我的希望。想象一下，如果我们有1 000万亩生产地，就会产出很多氧气，吸收很多二氧化碳，并能够生产很多食物。[51]

然而，SharedEarth目前还不足以对传统农业构成威胁。但是戴尔相信，如果大量年轻的园丁都找到闲置的土地，就可以生产出高质量的当地有机食物。他希望能通过这方面的努力逐渐形成这样一种趋势：通过长途运输农产品，将垂直规模集中养殖的模式转变为横向规模的区域性农业，以供当地消费，从而使收获变得更高效。

戴尔补充道："我们提供的是一项免费服务。我们没有商业模式！"但是，我在这里要纠正一下：SharedEarth确实有一种商业模

零边际成本社会

284

THE
ZERO
MARGINAL
COST
SOCIETY

式，那就是共享模式。[52]

当园丁们开始在微型区域分享收获时，年青一代的农民正在和城市消费者分享农业层面上的收获。20世纪60年代，CSA（社区支持农业）在欧洲和日本开始没落，而20世纪90年代，随着互联网的出现，CSA在美国和其他国家得以加速发展。城市消费者承诺：在生长季节，提前付给当地农民固定的费用，以作为种植谷物的前期成本。消费者实际上成了股东。反过来，在收获季节，大量收成将被送到家门口，或是送到区域中心，以回馈消费者。如果农民丰收了，股东会得到额外收成作为奖励。同样，如果由于恶劣天气或者其他原因造成产量下降，股东分成也会相应减少。

在消费者和农民之间的风险分担中产生了一系列的信任约束，并培养了社会资本。不仅如此，这种省略摒弃了传统的、垂直一体化的农业经营中所有的中间人，直接面向终端用户，极大地降低了农产品的成本。

许多社区都支持生态农业实践和有机农业技术，以降低成本，并消除因农药化肥的使用而造成的环境破坏。通过减少塑料包装袋的使用和产品的长途运输，进一步降低能源和环境成本。

互联网已经成为CSA的一项重要的辅助工具，它让农民和消费者在对等网络中更加便利地相互连接。当地社区支持的农业网站可以让农民和消费者实现即时联系，分享产量情况和运输计划方面的数据信息。由于社区对农业的支持，供给者和用户在社会共享服务网络上进行产品交换，从而代替了传统市场上的买卖双方。在某种意义上，通过对生产方式的融资，消费者开始变成产消者。数千家CSA企业分布在世界各地，并且其数量还在不断增长，因为年青一代开始逐步适应了这样一个理念：在社会化经济的公共服务方面，我们需要运用更多商业选择。

—— 共享医疗信息

如果说共享的沙发、衣服、食物等能够接触到人们更多的日常私人生活，那么医疗数据也能到触及绝大部分私密的领域。目前，数百万人正在开放他们的医疗记录，在症状、诊断、治疗方面共享信息；配合研究，以寻找治疗方法；参与支持小组，以提供相互安慰和鼓励；带领倡导团体，推动政府、保险公司和医疗机构从医疗卫生的各个领域来反思医疗卫生的条件和协议。在美国，医疗卫生成本占目前 GDP 的 17.9%，在广泛的医学常识面前，病人们逐渐成为自己的"拥护者"，而这正好与市场经济并行，并撼动着医学的理论和实践。[53]

在传统上，医疗卫生是医生与患者之间的一个私人领域：医生开药，患者遵从医生的指导。而现在，这已经转变成为一个分布式、横向的、对等的社会关系。在开放的公共网络平台上，患者、医生、研究人员以及其他医疗卫生提供者协同合作，共同促进患者护理和社会健康。

越来越多的人开始在互联网上搜寻与他们的症状相似的描述，对自己的病情进行诊断，于是患者驱动型医疗卫生就这样偶然地开始了。在此过程中，患者在互联网上遇到有相似病情的其他患者，并开始共享信息。已经确诊的患者开始在各种医疗卫生网站上分享他们的个人病史，希望得到来自拥有相似病史情况的人的反馈。还有一些患者对他们的医生所开的药方不满意，便开始寻找有相同疑虑的患者，希望了解更多可选择的方案。同时，很多人也开始注重比较其用药后，尤其是当这些药和其他药同用时所产生的副作用方面的记录。目前，不具备治疗条件的慢性病或重病患者开始联合起来，寻找潜在的治疗方法。更多的活动者开始集结在一起，相互给予精神上或实际上的支持，并建立倡议组织，让公众注意到他们的疾病，并推动更多的公众基金寻找治疗方案。

现在，大量的社会医疗网站已经出现。在这里，人们致力于相互支持和援助，以促进医疗卫生和公众健康的发展。这些网站中，比较受欢迎的有"像我一样的病人"网站、ACOR（癌症在线资源协会）、淋巴管肌瘤病基金会、Cure Together、The Life Raft Group、自闭症研究组织、脊索瘤基金会和 LMSarcoma Direct Research。

很多患者驱动型医疗卫生网站都是个人案例的副产品，常常是为治疗那些很少受到关注的甚至没有相应研究和治疗方案的罕见疾病而建立的。淋巴管肌瘤病是一种罕见且致命的疾病，因调节细胞生长的细胞路径缺陷而产生，常引起年轻女性的肺部疾病，并且与黑色素瘤和乳腺癌等多种癌症的产生有关系。

2005 年，如今在哈佛医学院执教的艾米·法伯（Amy Farber）还只是一个学生，她当时被诊断患有淋巴管肌瘤病，并被警告怀孕有可能使病情加重。由于急于找到治疗方法，法伯遍访了一般的研究机构。她发现，医学界对这种罕见的疾病鲜有研究，即使有这方面的研究工作，也是孤立进行的，很少有协同合作。疾病的治疗毫无进展，她感到十分灰心。于是，她联系了哈佛医学院的教授和癌症研究者乔治·迪米特里（George Demetri）博士。迪米特里很乐于利用互联网与全世界的患者取得联系，从而更好地借鉴他们的实际经历，以及对一些罕见癌症的见解。迪米特里希望通过这些数据，对疾病的本质和发展过程集思广益，从而寻找治疗方案。随后，又有两股力量加入其中，分别是由芙兰克·莫斯（Frank Moss）主任领导的麻省理工学院医学实验室以及该实验室建立的网站，这是一个可以让患者记录健康情况的网站。患者记录的数据得到整合和分析，以支持研究者构建新的研究情境。这种研究的众包方法极大地改变了采用传统随机实验的一般研究形式。传统形式既耗时又昂贵，且各个级别的研究者均把患者当作被动的客观对象进行研究。

而淋巴管肌瘤病网站则与其他医疗卫生共享有关的研究工作一样，从患者的集体智慧出发，帮助确定研究方案。莫斯说："我们将患者变成了科学家，并且改变了诊断者、科学家和患者之间的力量平衡。"[54]

ACOR 由吉勒·弗里德曼（Gilles Frydman）创立，旨在进一步将患者驱动型健康医疗的理念付诸行动。弗里德曼建立了一个综合性更强的健康共享机构，在这里，60 万名患者和护理人员致力于服务 163 个在线公众社区。淋巴管肌瘤病治疗联盟依靠患者叙述自身病情以及研究者确定治疗方案，而 ACOR 的患者和护理者则共享科学信息。此外，他们正在共同参与"组织和发展新的数据收集和整合方法论——最终目标是指导疾病研究"的项目。[55] 同时，他们也为科学研究筹集资金。这些"电子患者"正在发展一种弗里德曼所谓的"参与式医疗模式"。在这种模式下，共享环境中聚集了各种参与者，包括患者、研究者、医生、竞争者、医疗设备公司、护理者、医药公司和医学教授。在这里，他们将相互协作，为患者提供最佳治疗方案。

患者驱动型研究（PDR）甚至开始窥探科学的秘密殿堂。一些"电子患者"在线机构已经开始建立组织和标本库，一些人已经开始创建测试用的细胞流水线，还有一些已经开始设立患者注册登记制，并形成了临床实验网络。[56]

"像我一样的病人"网站是一个患者驱动型健康保健网络，由多达 20 万名患者和 1 800 种疾病记录组成。它出版了首份以患者为基础的观测研究报告，驳斥了惯常的研究发现。他们发现，药物碳酸锂会减缓神经变性疾病——肌萎缩侧索硬化症的发展。[57] 该机构报道称，他们"开发了一种新的算法，用来与患者进行匹配。这些肌萎缩侧索硬化症患者和很多有着类似病情的其他患者记录了使用含锂药物的过程。"[58] "像我一样的病人"网站记录了 348 例肌萎缩侧

零边际成本社会

288

THE
ZERO
MARGINAL
COST SOCIETY

索硬化症患者使用过但未经临床试验验证的含锂药物，并发现"在这些患者的病情进展方面，并未能观测到锂的效果"。[59]

尽管患者驱动型实验可能无法与双盲实验（由临床研究控制）相比，但它的速度和低成本可以使其成为研究领域中有力的竞争者。健康保健的共享机构 The Life Raft Group 的诺曼·舍尔策（Norman Scherzer）解释了为什么很多人正在向新的研究方式转型，即患者驱动型研究的一个最大的好处就是它的速度：

> 我们可以将救命信息提供给那些急需帮助的人，这要比专门的研究者更快，因为他们必须经历多个耗时的步骤……而这些步骤也许要花上几年时间。因此，专业研究本身有着致命的滞后性，也就是说，在部分人实现医学上的重大突破后，该突破仍需要一定时间才能为公众所熟知。[60]

双盲控制实验研究是极其昂贵的，而患者初始型观测研究则运用大数据和运算法则发现健康模式及影响，这几乎可以以接近于零的边际成本来实现。

在初始期，因为缺乏实证研究，即惯常的随机控制实验中更慢的、久经试验的专业审核过程，这种开放的研究方法常常遭遇尴尬。倡导者们虽然了解这个缺点，但仍然很自信，他们认为，患者驱动型研究可以在适当的检测中开展，就像维基百科在其网站上核查和验证文章的清理过程一样。今天，维基百科已经拥有 1 900 万贡献者。数千用户对文章进行实际核查和精炼，确保开放资源网站的准确度，使其与其他的百科全书相比更具竞争力。目前，维基百科是世界第八大访客最多的网站，吸引着数百万的访客浏览这个世界知识的百科全书。[61]

患者驱动型健康共享服务倡导者提醒我们，当维基百科首次上线时，学者们认为学术性研究的民主化可能违背编纂百科全书的高学术标准原则，然而他们的担心被证明是不合理的。患者主导的开放共享服务健康研究的成功者认为，有着严格科学依据的开放性研究没有理由不成功。

—— 人人都是医生

有迹象表明，年青一代的医生开始融入患者驱动型的新健康共享运动。在电子医疗网络共享运动中，马萨诸塞州总医院癫痫神经学家丹·霍克（Dan Hoch）承认，由于害怕医生的权威性被破坏，医学界对将患者集中起来交流的模式一直有个"心知肚明的禁令"。他写道："我有种不太舒服的感觉，促进病人之间的互动并不能突出医生的核心作用，这可能触犯了一些深层次的禁忌。"[62]

于是，霍克决定调查一个在线癫痫支持团体，即麻省总医院的约翰·莱斯特（John Lester）创办的非营利网站社区 BrainTalk。这个社区为阿尔茨海默氏症、多发性硬化症、帕金森症、亨廷顿氏舞蹈症和癫痫等各种神经系统疾病创建了 300 多个免费的在线小组。来自世界各地的 20 多万人会定期访问 BrainTalk 网站。

霍克惊奇地发现，与他的猜测相反，只有 30% 的帖子涉及情感支持，另外 70% 都是社区成员之间对病情、治疗方案、管理协议和副作用的交流，以及对每天如何应对疾病的学习内容。值得注意的是，社区成员在自我修正、挑战毫无根据或可疑信息的过程中不断地相互核对事实。最让他惊讶的是："像 BrainTalk 网站这样的在线癫痫支持组织，不仅比任何单个患者聪明得多，而且比许多专家甚至医疗专家更有智慧，至少更全面。"[63]

霍克得出了以下惊人结论：

> 我一直被这样教导：患者只能听从临床医生的指导……但现在似乎非常明确，无论有没有临床医生的帮助，越来越多的

病人完全可以对自己负责。[64]

现在，许多公开的健康共享网络社区已经成立。由于国家已经开始使用电子医疗档案来简化医疗服务流程，所以未来这一数目应该会显著增加。2009 年，美国政府投入 12 亿美元，用于帮助医疗机构建立电子医疗档案。[65] 在美国和其他国家，大数据将可能被用于提供一个信息池。在做好适当的隐私保护工作的前提下，这些数据一旦被开放的健康共享组织所使用，必将给医疗卫生行业带来一场翻天覆地的革命。

2013 年冬，一种非常严重的病毒在全球快速蔓延，使用大数据来解决健康问题的潜力已经变得非常明显。通过分析人们搜索的有关流行病毒的数据，谷歌能够获取病毒爆发的精确地点，以及疫情的严重程度，并实时追踪疫情的蔓延情况。虽然随后的分析表明，在某种程度上，媒体（尤其是社会媒体）的广泛传播使更多的人进行流行病毒相关内容搜索，这导致谷歌高估了流行病的严重程度，但是作为前期预警机制，谷歌的追踪还是非常可靠的，因此，美国疾控中心选择谷歌作为其监控程序中重要的官方合作伙伴。[66]

对于传染病来说，在适当时候追踪爆发地点和疫情蔓延路径是控制疾病的关键。要做到很好地组织医疗服务，必须确保疫苗的充足可用，能快速调剂到需要的地方，并警示公众清楚地辨别疫情的严重程度。在传统医疗体系中，基于病人的就诊记录，从医生那里收集全国的数据需要一两周的时间。到那时，传染病毒或已泛滥，或仍在蔓延。而在就医的前几天，人们往往会上网查询自己的症状是否与传染病症相似，这时谷歌就可以通过访问记录追踪人们的第一反应。

Twitter 等平台也可视为追踪系统。Twitter 的用户每天能发布 5 亿多条信息。当人们感觉不舒服时，往往会在流感蔓延前几个小时与自己的亲友交流，这也就提供了病毒传播方式的实时记录。

当前，流行病学家声称，在可靠的监测体系中，这些前期警示性的追踪工具是非主流的，甚至具有辅助性。然而，共识逐渐达成：利用优化算法屏蔽错误的反馈，并建立更加准确的数据读取方法，这将使谷歌和Twitter加强对病毒性传染病的监测和追踪，并使系统本身对于病毒性传染病的监测和控制更加关键。[67]由于检测和报告系统的边际成本接近于零，所以使用大数据追踪全球流行病并遏制传染病蔓延将节省数十亿美元的医疗卫生成本。

在遗传医学的新领域，研究人员对遗传异常和环境诱因之间的联系有了更多的发现。基于此，他们发现，虽然疾病可大致归类（如乳腺癌、白血病和肺病），但即使被诊断为某种常见疾病，每个人的病情也都是独一无二的。遗传医学是疾病治疗新方法中的前沿科学，它将每个人的病情都看作是独一无二的。

由于DNA测序成本逐渐降低，大数据可以建立一个图书馆，使DNA基因图相似的人之间可以互相联系。将来，随着DNA数据库的扩展和DNA测序技术的发展，在多样化患者构成的医疗网络中，数百万人将可以与那些有着共同遗传特征的人进行匹配，有助于他们交流病情并共同寻找治疗方法。这些疾病也将发展到足够大的横向规模，这不仅会引起公众对该疾病群体的注意，还会鼓励政府、学者和企业加大对该疾病的研究力度，并筹集研究、临床试验和治疗经费。

进行过DNA匹配的人也可以借助大数据交流彼此的生活方式，如饮食习惯、吸烟和饮酒、体育锻炼和工作环境，从而进一步确定遗传素质和环境诱因之间的关系。由于匹配的人群覆盖了一个人从出生前到年老和死亡的一生历程，所以优化的算法程序不但能准确标示出生命各个阶段的潜在疾病风险，而且能提供有效的治疗方案。

到 21 世纪中叶甚至更早，任何人都将能访问全球医疗共享搜索引擎，登记其基因组成，找到匹配的相似基因，并以接近于零的边际成本获得有关生命特定阶段可能面临的健康风险的详细数据，以及恢复健康或保持健康的独特且有效的治疗方法。

即使新的医学突破可能显著降低手术成本，器官移植仍然是医疗手术中最昂贵的一种。在不远的将来，如果需要更换组织和器官的话，人们能够以很低或接近于零的边际成本将其在 3D 打印机上打印出来。目前，医学界已经能够实现人体各个部位的 3D 打印了。最近，北卡罗来纳州的威克森林再生医学研究所已经采用活细胞，打印出了人体肾脏的原型。[68] 另一个位于圣迭戈的生命科学公司也已经运用 3D 生物打印技术，打印出了具有生命机能的人类肝脏组织。[69] 澳大利亚卧龙岗大学电子材料科学研究中心的研究人员正在进行利用 3D 处理技术打印可植入活体组织的肌肉和神经细胞的试验。研究中心的研究人员卡梅伦·费里斯（Cameron Ferris）解释了生物打印的原理："我们所采用的技术与喷墨式打印机相同，只是将墨粉换成了细胞类型。"[70] 这种技术使用患者自身的细胞进行组织再造，而不是进行捐赠组织的移植，这样就不会出现排异反应。

3D 打印的补充组织（包括心脏补丁、神经移植、血管段和软骨的退化关节）有望在未来 10 年内被广泛应用。而整体器官的 3D 打印将花费更长的时间。

肯塔基州路易斯维尔心血管创新学院的科学家斯图尔特·威廉斯（Stuart Williams）正在试验用黏合吸脂过程中提取的脂肪源性细胞打印心脏。威廉斯认为，3D 打印"全生物"心脏可在 10 年内实现。[71] 卧龙岗大学电子材料科学研究中心的戈登·华莱士（Gordon Wallace）指出："到 2025 年，我们将能够为每个患者制造出具有完整生命机能的器官。"[72] 在未来几十年里，3D 打印备用人体部位的新世界将很可能成为现实。与其他形式的 3D 打印一样，随着新技术产业规模化的实现，复制生物零部件的成本将大幅降低。

在大数据和边际成本接近于零的社会，现在这种传统的、信息不完整的、成本高昂的医疗卫生服务将成为历史。

与互联网信息的民主化类似，能源互联网上电力的民主化、开源3D打印中制造的民主化、慕课上高等教育的民主化、共享经济中交换的民主化，以及网络上医疗卫生的民主化为社会经济增加了新的层次，使协同共享的人们在应对社会公共事务中形成持久的中坚力量。

── 广告的终结

共享经济是重塑传统市场交换经济的核心要素之一。从资本主义经济萌芽开始，广告就一直是经济发展的动力。在资本主义以前的时代，经济活动还只是平缓进行而不是向上发展，当时的人们习惯于用长时间的工作来保证温饱，且几乎没有储蓄。工业革命的爆发带来了生产力和工资的大幅提高。因而确保工资能很快被用来消费工人所生产的商品就成了广告的使命。如果有一双"看不见的手"让需求跟上不断增长的供给，那么这双手就是广告。广告的功劳确实不小。

回想一下，直到20世纪初，人们仍然对消费持有消极态度。"消费"曾经被用作结核病的非专业术语。在字典里，"消费"最初的定义是"浪费、掠夺、耗尽"。直到20世纪20年代，随着现代广告的出现，消费的定位才发生了转变，从社会祸害转变为社会的推动力量。同时，广告行业改变了人们的价值观，人们渐渐摒弃了旧时代传统的节俭，开始称赞大肆挥霍的人，鄙夷节省的人。当时，成为消费者是成功的显著特征，而且是时髦的代名词。20世纪下半叶，消费社会开始超越公民社会，成为主流群体。为此，人们透支信用，伪造社会身份。世贸中心和五角大楼在"9·11"事件中被袭击后，小布什总统立即向处于恐慌中的国民做出了公开表态，宣布"美国经济将面向企业放开"。小布什总统还鼓励消费者去迪士尼乐园游玩。[73]

2012 年，美国广告业收入达 1 530 亿美元，而全球广告总收入为 4 799 亿美元。[74] 然而，在广告业蓬勃发展的同时，业内人士却开始担忧，他们认识到数以百万计的人开始从被动消费转为自身新闻、知识、娱乐、能源（不久后，3D 制造）的对等产消者。同时，许多人在共享经济中与他人分享已经购买的商品，从而将市场购买行为最小化。他们选择获得物品的使用权而不是所有权，希望能在第一时间使用从汽车到运动器材的一切物品。通过信息交换成本几乎为零的开放互联网，所有这些交易最终都能够实现。年青一代正在逐渐远离传统的资本主义市场。虽然现在还不成气候，但这种趋势是不可逆转的。

这就意味着，广告业可开拓的消费者市场在不断缩小。因为共享经济社会的发展是分布式的、协作的和对等的，人们进行经济决策时，很少受到企业广告宣传的影响，而更多会受 Facebook、Twitter、YouTube 等在线社交媒体网站的"朋友圈"中交流的建议、评论、口碑、个人好恶等的影响。

一系列近期的调查报告显示，在做出购买决策时，消费者更愿意相信网上消费者的评论，而不是来自好友和家人的推荐。一项全国调查显示："在做出购买决策时，66.3% 的消费者更相信产品用户做出的评论和建议。"[75] 2012 年当地消费者回顾调查显示："72% 的消费者相信网上评论和个人推荐。"[76] 另一项调查则显示："87% 的消费者认为网上消费者的好评会促使其做出购买决定。"[77] 另有一项调查显示："对于 65% 的消费者来说，相比广告宣传，他们更相信产品在网民中的口碑。"[78] 在人们决定购买哪件商品时，消费者评论是非常重要的，52% 的消费者认为积极的在线评论会影响他们的决定。[79]

互联网上有很多评论网站。人们通过评论网站来了解其他消费者购买某种商品和服务后的积极或消极感受。现在，在店里挑选商品时，消费者就可以查看这些评论。"消费者评论"是一个智能手机应用程序，它能直接将手机与特定商品的评论连接起来。用户只需用手机扫描产品的条形码，就可立即浏览该商品的评论。一些新的应用程序甚至可以反映消费者的道德价值取向。例如，通过一个叫"GoodGuide"的手机应用程序，人们只需扫描条形码，向下拖动手机屏幕，就可以看到其他用户对商品在安全、健康和耐用性等方面的评价。[80] 随着移动应用的不断推广，消费者在使用某种产品或服务数秒后即可发表评论，从而为他人提供参考。

在 Survey Monkey（调查猴子）公司进行的一项调查中，当受访者被问到与广告内容相比为什么更相信其他消费者的评价时，他们说，和广告商相比，消费者的可信度更高，因为消费者不存在偏见和既得利益。对这个问题的典型回答是，在描述产品时，大部分产品的生产者往往会夸大事实，消费者则不存在销售产品的既得利益问题，因而其评论更可信。[81]

尽管企业可能对自己的产品和服务匿名发布好评，而且竞争者通过发布差评打击竞争对手的行为也并不罕见，但这些毕竟都是例外。评论网站正在增加其监测和监控设备，使用更多的细化算法剔除虚假信息，从而维护在消费者心中的良好形象。[82]

传统广告业正在各个方面遭受打击。以广告业的主流之一——报纸和杂志的分类广告为例，由克雷格·纽马克（Craig Newmark）于1995年创立的克雷格列表所列的本地分类广告和论坛基本上都是免费的。克雷格列表的网址后缀仍是".org"而不是".com"，这是为了体现该组织的"非商业性质、公共服务使命和非公司文化"。6 000多万美国人和来自70多个国家数以百万计的人每个月都会登录克雷格列表网站（该网站可选语言多达13种），以寻找工作、房屋、婚恋以及各种各样的商品和服务。克雷格列表上的网民每月发布100多万条分类广告信息，吸引了两亿人参与。运作整个网站的全部资金来自在28个地区向工作信息发布所收取的微薄费用，以及纽约城公寓的代理费用。[83]

据估计，克雷格列表一手摧毁了印刷出版物每年100亿美元的分类广告收入，取而代之的是1亿美元的在线收入，而网站的运营成本仅占靠长期依赖分类广告来维持运营的报纸和杂志所需成本的很小一部分。[84] 全球在线发布公司克雷格列表的办事处位于旧金山，仅有30名员工。[85]

2012年，IBM全球商业服务发布了《我们所知道的广告终结》（*The End of Advertising as We Know It*），这项带有煽动性标题的研究承认，互联网社会共享将给现行广告从业者、传统内容分销商和整合者带来基础收入风险。[86] 广告商的问题在于，其商业模式是通过在报纸、杂志、电视、广播等平台上投放广告实现赢利的。这些平台的内容来自专业记者、电视制片人、作家、演员和艺术家。过去，为了获得需要的内容，被动消费者愿意忍受广告。但随着互联网的出现，大量的内容来自用户自己，并可通过YouTube、Flickr、Facebook等网站免费分享。当人们成为产消者，并在共享经济中免费分享彼此的信息时，企业广告又能够带来哪些价值呢？广告商虽然可以选择投资建立在线专业信息发布渠道，但这也很可能会失败，因为数以万计的人之所以参与互联网，其根本原因在于媒体的参与性特点。在很大程度上，这种共享可在平等互动的社会经济中实现。

被动的电视用户可能不会再由于插播广告而恼怒，对于互联网上突然在屏幕中间出现广告，打断使用者复制或其他活动的行为，积极的在线参与者就不那么宽容了。这种突然弹出广告的行为简直是粗鲁的侵犯。互联网用户越来越不信任那些将使用权卖给广告商的网络搜索引擎，因为在用户进行特定资源或服务搜索时，这些网站总是将合作伙伴的信息排在前面。

在这样一个对等平台中，企业广告显得如此奇怪，它更像是一个闯入者，它带来的不仅仅是干扰和麻烦。沃顿商学院运营和信息管理系教授埃里克·克莱门斯（Eric Clemens）认为，正是网络的社会属性限制了商业开发的范围。他解释说："互联网是参与式的，就像围着篝火讲故事，或参加文艺复兴节。"它并不像电影或传统网络电视那样，仅仅从某个方面推送内容来吸引观众。[87]

所以，如果我们假定绝大多数互联网用户都不信任广告信息，主要是看其他用户的产品评论，并将其作为是否购买产品的可靠信息来源。互联网上的大量信息都来自用户本身而不是企业广告商，那么很难想象，在转向对等交流平台之后，除了能够扮演一个次要角色，广告行业将如何生存。克莱门斯认为，正是基于上述原因，付费广告不能成为大多数网站的主要收入来源。他的结论是："互联网不是取代广告，而是将其摧毁。"[88] 虽然《经济学人》也勉强同意这种观点，但一篇冷静的社论《免费午餐的结束》（*The End of the Free Lunch*）则对这种错误的假设表达了不满，即如果社交媒体可以为数百万用户提供免费内容，广告商将急于为媒体提供广告，并寄希望于获取一定比例的"长尾"收益。但是，假如用户不听、不看，只是向网友们寻求对产品的推荐和证实的话，那么广告商的这种希望还会实现吗？《经济学人》证实："可以通过互联网广告收入维持生存的公司数量比人们想象的要少得多，硅谷似乎进入了另一个'核冬天'。"[89]

不管怎么说，互联网广告业确实正在走下坡路。2012年，互联网广告收入为366亿美元，仅占美国全部广告业收入1 530亿美元的24%左右。[90] 然而，互联网广告支出的增长似乎放缓，这表明一些早期蓬勃发展的企业曾经为营利性社交媒体网站的免费内容埋单，但现在这种企业所支付的广告费有所减少。互联网广告收入的增长率从 2010—2011 年的 23%，下降到 2011—2012 年的 14%。[91] 2012 年，通用汽车公司在 Facebook 上投放了大量广告，但这些广告对于消费者购车的影响微乎其微，这应该会加深一些公司对互联网广告真正价值的认识。

由于数以百万计的互联网用户将从计算机转向移动设备，互联网广告的收入增长率很可能继续下降。互联网广告收入的领头羊谷歌已经认识到，在这个过渡期，广告收入将走向枯竭。就谷歌的广告点击率来讲，2013 年第三季度，笔记本电脑和台式电脑的数据与去年持平，移动电话翻了一番，平板电脑则增长了 63%。[92] 现在的问题是，虽然移动广告的成本是固定广告的 1/2—2/3，但糟糕的是，它们所带来的产品和服务的销量只有固定广告的 1/4—1/3，而且没有任何迹象表明这一趋势会有重大改变。事实上，谷歌的主要收入来源正在减弱。《纽约时报》报道：

> 广告商支付给谷歌的每次点击费用已连续 8 个季度下降，去年已经跌至 8%，这很大程度上是因为移动广告的成本低于固定广告。[93]

随着互联网用户迅速转向移动设备，广告业收入增长率很可能继续下降。现在，在 C-Suites 网站上，所有以赢利为目的的社交媒体关注的最大问题是：哪些因素将影响未来的增长潜力。

与资本主义社会的其他行业一样，随着协同共享程度的加深，广告业不会完全消失。因为在一个成熟的社会经济中，广告业将得到调整并最终适应新的市场。调整资本主义市场，使之适应社会经济是一种新的现象，然而，长久以来，社会经济被看作弱势的非主流市场力量，在这种情况下，这种调整是难以实现的。在某些情况下，市场和公众会产生潜在的协同效应，甚至形成一种互相依存、互相促进的关系。在广告等其他模式下，要在具有协同、对等的共享机制下共生，从而获得胜算，这就像要将水和油混合在一起那样不现实。

在各类企业主页上，展示的内容都是以集思广益和共享为原则，从分布式、横向扩展的物联网体系中获取好处。有一些商业模式是可共享的，这与赠予的概念类似（例如沙发客）。其他则是混合式的，是以礼品和某种形式的补偿为基础的交换。当然还有其他一些企业以获利为唯一目的（如 eBay）。如果我们认为协同经济的概念（包括赠予、再分配和无论有无补偿的再利用），那么人人都是参与者。

最近的调查表明了协同共享经济的巨大潜力。2012 年，位于明尼阿波利斯市的广告公司坎贝尔·米森（Campbell Mithun）与 Carbonview Research 研究公司合作进行的一项研究表明，62% 的"X"一代和"千禧一代"喜欢在协同共享的体制中分享商品、服务和经验。在对使用权和所有权的认识上，这两代人与"婴儿潮"一代以及"二战"时期出生的一代人存在显著差异。当被问及共享经济能够带来哪些好处时，受访者将省钱列为首位，其他依次是对环境的影响、生活方式的灵活性、分享的实用性以及获得商品和服务的便捷性。在情感利益方面，受访者将慷慨列为第一位，其他依次为成为对群体有价值的人、聪明、更理性、成为活动的一分子等。[94]

民意调查显示，年青一代对经济活动性质的认识发生了深刻变化。从所有权到使用权的转变趋势已经非常明显，并在不断发展。协同对等经济活动已经兴起，而且，随着物联网的同步发展，这一趋势只会越来越明显。

协同经济破坏传统商业模式的可能性将有多大呢？ Latitude Research 研究公司在 2010 年进行的一项民意调查显示："75% 的受访者预计，他们共享的物理实体和空间在未来 5 年内将增加。78%

的参与者认为，在线互动使他们能在与陌生人分享想法时变得更加开放。85%的参与者认为，在构建更大规模的共享社区中，未来网络和移动技术将发挥关键作用。"[95] 许多行业分析师也同意这些乐观的预测。2011年，《时代周刊》将"协同消费"列为"将改变世界的10个认识"之一。[96]

协同共享发挥出大大削弱传统资本主义市场潜力的速度比许多经济学家预计的要快得多，因为经济学家仅仅预测到了10%的效果。《新资本主义宣言》(*The New Capitalist Manifesto*)的作者、《哈佛商业评论》(*Harvard Business Review*)的特约作者乌迈尔·哈克(Umair Haque)认为，鉴于在经济的很多领域，协同经济有能力削弱本已很低的边际利润，因此，它产生"致命破坏性"影响的门槛比通常预期的要低得多。他写道：

> 消费者的消费减少10%或增加10%对传统企业利润的影响将会显著不同。这意味着某些行业必须进行自我重组，否则就会继续深陷泥潭。[97]

低成本效应已经摧毁了音乐、报纸出版、实体图书交易等行业。2012年，电子图书市场占美国发行业的22.6%。[98] 生产和发行成本不断下降，从而大大降低了电子书的零售价格，这迫使小出版商和许多零售书店不得不退出市场。即使是便宜的电子书，也面临着来自营销成本为零或几乎为零的公共版权出版物的更激烈的竞争。

在第五章中，我们同样看到了低门槛效应。尽管绿色电力只提供了22%的发电量，但这已经突显了电力和公用事业公司的成本相对较高，从而使得这些公司不得不寻找新的化石燃料发电厂作为备用。[99] 但是，留给这些工厂的时间不会太长，因为太阳能和风能发电将通过数以百万计的产消者涌入电网，导致这些公司的投资回收周期过长，甚至有可能无法收回前期的建筑成本。

事实已经非常明显，即在产品和服务的生产流通成本几乎为零的趋势下，在已经面临利润率暴跌的商业行业中，越来越多的大型资本主义企业将无法长期存续。在世界贸易体系中，拥有上千员工、高度垂直一体化的特大企业已经占了很大部分，这看似是壮观的和不可战胜的。但事实上，他们极易受到协同经济的攻击，因为协同经济会迅速蚕食他们本已很低的利润。

在经济活动的任何领域，当协同共享经济在其中的占比达到10%—30% 时，第二次工业革命期间形成的垂直一体化的跨国公司就可能相继消失，这种预计不是毫无道理的。至少我们可以说，在未来几年里，随着接近于零边际成本的协同共享经济在经济活动中的比例不断上升，传统资本主义市场在全球贸易中的主导地位将逐渐丧失。

第十四章

众筹社会资本、民主化货币、人性化企业以及对工作的思考

2008 年全球银行体系的崩塌令人谈之色变。这一时期，信贷冻结，于是政府对超大型金融机构纷纷伸出援手，理由是这些机构"大而不倒"。7 000 亿美元的税收被转交到银行手中，这笔钱为他们在金融上的轻率妄为填补漏洞，而由于无法偿付抵押贷款，数百万美国人流离失所，这激怒了美国公众。换句话说，他们"微不足道"。[1]

—— P2P 信贷

在银行业崩溃之后，互联网上出现了一种被称为"对等信贷"或"社会信贷"的新型信贷机构。一些在线金融平台（如 Zopa、Lending Club 和 Prosper）直接对个人和项目放贷。这种在线融资机制逐渐成为代替传统银行的借贷工具，因为它们不需要中间人，并

且消除了大型金融机构以高利率形式向借贷人索要的成本。

网络辅助融资定标让出借人的边际放贷成本近乎为零，进而降低了利率和费用。英国首家对等信贷机构 Zopa 已经办理了超过 4.14 亿英镑的信贷业务。[2] 截至 2012 年年底，P2P 信贷机构已经办理了约 18 亿美元的信贷业务，这种情况迫使大型银行不得不采取措施应对。[3]

最近，一种被称为众筹资本的 P2P 信贷分支形式浮出水面。成立于 2009 年 4 月的 Kickstarter 公司是众筹资本领域的领军者。其工作机制如下：围绕传统投资工具，在互联网上向公众筹集资本。项目发起人在网上贴出计划和募集资金的截止日期。如果在截止日期之前未能实现目标，则放弃筹资。这一规定能够确保项目有足够的资金承担风险。交易使用亚马逊支付平台收取出资者提供的资金。Kickstarter 收取 5% 的佣金，亚马逊一般额外收取 3%—5% 的费用。[4] Kickstarter 与传统的借贷机构有所不同，它在风险项目中没有所有权，只是扮演服务商的角色。

截至 2013 年 11 月，Kickstarter 已经培育了 51 000 个项目，成功率达 44%，项目筹资金额也已超过 8.71 亿美元。Kickstarter 将项目资金限定在 13 个大类：艺术、舞蹈、设计、时尚、电影、视频、食品、游戏、音乐、摄影、出版、科技和剧院。[5]

种类繁多的众筹平台提供了不同形式的补充。出资人既可以捐赠资金，也可以在项目投入运营后向借贷方收回同等价值的商品或服务，还可以提供支付利息的直接贷款。此外，出资人自己也可以投资项目，以获得等值股份。

尽管众筹机构只是金融系统中的一个小型参与者，但是在物联网基础设施建设中，它们为众多新兴企业的创立提供了重要的帮助。先前提到的美盛公司通过社会集资的方式为一系列太阳能项目能筹集了 110 万美元。美盛公司的首个太阳能投资项目能为投资者赢得 4.5% 的回报，而每个投资者参与项目只需 25 美元。公司创始人之一比利·帕里什（Billy Parish）预计，如果一切运转良好，就可以在一个月内筹集到 31.3 万美元的启动资金。然而，当 435 人通过社会性集资在 24 小时内就筹集到了所需资金时，他震惊了。2013 年，公司的各种投资组合中已有 10 000 名投资者，已经准备通过贷款拿到太阳能项目。[6]

通过众筹资本、政府和私募投资基金三方投资，目前，美盛公司的一个太阳能系统已经安置完毕，坐落在加州奥克兰市一家名为YEP（"青年就业伙伴"）的非营利组织所建造的 2 400 平方米的大楼中。这个太阳能系统造价 26.5 万美元。美盛公司将此系统租给了YEP。物业账单金额下降了 85%，节省了巨额成本，从而使 YEP 能够全身心投入该重大项目中。此项交易的诱人之处在于，YEP 可以选择在 10 年后向美盛公司购买该系统，意味着该组织从此以后可以近乎免费地使用能源。[7]

预计在未来 10 年，对太阳能技术的需求将井喷。彭博社新能源金融机构预计，太阳能技术在资金方面的需求将超过 620 亿美元。社会信贷（尤其是社会集资）有望带来一些贷款，让数百万小微竞争者为彼此的微功率设备安装提供资金，这是对等协同横向力量的又一个例证。[8]

在能源革命中，数百万小型竞争者将通过横向的协同努力取得成绩。为了消除一些怀疑论者对此的疑虑，我们回想一下第七章提到的情形：在作为世界可再生能源领导者的德国，51% 的可再生能源设备归小型商业公司和个人所有，而国家大型公用事业仅拥有绿色能源产品的 7%。[9]

像 IndieGoGo、EarlyShares、Crowdfunder、Fundable 和 Crowdcube 这样的众筹平台在互联网上随处可见，在某种程度上，这可以归因于 2012 年通过的《创业企业扶助法》（*Jumpstart Our*

Business Start Ups Act），它允许小型商业公司通过社会集资平台每年向公众筹集高达 100 万美元的投资。[10]

众筹热衷者强调这不是钱的问题，他们只是享受私下帮人追求梦想的感觉，并亲身感受微薄的贡献是如何积少成多并最终推动项目向前发展。加特纳集团（The Gartner Group）预计，到 2013 年年底，P2P 信贷将达到 50 亿美元的规模。[11]

以多种形式呈现的共享经济是市场经济和社会经济的混合物。市场经济由法律和资本主义内在规则进行调节，而共有模式下的社会经济则遵循不同的调节路径。尽管一些监管由政府直接负责，但是其余大部分还要靠数百万竞争者自觉遵守规范来进行管理和约束，这是他们参与协同模式的条件。

── 信誉经济与共同货币

引导社会经济的是社会信任，而不是依赖于让买方产生防范心理。与传统的共享模式类似，新的协同共享也尝试性地建立了一系列协议以维持社会成员之间的高度信任关系，从而确保有足够的社会资本作为社会协作精神的基础。协议包括制裁违规者，甚至淘汰有"搭便车"与"破坏"行为的人。实际上，几乎所有的协同社交网络都有属于自己的信誉系统用来对其成员的诚信度进行排名。与传统的信用等级评价体系相比，信誉排名系统的设计更多地侧重于社会成员的社会资本排名，而不是市场经济中社会成员的信用排名。

儿童旧衣物寄售平台 ThredUP 的运作也有一定的规则，被称为"黄金 ThredUP 规则"，即只有当平台上的成员所寄送的衣物符合一定质量标准，他们才可以得到相应的回报。具体来说，符合这个规则有三种方式：第一种方式是这家网站按照满分四星的标准将平台会员提供的服装按质量进行排名；第二种方式是按照服装的样式进

零边际成本社会

306

THE
ZERO
MARGINAL
COST SOCIETY

行排名，根据服装的"时尚度"从0—10依次排名；第三种方式是根据会员交货的"准时性"进行排名。

对于父母寄送的衣物存在磨损或者撕裂的现象，线上协同寄售商店制定了"零容忍原则"。即对于初犯者，确认其行为违规，对于再犯者则直接从平台上将其删除，拒绝其再参加任何交易。[12] 持续保持较高评价的会员（或者排名靠前的会员）会通过彼此之间的配合，鼓励所有会员提高他们所捐赠衣物的质量。

与市场经济中的信用评级服务类似，建立在互联网基础上的信誉服务已经逐渐成为规范社会活动、确保遵守商定准则和建立社会信任的重要机制。TrustCloud是一个新兴的信誉服务网站，这家网站评估人们在网站上留下的良性行为和交易数据，之后将上述信息转化为一个可以在共享经济时代随时使用的便携式"诚信指数"。按照1—1 000的顺序将每个成员进行排名，越靠后的代表成绩越好，当然个人信誉度也就越高。[13] 排名顺序是按照人们过去在网上交易活动中的一致性、积极度和透明度来确定的。TrustCloud网站开发的算法通过搜索用户有响应能力的活跃行为来建立其信用档案。该网站上的会员可以免费收到一个记录信誉排名的TrustCloud徽章。

沙发旅行也拥有自己的信誉评级系统。通常情况下，将自己的房屋提供给一个完全陌生的人居住会引发房主极大的担忧。除了不断攀升的焦虑感外，主人和租客都十分期望参与社交并分享各自的文化。对于沙发旅行的会员来说，在每次居住或停留之后，主人和租客都会在该网站系统上给予对方一定的评价，以供其他有此需要的人参考。沙发旅行的黄金标准被称为"担保"，即如果一个会员曾与三个以上的沙发客见过面，或者得到过他们提供的担保，那么这名会员就可以为其他会员提供担保。[14]

近年来，共享经济估算价值已经超过1 000亿美元，实现了跨越式发展，社会经济日益成为人们日常生活中不可或缺的一部分。由此可以预测，社会资本评级对协同共享模式下的数百万参与者非常重要，其重要程度将与信用评级对资本主义市场上消费者的影响相媲美。[15]

协同经济的发展态势越来越迅猛。就在今天开始写作之前，我恰巧阅读了本周《经济学人》的封面文章，在这篇文章中，编辑和文章作者共同探讨了协同经济的优势，及其未来对传统市场经济的潜在影响。多数评论者都十分好奇，根深蒂固的资本主义制度与迅速崛起的协同共享制度在未来将如何实现融合。我们可以从一种新型兑换货币中发现明显的线索，这种货币的出现能够区分在共享制度与市场制度下人们经营方式的不同。

货币被证实是一种很好的、具有潜在价值的社会物品，是社会成员之间进行货物贸易与服务贸易的媒介。19世纪社会学家格奥尔格·齐美尔（Georg Simmel）在其权威著作《货币哲学》（*The Philosophy of Money*）一书中提出，在不断延续和深化的人类社交历史上，货币发挥着至关重要的作用。他认为货币是一种本票，凭借陌生人之间约定俗成的集合信托，货币能够确保在未来某一时日，已经完成的交换在随后的交换过程中也可以得到第三方的承认与认可。

虽然作为流通手段，货币可以用各种各样的贵重金属来代表，但是随着时间的推移，金和银成为交换过程中最受欢迎的货币形式。人类学家在观察上述现象的基础上发现，这些资产背后蕴藏着更深层次的社会资产，如果没有这些社会资产，作为交换媒介的货币将变得毫无价值。例如，居住在新几内亚特罗布里恩岛的岛民在参与当地复杂的贝壳交易时，经常需要划着独木舟，长途跋涉地传递这种代币，从而建立互信盟约。在社会交换过程中，随着货币的积累，社会资本逐渐充足，从而带动了贸易的繁荣发展。

零边际成本社会

308

THE
ZERO
MARGINAL
COST SOCIETY

直到 2008 年，全球经济的崩溃暴露了全球金融体系的功能正在逐步走向空心化甚至犯罪边缘，然而，大多数人依旧理所当然地认为，除了偶尔的波动，全球货币体系仍然是可靠的。即使货币市场的发展陷入困境，我们也可以认为，政府会在银行倒闭时保障我们的银行储蓄，正如美国政府对每个账户提供高达 25 万美元的存款保险一样，在这些银行的背后至少还有联邦储备系统会拯救美元。[16] 只有当经济学家开始表明"如果货币发展触底，那么我们就有可能从深渊得救，这是因为美国财政部将印制更多的美元并投入流通"的时候，人们才会开始感到害怕。我们开始意识到，在所有的规则、规定和防火墙背后，一定存在一个"裂口"。

全球金融危机的爆发揭示了一个如神话般长期存在的事实，即商业交换是一个基本制度。历史上所有例子都表明，如果人们要想创建商业市场和商业交换，就必须先建立一种文化。我们错误地认为，商务贸易不仅早于商业文化，而且使商业文化的发展成为可能。实际上恰恰相反。正如第一章所述，我们是在文化的范围内开展社交活动的。在这里，我们可以在一个虚拟的家庭中通过扩大感情转移的敏感度和凝聚力来创造各种社会故事。社会成员之间的认同感建立了社会信用债券，促使我们积累足够的社会资本，并将其作为一个整体来发挥作用。"社会成员"这一共同的身份使我们能够创造各式各样的代币，并将其作为本票来确保在过去的商业承诺和未来的商业交易中我们之间能够互相信任、互相尊重。

我们常常忽略的一点是，商业实际上也是一种文化的延伸。商业来源于社会中不断积累的社会资本。在历史发展进程中，当商业机构（尤其是金融机构）的发展对社会中的信任制度造成破坏并且耗尽社会资本时，人们就会开始担心汇率机制，并寻求新的替代品，这一点也不足为奇，正如 2008 年金融危机时的情况一样。

2008 年，金融危机的爆发使得黄金再次成为最具投资价值的投资品种。在不可预测的市场环境中，数百万人为保障自己的财产安全争相购买黄金，使得黄金市场价格刷新了历史最高纪录。对此，其他人开始质疑，无论出于何种目的和企图，持有者不过是持有了另一种符号的代币，这种代币并没有体现其内在价值，而是表现出了金融机构带来的偏执与恐慌，而之所以存在这样的偏执与恐慌，是因为这些机构将迅速耗尽社会资本和信任，同时也将耗尽人们对传统货币的信心。

越来越多的人开始尝试使用新的货币，这种货币建立在深层合作的基础之上，并且受到社会资本新阶层的高度支持。替代货币通常被称作"社区货币""局部汇率交易系统"或者"微型货币"。在2008年金融危机后，替代货币开始在世界范围内的某些地区迅速流通。虽然这种货币在此前就已分散存在于部分地区，尤其是在经济大萧条时期，但是它们的影响并不大。然而，由于此时恰逢社会经济处于复兴阶段，成千上万的人开始在日常生活中投入更多的精力从事协同活动，且无论是社会活动还是经济活动，都建立在协同共享的基础上，因而此次替代货币的出现可能对社会带来一系列深远的影响。

所谓的替代货币，实际上是真正的社会货币，它能使某一共同体内的商品和服务实现协同交换。在协同经济体的其他领域开展经济活动时，人们可以绕过中间商、大型金融机构的固定开销成本、涨价和信用卡公司的高利率等，直接与他人交换劳动时间。但是，与旧有的、一对一的物物交换服务不同的是，基于网络的应用程序为个人提供了一种用于存储和使用要点的机制，并将社会经济和市场经济中的各种商品和服务的交换按照劳动时间来表示。

世界上流通的替代货币已经超过 4 000 种。[17] 大多数替代货币的产生基于一个人为另一个人制造、修复商品或提供服务过程中所花费的劳动时间。与现金类似，这些时间被存储在一个"时间银

零边际成本社会

310

THE
ZERO
MARGINAL
COST SOCIETY

行",用于交换其他商品和服务的劳动时间。哥伦比亚大学的法学教授埃德加·卡恩(Edgar Cahn)创造了"时间银行"这一说法,他的灵感来自人们的献血行为。这个概念产生的核心原则是社会经济的基础——互惠。时间银行的某一成员在帮助其他成员时,也期待着别人可以在自己需要时给予全心全意的帮助。

但是,卡恩的时间银行不区分不同类型的劳动时间。在他的时间银行概念下,汽车修理工工作时间的价值等同于医生工作时间的价值。具体是指,对于每一个劳动者来说,他们的工作时间被视为具有同等的价值,且不会受到专业或者技术技能层次高低的影响。而其他时间银行概念则按照技术技能程度的高低计算劳动时间的价值。例如,税务会计师将获得比汽车清洗工更多的时间价值。时间银行正在世界范围内运行。[18]

以缅因州波特兰市为例,本区域的时间交换主要适用于帮助需要支付医疗费用的人。TrueNorth 是一家公益性质的健康诊所,它与波特兰市时间银行达成协议,他们的医生同意患者以时间美元的方式来支付治疗费用,而患者的时间美元是通过他们在社区内为他人提供的服务积累的。[19] 医生可以利用这些时间美元通过时间银行获取他人提供的服务。

在本地交易系统中交易的其他货币旨在促进商品的交换。瑞士WIR 货币的信用销售主要针对其社会成员的未来购买能力。当卖方收到因出售货物而获得的信用时,他就可以使用该信用,向 WIR 银行的其他成员购买另一件商品。[20]

从某种程度上来说,社区货币也可以用来防止本地区的财富外流。马萨诸塞州伯克郡的"波克夏尔"(BerkShares)就是一种用于鼓励当地购买行为的社会货币。社会成员可以以与美元相同的兑换率,从本地区 6 家银行中的任意一家购买"波克夏尔",而且还可以获得一点儿额外的奖励。如果他存了 95 美元,那么他可以从银行获得 100 美元的"波克夏尔"。[21] 由此可见，对成员们来说，这样的兑换是一项稳赚不赔的买卖。此后，成员可以使用"波克夏尔"在当地的商业机构购买商品或者服务，这确保了货币能够继续在当地流通。由于中介是非营利性银行，所以成员能够避免因使用信用卡或者商业银行支票而产生的额外费用。[22] "波克夏尔"产生于2006 年，在随后的 5 年里，有超过 300 万的"波克夏尔"进入了流通领域，这对当地经济来说是一个可观的数额。[23]

在欧洲某些经济大衰退的重灾区，替代货币如雨后春笋般出现，尤其在希腊和西班牙，社区货币网络的数量激增。[24] 在失业率较高的地区，非营利组织在具有职业技能的求职者与需求者之间建立了一个网络，在越来越不实用的集中市场经济中创造一个分布式的、协作的、横向扩展的微型社会经济圈。因此，微型货币逐步成为一种新的交换机制，至少成功地实现了让部分工人重返工作岗位的目标。

当区域性社会货币逐渐增加的时候，全球替代货币也正绕开国界，在互联网上如火如荼地扩张。比特币就是点对点的货币网络，数百万比特币在该网络中流通。比特币可以与世界上其他货币进行交易，截至 2013 年 11 月，每比特币最高可以兑换 400 美元。[25] 埃米尔·塔基（Amir Taaki）和唐纳德·诺曼（Donald Norman）是比特币的创始人。他们说，有一次在阿姆斯特丹，一位英国的朋友让他们汇些钱救急，当时他们只有两个选择，要么用西联汇款，要么用速汇金业务，但是，这两种方式都需要 20%—25% 的高额转账手续费。因此，他们创造了一种网络货币——比特币，成功地绕开了手续费。[26]

世界知名银行的交易标准顾问、未来学家希瑟·希尔格（Heather Schelgel）并不相信全球范围内的传统货币将被以互联网为基础的网络货币取代，但是他又补充说："随着人们开始意识到可以借助钱来表达自己，预计会出现数以百计的比特币，或者其他类似的甚至我们都从未想到过的东西。"[27]

有人比希尔格更加看好比特币。美国在线公司法国分公司创始人之一让－弗朗索瓦·努贝尔（Jean-Francois Noubel）相信，eBay、Facebook、亚马逊和 Etsy 等成千上万的公司是在一个分散的、协作的、横向分布网络的基础上产生的，这一网络极具破坏力，将进入金融领域，而否定这一点的看法是十分短浅的。他还说，未来几年内，可能有"数百万免费货币在网上或者手机上流通"，而这不足为奇。[28]

—— 社会企业家精神

伴随着新商业模式的诞生，新的融资工具和社会货币也开始出现，这满足了两种完全不同的经济体的需求。一种是市场经济体系的资本主义经济，另一种是共享体制下的社会经济。这种新出现的商业模式试图找到两个经济体之间存在的共享关系的价值。在前文中，我们已经讨论了合作社。从设计角度和操作协议来看，合作社已经对两个经济体之间的分歧做了最好的定位，并且发现了可能随之产生的潜在的协同作用。

在美国，受益公司采用了一种有趣的创新型商业模式。在这种运作模式下，传统的资本主义企业将进行大改造，以便企业自身更加灵活，从而在市场和共享模式相交织的世界里开展活动。以总部位于加利福尼亚州的世界顶级运动服装公司 Patagonia 为例，该公司每年的销售额高达 5.4 亿美元，这也使其成为迄今为止转型最成功的一家受益公司。[29]

目前，美国有 18 个州的法律对这种受益公司给予了认可与规范，赋予了它们相应的法律实体资格。这为企业家提供了一种法律保护，确保他们不会因履行对社会或环境的承诺而放弃新的外部投资者。[30] 虽然受益公司是作为资本主义企业开展运营的，而且需要对其股东负责，但是其新的法律地位有利于确保公司将社会责任和环境责任放在第一位，而不需要承担因激怒那些只对价值优化感兴趣的股东而引发的风险。

受益公司是广义的社会企业家精神范畴的一部分，主要来自全球范围内商学院中年青一代的想象力。社会企业家精神涉及的范围很广，既包括共享模式的支柱——非营利性组织，又包括在市场经济中占主导地位的传统股份制公司。非营利性组织和营利性公司这两种形式不仅在社会和市场经济相交的领域相互作用，而且分别具有对方的一些属性，他们彼此之间的区别也因此变得模糊。在营利性与非营利性组织或企业共存的世界中，社会企业家精神犹如一顶大"帐篷"，创造了一系列新的业务合约和协议，来适应由市场经济和协同共享构成的双重商业空间。

社会企业家精神起源于非营利性组织。20世纪八九十年代，美英等国社会福利减少，使非营利部门的发展陷入危机，同时，也为其创造了机遇。在这种形势下，政府削减援助穷人项目的财政支出使得社会弱势群体面临着生存风险。私人慈善组织试图通过资助非营利组织来填补这一空白，但对弱势群体来说，当政府开始退出时，与失去收入来源相比，通过私人慈善组织获得的可用收入显得苍白无力。随着社会负担的不断递增与社会收入的不断减少，人们的基本生活需求已经无法得到满足，于是，非营利性组织就开始寻求一种既能满足其首要任务又能提供额外收入来源的新型商业模式，来继续维持运营与扩展服务。无数非营利性组织都在其组织架构中建立了一个收费服务部门。在以前，非营利性组织的管理者主要负责寻求政府补助或者基金会慈善捐助，以此维持艺术、娱乐、食品、卫生诊所等项目的运行；如今，非营利性组织的招募开始倾向于那些更懂企业家精神的领导者，希望借助他们的能力创造本社区的社会福祉。

随着与政府的逐渐脱离，以营利为目的的初创公司纷纷将目光转向社会部门中存在的商业机会，并且通过逐步进入市场来填补空白。管理学大师彼得·德鲁克（Peter Drucker）畅谈过关于"经营造益与经营赢利"的理念。他提出，长期贫困、教育落后、环境恶化，以及许多其他社会弊病的最佳解决途径就是最大限度释放企业家的创造力。原来主要由政府承担支出的学校、幼儿园、低收入住房项目以及其他传统活动和服务，逐渐允许商业性机构的加入，从而成为政府和企业共同承担的项目。

同时，正如本书第七章所述，20世纪90年代，曾在高中和大学接触过服务学习的美国新一代开始进入经济领域。然而，在创建新型社会企业家精神理念体系的过程中，服务学习的关键作用却未得到充分的认识和普遍认可。那些习惯于参加社区非营利项目和组织的年轻人找到了一种实现人生意义和自我价值的新途径，这远远超过了市场所提供的商业机会。对非营利项目的热情改变了他们之前的职业道路，至少对重要的一小部分人来说是这样的。自此，社会企业家精神诞生了。

社会企业家精神的定义十分灵活。虽然营利性企业的性质倾向于强调由约翰·艾尔金顿（John Elkington）在1994年所提出的"三重底线"——社会责任、环境责任和企业赢利，但非营利组织更信奉"人与星球高于赢利"。[31] 本书对来自营利性与非营利性部门的80位社会企业家进行了深入调查，在此基础上重点区分了在相同情形下他们分别是如何发挥社会企业家精神的。首先，营利的社会企业家以商业机会的前景为动力，而非营利的社会企业家更关注解决社会需求。其次，尽管两者都属于冒险者，但是所承担风险的种类并不相同。前者的风险主要是投资回报，后者则很少拿资金冒险，对后者来说，风险在于其在群体内的"社会信誉"。最后，虽然营利与非营利的社会企业家都认为自己在社会中占据中心地位，但是研究发现，其实非营利的社会企业家更清楚，这里的一切都离不开志愿者与受益者的集体功劳。[32]

有趣的是，不管营利与非营利的社会企业家之间有着怎样的区别，他们都正在以更多样化的方式互相靠近，尤其是 21 世纪以来，他们越来越多地在新的商业模式中加入与各自领域有关的属性。《经济学人》在题为"有良知的资本市场"（Capital Market with a Conscience）的社论中描述了社会企业家精神的演变过程：

> 虽然因为它把各种各样的人群和机构都汇集在了一起，使得社会资本市场的概念看起来不够连贯。但是，社会资本市场在慈善资本与逐利性资本这两个极端之间起着关联作用，能够对风险、回报和社会影响之间进行各种权衡分析。人们希望，这些讨论能够集中在对二者关联性的分析上，而且能够证明如下问题：对于任何给定的社会目标来说，哪一种社会资本或者不同种类的资本搭配才是最有效的。[33]

例如，当受益公司试图改变资本主义企业获利的驱动机制，并且使其更加接近社会非营利组织的社会和环境效益优先原则时，非营利组织也开始改变自己的模式，逐渐接近资本主义企业的利润取向。美国的伊利诺伊州、缅因州、罗得岛州、密歇根州、路易斯安那州、怀俄明州、北卡罗来纳州、佛蒙特州和犹他州已经颁布了所谓的 L3C（低利有限责任公司）法律。这些法律对有限责任公司的监管做出了一些改变：只要非营利组织的主要目标是实现社会目标，那么法律允许其获得"低利润"。L3C 法律为非营利组织获得资本提供了法律途径，这对社会企业来说十分重要，因为这类企业正朝着合资企业的方向发展。与此同时，该法律也确保了非营利机构的慈善组织地位。[34]

零边际成本社会

316

THE
ZERO
MARGINAL
COST SOCIETY

在全世界的许多高校，社会企业家精神已经成为热门项目。哈佛大学开设了"管理社会企业"和"社会企业家精神概述"等课程。[35] 社会学系开设了"创业合作实验室"，让学生更加关注新社会经济中的社会学领域。另一项大学活动则向每一个学生团队分配了15 万美元，让他们在学术研究和实地调查中发现"解决教育、健康、水质和空气等全球性问题的办法"。[36]

爱创家协会、斯科尔基金会、聪明人基金会和杜克大学社会企业家发展中心等全球网络正在以智库、行业协会和资金代理的形式在全世界范围内推动社会企业家精神的发展。社会企业家运动的领军人物比尔·德雷顿（Bill Drayton）同时也是爱创家协会的创始人。该机构通过组织比赛吸引来自世界各地的社会企业家，并通过他们的共同努力来处理人口贩卖、冲突消解法等问题。社会企业家可以把他们的项目放在爱创家协会的 Changemakers 网站上，其他人则可以在登录后以协作的方式对此项目提出一定的看法或者建议，从而提高项目实施的可行性。目前，已有来自全球 70 多个国家的3 000 多名社会企业家会员参与了爱创家协会支持的项目。[37]

另一个关键的社会企业是成立于 1999 年的斯科尔基金会，该基金会已经通过补贴的形式向来自世界各地 80 家机构中的 97 名社会企业家提供了超过 3.58 亿美元的奖金，以奖励他们为弘扬社会企业家精神做出的贡献。[38]

衡量社会企业家成功与否的标准更多在于他们能够为人类社会带来多少福祉，而不仅仅是可以获得多少投资回报。社会资本是至关重要的资产，但反过来看，它也反映着由社会企业与群体之间的合作伙伴关系构建的团结和信任。就这一方面而言，相比追逐利益的社会企业家，非营利的社会企业家具有一定的优势，然而由于判断的主要动机是"经营造益"，并非"经营赢利"，这种优势并不可维持。

在美国，几十万社会企业的年收入已经突破5 000亿美元，这为超过1 000万的人提供了就业岗位。2012年，这些企业贡献了近3.5%的GDP。其中，35%左右的社会企业属于非营利组织，31%属于公司或者有限责任公司。社会企业的发展速度极为惊人，60%的社会企业成立于2006年或者更晚，而29%的社会企业甚至是在2011—2012年成立的。[39]

2010年，英国有62 000家社会企业，它们对英国经济的贡献额达到了240亿英镑，雇用的劳动力达到80万人。SEC（英国社会企业家联盟）首席执行官彼得·霍尔布鲁克（Peter Holbrook）预计，到2020年，社会企业对本国GDP的贡献将增长三倍。SEC还游说政府正式认可社会事业部门，承认其与传统志愿者和私营部门之间的区别，并给予其一定的税收优惠政策和其他支持。[40]

2010年，澳大利亚共有约20 000家社会企业。在非营利性领域，29%的组织拥有商业企业，59%的组织提供收费性服务。[41]

如今，社会企业家精神在营利企业与非营利企业之间的地位趋向均衡。在未来几十年内，在协同共享模式下，随着社会经济在资本主义市场不断生根发芽，社会企业家精神将更多地倾向于非营利企业。

── 就业新形式

社会企业家并不是唯一正在由资本主义市场经济向协同共享机制转型的群体，因为成千上万的人早已经开始了这种转型。正如我们在第八章中所讨论的，由于在制造业、服务业、知识产业和娱乐业中，信息技术、大数据、高级数据分析、矢量绘图及机器人取代了数百万工人，劳动的边际成本已经趋向于零。

现实情况是，物联网既导致一些工作消失，又创造了新的就业机会。长期而言，通信互联网、能源互联网和存储网络构成了智能

零边际成本社会

318

THE
ZERO
MARGINAL
COST SOCIETY

物联网基础设施，它只需要少量的监管人员和技术人员，就可以开展大部分经济活动。

而就中短期而言，如果在世界各地大规模建设物联网基础设施，将带来大众工资和薪酬劳动力的最后一波大幅度增长，这一增长将延续40年，并惠及两代人。全球能源体系的转变既是从化石能源和核能向可再生能源的转变，也是向劳动密集型产业的转变，因为它将需要数百万工人，产生数千种新的行业。首先，我们需要把现有的成千上万的建筑翻新，将其改造为绿色微功率厂房。而新建数百万微功率建筑同样需要成千上万的工人，并且为节能公司、智能建筑公司、绿色设备生产厂商创造新的投资机会。其次，为整个经济基础设施安装氢原子和其他存储技术设备，以便对绿色电能的传输进行管理，这将产生大量的就业机会和新的企业。此外，把全球电网整合成为一个能源互联网，这将创造数百万个装配工作机会和数千家网络应用软件公司。最后，对交通运输行业进行改造，把内燃机改为电动或燃料电池动力装置，这必然促使对全国道路系统和燃料基础设施的改造。而在道路沿线和停车场安装数百万个直插式充电装置，这是一项劳动密集型的工作，需要雇用大量的工人。

就中长期而言，就业机会的增长方向将从市场相关部门转向共享模式。随着市场经济领域逐渐仅需要为数不多的人工就能生产产品及提供服务，机器设备在共享机制中所起的作用将非常小，其原因不言而喻，极高的社会参与度和社会资本的集聚本身就是一种投入。即使是狂热的科技偏好者，也不会认同有一天机器可以创造社会资本这一看法。

在许多发达工业化国家，非营利领域已经成为就业增长最快的领域。除了数百万志愿者，还有数百万雇用人员。约翰霍普金斯大学民间社会研究中心对42个国家进行的一项研究，结果显示，目前受雇于非营利部门的全职员工数量为5 600万。在有些国家，非营利部门受雇人员占全社会劳动力的10%。在荷兰，非营利机构受雇人员占工薪人员的15.9%；在比利时，非营利部门受雇人员占全社会劳动力的13.1%；在英国，非营利部门受雇人员占全社会劳动力的11%；在爱尔兰，非营利部门受雇人员占全社会劳动力的10.9%；在美国，非营利部门受雇人员占全社会劳动力的9.2%；在加拿大，非营利部门受雇人员占全社会劳动力的12.3%。在未来十几年里，随着就业机会从高度自动化的市场经济转向劳动高度密集的社会经济，上述比例还有可能稳步上升。[42]

虽然就业机会在共享模式下急剧增加，但是许多经济学家对这一现象另有看法，他们认为非营利部门不是独立的经济因素，所以在很大程度上，他们不得不依赖政府采购合同和私人慈善活动。你也许会说，政府巨额的采购、补贴以及奖励资金同样也给了私营经济部门。我们姑且不管这些，约翰霍普金斯研究中心对42个国家的研究结果与许多经济学家的观点正好相反，在共享模式下，非营利部门总收入的近50%来自服务收费，只有36%来自政府提供的资金支持，私人捐赠仅占14%。[43]

我预计，最晚到21世纪中叶，全世界大部分受雇人员将在协同共享机制下的非营利部门工作，参与推动社会经济发展，并至少会在传统的市场上购买少量的产品和服务。而传统的资本主义市场经济部门则将由少数专业人士和技术人员通过智能技术进行管理。

80多年前，在凯恩斯为其孙子而写的一篇充满未来主义气息的文章的第一章里描述了这样一个世界：机器把人类从市场经济体制繁重的劳动中解放出来，人们在协同共享模式下投身于文化活动，追求超然于世的崇高目标。这可能是凯恩斯最准确的经济学预测了。

企业将为已经受雇的劳动者提供再培训，同时为即将进入劳动力市场的学生提供适当的技能培训，从而使他们能够顺利适应经济转型所产生的新的工作岗位和就业机会，这也是全球大规模建设物联网所创造的机会。同时，学生们还将接受新的职业技能培训，以适应协同共享机制下的新工作。虽然我们还需要付出艰苦努力，但是，1890—1940年，在农业社会向工业社会快速转型的过程中，人类已经充分证明自己完全具有这样的能力。

我们可以理解，在一个市场经济规则和资本主义法则已经根深蒂固的社会，姑且不说政府补贴，就连协同共享机制中蜂拥而至的新型经济模式和制度安排，也不过被视为主要经济形态的补充而已。少数人认为，零边际成本社会正在形成，并且已经对媒体、娱乐、出版、再生能源、3D打印和在线开放高等教育资源等行业产生了影响，但它最多也只能算是现有经济模式的变形。更有少数人认为，自动下载技术和自动化技术对全球劳动力的替代、所有权向接入权的转变、市场机制向网络化机制的转型以及共享经济模式的出现，这些都是对现有经济体系本身的极大损害。当我们面对众筹资本、货币民主化和快速传播的社会企业家精神时，也很少有人担忧它们会对资本主义体系形成致命的威胁。但是，我们必须对在过去两个世纪里出现的新经济形态心存敬畏，因为与我们过去经济生活中的标准模式相比，这些经济形态发生了根本性的变化。

这些新经济形态与现有经济形态之间存在巨大的差别，这既表现在总体叙事方式上，又表现在运行规则方面。我们很难想象它们将如何被现有经济模式全面吸收。也许更大的可能是，随着这些不同的经济形态开始相互关联、相互依赖，这些新经济形态可能会超越资本主义环境，在某一点上与现有经济模式分离，催生新的经济秩序，而这一新生经济秩序的生命力将超过市场机制下的资本主义，就像资本主义的生命力曾经远远超过产生它的温床——中世纪的封建主义一样。

THE ZERO MARGINAL COST SOCIETY

第五部分　富足的经济

第十五章

可持续的富饶：当商品和服务免费之时

　　一旦社会的生产性经济活动的边际成本接近于零，古典和新古典经济学理论将不再起作用。当边际成本接近于零时，由于商品和服务不再受市场定价的影响，利润也就随之消失，商品和服务本质上就变成了免费的。而当大部分东西都免费的时候，以生产和销售商品与服务为组织机制的整个资本主义经营理念将变得毫无意义。这是因为资本主义存在的动力是资源的稀缺性。如果资源、商品或服务是稀缺的，那么它们将具有交换价值，可以在市场中以超过其运输成本的价格来定价。但是，当生产这些产品和服务的边际成本和价格都接近于零时，资本主义制度将无法继续利用这种稀缺性，因此也就不能从附属品中获利。"免费"在这里有两层含义：价格为零和不再稀缺。当额外生产一单位商品或服务的边际成本为零时，就意味着稀缺已经被过剩所取代。交换价值变得无的放矢，因为大家无须付出即可获得自己需要的东西。这些产品和服务具有使用价值和分享价值，但是不再具有交换价值。

很难想象的是，在过剩的情况下，人们将依靠使用价值和分享价值来组织经济生活，而不是依靠稀缺性和交换价值，这完全不同于我们设想的经济理论和实践方式。但是，这一现象已经开始在大部分经济领域内出现。这是因为新技术提高了工作效率和生产力，消除了生产和提供额外单位产品和服务的成本（不包括初始投资和营业成本）。

"过剩"这个词含义颇多，传统的意思是"具有足够的资源来保证繁荣的生活"。生物学家告诉我们，每个人每天平均需要 2 000—2 500 卡路里的能量来维持身体健康。[1] 如今，有 20 多亿人的热量摄入达不到这个数值，其中 10 亿人被列为营养不良。预计到 2050 年，世界人口数量将增加 35%，相当于在现有的基础上增加 25 亿。[2] 联合国粮食及农业组织指出，为了应对人口增长，仅仅粮食生产就必须增加 70%，只有这样，才能提供充足的食物确保每个人的身体健康。[3]

相比之下，美国人平均每天消耗 3 747 卡路里的能量。[4] 如果地球上 70 亿人都以美国人的能量标准来维持生活，那么将需要 4—5 个地球来养活这些人。无论富裕或贫穷，人类目前消耗的资源都相当于地球现有资源的 1.5 倍，换句话说，地球大约需要 1.5 年才能再生我们一年所消耗的资源。据联合国预测，如果人口增长趋势和消费趋势持续发展，即使穷人并没有感觉到生活质量的改变，到 2030 年，我们也将需要两个地球来维持我们的资源消耗。[5]

尽管过剩是从旁观者的角度来看的，但是地球的可持续发展并不存在过剩。当提及协调过剩和可持续发展的关系时，第六章中所引用的甘地的观点仍然是黄金法则，他说："地球可以满足每个人的需要，但不能满足他们的贪婪之心。"[6]

甘地对可持续发展有着本能的理解。而如今，我们可以利用复杂的指标衡量它，这个指标就是生态足迹。可持续发展指的是一种相对稳定的状态，在这种状态下，资源的利用可以维持人类生活，同时又不超出大自然回收和再生资源的能力。生态足迹可以直接测量人类活动对生物圈的需求。更确切地说，它可以利用先进的技术和资源管理实践方法测量具有生物生产力的土地和水的总量（这里所说的土地和水，主要指用来生产个人或群体所消耗的资源）以及容纳他们产生的废弃物所需的资源数量。如此看来，这一领域可以与生物承载力（生态承载力）这一概念进行比较，生物承载力指的是可以用来提供资源和容纳废弃物的生产性区域的总面积。[7]

在过去半个世纪里，人类的生态足迹得到了前所未有的扩张。1961 年，人类的足迹大约占地球生物承载力的一半。这意味着，从生态支出的角度来说，我们仍在消耗生态利益资源，但并没有触及资源的根本。然而截至 2008 年，地球上 67 亿人口的生态足迹总面积就已经相当于 182 亿公顷[①]，平均每人 2.7 公顷，然而，地球只有 120 亿公顷的生物承载力，也就是平均每人 1.8 公顷。因此，我们消耗地球生物承载力的速度远远超过了其回收和再生资源的速度。占世界人口 4% 的美国就消耗了 21% 的生物承载力，美国人的平均生态足迹高达 10 公顷。[8]

如果我们对比高收入人群与低收入人群，那么生态足迹的统计数据更有说服力。世界上有 10 亿富裕人口的人均总收入在 12 196 美元以上，平均每人使用了约 3.06 公顷的生物承载力。而 13 亿贫穷人口的人均总收入在 995 美元以下，平均每人仅使用了约 1.08 公顷的生物承载力。[9]

问题是，如果将过剩与可持续发展联系在一起，并且依靠利益

---

① 1 公顷 =10 000 平方米。——编者注

资源而非地球生物承载力的根本来衡量的话，在不破坏生物圈的情况下，有多少人可以舒适地生活，并且不断补充所需生态资源，来维持个人乃至全人类的健康和幸福呢？

世界观察研究所是一个监测人类对地球资源的影响的机构，它的创始人莱斯特·布朗（Lester Brown）认为，上述问题的答案取决于我们所选择的饮食方式。我们以美国人平均每人每年消耗 800 千克粮食作为饮食基准，如果地球上每个人都按照这一标准吃饭，那么全球每年生产的 20 亿吨粮食仅能维持 25 亿人的生活。但是，如果以意大利／地中海人每人每年消耗 400 千克粮食为基准，那么全球年产的粮食能够维持 50 亿人的生活。最后，如果以印度人每人每年消耗 200 千克粮食为基准，那么全球年产的粮食最多可维持 100 亿人的生活。

布朗认为，食物链顶层或底层人群的寿命均没有处于食物链中间人群的寿命长。生活在食物链顶层的人容易患富贵病，包括糖尿病、癌症、心脏病以及中风等，而生活在食物链底层的人则容易因营养不良而死于贫穷病，包括佝偻病、坏血病、脚气、糙皮病、贫血和干眼症等。多项研究表明，包括肉类、鱼类、奶酪和蔬菜等在内的地中海式饮食习惯更健康，更有助于长寿。[10]

为了使人口数量与地球的生物承载力保持一致，并将我们的社会由稀缺转变为可持续性过剩，我们必须重视富人和穷人之间生态足迹的巨大差距，并控制全球人口总数。

—— 幸福是什么

生态足迹的概念为我们提供了一个重要的科学标准，可以衡量如何降低人类对生物圈生态承载力的影响。近年来，众多关于"什么让人类幸福"的研究和调查则为平衡生态足迹提供了同样引人注目的社会学和心理学原理。

零边际成本社会

328

THE
ZERO
MARGINAL
COST SOCIETY

几乎所有关于幸福的科学研究都得出这样的结论：幸福感都是沿着经典的钟形曲线发展的，先增值后贬值。40%以上的人每天的生活费只有两美元甚至更少，他们的生活极度贫困，每天挣扎在生死线边缘，所以他们是不幸福的，这很容易理解。[11]他们缺少基本的生活保障，无力养育他们的子女，也无力为子女提供基本的住处，他们被绝望包围，生活失去了活力和希望。然而，一旦穷人摆脱贫困，他们就开始享受幸福。收入、财富和安全感的每一分提升都使他们更加幸福。但是，实际情况却令人吃惊。当一个人的收入能够为他提供基本舒适和安全的生活之后，幸福的标准就达到了平稳阶段。此时，财富和消费的增加带来的却是总体幸福感边际收益的递减，直到达到某一点后，幸福感就转变为不幸福感。研究表明，此时财富的积累就会成为一种负担：人们挥霍消费成瘾，所以内心沉重，寿命更短。财产最终主宰了拥有者的幸福。

为什么财富超过一定程度后，就会导致心神不安和绝望呢？对此，相关的深入性研究表明，人际关系逐渐受到地位的支配，并由嫉妒和猜忌驱动。有人表示，他们的人际关系会变得肤浅，并且仅通过严格物质意义上的得失来衡量。

即使面对越来越多的不快乐，唯物主义的人们也依然愿意加快追求物质信仰，他们认为，问题不在于他们对财富的专注，而在于他们得到的不够多。对此，他们辩解道：只有当他们获得更多物质成功并提升地位时，他们才能获得其他人长久的赞赏。他们所希望的快乐就来源于让自己沉溺在更多的消费行为中，心理学家称之为"享乐主义"。但事实往往事与愿违，每一次享乐主义行为却给他们带来了更多的不快乐，使他们上瘾，并陷入无法摆脱的恶性循环，直到他们放弃享乐，转而寻找通往幸福的另一条道路。

世界各地的研究表明，物质主义价值观、抑郁症和药物滥用之间有着密切的联系。物质主义者表现出更强的占有欲，比较吝啬，不信任他人，而且更容易冲动，对他人更具攻击性。

《物质主义的高昂代价》（*The High Price of Materialism*）一书的作者、心理学教授蒂姆·卡塞尔（Tim Kasser）对近年来有关物质主义行为的研究进行了总结，他认为，实际上所有的研究都提出了如下的观点：

> 具有强烈的追求财富和财产意愿的人比那些不太关心该目标的人的心理幸福感更低……在日常生活中，功利价值观越重，生活质量越差。[12]

几年前，我有幸拜访了《新科学的幸福观》（*Happiness: Lessons from a New Science*）一书的作者、英国经济学家理查德·莱亚德（Richard Layard）。这本书在经济学家中具有一定的影响力。莱亚德是我在伦敦经济学院做演讲时的主要负责人之一，他把我带到他的办公室，分享他搜集的一些有趣的数据，这些数据可以证明社会财富和人们幸福感随时间推移而增加。我对美国的数据非常感兴趣。那些数据表明，如今，美国人的收入是1957年的两倍，而"非常幸福"的人群比例却从35%降低到30%。[13]

但是，美国并不是唯一的例外，其他工业化国家的研究结果同样如此。莱亚德的研究表明，当一个人的年平均收入达到两万美元时，也就是刚刚实现"生活舒适"的目标之前，他的幸福感是持续增加的，之后，收入的增加则会导致幸福感的递减。[14]

研究同样表明，一个社会的幸福水平与人口收入差距密切相关。20世纪60年代，美国声称其具有世界上最庞大的中产阶层。但是，经过50年的传承，前1%的人口变得更富有，而真正的中产阶级的数量逐步减少，且贫困人口的数量逐步增加。到2012年，在30个经济合作与发展组织成员国的富人与穷人之间的收入差距排名中，美国位列第28位，仅高于墨西哥和土耳其。[15]

零边际成本社会

330

THE
ZERO
MARGINAL
COST SOCIETY

这并不奇怪，是收入差距的加大导致了社会总体幸福感的下降。有关幸福的研究表明，贫富差距最小的国家在集体幸福和生活福利方面的得分更高。一部分原因是贫困的增加导致了不幸福。但同样重要的是，富人和穷人之间的差距将滋生不信任。上层社会的人从思想上产生了防备心理，他们越来越害怕来自贫困群体的报复，因而更加积极地保护他们的财富和财产。

我想起了 20 年前我和我的妻子在墨西哥城经历的一幕。我刚刚给著名商业领导者做完报告，和妻子坐在一辆装甲车的后排赶去墨西哥城一个最富有的家庭参加宴会。宴会的主人是墨西哥社会改革的领导者，致力于改善墨西哥穷人的生活条件，他坐在前排武装驾驶员的旁边。当我们穿过城市条件最差的贫民窟，进入到有栅栏、有警卫保护的堡垒般奢华的富人集聚区时，他说，这多么讽刺啊，墨西哥城逐渐被分割成了一块块圈起来的富人区和穷人区，双方都惧怕彼此，互不信任。而美国也变得越来越像墨西哥，不信任感也在增加。20 世纪 60 年代，56% 的美国人认为大多数人是可以信任的，而今天只有不到 1/3 的人还这么认为。[16]

物质主义之所以具有毒害性，是因为它剥夺了人类之所以为人的原动力，也就是我们的情感本性。进化论生物学家和神经系统科学家都告诉我们，人类的本性并不像过去几百年所说的那样。中世纪，最初的启蒙运动哲学家描绘了一幅人类本性的画面：人类是理智的、利己的、唯物主义的、功利主义的，并且为自身自由而奋斗，所有这些都让我们倾向于积累更多的财产，拥有属于自己的土地。最新科学研究的观点则完全与之不同：人类是最社会化的生物。我们渴望友谊，渴望融入社会。绝大多数社交可以刺激我们的精神世界，我们要么发展壮大，要么被自己的文化所毁灭。

20 世纪 90 年代，科学家偶然发现了人类的"镜像神经元"（一般被称为同感神经元）。人类的几种灵长类亲缘动物和大象都有镜像神经元，现在仍不确定其他物种是否具有。镜像神经元和其他神经元让我们能够体会另外一个人的感受，不只是智力上的，还有生理和情感上的。例如，如果我看到一只蜘蛛爬到另一个人的胳膊上，我很可能有同样毛骨悚然的感觉，就像蜘蛛爬到我的胳膊上一样。我们一直都觉得有这样的感受很正常，但我们刚刚开始懂得：正是由于对别人的感觉感同身受，进而去感受他们的喜悦、羞耻、厌恶、痛苦和恐惧，我们才得以成为社会性生物。与他人产生的同感使我们通过彼此响应来扩张自己，并深深地融入整个社会。当我们听到一些人缺乏同情心时，我们是说，他们的行为表明，他们不能对别人的遭遇感同身受，或是不关心别人，我们认为他们是不人道的。反社会的人最终都会被社会遗弃。

许多研究一再表明，唯物主义行为与压制或消除情感驱动有着紧密的联系。如果孩子是由那些冷漠、残暴的父母抚养长大，并遭遇情感虐待和体罚，那么他们往往会变得具有攻击性，并且像大人一样性格孤僻。他们的情感驱动被恐惧、不信任和抛弃感所压抑和取代。相反，如果父母感情真挚、具有同情心，那么他们就能够给孩子提供一个安全的环境，鼓励其个性发展，培养孩子的社会信任感。这是社会同情心能够蓬勃发展的必要条件。

对于没有经历过同感教育的孩子，他们长大以后不太可能将情感传递给他人，也无法在最基本的层面与他人交流，因此，他们在各个方面都是孤立的。他们用物质主义取代失落感，用对物质的依赖替代对人的依赖。他们痴迷于物质上的成功、名声和社会认同，并将其视为赢得社会认可的一种手段。

由于他们用物质主义来定义自己的生活，所以这将会影响到他们与他人之间的关系。在一个由物质成功驱动的世界里，人与人之间的关系变成了为达到某个目标而使用的一种手段，并成为积累更多财富的工具，而其他的事则都变得不再重要。由于物质主义者的

零边际成本社会

332

THE
ZERO
MARGINAL
COST SOCIETY

世界分为两类——"我的"和"你的"，寻找人性的温暖和亲情的价值就变得十分困难。在查尔斯·狄更斯的《圣诞颂歌》（*A Christmas Carol*）中，吝啬鬼斯克鲁奇既受到人们的鄙视和同情，同时也被社会所抛弃。

对于物质主义者来说，广告成为助长其上瘾的强力毒药。广告依靠人们的不满足感和孤独感而存在。它承诺，产品和服务能够强化一个人的个性和身份，使他更有吸引力，而且更容易被别人接受。德国哲学家格黑格尔认为，新的物质主义者出现于资本主义思想的萌芽时期。他提出，除功利的和物质的价值之外，财产是一个人的人格表现。一个人被强迫以"成为世界上独一无二的人"为目标，并在人群中建立一种存在感。然后，个人的独特个性就通过他所追求的目标而表现出来，财产和个性变得无法区分。个人所拥有的一切都强化了他独一无二的存在感和影响力，并成为别人了解他的一种方式。

哲学家威廉·詹姆斯（William James）对消费个性的描述令生活在充满物质主义文明社会中的我们感到不安。他写道：

> 很明显，"我"和"我的"之间的界线是难以区分的。我们对某些事情的感觉和行动大多像我们对自己的感觉和行动一样。我们的名声、孩子和工作也许都像我们的身体一样重要，而受到攻击将激发我们同样的感觉和报复……然而，从最广义上来说，一个人的自我指的是其自身所有事项的总和，不仅包括身体和精神力量，而且包括他的衣服、房子、妻子和孩子、祖先和朋友、声誉和作品、土地和马、游艇以及银行账户。这些东西给人同样的感觉。如果它们增多或繁荣了，他会感到很成功；如果它们减少或消失了，他会感到很沮丧……关于什么是我们的，很大一部分感觉是由于我们与自己的物品生活得很

近，所以能够更全面和深入地感受它们。[17]

广告声称财富是人类价值的衡量标准，它使产品和服务成为显示个人社会身份的必需品。在 20 世纪的大部分时间里，广告进一步强化了"财富是个人的个性延伸"这一想法，并使物质主义思想得到广泛传播。波士顿学院的社会学家朱丽叶·朔尔（Juliet Schor）注意到，到 20 世纪 90 年代，孩子们"用于购物和拜访朋友的时间一样多，而这个时间是阅读和去教堂时间的两倍，是户外活动时间的 5 倍"。[18] 更令人不安的是，年轻人认为，他们"宁愿花费更多的时间去购物，而不是做其他事情"，超过一半的人认为"长大后拥有的钱越多，人就会越快乐"。[19]

这些调查已经过去 15 年了。在此期间，新千年已经到来，而证明年轻人从富有同情心走向物质主义的过程的证据却充满矛盾性。心理学家、社会学家、政治学家和人类学家发表的报告和研究成果也是众说纷纭。

对 1979—2009 年密歇根大学社会研究所 14 000 名学生的大规模研究表明，通过个性品质的标准来测试，与二三十年前的同龄人相比，当代大学生的同情心降低了 40%。[20] 密歇根大学的研究者萨拉·康拉特（Sarah Konrath）将其有关元分析的研究与过去 30 年间美国大学生的 72 项研究相结合，得出了结论，她认为，今天的大学生不太认同下面的观点："我偶尔会试图从他人的角度考虑如何更好地了解朋友"以及"我很有同情心，关心比我不幸的人"。[21]

但是，对"千禧一代"的其他研究结果则与之完全相反。与 1965—1977 年出生的人不同的是，"千禧一代""在他们的团队中更有同情心，更能理解他人的观点"。[22] 研究也表明，"千禧一代"更能从他们同龄群体的角度出发，给对方提出建议，更加喜欢团队合作，追求群体一致性，而所有这些都需要同情心。

关于信任的问题更容易培养同感。然而，"千禧一代"非常不信任政府、商界和各领域专家，他们更加信任互联网上的伙伴，正如前面所提到的，他们更愿意信任意见、评论、大众排行榜以及群众的集体智慧。

研究同样发现，"千禧一代"的偏见最小、最同情边缘化人群（包括妇女、不同肤色的人、同性恋者和残疾人），并且支持这些人群获取法律和社会权利。他们也不太排外，大约23%的美国大学生在国外学习，73%的"千禧一代"支持自由移民政策，而在成年人中只有39%—57%的人支持自由移民政策。[23]

我的感觉是，"千禧一代"并非铁板一块，而是矛盾的混合体。虽然他们比较自恋，崇尚物质主义，但他们的同情心也相比过去的人们有所增加。我也怀疑，在"大萧条"之后，自恋和物质主义倾向的影响正在减弱。大量的研究也支持该观点。2013年12月，《纽约时报》在周末评论部分的头版报道了研究人员的新发现：由于受到"大萧条"和全球经济停滞的深远影响，在思想上，"千禧一代"将追求物质上的成功转变为做一些有意义的事。由职业咨询委员会委托编写的一份报告指出，21—31岁的新一代人认为，找一份有意义的工作远胜过挣钱。斯坦福大学商学院的市场营销学教授珍妮弗·L. 艾克（Jennifer L. Aaker）和她的同事进行了纵向研究，用一个月的时间采访了数百位美国人，采访他们什么是"有意义的事"。他们发现，声称过着有意义生活的新一代年轻人"认为自己更多地为别人考虑，更具体地说，是成了一个'给予者'"。调查发现，对于那些乐于帮助别人并认为这很重要的人来说，他们的生活更有意义。[24]

更能说明问题的例子是，2013年，美国优秀高中生协会对9 000名成绩优秀的高中生进行了调查，要求学生从200多家企业中选出他们想去工作的地方。调查发现，在排名前25位的机构中，卫生保健、医院和政府占了14个。圣裘德儿童研究医院是国内最优秀高中生的首选。美国优秀高中生协会的 CEO 詹姆斯·W. 刘易斯（James W. Lewis）总结说，专注于帮助别人是新一代人的选择。[25]

值得注意的是，同情心越少的人越倾向于物质主义。如果新一代人比其前辈更具有同情心，那么我们就应该顺从一个趋势，那就是改变过去几十年中对物质主义的看法，而目前情况也确实是这样。2013 年夏，研究人员在《社会心理与人格科学》（*Social Psychological and Personality Science*）上发表了一项研究，该研究对大量近 40 年内的高三学生的观点进行了调查，调查发现，从 2008 年全球金融危机开始，他们的价值观出现了惊人的逆转。2008 年之前，同情别人的比例逐年下降，物质主义日益盛行。2008 年之后，这种趋势在年青一代中突然转变，他们开始变得"更关注别人，而不太在意物质"。[26] 新的研究发现，新一代对追逐物质主义的兴趣逐步降低，很少将过度消费投资作为一种生活方式。

这些发现与迅速崛起的协同消费和共享经济正好吻合。在全球范围内，年轻人分享自行车、汽车、家庭、衣服和其他东西，更注重使用权而非所有权。越来越多的新一代不再选择设计品牌，而选择一般品牌或者定制品牌；更加关心物品的使用价值，而不是交换价值或地位。在本质上，由协同产消者构成的共享经济的本质特征就是具有更多的同情心和较少的物质感。

可持续发展和环境管理承诺逐步增长，这也体现出了物质主义思想的衰减。物质主义者不仅对人类同胞表现出较少的同情，对动物和更广大自然界表现出的同情更是少之又少也就不足为奇了。他们机械地认为，自然界就是用来开采资源的，而不是维持社区发展的。对他们来说，就像评价和他人之间的关系一样，只需以功效和市场价值而不是以其内在价值来评价环境。

在美国罗切斯特大学，研究人员对 80 个学生进行了测试，以确定物质主义价值观是如何影响他们对自然资源的使用的。学生们被分为两类：拥有高度物质主义价值观的人和持非物质主义价值观的人。然后，他们被分开做游戏，假设他们是木材公司的老板，与其他公司竞标开采 200 公顷的国家森林。每个人最多竞标每年砍伐 10 公顷的森林，需要注意的是剩下的森林将以每年 10% 的速度再生。如果竞标每年只砍伐少量的森林，那么利润就会很低；如果竞标砍伐大面积的森林，利润就会很高，但是森林面积将迅速削减。

毫无疑问的是，与非物质主义者相比，物质主义者会砍伐更大面积的森林，快速获得利益，但付出的代价是森林面积锐减。他们一贯关注的是短期经济获益，而非长期保护。非物质主义者则希望获得长期的高额利益，因为这样森林会存在得更长久。[27]

在现实生活中，该实验所证明的价值取向也同样有所体现。与前一代相比，新一代不仅较少倾向于物质主义，而且更加支持环境管理工作。2009 年，华盛顿一家智库"美国进步中心"所做的一项调查显示，75% 的新一代支持取消化石能源，使用可再生能源，这一比例超过成年人。[28] 几年前的盖洛普民意调查更加引人注目，58% 的 18—29 岁的年轻人表示，"即使面临抑制经济增长的风险"，美国的环境保护也应具有国家级优先权。[29]

这些实验、研究和调查给我们带来了什么启示呢？第一，金钱不能购买幸福，贫穷带来绝望，而增加的财富超过临界点会带来更多的绝望。第二，泛滥的物质主义不能让人感到幸福，反而让人们感到疏远、恐惧、不信任和孤独。

第三，正如经济学家告诉我们的那样，人类最初的行为动机不是贪得无厌的物质享受，而是追求社会交往。在我们对物质需求的最小欲望得到满足后，人与人之间的情感和友谊才会使我们感到幸福。我们追求的是归属感，而非占有和吞噬，这些结论使我们开始怀疑经济学上的两个重要假设：生活中我们最想要的是稀缺的东西，以及我们的欲望是无限的。实际上，我们最想要的东西不但不是稀缺的，反而是过剩的，那就是人与人之间彼此喜爱、接受和认同。即使经济学家不太明白，广告商也已经开始明白这一点。他们每年花费数千亿美元广告费呼吁更深层次的驱动力，以一种扭曲的方式暗示人们能够通过购买、储藏和消费更多的物质载体获得更大的满足感，实际上，他们十分清楚，这些编造的欲望会使人们越发地偏离所要追求的社会团体。试想一下，如果广告业突然从我们的日常生活中消失，人类行为将如何快速地变化。对物质主义的迷恋将很快褪去，我们可以自由地呼吸，重新发现我们渴望的是人而不是物质。

但是，这样的观点又能如何呢？在零边际成本社会，人们几乎随时都能免费得到自己想要的东西，这将使人类变得更加贪婪，他们将迅速消耗地球资源，甚至毁灭地球。但这是不可能的，导致过度消费的是稀缺性，而不是过剩。在一个所有人的物质需求都能得到满足的社会，人们对"得不到"的恐惧将会消失。人们不再沉溺于贪得无厌的囤积和消费，也不会夺取别人的东西。另外，在一个所有人的需求都能或多或少得到满足的社会，基于物质地位的社会差距也将逐渐缩小。社会将不再只以"我的"和"你的"来区分。人们的价值也不再由他们所拥有的物质决定。

这并不是说过剩时代将带领人类进入乌托邦的理想王国。没有人会天真地相信人类本性的阴暗面会突然从我们的 DNA 中消失。这只是说，当过剩替代稀缺时，人的性格很可能不会再受无情的驱动，而不去过分地担心明天将发生什么。乍看之下，虽然过剩经济替代稀缺经济这一想法可能让人联想到地球上剩余的资源将被过度消费，但实际上，出于上面提到的各种原因，这种做法很可能成为保证地球上的人类可持续发展的唯一有效方法。

至少在这个由分布协作的点对点网络协调的新世界里，部分新一代年轻人已经开始打破以资本主义时代经济生活为特征的物质主

零边际成本社会

338

THE
ZERO
MARGINAL
COST SOCIETY

义综合征。他们正在构建共享经济，在这一经济模型中，物质主义更少，可持续性更强，权宜之计更少，同情心更多。他们更多地活在全球范围内，而不是局限于资本主义市场。在发达工业化经济体中，新的共享社会思潮开始对年青一代的生态足迹产生一定的影响。

由物质主义向可持续发展的转变开启了一扇大门，使我们能够大幅减少地球上富裕群体的生态足迹，释放更多的地球资源，使世界上贫穷群体可以摆脱贫困，提高他们的生活质量，满足基本生活需求并获得幸福。这两种力量能否通过合作，使整个人类能够依靠地球的生态利益而不是依靠可持续发展中的根本资源来生存，这还是一个尚未解决的问题。

我非常确定，此时会有很多读者问，这样做就够了吗？即使最富有的 40% 的人降低了他们的生态足迹，如果最贫穷的 40% 的人的数量增加，并且扩张了生态足迹，那么富人生态足迹的降低将无济于事。我同意这个观点。如果我们要享受全球经济过剩所带来的胜利果实，不仅要降低富人的生态足迹，而且要削弱贫困人口增长的势头。

只要贫困家庭仍存在，即使提供安全套，并进行少生优生宣讲，人口数量也不能得到有效控制。众所周知，在落后国家中，庞大的家族成员数量是确保劳动力意外身亡后家族仍有足够劳动力补给的自然保障机制。妇女和儿童是这种劳动力补给的重要组成，尤其是当他们具备搜集生产生活必需品的能力并可以为家族延续贡献力量的时候。因此，他们怎么会自愿减少家族人数呢？

目前，畅通的电力供应是确保世界人口数量稳定的关键因素，这一观点已被大众广泛接受。因此，联合国秘书长潘基文将建设全面覆盖的电力供应列为联合国经济发展日程表上的重点任务之一。

20 世纪，电的广泛应用使欧美等国的妇女获得解放。电的使用不但可以使绕着灶台转的妇女脱离家庭琐事，还可以使年轻人拥有足够的时间接受教育，以改善自身的生活环境。当妇女日渐独立并可以养家糊口时，她们的生活将更有保障，同时人口出生率也将大幅下降。如上文所讲，如今，工业强国的出生率已经降低到了 2.1（每个妇女生育 2.1 个孩子），即新生儿数量与其父母人口数量基本相当。在几个世界大国中，人口数量已呈现快速减少的态势。[30]

但是，全球仍有超过 20% 的人口居住在不通电地区，另有 20% 的人居住在限制性供电地区。这些地区所在的国家拥有世界上最高的人口出生率。因此，UNIDO（联合国工业发展组织）承诺，将协助地方机构加快第三次工业革命基础设施规划和建设的步伐，以满足 15 亿贫困人口的用电需求。2011 年，我参加了 UNIDO 总干事、联合国能源机构主席坎德·云盖拉（Kandeh Yumkella）博士组织召开的关于支持发展中国家展开第三次工业革命的国际会议。云盖拉表示："我们相信第三次工业革命即将到来，我希望 UNIDO 的成员国可以认识到这一点，并且积极思考我们将以何种方式参与这次革命。"[31] 我们的目标是，在 2030 年前实现全球性通电，这有助于促使穷人摆脱贫困并提高他们的生活水平。

随着电力供应的逐渐普及，贫困国家人口数量的增速将逐步放缓，像发达国家一样，其人口数量也将随之减少。到 21 世纪中期，全球平均出生率将降低到 2.1（每个家庭养育 2.1 个孩子），全球人口数量也将开始缓慢下降，全球人口数量可控制在 50 亿以内，这是满足自然环境承载能力和实现剩余资源最优分配的最佳人口数量。

── 不可控因素

减少富人的生态足迹、帮助全球 40% 的穷人脱贫致富，以及稳定并减少人口数量，使人类依靠地球生态承载力的"利息"而非"本金"来生存，这一愿景虽具有挑战性，但并非不能实现。但是，两个不可控因素将使上述工作变得复杂，使富饶地球的建立充满荆棘。

第一个因素是工业导致的气候变化正在损害生态系统，对人类及其他物种的生存环境造成危害。第二个因素则更有说服力，那就是在人类社会构建资源共享社会的网络技术已经沦为网络恐怖分子的武器，被用来损坏刚成规模的物联网基础设施。在可预见的未来，网络恐怖主义甚至将毁灭性地破坏现代文明建设，危害数亿人的生命安全。

—— 正在变暖的星球

气候学家表明，在过去的 65 万年里，全球大气碳浓度一直维持在 180—300ppm[①]，但是从工业时代开始，到 2013 年，全球大气碳浓度已经从 280ppm 上升至 400ppm。[32] 而大气中另外两种温室效应气体甲烷和氮氧化物的含量也呈现相同的骤增态势。[33]

2009 年 12 月，在哥本哈根召开的世界气候大会上，欧盟表示，到 2050 年，全球二氧化碳排放量有望控制在 450ppm 以内。如果这一目标可以实现，全球气温上升值将可被控制在 2 摄氏度以内。然而，2 摄氏度的上升幅度足够使地球上的气候退回到数百万年前的状态，足以给生态系统和人类生命带来毁灭性的后果。[34]

然而，欧盟的上述声明并没有得到重视。今天，碳基燃料的使用量仍在大幅度上升，二氧化碳的排放量也远远超过了预期。照此模式，到 2100 年年底，全球气温升高值将超过预期的 2 摄氏度，甚至将超过 4.5 摄氏度，这也是地球数百万年以来的最高值。[35]（提醒读者，解剖学证明，人类迄今为止仅在地球上生存了 17.5 万年，从历史的角度来看，人类仍属于一个年轻的物种。）

全球气温飙升之所以如此可怕，是因为气温的上升将从根本上

① ppm，Parts Per Million 的缩写，代表百万分之一，是溶质浓度的一种表示方法。——编者注

改变地球上的水循环方式。地球是个蓝色水星球。降水模式与地球生态环境多样性是随时间形成的，与时间有着直接联系。地球温度每上升 1 摄氏度，大气中的持水量就会增加 7%。[36] 水循环方式将随之产生颠覆性的改变，降水量将增加，但是降水时长和频率则会下降。这一推断已在如今的地球生态循环系统中得以证实。比如，冬天的暴雪、春天越来越强烈的暴雨和洪水、夏天长时间的干旱、频发的火灾和飓风（高达 3—5 级）、消融的雪山以及上升的海平面。

由于地球的生态系统无法在短时间内适应水循环系统的巨大改变，所以只能承受越来越大的压力，甚至处于崩溃的边缘。全球生态循环系统的不稳定性加剧，并且正一步步地将孕育了 4.5 亿年生命的地球生物圈推向第六次大灭绝。在前 5 次生物大灭绝中，地球气候均达到了一个临界点，使生态系统陷入正反馈循环，最终导致地球上的生物多样性迅速消失。大灭绝后，多样性生态体系的恢复过程平均需要 1 000 万年。生物学家预测，21 世纪末，人类将目睹近 50% 的地球生物灭绝，而接踵而至的物种贫瘠期将持续数百万年。[37]

美国航空航天局戈达德太空研究所前主任、美国政府的首席气候学家詹姆斯·汉森（James Hansen）预测，到 22 世纪初，全球气温将上升 6 摄氏度，而人类文明也将由此终结。汉森提出，人类目前的首要任务是将大气中的碳含量从 385ppm 降低到 350ppm 以下。但目前为止，无论欧盟还是各国政府，任何组织都未开展此项工作。[38]

因此，气候环境和水循环系统的变化对农业生产和城市基础设施的影响成为不可控因素之一。近年频发的洪水和干旱等自然灾害使全球耕地严重受损。"海燕"是有史以来破坏力最强的台风之一，2013 年 11 月，正值水稻种植期，"海燕"在菲律宾数百万公顷的耕地上肆虐，造成该国当年水稻产量锐减。此前一个月，气旋性风暴"费林"以同样强的破坏力袭击了印度，仅奥里萨邦和比哈尔两地

零边际成本社会

342

THE ZERO MARGINAL COST SOCIETY

的粮食损失就高达 450 亿美元。[39] 2013 年 6 月，中欧地区的强暴雨引发洪水，大水漫过堤岸，淹没了大片耕地。在德国多瑙河、因河和伊尔茨河交汇处的帕绍市内，洪水水面高达 42.3 英尺，这也是该地区自 1501 年以来的最高值。[40] 从法兰克福机场到历史名城魏玛的一路上，我目睹了灾后景象：沿途的大片耕地被洪水淹没。预计该次洪水直接造成中欧地区的农业经济损失高达 165 亿美元。[41]

来自德国基尔的亥姆霍兹海洋研究中心的气候学家莫吉卜·拉蒂夫（Mojib Latif）警示说，随着全球气候变化、温度上升和降水频率增加，强破坏性飓风和洪水（如 2002 年和 2013 年欧洲所经历的）将越来越常见。拉蒂夫注意到，具有超强破坏力的飓风和洪水"现在的爆发频率是 20 世纪的两倍。"[42]

在未来，日益严重的全球干旱将造成粮食的大幅度减产。过去数年间，美国西部频发的干旱已经严重影响粮食产量。美国西部 17 个州的农业收入在全国占比为 40%。因此，人们开始担心，未来数十年，受气候变化的影响，全球最富饶的美国西部耕地很可能变为贫瘠的荒地。2012 年，全球超过 1.5 万个区县（半数来自美国）遭受干旱并被列为国家级重灾区。上述农业地区的气温比多年来的平均值高出 10—20 摄氏度。2013 年的最高气温达到 40 摄氏度，超过了大部分温带作物可承受的最高值 10 摄氏度。由于地表水和地下水流失严重，美国西部地区不得不从其他地区调用水资源，而这又将进一步增加能耗。[43] 2011 年，美国联邦政府大气研究中心的调查表明，气候变化导致的干旱对美国的破坏性比 19 世纪 30 年代气候变化引起的沙尘暴的破坏性更为严重。[44]

气候变化导致的干旱将造成全球范围的粮食减产。最近一份报告表明，21 世纪中期，全球干旱发生频率将翻一番，到 21 世纪末，该数值将增加三倍。[45]

2009 年，国际粮食政策研究所公布了气候变化对发展中国家农业生产所造成的严重危害，其实现状比研究结果更为严峻，因为该项报告是在全球气温上升 3 摄氏度的基础上进行的预测。到 2050 年，南亚将成为气候变化的最大受难区，与 2000 年相比，小麦将减产 50%，水稻将减产 17%，玉米将减产 6%。到 2050 年，东亚和太平洋地区的水稻将减产 20%，大豆将减产 13%，小麦将减产 16%，玉米将减产 4%。到 2050 年，受全球气候变化影响，全球平均可用能源将骤减 15%，可消耗谷物量将减少 24%。在南亚地区，营养不良的婴幼儿数量将达到 5 900 万人，而在东亚和太平洋地区，营养不良婴幼儿数量将达到 1 400 万人。[46]

在撒哈拉沙漠以南非洲大陆地区（全球最贫穷的地区），农业对雨水的依赖性很强，气候变化将使其面临灾难性的粮食减产。到 2050 年，水稻将减产 14%，小麦将减产 22%，玉米则将减产 5%。预计到 2050 年，在这片几乎人人营养不良的大陆上，人均可用能量将再降 500 卡路里，相当于每人减少 21% 的粮食摄入量。预计未来 38 年间，营养不良婴幼儿数量将从 3 300 万人上升至 4 200 万人，而加入气候变化影响因素后，该数值将升至 5 200 万人。[47]

在中东和北非地区，气候变化对农业影响不利的警钟已经敲响。在未来 40 年里，水稻将减产 30%，玉米将减产 47%，小麦将减产 20%。同撒哈拉沙漠以南非洲大陆一样，上述地区平均每人每天的能量摄取值将减少 500 卡路里，到 2050 年，营养不良婴幼儿数量将达到 200 万。[48]

拉丁美洲和加勒比地区情况稍好，水稻将减产 6.4%，玉米将减产 3%，大豆将减产 3%，小麦将减产 6%。每人每天消耗的食物量将减少 12%，能量摄取值将减少 300 卡路里。到 2050 年，营养不良婴幼儿数量将达到 640 万。[49]

气候变化也将严重影响北半球工业强国的粮食产量。在低二氧化碳排放的情况下，到 21 世纪末，美国玉米和大豆将减产

零边际成本社会

344

THE
ZERO
MARGINAL
COST
SOCIETY

30%—46%，而在高二氧化碳排放的情况下，美国的玉米和大豆将减产 63%—82%。现有理论研究表明，大气二氧化碳含量增加是粮食减产的直接诱因。超过 80% 的粮食（玉米和大豆）减产是灾难性的，对于美国这个世界上主要的粮食出口国来说尤其如此。[50]

除非我们可以按照汉森和其他气候学家推算的减缓气候变化的预测值来控制温室气体的排放量，否则在 20 世纪乃至未来几世纪，实现地球富饶多样化和粮食充足的希望都是脱离人类生存实际的空想。

气候变化也严重影响 21 世纪的社会基础设施进程。由强飓风和超强风暴引起的高频率、强破坏性洪水肆虐和江河泛滥对基础设施造成了毁灭性打击急需引起重视。2005 年，卡特里娜飓风袭击了新奥尔良和墨西哥湾，给当地基础设施造成的损失达 1 480 亿美元，造成 1 833 人死亡，摧毁房屋超过 12.6 万幢，损坏民宅 120 万幢。随后的数周内，8 个州断电，影响了 300 多万人，60 多万个家庭流离失所。[51]

2012 年，飓风"桑迪"从美国东海岸登陆，摧毁了新泽西、纽约、新英国等地的多处重要基础设施。虽然"桑迪"的破坏力比"卡特里娜"稍弱，但被其损坏的城市建设仍需要数年才能完全修复。"桑迪"共造成 851 万人遭遇断电，30.5 万幢房屋损坏，纽约的公共交通几乎陷入瘫痪。仅新泽西和纽约两地的经济损失就高达 710 亿美元。[52]

电网、交通要道、通信系统、城市供水和污水处理系统都没有承受地球水循环系统改变的能力，因此，全世界众多地区的基础设施都在遭受着损害。其中，能源基础设施尤其脆弱。沿岸电站对飓风的抵抗力几乎为零。2011 年，日本东海岸的海啸严重损坏了福岛核电站，造成 6 个核反应堆中的 4 个被熔毁，核辐射蔓延全岛，未来数十年甚至上百年内，半径 160 平方千米的区域都将杳无人烟。[53]

洪水也会损坏近海的石油钻塔，造成泄漏和关停。同时，极端气候还会损坏地下输油管道。[54]

干旱会使核电站冷却水供应紧张。在法国，43%的淡水被用于冷却核反应堆。因温度过高，从反应堆流出的回流水将大量蒸发流失，加剧生态环境的干旱，从而影响粮食产量。另外，气候变化还会导致冷却水温度升高，而无法冷却核反应堆，这时，核电站将被迫关停或管控运行。2009年夏，一股热浪席卷法国，致使核反应堆冷却水供应短缺，造成全国约1/3的核电站关停。[55]在欧盟，核电占总电力供应量的28%，在未来几年内，气候变化导致的升温将严重损害欧盟的电力供应秩序。[56]

极端风暴同样会损坏电力供应和运输线路，导致频繁的电力中断，不断刷新限电和断电时间的纪录。电力供应的问题也会侵蚀城市基础设施的其他方面，如依靠电力运行的通信、水厂、抽水站、ICT（信息、通信和技术）产业和汽油站。

地球水循环系统引发的自然灾害能够损坏公路，导致公路货运停运，从而造成经济损失。受雨水侵蚀的铁轨同样会影响铁路运输。而受洪水影响最大的是地铁。在飓风桑迪袭击纽约时，城市所有的地下通道都被洪水淹没，整个曼哈顿下城区成了一片泽国，造成地铁线路大规模停运了数十天。[57]

极端大风会迫使机场关停，航班返航。洪水、干旱和浓雾等自然灾害也会迫使港口和内陆水运停运。

水利设施更易受到水循环系统改变的影响。降雨方式的改变可引发干旱（减少水库储水量）等多种连锁反应，降水量的变化会造成排水系统的回流或溢流。升高的平均水温会对生物处理流程产生不利的影响，并且影响饮用水质量。[58]

美国每年的城市基础设施花费超过3 000亿美元。[59]未来几十年，由于极端气候灾害对基础设施的破坏，该数字将大幅增长。一些经

零边际成本社会

346

THE
Z E R O
MARGINAL
COST SOCIETY

济学家甚至开始建议减少城市文明建设的投入，这会迫使人类进入未曾设想过的全新时代。

只要工业生产仍在不断地向大气排放大量的二氧化碳，那么强化现有的化石能源基础设施来应对日益严峻的气候灾害貌似都是无用功。相信仅通过升级现有的、从碳基原料为基础的工业生产模式就能够抵抗破坏力不断升级的自然灾害，这是很愚蠢的行为。

改变以碳基原料为主的工业生产模式显然应该是关键点。完善物联网基础设施是我们的希望，它可以用绿色能源替代碳基原料，以减缓气候变化。现在，我们的工作重点应是，怎样快速推动物联网在全世界范围内的建设，争取在大气和水循环系统恶化到无可修复之前，最大限度地及时减少二氧化碳和其他温室气体的排放量。

网络恐怖主义

在向可持续的过剩经济转变的过程中，另一个不可控因素就是网络恐怖主义。全球各界政府组织都在呼吁社会大众重视网路恐怖袭击对城市基础设施的破坏性，并指出网络恐怖袭击很可能致使关键社会运作服务功能瘫痪甚至失效，最终引发高科技大决战，导致城市文明全面崩盘。

针对政府、商业组织和基础设施的网络恐怖袭击数量不断增长，其破坏能力也在不断增强。黑客攻击已经从以前的恶作剧行为升级为具有危害性的恐怖行为，带来的大规模恐慌不亚于 21 世纪后期人们对核武器的恐惧。

软件程序是网络恐怖主义袭击网络和现实空间的主要工具。美国国际战略研究中心将网络恐怖主义定义为"通过计算机网络破坏国家重要基础设施（能源、交通、政府职能部门）或胁迫政府和人民的行为"。[60]

2013 年 3 月，美国运通卡用户在登录个人页面时，网页黑屏瘫痪两个多小时。此次运通的恐怖袭击只是众多精心布局的恐怖袭击事件之一。6 个月前，大规模网络恐怖事件集中爆发，在短时间内对美国银行、摩根大通和富国银行等世界顶级金融机构造成了严重破坏。一个自称"伊兹丁·哈桑网络战士"的黑客组织声明对运通网络恐怖袭击负责，并表明恐怖袭击原因是不满 YouTube 上的反伊斯兰教视频。该组织被怀疑是伊朗政府的一个幌子。同样，受报复心理驱动，美国和以色列的黑客成功侵入并破坏了数个伊朗核浓缩工厂。为了报复上述行为，伊朗宣布成立由国家管理的网络公司，名为"网络军队"。[61]

此外，网络恐怖袭击还催生了一大批网络安全产业。摩根士丹利调查报告显示，全球网络安全市场产值有望从 2012 年的 611 亿美元上升到 2030 年的 1 000 亿美元。[62]

而各国政府最担心的就是针对国家电网的网络恐怖袭击。美国的一份政府调查报告显示：

> 电力是维持其他重要基础设施正常运行的基石，如供水和配水、食物、能源、交通、通信、金融交易、应急服务、政府服务，以及其他支撑国家经济和公益活动的基础设施。[63]

如果网络恐怖分子成功袭击电网核心部件，那么在接下来的数月甚至更长时间内，国家都将无电可用。如果没有电，那么现代社会中，几乎所有的基础设施都将暂停，如供水系统、天然气管道、污水处理系统、交通运输系统、供热和照明系统。研究表明，持续数周的断电期将使社会陷入混乱。届时，数百万人将死于食物、水和其他生活必需品的短缺；政府机构纷纷瘫痪，就连军队也束手无策；幸存的人不得不逃到郊外，以竭力维持缺衣少粮的生活；人类社会将倒退回前工业化时代。

该报告总结道："一旦出现长时间的电力断供……后果将不堪

设想，大多数居住在城市和郊区的人将因生活必需品的短缺而死去。"[64]

—— 脆弱的电网

由于国家电网的变压器大多与海外电网相连，并负责启动大规模高压电传输过程和终端降压，所以如果国家电网的 2 000 多个变压器同时受到黑客攻击，那么后果一定不堪设想。[65]

完成 2 000 个变电器的生产、运输和安装共需要一年多时间，并且是在假设只有美国电网受到黑客攻击而欧洲及其他地区变电站正常运行的情形下。试问，美国政府和商业服务活动怎么可能在一年的断电期内正常运行呢？毫无疑问，对美国来讲，断电期将是漫长的一年。

2012 年 6 月，一些美国知名的安全学专家，包括前国土安全部部长迈克尔·切尔托夫（Michael Chertoff）和前国家安全局局长迈克尔·海登（Michael Hayden）将军都向参议院发出通过网络安全法案的呼吁，以保护美国脆弱的城市基础设施。他们指出，"9·11"事件本来是可以通过现有的智能科技避免的，他们还警示道："我们不想看到网络'9·11'事件的发生"。最后，他们用一句话警示结尾："现在的问题不是网络'9·11'事件是否会发生，而是什么时候发生。"[66]

2012 年，美国国家科学院在向国家电网递交的关于潜在网络恐怖袭击的报告中特别提到了变电器系统的脆弱性。2012 年 3 月，为了确保电网体系中的变电器应对网络恐怖袭击的快速反应能力，科学家们进行了应急演习，以测试从圣路易斯到休斯敦快速运送并安装三台变电器的能力。[67]美国电力研究协会的理查德·J. 洛丹（Richard J. Lordan）表示，国家电力部门已经开始考虑为了确保国家能够在全国范围的网络恐怖袭击后快速恢复电力系统的正常运作，需要提前储备多少台变电器，以及怎样确保这些变电器被及时、准确地运往受灾区并正常工作。[68]

虽然国会、美国电力研究协会、美国国家科学院、政府职能部门以及私人组织都开始高度关注网络恐怖袭击的危害性，但是他们的参与积极性仍然不高，仍然存在某种侥幸心理，还在坚持旧有的电力传输模式，即集中发电厂通过化石燃料和核能发电，将电力整合，然后再通过集中发电厂，由电力传输线运往用电终端。如果这种高度集中的智能电网被普遍采用，电网的防御性将进一步降低。

不幸的是，由于坚持采用现有的高度集中智能电网，美国早已成为网络恐怖主义的囊中之物。相比之下，欧盟和其他国家政府则推行分散的智能网，也称能源网。这可以有效控制潜在网络袭击的威胁，并减弱大规模网络袭击造成的破坏。即使国家电网的变电器起火失效，但只要国家各个地区的能源网仍能正常工作，地方相关部门就可以通过能源网继续为其附近单位和接入能源网的单位供电，以满足各单位的电力照明以及社会正常运行的电力需求。

有趣的是，对美国通信互联网防御性的担忧推动或者部分推动了网络系统的建立和完善。在20世纪60年代，兰德公司的保罗·巴兰（Paul Baran）和其他研究学者就已经开始研究怎样能够在核袭击中保证国际通信互联网的畅通。巴兰和他的同事设想了一种主机分散网络运作模式，移除了主控开关，以确保在核袭击损毁部分国家通信网的情形下剩余网络仍能正常运作。这个想法的具体模式是将数据通过数个不同的路径传往目的地，这样一来，任意一个局域传输网都可脱离主网独立运作。国防部的高级研究计划局构建了实验性网络，命名为"阿帕网"，它将重点大学的计算机连接起来，并最终构建成网络。[69]

分散的能源网同样可以起到防御网络恐怖袭击的功能。问题是，美国、欧洲以及其他地区的局域能源网（太阳能、风能等）都被迫接入了主电网，并被强制将电力传入主电网。当主电网关停，局域能源网也将关停，其潜在的防御性能也就随之消失。这样的安排有助于产能方和用能方控制电力在能源网中的流向。因此，相关部门担心，随着动态定价机制的推行（将提醒用户电价的实时波动），小型发电厂会在电价上升时将电网接入主电网，电价下降时又将自行与主电网脱离。

这种电网模式的缺点在飓风"桑迪"的重建工作中突显。当长岛和新泽西沿岸城镇的电力紧缺时，许多家庭和单位的屋顶太阳能电池板都不能使用。居住在纽约皇后区的艾德·安东尼奥（Ed Antonio）为自家安装了价值7万美元的、由42个太阳能电池板带动的太阳能供电系统，但该系统也无法使用。该地区相似的绿色能源发电系统都遭此窘境。像安东尼奥这样的家庭"都是通过其屋顶太阳能发电，通过换流器将电力接入家用电力系统，剩余的电力则卖给国家电网"。[70] 但是，一旦电路中断，关停的换流器将阻止电力从主网流出，从而隔断局域能源网用户的供电电路。

现在，一种新的供电模式诞生，它可以确保在主网供电线路中断的情况下，局域小型供电厂仍能正常运行。这种模式就是可独立安装的配电板和智能换流器，确保电力可以由主电网传回家庭，为家用设备、照明设备、取暖设备甚至电动汽车供电。

美国军方一直领衔局域微电网的研发和应用。为了防止出现大规模停电形成的军事防御缺口，国防部和能源部合力斥资3 000万美元，启动SPIDERS（"面向能源可靠性和安全性的智能能源基础设施示范"）项目。该项目将绿色微电网安装在三个军事设施中，分别是夏威夷霍兰·史密斯营海军陆战队基地、科罗拉多州的卡尔松堡和夏威夷珍珠港希卡姆联合基地。在国家主电网瘫痪时，SPIDERS项目可以通过微电网发电，满足所有军事设施的用电需求。[71]

随着全球变暖对农业和城市基础设施影响的日益严峻，物联网已经成为避免人类灭绝的唯一工具，并可使人类社会不再依赖碳基资源。物联网的建设进程一直在和温室效应对地球生态环境的灾难性破坏进程赛跑。同样，高智能网络恐怖袭击的威胁性增强速度也在和分散电力供应模式的建设速度赛跑。现在的问题是，区域能源网的建设进程能否快速联网运行，并在需要时使上亿个局域微电网的发电机脱离主电网单独运行，从而实现社会经济的正常运行，有效地抵御针对国家电力传输系统的网络恐怖袭击。

　　气候变化和网络恐怖主义这两个不可控因素严重威胁人类生存安全，但同时也为人类渡过危机、建立更和谐稳定的"碳后时代"提供了机遇性挑战。但是，要想化危机为挑战，需要更可行的经济规划。我们拥有杰出的方案构架和完善的技术方法，但是如果人类观念没有根本转变，这些努力都将是无用功。因此，我们需要抛开旧有的狭隘观念，开始将人类看作共同生活在地球村的大家庭。这也是实现人类生存繁衍所必须采取的新生活模式。

零边际成本社会

352

THE
ZERO
MARGINAL
COST SOCIETY

第十六章

人类的未来：生物圈生活方式

　　大多数传统的经济学家仍然认为，即使新兴物联网释放出极致生产力，使我们的经济空前快速地接近于零边际成本，并迅速发展成协同共享模式但是，这种经济模式最终还是会被资本主义制度同化吸收。事实很可能是完全相反的情况。也就是说，两个经济体将更习惯于以一种混合的方式协同运行，到 21 世纪中期，协同共享将日益占据主导地位，而资本主义经济则逐步发挥辅助作用。

　　我的感觉是，只要坚定不移地追求，无须遭受代价高昂的错误或挫折，再加上一点点运气，我们就可以迈步实现一种新的经济模式。我之所以这么说，并非仅仅出于直觉或一厢情愿的考虑，而是对历史情况进行了比较，且对现在的发展轨迹进行了分析。欧美第一次和第二次工业革命的早期基础设施都是花费了 30 年才建成，又经历了 20 年完善的成熟期。

第三次工业革命的时间进程则更快。互联网 1990 年上线，到 2014 年发展成熟，它通过通信媒介连接了大部分人，而通信媒介则以接近于零边际成本在运行。通信互联网用了不到 25 年的时间就建设起来，而能源互联网正沿着相同的指数增长曲线发展，预计也会在 25 年内以近乎零边际成本实现在很多国家几乎通用的新一代绿色发电。而物流互联网虽然还处于初期发展阶段，但可能会快速发展。至于 3D 打印，与通信互联网同等发展阶段相比，它已经在经历更快的发展。

我们已经看到，当产消者激增，而对等生产通过物联网呈现指数加速时，建立在共享基础上的社会经济就会更明显地加速发展，使生产、营销、交付和服务成本降低。目前，产消者和社会创业公司正在抓住经济活动共享的重要机会，逐步挤压第二次工业革命时代留存的企业像纸一样薄的利润，并迫使很多公司破产倒闭。

我希望，到 21 世纪上半叶，接近于零边际成本的社会能够将人类从稀缺经济带入可持续发展的富饶经济，而这一希望已经非常保守了。我的希望不仅取决于技术本身，也取决于人类历史的发展。以下是我这么说的理由。

── 新文明时代

这次人类历史上伟大的经济模式转变不仅使通信革命和能源制度联合起来，带来了可改变社会经济生活的强大新型配置，而且通过扩展更广泛时空范围内的同感驱动，每一种新的通信/能源矩阵还可以改变人们的意识，使人们在更大的家庭和更相互依存的社会内团结一致。

在早期狩猎觅食的原始社会，能源来自人类本身，人们还没有开始驯养动物作为能源的载体，也没有利用风力和水流。每个觅食或狩猎社会都创造了某种形式的口头语言，以协调觅食和狩猎活

零边际成本社会

354

THE
ZERO
MARGINAL
COST SOCIETY

动，进行社交生活。而且每个觅食或狩猎社会即使是少数如今尚存的社会，也都有"神话意识"。在这些社会里，同感驱动仅仅延伸至血缘和部落联系范围内。对这类社会的研究显示，可以维持彼此团结、有凝聚力的社会单位成员很少超过 500 人，即有着血缘关系的、延伸意义上的家庭成员数目。他们可以保持稳定的社会关系和社会信任度，具备一定的熟悉度。[1] 偶尔闯入一个部落迁徙区域内的其他部落通常被认为是非人类，甚至会被当成魔鬼。

在约公元前 3500 年的中东、约公元前 3950 年的中国长江流域，以及后来约公元前 2500 年的南亚印度河流域，伟大的水利文明带来了新的通信 / 能源矩阵。建造和维护一个集中的运河灌溉农业系统需要投入大量的劳动力和技术。[2] 储粮的能源体系带来了城市生活、丰收的粮仓、道路系统、造币、交易市场，以及远距离贸易。统治机构进而建立起来，以管理粮食的生产、储藏和分配。而作为一种新的传播形式，文字逐渐发明，从而使集中管理这些广泛分布的水利企业成为可能。

文字和水利、农业生产共同发展，使人们的精神生活从"神话意识"转变为"神学意识"。在公元前 800 年至公元 100 年的"轴心时代"，世界上几大宗教和思想形成，它们分别是中东的犹太教和基督教、印度的佛教以及中国的儒家思想。

伴随着从神话意识到神学意识的转变，同感驱动实现了巨大延展，从血缘关系发展到基于宗教身份的新虚构家庭。虽然没有血缘关系，但是犹太人开始把其他犹太人视为一个虚构的"家庭"。佛教徒也是如此。在 1 世纪的罗马，早期皈依的基督教徒会亲吻彼此的脸颊，将彼此视为兄弟姐妹，对于总是局限于血缘关系的前几个世代来说，这一概念是完全陌生的。

轴心时代的几大宗教都提出了这样一个黄金法则："己所不欲，勿施于人。"基于宗教信仰延展的"虚构家庭"带来了同感延展，使得大批人跨越了文字和水利农业生产所共同产生的更广阔的新文明时空范围，创造了彼此之间的社会联系。

19世纪，煤炭动力蒸汽印刷以及新的煤炭动力工厂和铁路运输系统的融合带来了"思想意识"。新的通信/能源矩阵使得商业和贸易从本地扩张到全国市场，并巩固了国家作为管理新经济模式的统治形式。个人开始把自己视为"公民"，并把其他公民同胞视为一个大家庭。每个国家都创造了自己的历史，包括大事记、历史斗争、集体纪念活动和国家庆典等，大部分都是虚构的，所有这些都是为了将同感从血缘和宗教关系扩展到民族关系。法国人开始把彼此视为兄弟姐妹，作为一个延展的家庭，建立彼此之间的同感联系。这种"家庭"跨越了国家市场和国家政治界限的新时空范围，而这些构成了法国工业的通信/能源矩阵。德国人、意大利人、英国人、美国人和其他国家的人也将同感扩展到了自己的民族领域内。

20世纪，集中电气化、石油、汽车运输以及大众消费社会共同兴起，标志着另一个认知渠道的出现，即从"思想意识"到"心理意识"。我们习惯于从自我反省和自我治疗的角度思考，习惯于同时生活在一个内在和外在的世界，该世界不断调解我们的互动和生活方式，以至于我们忘记了：我们的曾祖父母以及所有之前的数代人都是无法进行心理思考的。也就是说，历史中总会有一些值得注意的例外情况。我的祖父母可以从思想、神学甚至神话角度来思考，但无法从心理角度思考。

心理意识延伸了同感驱动，使之跨越政治界限，跨越了社交关系。人们开始在更大的虚构家庭里建立沟通同感，这个大家庭是在专业和技术联系、文化喜好以及很多其他属性的基础上建立的，这些属性超越了国家的社会信任限度，也超越了在这个拥有通信/能源矩阵，以及全球化市场的世界上与其他志同道合的人之间的联系。

新的通信／能源矩阵和随之而来的经济模式并不排斥之前的意识和同感的扩展。那些扩展依然存在，并成为更大范围同感领域的一部分。神话意识、神学意识、思想意识以及心理意识都还存在，和谐共处于每一个人的心里，并不同程度地存在于每一种文化中。世界上有部分地区的觅食者和猎人仍然生活在神话意识里。有些社会则信奉神学意识。也有一些人已经转变为思想意识，甚至现在已经转变为心理意识。

意识的转变并不是在机械地线性进行。意识会一直存在黑暗期和回归期，在此期间，一种意识形态被抹杀和遗忘，但会在以后的日子里被再度发现。意大利和北方文艺复兴就是重新找回过去意识形态的一个范例。

然而，人类进化的模式有迹可循，这种模式可见于参差不齐但明确无误的人类意识变革以及随之发生的、人类同感驱动向更大的虚构家庭的延展中。而这个虚拟家庭则凝聚在更复杂、更加相互依存的通信／能源矩阵和经济模式中。

如果这段历程呈现出了一种启示，那只是因为在大多数情况下历史学家们记录了记载人类历史传奇的病态事件，包括大的社会动荡、战争、种族灭绝、自然灾害、权力斗争和社会不平的匡正等。历史学家们关注人类发展历史的阴暗面是可以理解的。这些意外事件吸引了我们的注意。尽管出于很简单的原因，但它们给所有人都留下了不可磨灭的记忆，而且对于我们的日常生活来说，这些意外事件极不寻常，并且破坏了我们日常生活的稳定。

但是，如果人类历史大多是由这些病态性和破坏性的事件组成，并且作为一个物种，人类的真实本性是暴躁、暴力、掠夺和攻击，甚至其行为令人憎恶，那么这个物种在很久之前就应该销声匿迹了。

我记得30多年前，我读过黑格尔的一则关于人类历史发展本性的评论，这一评论打动了我，并在我写《新文明时代》(*The Empathic Civilization*，也可译作《同感文明》)一书时给了我一些灵感。黑格尔指出，"幸福的阶段……就是历史的空白期"，因为这是"和谐时期"。[3]

是的，人类历史发展的确存在另一面，也就是人类意识的进化以及人类同感向更广阔、更包罗万象的领域的延伸。人类历史不成文的一面包括由不断超越自我，以及在更先进的社会组织里寻找认同的人类冲动所带来的幸福、和谐时期。于是，这些社会组织就成了人们创造社会财富、探索人类历史意义、在宏伟蓝图下寻找自我定位的媒介。实现情感认同就是为了实现文明……而实现文明需要这种认同。实际上，它们是不可分割的。

人类发展的历史表明，幸福并非来自物欲，而是来自感同身受。当我们在迟暮之年回首自己的人生经历时，在我们的记忆中，脱颖而出的很少会是关于物质利益、名誉或是财富方面的。触动我们内心深处的时刻就是那些同感激荡的时刻、来自我们自身的超然感觉以及对他人通过奋斗获得成功的满足感的体会，仿佛那是我们自己的成功一样。

通常，人们把同感意识和乌托邦理想主义错误地混为一谈，事实上它们完全相反。当你我都对另外一个生物产生同感时，无论他是另外一个人，还是其他生物，我们总会对他们最终的死亡感到惋惜，对现有生活表示庆祝。以他们的欢乐、悲伤、希冀和恐惧的经历不断地提醒我们自身：每一个人的生命在本质上都是不稳定的。同情他人就是认识到他们像自己一样，是一个独一无二的生命，要明白，无论是人类文明的发展历程，还是树林中鹿的成长历程，他们生活中的每一个时刻都像人类自己的生活一样，都是一去不复返的。生活是脆弱的、不完美的，并且充满了挑战。当我与其他生物产生情感同感时，我感觉到另一个存在的脆弱和转瞬即逝。同感是

零边际成本社会

358

THE
ZERO
MARGINAL
COST SOCIETY

支持他人发挥和实现他们短暂生命全部潜力的根基，恻隐之心是我们庆祝彼此存在的方式，它说明我们是地球上的同路人。

在天堂和"乌托邦"是不需要同情的，因为在这些世外桃源没有痛楚和苦难，没有脆弱和缺陷，只有完美和不朽。我们在同感文明中生活，是需要给予彼此帮助的，并通过我们的同情心承认我们"临时"存在的现实，通过不断庆祝彼此之间的努力奋斗在这个并不完美的社会中生存下来。既然如此，还有人怀疑最幸福的时刻显然就是我们产生情感共鸣的时刻这一观点吗？

—— 生物圈意识

所有这些都让我们回到了如何提高人类个人和集体幸福感的问题上。对于那些对未来人类发展，甚至对我们作为一个物种的生存能力失去希望的人，他们不太确信集体幸福感的存在，那么，我想问他们这样一个问题：为什么我们止步于此，而不去探索那个可以带来情感互动和集体管理的更广阔领域呢？如果我们已经从神话意识发展到神学意识、思想意识再到心理意识，而且已经将我们的同感驱动从血缘关系扩展到宗教关系、民族关系和社会关系，那么我们为什么不能想象：人类旅程的下一个跨越将进入生物圈意识，将同感延伸到将整个人类作为我们的大家庭，将我们的同类生物作为我们进化家庭的扩展。

交互式通信、能源和物流互联网组成了新的智能基础设施。目前，这一基础设施已经开始以节点形式扩展，像 Wi-Fi 一样，从一个地区到另一个地区，跨越五洲四海，将社会连接到了全球广袤的神经网络中。物联网是将每件事与每个人相连，是人类历史上具有重大转折意义的事件。它使我们在历史上首次实现了作为一个延伸的人类大家庭彼此产生同感和进行社交。年青一代通过 Skype 在全球课堂学习，在 Facebook 上与全世界的同伴们进行社交，在

Twitter 上与亿万同龄人聊天，在互联网上在线分享家庭、服装乃至一切事物，在能源互联网上跨州生产和共享绿色电力，在不断发展的物联网上共享汽车、自行车和公共交通，并在这个过程中将人类的历史发展进程从对无限物质增长的坚持转到对可持续经济发展的承诺上来。伴随这一转变而来的就是人类心理的改变，也就是向协同时代和生物圈意识的飞跃。

协作意识承认我们的个人生活是紧密交织在一起的，同时，个人的福祉最终取决于我们所居住的更大的社区的福祉。这种协作精神现在已经开始向生物圈扩展。全世界的孩子都在了解他们的"生态足迹"，他们逐步了解到：人类所做的一切（关系到每一类生物）都留下了生态足迹，这将影响地球生物圈其他组成部分的一些人或生物的福祉。他们正在接触这些观点并且逐渐意识到每一种生物都被包含在生物圈生态系统错综复杂的共生和协同关系中，而整个生态系统的正常运转依赖于每个环节的可持续发展。年青一代也正在认识到：生物圈是我们的整个地球社区，其健康和福祉决定着我们人类的健康和福祉。

如今，青年人通过虚拟和物理空间彼此联系，快速地消除了区分你我的思想、文化和商业界线，而这些界线主要是由资本主义社会长久以来的私有财产关系、市场交换和国家边界造成的。对于这一代人来说，他们看待权力关系的方式与他们的父母和祖父母完全不同，"开源"成了他们的信仰。在地缘政治的世界里，人们的对话会暗示其具有"左"倾还是右倾思想。谁应该拥有和控制生产资料的问题深入人心。一些人支持资本主义，一些人支持社会主义。但是，新一代很少谈到"左"倾还是右倾，或者资本主义还是社会主义。当新一代在判断政治行为时，他们心里都有一个完全不同的政治范围。无论是政府、政党、企业，还是教育体制，他们会问机构行为是集中式、自上而下、家族式、封闭和专有的还是分布式、合作、开放、透明、对等的，以及是不是一种横向权力的表现。即使年轻人仍然继续利用资本主义市场，他们也在超越这一市场。他们习惯于在网络化合作共享的范围内开展大部分经济生活，就像在市场经济下一样，彼此在社会经济中沟通交流。

他们新发现的开放性推翻了长久以来按照性别、阶级、种族、民族和性取向来区分的壁垒。随着全球网络将每个人连接起来，同感文明正在迅速横向扩张。数亿人（我甚至怀疑是数十亿人）都开始将其他人的经历当作自己的经历，因为同感开始成为一个真正的民主社会终极试金石。虽然表现并不太明显，但是数百万人（特别是年轻人）也开始将他们的同感驱动扩大到生物伙伴中，这些伙伴跨越了种族：从独自生活在极地的企鹅和北极熊到栖息在所剩不多的原始生态系统中的其他濒危物种。年轻人刚刚开始发现一个在生物圈中打造同感文明的机会。在这个阶段，预测中希望的成分大过于期待。但是，我们在冥冥之中觉得这种可能必将成为现实。

　　对于资本主义时代的消逝，我百感交集。我由衷期待协同共享时代的到来，我确信它是拯救地球，推进富裕经济可持续发展的最佳途径。不过资本主义制度也有着令我赞赏的方面，尽管我同样憎恶其他方面（我觉得，无论男女、身份地位如何，只要身处资本主义制度之中的人，都会对资本主义制度的创造性和破坏性所带来的结果感同身受）。

　　我在一个创业家庭中长大。我的父亲米尔顿·里夫金（Milton Rifkin）是一名企业家。20 世纪 20 年代末，我父亲曾经是好莱坞的一名演员，但从业时间不长，也没有取得成功。随后，他转而投身实业，并为此奋斗终生。其实，这不足为奇。因为从很多方面而言，企业家就是市场的艺术家，需要不断寻找富有创意的商业传奇来吸引观众的注意力，讲述令人信服的故事，将人们带到发明创造的世界中，比如史蒂夫·乔布斯、企业家托马斯·爱迪生、谢尔盖·布林和拉里·佩奇，他们都以彻底变革生活方式的创造性发明征服了世人。

我父亲是塑料革命的早期开拓者之一。每当看到电影《毕业生》(*The Graduate*)中麦圭尔先生对少年本低声说"塑料"这个词时,我都会缩进电影院的座椅里,感觉那个场景既可笑又尴尬,总以为那是父亲在对我说话。因为一直以来我父亲都极力说服我继承家族的塑料事业。他总是对我描绘,未来的世界将被一种神奇的材料——塑料包裹起来。

据我所知,我父亲是 20 世纪 50 年代初将聚乙烯转化为塑料袋的制造商之一。虽然现在的年轻人可能无法理解没有塑料的世界是怎样的,但在早些年,塑料还是一个新事物,包装材料通常是纸袋、纸板、粗麻布或者金属、玻璃和木质容器等。

我记得,每天晚上,我们一家人围坐在小厨房的桌子旁,父亲都会告诉我们一些关于使用塑料袋的奇特想法。为什么不能将杂货、洗衣店洗好的衣服、百货商场的家具放在塑料袋里呢?也许,我们家是第一个将所有家具都用塑料来包装的家庭。我至今还记得,在那个炎热的夏天,当我穿着短裤坐在沙发上时塑料垫所带给我的那种粘在身上的感觉。

我父亲的热情极具感染力,如同电影导演一样,他将潜在的买家设定在他的故事情节中,最终使这些买家成为世界塑料变革的改造者和创造者。

在我父亲从事塑料事业的近 25 年里,我从未听他提及他工作的经济回报。虽然我确信他肯定会思考这个问题,但他更热衷于创业本身。他更多地将这种创造性的努力视为一种艺术而不是产业。尽管与一些创造资本主义经济奇迹的大企业家、发明者和创新者相比,他的努力微不足道,但是他希望通过自身的奋斗,使人们的生活更美好、更丰富多彩。这并不是说企业家们就不追逐利润了,只是多年来,我认识的很多企业家都更多地由创新精神而非万能的美元所引领。当创业型企业变得成熟,在市场上公开交易,并被只关注投资回报的股东们掌控时，它们通常就会滋生对金钱的狂热追求。无数企业家的故事表明，专业化管理的企业家通常会被驱赶，企业不再从事创新的行为，而是变得更加清醒，并"具有经济责任"，委婉地说，就是更关注经营效益。

当然，早年间，我父亲未曾想到他所销售的数百万塑料袋最终会填埋在垃圾场，并污染环境。他也无法预见，用于生产聚乙烯的化石产品会释放出二氧化碳，并成为影响地球气候变化的罪魁祸首。

反思我父亲的一生，我认为，237 年前，亚当·斯密在《国富论》中所阐述的"看不见的手"似乎并没有那么"不可见"。是企业家精神驱使我父亲和无数像他一样的企业家不断创新，降低边际成本，为市场带来更廉价的产品和服务，并由此促进了经济增长。现在，这种企业家精神正带领我们驶向零边际成本，进入新的经济时代，在此，越来越多的商品和服务将近乎免费地在协同共享中分享。

对于那些长期以来对供需"看不见的手"持怀疑态度的人来说，近乎零边际成本社会的到来（最优效率状态）已成为"可预见"的事实。虽然在某种程度上斯密首先提出的这个理论已开始发挥作用，但是在此我还是要提出 4 点忠告。第一，"看不见的手"效应通常会因不可避免的垄断势力集中，持续导致几乎每个商业领域的创新受挫，导致长期滞缓或完全受阻。第二，"看不见的手"对于确保共同创造生产率和利润增长的劳动者分享其劳动成果帮助并不大。工人们需要把自己组织起来，成立工会和政治游说团体，在这一发展历程中的每一步都不断与管理层进行斗争，来保障其劳动获得公平的回报。第三，尽管资本主义大幅提高了其制度内每个人的生活水平，但是由于人力资源被过度剥削来使特权阶层获益，所以，以任何合理的标准衡量边际利润都可怕得惊人。第四，供需"看不见的手"的运作逻辑本身从未超出过市场机制的范畴，因此，它无法计算出在资本主义制度中资源浪费和垃圾污染所造成的环境损失。

然而，事实证明，斯密的"看不见的手"是一种强大的社会力量，原因不在于他所提出的理论的哲学依据，而在于斯密的理论一直围绕着一种理念：在市场经济中，个人在获取或交换财产时都以追求自身利益为目的，完全没有考虑如何提升公共利益，这样，整个社会的福利会在"不经意间"被提升。

下面是斯密的原话：

> 每个人都需要劳动，以便尽可能提升每年的社会收入。总体上看，人们的确无意于提升公共利益，也不知道公共利益提升了多少……人们在经济活动中所判断的只是他自身的利益。人们受一只"看不见的手"引导，尽力达到一个并非其本意想要达到的目的。然而，虽然人们的行为并非出于本意，但也并非总是对社会有害。相比真正出于本意的行为，人们对自身利益的追求往往更能有效地促进社会的利益。我从来没有听说过那些假装为公众幸福而经营贸易的人做了多少好事。[1]

斯密认为，每个人都无心关注他人利益。奇怪的是，他误解了古典经济学理论中的关键原则的动态性即卖方会矢志不渝地追求创新，以提高生产效率，使其可以降低经营成本以及产品和服务的价格，从而赢得潜在的买方来提高利润，并增加市场份额。从某个角度说，斯密对促使买卖双方建立互惠共赢关系的因素的忽略也是"看不见的手"发挥作用的一个关键因素。那就是，卖方的作用是通过持续提供质优价廉的产品和服务将个人福利传递给买方。正是通过持续关注买方的需求、欲望和需要并为其服务，资本主义企业家才得以茁壮成长。一个完全不关注潜在买方福利的企业家或企业将难以生存。

零边际成本社会

366

THE
ZERO
MARGINAL
COST SOCIETY

换句话说，如果企业家想获得成功，除了顾及其自身利益，还应感知他人的利益。亨利·福特了解到了这一点，并用其毕生精力来生产廉价耐用的汽车，使数百万的上班族可以驾车前往工作地点，从而生活得更为舒适。史蒂夫·乔布斯同样了解到了这一点，他积极地通过提供最先进的通信技术满足人们高速移动、全球联网的需求和愿望。正是这种通过提升市场上他人福利以满足企业家自身利益的双重作用，促使我们空前地接近几乎零边际成本的社会。

向着近乎零边际成本和近乎免费的商品和服务时代前进，这不仅在一定程度上验证了"看不见的手"的运作逻辑，而且有趣的是，它同样部分验证了大卫·休谟、边沁等支持资本主义的功利主义者的论点。我们来回想一下，休谟和边沁认为，在没有自然法的情况下，市场上的私有财产交换纯属人为约定，也被证实是合理的，因为这是"提升整体福利"的最佳机制。他们的理论对吗？

市场机制不仅有利于我们接近零边际成本、获取近乎免费的商品和服务，而且在提升整体福利方面也能实现最优效率。休谟和边沁称，市场上交易的私有财产是提升整体福利的最有效手段，这证实了市场机制的效用价值。具有讽刺意味的是，当实现近乎零边际成本的目标时，商品和服务变得几乎免费，利润空间消失，那么市场中的私有财产交易也就失去了存在的意义。在富裕的经济世界中，商品和服务近乎免费，市场机制将日益失去存在的必要性，资本主义经济将萎缩至小众经济领域。

因此，我们要说的是，休谟和边沁独特的功利主义言论以及他们所提倡的资本主义市场私有财产交易和积累的言论注定不是永恒真理，只能算是对19世纪和20世纪的特定经济力量的特定描述，而那些经济力量在第一次和第二次工业革命中发挥过某种作用。毫无疑问，当整个社会进入一种新的社会秩序，追求大众利益的合作社开始被认为是社会经济演变过程中提升整体福利的最佳方式。这时，19 世纪功利主义经济学家和他们在 20 世纪的继承者就会惊讶地发现，正是他们所信奉的理论最终导致了自我毁灭。

应该说，这种认为经济制度围绕稀缺和利润来组织的观念，会最终促使商品和服务近乎免费的富裕经济时代的到来。这种理念看似违反常理且难以接受，但它的确正朝我们走来。

在资本主义时代即将终结的时候，对其下定论并不是一件容易的事。资本主义市场经济并不是其支持者所说的救世主，也不是其反对者所说的邪恶化身。相反，当通信 / 能源矩阵以及相关的企业需要集中大量资金来支持垂直整合企业以及伴随其产生的规模经济时，资本主义是最快捷、最有效的制度。

所以，尽管我赞美我父亲及大量企业家的企业家精神，但是我并不为资本主义的逝去感到哀伤。尽管与市场中的商业化企业家精神一样富有激情，但它与协同共享的协同网络中所孕育的新一代社会企业家精神完全不同。新的精神将少一些自主，多一些互动；少一些对追求金钱的关注，多一些提升生活质量的承诺；少一些市场资本的积累，多一些社会资本的积累；少一些对自然的破坏，多一些可持续发展的投入和地球生态的管理。新的社会企业家也将少受一些"看不见的手"的驱使，多一些"互助的手"的支持；少一些功利主义，多一些情感共鸣。

尽管"看不见的手"的内在逻辑和市场机制促使我们来到了近乎零边际成本时代的关键性十字路口，并为从稀缺经济跋涉到可持续富裕经济的人类带来了希望，但我们不得不说，仅有企业家精神还远远不够。他们必须与身怀社会经济共享理念的远见者共享。最初主要是在跨国企业的驱动下，计算机行业指数曲线中的生产和发送信息的边际成本几乎为零。另外，我们来回想一下，互联网是由政府部门的科学家和高校学术机构发明的，互联网是由热衷于推动共享的计算机科学家创造的，GPS、触摸屏和 Siri（语音激活个人

零边际成本社会

368

THE
Z E R O
MARGINAL
COST SOCIETY

助理，即实现 iPhone "智能"的关键技术）都是政府资助研究的成果。Linux 系统、维基百科、慕课所产生的灵感大多来源于社会经济。Facebook 和 Twitter 是商业企业，其成功主要依靠构建社会共享，并希望以此获得经济利益。可再生能源的突破来自政府和高校实验室，以及市场上运作的私营企业。同样，3D 打印革命也是由非营利的工厂实验室和商业开发者共同引发的。

综上所述，尽管市场上的企业家精神正在推动经济向着近乎零边际成本以及近乎免费的产品和服务发展，但关键的是企业家精神的发挥需要一个基础平台，该平台由上述三大创新要素构成——政府、共享经济和市场。尽管到 21 世纪中叶，协同共享可能会定义社会经济生活的诸多方面，但是上述三个领域中的所有参与者所做出的贡献表明，新的经济模式将是政府、市场和共享的混合体。

我想把我的结束致辞献给那些忠诚地支持资本主义制度的人，他们害怕近乎零边际成本社会的到来会宣告他们自己的灭亡，但经济发展永远不会停滞不前，它会不断演变，并偶尔演绎出全新的模式。同样，随着经济的变化，商业企业会不断更替。麻省理工学院斯隆管理学院的彼得·圣吉（Peter Senge）指出，《财富》世界 500强企业的平均寿命只有 30 年左右。的确，在 1955 年最初的《财富》世界 500 强企业中，只有 71 家企业仍出现在 2012 年的《财富》世界 500 强名单中。[2]

旧的经济制度不会在一夜之间被击垮，而新的制度也不会在一夜之间马上就位。回想 20 世纪 80 年代第二次工业革命开启时，第一次工业革命正处于巅峰，而在两次革命并行近半个世纪后，第二次工业革命才最终成为主流。在漫长的交替过程中，许多经历过第一次工业革命的产业和企业萎缩并消亡，但并非都是如此，那些幸存的企业一路重生，在新老交替中找到新的平衡点，最终在两次工业革命中屹立不倒。更多新秀企业则抓住了第二次工业革命可能带来的新机遇，并很快能够在竞技场上一争高下。

　　同样，今天许多经历过第二次工业革命洗礼的企业正面临着同样的机会和选择。一些企业已经涉足第三次工业革命，在现有的业务中吸纳新的商业模式和服务，制定出了过渡转折战略，并密切跟随潮流，向协同共享和传统资本主义市场共同构成的混合经济模式转变。

　　即将到来的零边际成本社会所释放出来的强大社会力量不仅具有颠覆性，而且具有变革性。这些力量不可能被抑制或扭转，而从资本主义时代到协同时代的转变已经在世界各地崭露锋芒——它有望在适当的时候拯救生物圈，在 21 世纪上半叶，为地球上的每个人创造一种更公正、更人性化、可持续发展性更强的全球经济。

我要感谢丽莎·曼科斯基（Lisa Mankowsky）和肖恩·穆尔黑德（Shawn Moorhead）为《零边际成本社会》的顺利出版所做的非凡工作。几乎每本书的写作，都是一个团队协力合作的成果。其实，一个作者的影响力在很大程度上取决于他的团队。曼科斯基女士和穆尔黑德先生就是我的最佳团队。穆尔黑德先生着重把握本书的行文主题和概念性细节，而曼科斯基女士为全书叙述的流畅性和一致性做出了极大努力。他们的奉献精神、热忱的职业精神和明智的建议，在本书的写作过程中发挥了重要作用。他们的贡献在本书的每一页皆有体现。

我也要感谢克里斯蒂安·波拉德（Christian Pollard），他不仅为本书提供了无私的帮助，而且还为营销推广活动尽心尽力。

在筹备写作的两年时间里，我们有机会与一些非常有才华的实习生合作。他们的贡献大大地增加了本书的价值。在此，我要感谢丹·米歇尔（Dan Michell）、亚历山德拉·马丁（Alexandra Martin），贾里德·马登（Jared Madden），伊丽莎白·奥尔特加（Elizabeth Ortega），詹姆斯·帕特洛（James Partlow），于舒洋（Shuyang "Cherry" Yu，音译），詹姆斯·纳贾里安（James Najarian）、丹尼尔·麦高文（Daniel McGowan）、甘农·麦克亨利（Gannon McHenry）、凯文·加德纳（Kevin Gardner）、贾斯汀·格林（Justin Green）以及斯坦·科兹洛夫斯基（Stan Kozlowski）。

我要感谢帕尔格雷夫·麦克米伦出版社的编辑艾米丽·卡尔顿（Emily Carleton），感谢她对本书的大力支持以及提供的编辑建议，她还帮助我反复打磨全书。我要感谢我的出版商卡伦·沃尔尼（Karen Wolny）在整个过程中对我的不懈支持。

最后，当然，我要感谢我的妻子卡萝尔·格鲁内瓦尔德（Carol Grunewald）在本书写作期间与我进行的许多富有成果的对话，帮助我塑造并提炼了全书的论点。坦率地说，卡萝尔是我见过的最好的编辑、最棒的语言大师。

写作本书，是一种快乐，是一个让人真正享受的过程。我真诚地希望每一个翻开本书的读者，都能享受阅读时光，就像我写作时一样。

第一章　伟大的转变：从市场资本主义到协同共享

1. Jean-Baptiste Say, *A Treatise on Political Economy* (Philadelphia: Grigg & Elliot, 1843), 134–35.

2. Dale Dougherty, "How Many People Will Own 3-D Printers?," *Make* [Blog], April 5, 2013, http://makezine.com/2013/04/05/how-many-people-will-own-3d-printers/ (accessed July 1, 2013).

3. Chris Anderson, "Free! Why \$0.00 Is the Future of Business," *Wired,* February 25, 2008, http://www.wired.com/techbiz/it/magazine/16-03/ff_free?currentPage=all (accessed March 7, 2013).

4. Oskar Lange, "On the Economic Theory of Socialism: Part Two," *Review of Economic Studies* 4(2) (1937): 129.

5. 同上，129–30。

6. 同上，130。

7. John Maynard Keynes, *Essays in Persuasion* (Project Gutenberg eBook, 2011), 358–74, http://gutenberg.ca/ebooks/keynes-essaysinpersuasion/keynes-essaysinpersuasion-00-h.html (accessed January 23, 2013).

8. 同上。

9. J. Bradford Delong and Lawrence H. Summers, "The 'New Economy': Background, Historical Perspective, Questions and Speculations," *Economic Policy*

for the Informational Economy (2001): 16.

10. 同上，35。

11. 同上。

12. 同上，16。

13. 同上。

14. 同上。

15. 同上。

16. 同上，16, 38。

17. Thomas S. Kuhn, *The Structure of Scientific Revolutions* (Chicago: University of Chicago Press, 1962).

18. Isaac Asimov, "In the Game of Energy and Thermodynamics You Can't Even Break Even," *Smithsonian,* August 1970, 9.

19. Viktor Mayer-Schönberger and Kenneth Cukier, *Big Data: A Revolution That Will Transform How We Live, Work, and Think* (Boston: Houghton Mifflin Harcourt, 2013) 59.

20. 同上，89。

21. Steve Lohr, "The Internet Gets Physical," *The New York Times,* December 17, 2011, http://www. nytimes.com/2011/12/18/sunday-review/the-internet-gets-physical.html?pagewanted=all&_r=0 (accessed November 19, 2013).

22. 同上。

23. 同上。

24. 同上。

25. Lester Salamon, "Putting the Civil Society Sector on the Economic Map of the World," *Annals of Public and Cooperative Economics* 81(2) (2010): 198, http://ccss.jhu.edu/wp-content/uploads /downloads/2011/10/Annals-June-2010. pdf (accessed August 8, 2013); "A Global Assembly on Measuring Civil Society and Volunteering," Johns Hopkins Center for Civil Society Studies, September 26, 2007, 6, http://ccss.jhu.edu/wp-content/uploads/downloads/2011/10/UNHB_Global AssemblyMeeting_2007.pdf (accessed July 8, 2013).

26. Salamon, "Putting the Civil Society Sector," 198.

27. "Collaborative [1800–2000], English," Google Books NGram Viewer, http://books.google.com/ngrams/ (accessed June 12, 2013); "Google Books Ngram Viewer," University at Buffalo, http://libweb.lib.buffalo.edu/pdp/index.asp?ID=497 (accessed December 16, 2013).

28. "The World's Top 50 Economies: 44 Countries, Six Firms," Democratic Leadership Council, July 14, 2010, http://www.dlc.org/ndol_cie5ae.html?kaid=10 (accessed May 19, 2013); "Fortune Magazine Releases Its Annual Fortune Global 500 List of Companies Winning Top Rankings by Making Money and Marketing Well," *PRWeb,* July 10, 2012, http://www.prweb.com /releases/fortune-global-500/ money-and-marketing/prweb9684625.htm (accessed May 18, 2013); "2011 Economic Statistics and Indicators," Economy Watch, http://www.economywatch. com/economic-statistics/year/2011/ (accessed May 21, 2013).

第二章　市场经济的诞生

1. T. W. Schultz, "New Evidence on Farmer Responses to Economic Opportunities from the Early Agrarian History of Western Europe," *Subsistence Agriculture and Economic Development,* ed. Clifton R Wharton, Jr. (New Brunswick, NJ: Transaction Publishers, 1969), 108.

2. Richard Schlatter, *Private Property: The History of an Idea* (New York: Russell & Russell, 1973), 64.

3. Gilbert Slater, *The English Peasantry and the Enclosure of the Commons* (New York: A. M. Kelley, 1968), 1.

4. Karl Polanyi, *The Great Transformation: The Political and Economic Origins of Our Time* (Boston: Beacon Press, 1944), 35; Richard L. Rubenstein, *The Age of Triage: Fear and Hope in an Overcrowded World* (Boston: Beacon Press, 1983), 10.

5. Rubenstein, *The Age of Triage,* 43; Slater, *The English Peasantry,* 6.

6. Thomas More, *Utopia* (Rockville, MD: Arc Manor, 2008), 20.

7. Rubenstein, *The Age of Triage,* 46.

8. Lynn White, *Medieval Technology and Social Change* (London: Oxford University Press, 1962), 129.

9. Karl Marx, *The Poverty of Philosophy* (Chicago: Charles H. Kerr, 1920), 119.

10. Karl Marx, "Division of Labour and Mechanical Workshop: Tool and Machinery," in *Marx and Engels, Collected Works* (New York: International Publishers, 1991), 33: 387–477, http://www.marxists.org/archive/marx/works/1861/ economic/ch35.htm (accessed August 8, 2013).

11. Jean-Claude Debeir, Jean-Paul Deléage, and Daniel Hémery, *In the*

Servitude of Power: Energy and Civilization through the Ages (London: Zed Books, 1992), 75.

12. 同上，76。

13. White, *Medieval Technology and Social Change,* 87.

14. Debeir, Deléage, and Hémery, *In the Servitude of Power,* 79.

15. Jean Gimpel, *The Medieval Machine: The Industrial Revolution of the Middle Ages* (London: Penguin, 1977), 16.

16. E. M. Carus-Wilson, "An Industrial Revolution of the Thirteenth Century," *Economic History Review* 11 (1941): 39.

17. E. M. Carus-Wilson, "The Woollen Industry," in *The Cambridge Economic History,* vol. 2: *Trade and Industry in the Middle Ages,* ed. M. Postan and E. E. Rich (Cambridge: Cambridge University Press, 1952), 409.

18. Debeir, Deléage, and Hémery, *In the Servitude of Power,* 90.

19. White, *Medieval Technology,* 128–29.

20. Michael Clapham, "Printing," in *A History of Technology,* vol. 3: *From the Renaissance to the Industrial Revolution,* ed. Charles Singer, E. G. Holmyard, A. R. Hall, and Trevor Williams (Oxford: Oxford University Press, 1957), 37.

21. Robert L. Heilbroner, *The Making of Economic Society* (Englewood Cliffs, NJ: Prentice-Hall, 1962), 36–38, 50.

22. S. R. Epstein and Maarten Prak, *Guilds, Innovation, and the European Economy, 1400–1800* (Cambridge: Cambridge University Press, 2008) 31.

23. 同上，44。

第三章 历史的进程：从第一次工业革命到第二次工业革命

1. Yujiro Hayami and Yoshihisa Godo, *Development Economics: From the Poverty to the Wealth of Nations* (New York: Oxford University Press, 2005), 341.

2. Maurice Dobb, *Studies in the Development of Capitalism* (New York: International Publishers, 1947), 143.

3. Adam Smith, *An Inquiry into the Nature and Causes of the Wealth of Nations* (Edinburgh: Thomas Nelson, 1843), 20.

4. 同上。

5. 同上，21。

6. 同上，22。

7. Carl Lira, "Biography of James Watt," May 21, 2013, http://www.egr.msu.

零边际成本社会

376

THE
ZERO
MARGINAL
COST SOCIETY

edu/~lira/supp/steam/wattbio.html (accessed January 7, 2014).

8. Jean-Claude Debeir, Jean-Paul Deléage, and Daniel Hémery, *In the Servitude of Power: Energy and Civilization through the Ages* (London: Zed Books, 1992), 101–104.

9. Eric J. Hobsbawm, *The Age of Capital, 1848–1875* (New York: Charles Scribner's Sons, 1975), 40.

10. Eric J. Hobsbawm, *The Age of Revolution, 1789–1848* (New York: Vintage Books, 1996), 298.

11. Alfred D. Chandler Jr., *The Visible Hand: The Managerial Revolution in American Business* (Cambridge, MA: Belknap Press of Harvard University Press, 1977), 83.

12. 同上，86。

13. 同上，90。

14. 同上，88。

15. A. Hyma, *The Dutch in the Far East* (Ann Arbor, MI: George Wahr, 1953).

16. Chandler, *The Visible Hand*, 153; "Our History," Canadian Pacific, http://www.cpr.ca/en/about-cp/our-past-present-and-future/Pages/our-history.aspx (accessed June 13, 2013).

17. Chandler, *The Visible Hand,* 120.

18. Randall Collins, "Weber's Last Theory of Capitalism: A Systematization," *American Sociological Review* 45(6) (1980): 932.

19. Angela E. Davis, *Art and Work: A Social History of Labour in the Canadian Graphic Arts Industry in the 1940s* (Montreal: McGill–Queen's University Press, 1995), 21.

20. "Printing Yesterday and Today," Harry Ransom Center, University of Texas at Austin, http://www.hrc.utexas.edu/educator/modules/gutenberg/books/printing/ (accessed on October 16, 2013).

21. Aileen Fyfe, *Steam-Powered Knowledge: William Chambers and the Business of Publishing, 1820–1860* (Chicago: University of Chicago Press, 2012), 64.

22. Yochai Benkler, *The Wealth of Networks: How Social Production Transforms Markets and Freedom* (New Haven: Yale University Press, 2006), 188.

23. Paul F. Gehl, "Printing," *Encyclopedia of Chicago,* http://www.encyclopedia.chicagohistory.org/pages/1010.html (accessed June 12, 2013).

24. "R. R. Donnelley & Sons Company," *International Directory of Company Histories,* 2001, Encyclopedia.com http://www.encyclopedia.com/doc/1G2-2844200093.html (accessed June 12, 2013).

25. Chandler, *The Visible Hand,* 230.

26. 同上，232。

27. 同上，245。

28. Paul Lewis, "Ambitious Plans for Iraqi Oil," *New York Times,* July 30, 1994, http://www.ny times.com/1994/07/30/business/ambitious-plans-for-iraqi-oil.html (accessed June 30, 2013).

29. "Energizing America: Facts for Addressing Energy Policy," API (June 2012): 17, http://www.api.org/~/media/files/statistics/energizing_america_facts.ashx (accessed April 19, 2013).

30. Robert Anderson, *Fundamentals of the Petroleum Industry* (Norman: University of Oklahoma Press, 1984), 279, 286, 289.

31. 同上，19, 20, 22。

32. Venu Gadde, "U.S. Oil & Gas Exploration & Production (E&P)," Henry Fund Research, February 8, 2012, 3, https://tippie.uiowa.edu/henry/reports12/oil_gas.pdf (accessed January 13, 2013).

33. Narayan Mandayam and Richard Frenkiel, "AT&T History," Rutgers University, http://www.winlab.rutgers.edu/~narayan/Course/Wireless_Revolution/LL1-%20Lecture%201%20reading-%20ATT%20History.doc (accessed on October 16, 2013).

34. Adam Thierer, "Unnatural Monopoly: Critical Moments in the Development of the Bell System Monopoly," *Cato Journal* 14(2) (1994): 270.

35. 同上，272。

36. "Milestones in AT&T History," AT&T, http://www.corp.att.com/history/milestones.html.

37. Thierer, "Unnatural Monopoly," 274.

38. Richard H. K. Vietor, *Contrived Competition: Regulation and Deregulation in America* (Cambridge, MA: Harvard University Press, 1994), 171–72.

39. Noobar Retheos Danielian, *AT&T: The Story of Industrial Conquest* (New York: Vanguard Press, 1939), 252.

40. Gerald W. Brock, *The Telecommunications Industry: The Dynamics of Market Structure* (Cambridge, MA: Harvard University Press, 1981), 161.

41. "Wireline Local Market Concentration," The Columbia Institute for Tele-Information, http://www4.gsb.columbia.edu/filemgr?file_id=739241 (accessed June 19, 2013).

42. Carolyn Marvin, *When Old Technologies Were New: Thinking about Electric Communication in the Late Nineteenth Century* (New York: Oxford University Press, 1988), 164.

43. David E. Nye, *Electrifying America: Social Meanings of a New Technology, 1880–1940* (Cambridge, MA: MIT Press, 1991), 239.

44. 同上，186。

45. Henry Ford and Samuel Crowther, *Edison as I Know Him* (New York: Cosmopolitan Books, 1930), 30.

46. Nye, *Electrifying America,* 186.

47. Daniel Yergen, *The Prize* (New York: Simon and Schuster, 1992), 208.

48. Q. A. Mowbray, *Road to Ruin* (Philadelphia: Lippincott, 1969), 15.

49. Kenneth R. Schneider, *Autokind vs. Mankind* (Lincoln, NE: Authors Choice Press, 2005), 123.

50. "The Dramatic Story of Oil's Influence on the World," *Oregon Focus* (January 1993): 10–11.

51. New Housing Units: Completed, United States Census Bureau, 2012, http://www.census.gov/construction/nrc/historical_data/ (accessed October 30, 2013); Shopping Centers: Numbers and Gross Leasable Area, United States Census Bureau, http://www.census.gov/compendia/statab/2012/tables/12s1061.pdf (accessed October 30, 2013).

52. "Electric Generation Ownership, Market Concentration, and Auction Size" (Washington, DC: U.S. Environmental Protection Agency, Office of Air and Radiation), July 2010, 4, http://www.epa.gov/airtransport/pdfs/TSD_Ownership_and_Market_Concentration_7-6-10.pdf (accessed April 7, 2013).

53. "What's Moving: U.S. Auto Sales," *Wall Street Journal,* May 1, 2013, http://online.wsj.com/mdc/public/page/2_3022-autosales.html.

54. Erick Schonfeld, "What Media Company Gained the Most Market Share in 2007? (Hint: It Starts with a G)," *TechCrunch,* March 14, 2008, http://techcrunch.com/2008/03/14/what-media-company-gained-the-most-market-share-in-2007-hint-it-starts-with-a-g/ (accessed June 8, 2013).

55. Andrea Alegria, Agata Kaczanowska, and Lauren Setar, "Highly

Concentrated: Companies That Dominate Their Industries," *IBIS World,* February 2012, 1–2, 4, http://www.ibisworld.com/Common/MediaCenter/Highly%20 Concentrated%20Industries.pdf (accessed February 22, 2013).

56. "Global IB Revenue Ranking—01 Jan-10 Jun 2013," Dealogic, http:// fn.dealogic.com/fn/IB Rank.htm (accessed June 14, 2013).

57. "The World's Top 50 Economies: 44 Countries, Six Firms," Democratic Leadership Council, http://www.dlc.org/ndol_cie5ae.html?kaid=10 (accessed 14 July 2010).

第四章 从资本主义看人类的本性

1. Robert S. Hoyt, *Europe in the Middle Ages,* 2nd ed. (New York: Harcourt, Brace & World, 1966), 300.

2. Max Weber, *The Protestant Ethic and the Spirit of Capitalism* (1930; reprint, London: Routledge, 2005).

3. John Locke, *Two Treatises of Government* (London: Printed for Whitmore and Fenn, Charing Cross; and C. Brown, Duke Street, Lincoln's-Inn-Fields, 1821), §27.

4. 同上。

5. 同上，37。

6. Adam Smith, *An Inquiry into the Nature and Causes of the Wealth of Nations,* ed. Edwin Cannan (London: Methuen, 1961), 1:475.

7. R. H. Tawney, *The Acquisitive Society* (New York: Harcourt, Brace, 1920), 13, 18.

8. Max Weber, *From Max Weber: Essays in Sociology,* eds. and trans. H. H. Gerth and C. Wright Mills (New York: Oxford University Press, 1946), 51.

9. Richard Schlatter, *Private Property: The History of an Idea* (New Brunswick, NJ: Rutgers University Press, 1951), 185.

10. David Hume, *An Enquiry Concerning the Principles of Morals* (London: Printed for A. Millar, 1751).

11. Schlatter, *Private Property,* 242.

12. Jeremy Bentham, "Pannomial Fragments," in *The Works of Jeremy Bentham, Now First Collected; Under the Superintendence of His Executor, John Bowring—Part IX,* ed. John Bowring (Edinburgh: William Tait, 1839), 221; Jeremy Bentham, "Principles of the Civil Code," in *The Works of Jeremy Bentham, Now*

零边际成本社会

380

THE ZERO MARGINAL COST SOCIETY

First Collected; Under the Superintendence of His Executor, John Bowring—Part II, ed. John Bowring (Edinburgh: William Tait, 1839), 309.

13. Charles Darwin, *The Descent of Man: And Selection in Relation to Sex*, Project Gutenberg, 1999, http://www.gutenberg.org/cache/epub/2300/pg2300.html (accessed June 20, 2013).

14. 同上。

15. Herbert Spencer, *The Principles of Biology* (London: Williams and Norgate, 1864), 1:444–45.

16. Charles Darwin, *The Variation of Animals and Plants under Domestication* (London: John Murray, 1899), 1:6.

17. Stephen Jay Gould, "Darwin's Untimely Burial," in *Philosophy of Biology*, ed. Michael Ruse (New York: Prometheus Books, 1998), 93–98.

18. Janet Browne, *Charles Darwin: The Power of Place* (Princeton, NJ: Princeton University Press, 2002), 2:186.

19. Thomas Paine, "Rights of Man: Being an Answer to Mr. Burke's Attack on the French Revolution," in *The Political Works of Thomas Paine* (New York: C. Blanchard, 1860).

第五章　极致生产力、物联网和免费能源

1. "Solar 101: Solar Economics," States Advancing Solar, http://www.statesadvancingsolar.org/solar-101/solar-economics (accessed January 31, 2014); "Wind Energy Payback Period Workbook," National Renewable Energy Laboratory, April 1, 2001, www.nrel.gov/wind/docs/spread_sheet_Final.xls (accessed October 22, 2013).

2. "Productivity," Merriam-Webster, http://www.merriam-webster.com/dictionary/productivity.

3. Moses Abramovitz, *Thinking about Growth: And Other Essays on Economic Growth and Welfare* (Cambridge: Cambridge University Press, 1989), 133.

4. Robert U. Ayres and Edward H. Ayres, *Crossing the Energy Divide: Moving from Fossil Fuel Dependence to a Clean-Energy Future* (Upper Saddle River, NJ: Wharton School Publishing, 2010), 14.

5. Rachael Larimore, "Why 'You Didn't Build That' Isn't Going Away," *Slate*, August 30, 2012, http://www.slate.com/articles/news_and_politics/politics/2012/08/_you_didn_t_build_that_it_doesn_t_matter_what_obama_meant_

to_say_but_what_people_heard_.html (accessed July 13, 2013).

6. Robert U. Ayres and Benjamin Warr, *The Economic Growth Engine: How Energy and Work Drive Material Prosperity* (Northampton, MA: Edward Elgar Publishing, 2009), 334–37.

7. John A. "Skip" Laitner, Steven Nadel, R. Neal Elliott, Harvey Sachs, and A Siddiq Khan, "The Long-Term Energy Efficiency Potential: What the Evidence Suggests," American Council for an Energy-Efficient Economy, January 2012, http://www.garrisoninstitute.org/downloads/ecology/cmb/Laitner_Long-Term_E_E_ Potential.pdf, 2 (accessed September 21, 2013).

8. 同上，66。

9. "How Many Smart Meters are Installed in the US and Who Has Them?," *US Energy Information Administration,* last modified January 10, 2013, http://www.eia. gov/tools/faqs/faq .cfm?id=108&t=3 (accessed October 12, 2013).

10. Brian Merchant, "With a Trillion Sensors, the Internet of Things Would Be the 'Biggest Business in the History of Electronics,'" Motherboard, November 2013, http://motherboard.vice.com/blog/the-internet-of-things-could-be-the-biggest-business-in-the-history-of-electronics (accessed November 14, 2013).

11. "Data, Data Everywhere," *Economist,* February 25, 2012, http://www. economist.com/node/15557443 (accessed September 18, 2013); Joe Hellerstein, "Parallel Programming in the Age of Big Data," *GigaOM,* November 9, 2008, http://gigaom.com/2008/11/09/mapreduce-leads-the-way-for-parallel-programming/ (accessed September 18, 2013).

12. S. Mitchell, N. Villa, M.S. Weeks, and A. Lange, "The Internet of Everything for Cities," Cisco, 2013, http://www.cisco.com/web/about/ac79/docs/ps/ motm/IoE-Smart-City_PoV.pdf (accessed on October 31, 2013).

13. Peter C. Evans and Marco Annunziata, "Industrial Internet: Pushing the Boundaries of Minds and Machines," General Electric, November 26, 2012, http:// www.ge.com/sites/default/files/Industrial_Internet.pdf, 4 (accessed January 5, 2013).

14. 同上，24。

15. "The Internet of Things Business Index: A Quiet Revolution Gathers Pace," *The Economist Intelligence Unit* (2013), 10, http://www.arm.com/files/pdf/EIU_ Internet_Business_Index_WEB.PDF (accessed October 29, 2013).

16. 同上。

17. "The Difference Engine: Chattering Objects," *Economist* (August 13,

2010), http://www.economist.com/blogs/babbage/2010/08/internet_things (accessed
September 5, 2013).

18. 同上。

19. 同上。

20. 同上。

21. "Conclusions of the Internet of Things Public Consultation," Digital
Agenda for Europe, A Europe 2020 Initiative, February 28, 2013, http://ec.europa.
eu/digital-agenda/en/news/conclusions-internet-things-public-consultation (accessed
March 21, 2013).

22. "Internet of Things Factsheet Privacy and Security: IoT Privacy, Data
Protection, Information Security," Digital Agenda for Europe, A Europe 2020
Initiative (February 28, 2013): 1, http://ec.europa.eu/digital-agenda/en/news/
conclusions-internet-things-public-consultation (accessed March 21. 2013).

23. 同上, 5。

24. 同上, 7。

25. "The Internet of Things Business Index," 11.

26. 同上。

27. 同上, 14, 16。

28. Gordon E. Moore, "Cramming More Components onto Integrated Circuits,"
Electronics 38(8) (April 19, 1965): 115.

29. Michio Kaku, "Tweaking Moore's Law: Computers of the Post-Silicon
Era," *Big Think,* March 7, 2012, http://bigthink.com/videos/tweaking-moores-law-
computers-of-the-post-silicon-era-2 (October 1, 2013).

30. Gail Robinson, "Speeding Net Traffic with Tiny Mirrors," *EE Times,*
September 26, 2000, http://www.eetimes.com/document.asp?doc_id=1142186
(accessed November 6, 2013).

31. "Early Computers 1960's," *Pimall,* 2006, http://www.pimall.com/nais/
pivintage/burroughs computer.html (accessed November 7, 2013); "Study: Number
of Smartphone Users Tops 1 Billion," *CBS News,* October 17, 2012, http://www.
cbsnews.com/8301-205_162-57534583/ (accessed November 7, 2013).

32. Robert D. Atkinson et al., "The Internet Economy 25 Years After.Com,"
The Information Technology & Innovation Foundation, March 2010, 9, http://www.
itif.org/files/2010-25-years.pdf (accessed August 13, 2013).

33. Fred Kaplan, *1959: The Year Everything Changed* (Hoboken, NJ: John

Wiley, 2009), 82; Mark W. Greenia, *History of Computing: An Encyclopedia of the People and Machines that Made Computer History,* Lexikon Services, January 1, 1998; "Reference/FAQ/Products and Services," IBM, http://www-03.ibm.com/ibm/history/reference/faq_0000000011.html (accessed November 7, 2013).

34. "The Raspberry Pi in Scientific Research," *Raspberry Pi,* April 25, 2013, http://www.raspberry pi.org/archives/tag/research (accessed September 19, 2013).

35. "Cray 1-A: 1977–1989," Computer and Information Systems Laboratory, 2009, http://www.cisl.ucar.edu/computers/gallery/cray/cray1.jsp (accessed March 7, 2013).

36. Ramez Naam, "Smaller, Cheaper, Faster: Does Moore's Law Apply to Solar Cells?," *Scientific American* (blog), March 16, 2011, http://blogs.scientificamerican.com/guest-blog/2011/03/16/smaller-cheaper-faster-does-moores-law-apply-to-solar-cells (accessed June 19, 2013).

37. "Sunshot Vision Study—February 2012," U.S. Department of Energy, February 2012, www.eere.energy.gov/solar/pdfs/47927.pdf, 74 (accessed April 8, 2013); Eric Wesoff, "First Solar Surprised with Big 2013 Guidance, 40 Cents per Watt," *GreenTechMedia,* April 9, 2013, http://www.greentechmedia.com/articles/read/First-Solar-Surprises-With-Big-2013-Guidance-40-Cents-Per-Watt-Cost-by-201 (May 6, 2013).

38. Hariklia Deligianni, Shafaat Ahmed, and Lubomyr Romankiw, "The Next Frontier: Electrodeposition for Solar Cell Fabrication," Electrochemical Society (summer 2011): 47.

39. Naam, "Smaller, Cheaper, Faster."

40. Peter Hockenos, "Germany's Grid and the Market: 100 Percent Renewable by 2050?," *Renewable Energy World,* November 21, 2012, http://www.renewableenergyworld.com/rea/blog /post/2012/11/ppriorities-germanys-grid-and-the-market (November 1, 2013); Jeevan Vasagar, "German Farmers Reap Benefits of Harvesting Renewable Energy," *Financial Times,* December 2, 2013. http://www.ft.com/intl/cms/s/0/f2bc3958-58f4-11e3-9798-00144feabdc0.html#axzz2nMj6ILk2 (accessed December 13, 2013).

41. Josiah Neeley, "Texas Windpower: Will Negative Pricing Blow Out the Lights? (PTC vs. Reliable New Capacity)," *MasterResource,* November 27, 2012, http://www.masterresource.org/2012/11/texas-negative-pricing-ptc/ (accessed August 2, 2013).

42. Rachel Morison, "Renewables Make German Power Market Design Defunct, Utility Says," *Bloomberg,* June 26, 2012, http://www.bloomberg.com/news/2012-06-26/renewables-make-german-power-market-design-defunct-utility-says.html (accessed April 29, 2013).

43. Nic Brisbourne, "Solar Power—A Case Study in Exponential Growth," *The Equity Kicker,* September 25, 2012, http://www.theequitykicker.com/2012/09/25/solar-powera-case-study-in-exponential-growth/ (accessed May 27, 2013).

44. Max Miller, "Ray Kurzweil: Solar Will Power the World in 16 Years," *Big Think,* March 17, 2011, http://bigthink.com/think-tank/ray-kurzweil-solar-will-power-the-world-in-16-years (accessed June 1, 2013).

45. Eric Wesoff, "Mainstream Media Discovers Solar Power and Moore's Law," *Greentech Media,* November 8, 2011, http://www.greentechmedia.com/articles / read/Mainstream-Media-Discovers-Solar-Power-and-Moores-Law (accessed October 9, 2013).

46. Cristina L. Archer and Mark Z. Jacobson, "Evaluation of Global Wind Power," *Journal of Geophysical Research* 110, June 30, 2005, http://www.stanford.edu/group/efmh/winds /2004jd005462.pdf (accessed March 3, 2013).

47. Rudolf Rechsteiner, "Wind Power in Context—A Clean Revolution in the Energy Sector," EnergyWatchGroup, December 2008, http://www.energywatchgroup.org/fileadmin/global/pdf/2009-01_Wind_Power_Report.pdf (accessed November 4, 2013).

48. "Wind Power Experiencing Exponential Growth Globally," *Renewable Energy Worldwide,* January 30, 2009, http://www.renewableenergyworld.com/rea/news/article/2009/01/wind-power-experiencing-exponential-growth-globally-54631 (accessed January 9, 2013).

49. Miller, "Ray Kurzweil."

50. Greg Price, "How Much Does the Internet Cost to Run?," *Forbes,* March, 14, 2012, http://www.forbes.com/sites/quora/2012/03/14/how-much-does-the-internet-cost-to-run/ (accessed July 18, 2013).

51. "UN Projects 40% of World Will Be Online By Year End, 4.4 Billion Will Remain Unconnected," UN News Centre, October 7, 2013, http://www.un.org/apps/news/story.asp?NewsID=46207&Cr=internet&Cr1# (accessed November 7, 2013).

52. "The Hidden Expense of Energy—Print Is Costly, Online Isn't Free," *Scholarly Kitchen,* January 19, 2012, http://scholarlykitchen.sspnet.org/2012/01/19/

the-hidden-expense-of-energy-costs-print-is-costly-online-isnt-free/ (accessed August 21, 2013).

53. Jonathan Koomey, "Growth in Data Center Electricity Use 2005 to 2010," *Analytics Press* (2011): iii; Gerad Hoyt, "The Power Hungry Internet," *Energy Manager Today,* last modified November 21, 2012, http://www.energymanagertoday. com/the-power-hungry-internet-087256/ (accessed October 4, 2013).

54. "The Hidden Expense of Energy."

55. "Report to Congress on Server and Data Center Energy Efficiency," U.S. Environmental Protection Agency ENERGY STAR Program, August 2, 2007, 5, http://www.energystar.gov/ia/part ners/prod_development/downloads/EPA_ Datacenter_Report_Congress_Final1.pdf (accessed October 16, 2013).

56. James Glanz, "Power, Pollution and the Internet," *New York Times,* September 22, 2012, http://www.nytimes.com/2012/09/23/technology/data-centers-waste-vast-amounts-of-energy-belying-industry-image.html?pagewanted=all (accessed November 3, 2013).

57. Rich Miller, "How Many Data Centers? Emerson Says 500,000," *Data Center Knowledge,* December 14, 2011, http://www.datacenterknowledge.com/ archives/2011/12/14/how-many-data-centers-emerson-says-500000/ (accessed November 3, 2013).

58. "Report to Congress on Server and Data Center Energy Efficiency," 7.

59. Glanz, "Power, Pollution and the Internet."

60. Krishna Kant, "Challenges in Distributed Energy Adaptive Computing," *ACM SIGMETRICS Performance Evaluation Review* 37(3) (January 2010): 3–7.

61. "Apple Facilities: Environment Footprint Report," Apple, 2012, 8, http:// images.apple.com/environment/reports/docs/Apple_Facilitates_Report_2013.pdf (accessed November 10, 2013).

62. "McGraw-Hill and NJR Clean Energy Ventures Announce Largest Solar Energy Site of Its Kind in the Western Hemisphere," *McGraw-Hill Financial,* June 13, 2011, http://investor.mcgraw-hill.com/phoenix.zhtml?c=96562&p=RssLanding &cat=news&id=1573196 (accessed October 25, 2013).

63. "Apple Facilities Environment Footprint Report," 7.

64. Nick Goldman, Paul Bertone, Siyuan Chen, Christophe Dessimoz, Emily M. LeProust, Botond Sipos, and Ewan Birney, "Towards Practical, High-Capacity, Low-Maintenance Information Storage in Synthesized DNA," *Nature* 494 (February

7, 2013): 77–80.

65. Malcolm Ritter, "Study: Digital Information can be Stored in DNA," *Huffington Post,* January 23, 2013, http://www.huffingtonpost.com/huff-wires/20130123/us-sci-dna-data/# (accessed November 6, 2013).

66. Derik Andreoli, "The Bakken Boom—A Modern-Day Gold Rush," Oil Drum, December 12, 2011, http://www.theoildrum.com/node/8697 (October 30, 2013); A. E. Berman, "After the Gold Rush: A Perspective on Future U.S. Natural Gas Supply and Price," Oil Drum, February 8, 2012, http://www.theoildrum.com/node/8914 (accessed October 30, 2013).

67. Ajay Makan and Javier Blas, "Oil Guru Says US Shale Revolution is 'Temporary,'" *Financial Times,* May 29, 2013, www.ft.com/cms/s/0/281b118e-c870-11e2-acc6-00144feab7de.html#axzz2UbJC9Zz1 (accessed October 17, 2013).

68. Matthew L. Wald, "Shale's Effect on Oil Supply Is Forecast to Be Brief," *The New York Times,* November 12, 2013, http://www.nytimes.com/2013/11/13/business/energy-environment/shales-effect-on-oil-supply-is-not-expected-to-last.html?_r=0, (accessed November 13, 2013).

第六章　3D 打印：从大规模生产到大众生产

1. Mark Richardson and Bradley Haylock, "Designer/Maker: The Rise of Additive Manufacturing, Domestic-Scale: Production and the Possible Implications for the Automotive Industry," *Computer Aided Design and Applications* (2012): 35.

2. Ashlee Vance, "3-D Printers: Make Whatever You Want," *Bloomberg Businessweek,* April 26, 2012, http://www.businessweek.com/articles/2012-04-26/3d-printers-make-whatever-you-want (accessed August 23, 2013).

3. "Wohlers Associates Publishes 2012 Report on Additive Manufacturing and 3-D Printing: Industry Study Shows Annual Growth of Nearly 30%," Wohlers Associates, May 15, 2012, http://wohlersassociates.com/press56.htm (accessed August 16, 2013).

4. Richardson and Haylock, "Designer/Maker."

5. Irene Chapple, "Dickerson: Etsy Is Disrupting Global Supply Chains," CNN, June 5, 2013, http://edition.cnn.com/2013/06/05/business/etsy-leweb-craft-disrupting (accessed June 28, 2013).

6. "A Brief History of 3D Printing," T. Rowe Price, December 2011, http://individual.troweprice.com/staticFiles/Retail/Shared/PDFs/3-D_Printing_

Infographic_FINAL.pdf (accessed November 2, 2013).

7. "Definition: Hacker," Search Security, October 2006, http://searchsecurity. techtarget.com/definition/hacker (accessed October 15, 2013).

8. Chris Anderson, "In the Next Industrial Revolution, Atoms Are the New Bits," *Wired,* January 25, 2010, http://www.wired.com/magazine/2010/01/ff_ newrevolution/ (accessed August 8, 2013).

9. J. M. Pearce, C. Morris Blair, K. J. Laciak, R. Andrews, A. Nosrat, and I. Zelenika-Zovko, "3-D Printing of Open Source Appropriate Technologies for Self-Directed Sustainable Development," *Journal of Sustainable Development* 3(4) (2010): 18.

10. "Fab Lab FAQ," MIT Center for Bits and Atoms, http://fablab.cba.mit.edu/ about/faq/ (accessed June 27, 2013).

11. "MIT Fab Lab: The New Technology Revolution," Cardiff School of Art and Design, August 27, 2013, http://cardiff-school-of-art-and-design.org/magazine/ mit-fab-lab-the-new-technology-revolution/ (accessed November 14, 2013); Alison DeNisco, "Fab Lab Beginnings," District Administration (December 2012), http:// www.districtadministration.com/article/fab-lab-beginnings (accessed November 14, 2013); "FabLab," Fab Education Bremen, http://www.fabeducation.net/en/fablab-2. html (accessed November 14, 2013).

12. Katherine Ling, "'Fab Labs' Out Front in U.S. Push to Make Manufacturing Cool," Environment & Energy Publishing, September 18, 2013, http://www.eenews. net/stories/1059987450 (accessed November 14, 2013).

13. Andy Greenberg, "The Fab Life," *Forbes,* August 13, 2008, http:// www.forbes.com/2008/08/13/diy-innovation-gershenfeld-tech-egang08-cx_ ag_0813gershenfeld.html (accessed April 1, 2013).

14. Cory Doctorow, story in *Over Clocked: Stories of the Future Present* (New York: Thunder's Mouth Press, 2007), 4.

15. Chris Waldo, "Will We 3-D Print Renewable Energy?," *3d Printer,* June 5, 2012, http://www.3dprinter.net/3d-printing-renewable-energy (accessed July 30, 2013).

16. "Print Me the Head of Alfredo Garcia," *Economist,* August 10, 2013, http:// www.economist.com/news/science-and-technology/21583238-new-low-cost-way-making-things-print-me-head-alfredo-garcia (accessed August 18, 2013).

17. Markus Kayser, "Solar Sinter," MarkusKayser, 2011, http://www.

markuskayser.com/work/solarsinter/ (accessed January 11, 2013).

18. "Plastic, Fantastic! 3-D Printers Could Recycle Old Bottles," *Tech News Daily,* January 18, 2012, http://www.technewsdaily.com/5446-filabot-3d-printing-material-recycled-plastic.html (accessed February 2, 2013); "Filabot Wee Kit Order Form," Filabot: the Personal Filament Maker, http://www.filabot.com/collections/filabot-systems/products/filabot-wee-kit-welded (accessed February 2, 2013).

19. David J. Hill, "3-D Printing Robot Produces Chairs and Tables from Recycled Waste," *Singularity Hub,* April 23, 2012, http://singularityhub.com/2012/04/23/3d-printing-robot-produces-chairs-and-tables-from-recycled-waste/ (accessed April 4, 2013).

20. Jason Dorrier, "3-D Printed Homes? Here's the Scoop," Singularity Hub, August 22, 2012, http://singularityhub.com/2012/08/22/3d-printers-may-someday-construct-homes-in-less-than-a-day/ (accessed April 30, 2013).

21. Jordan Cook, "The World's First 3-D-Printed Building Will Arrive in 2014 (and It Looks Awesome)," *TechCrunch,* January 20, 2013, http://techcrunch.com/2013/01/20/the-worlds-first-3d-printed-building-will-arrive-in-2014-and-it-looks-awesome/ (accessed January 26, 2013).

22. "Dutch Architect to Build 'Endless' House With 3-D Printer," *3ders,* January 15, 2013, http://www.3ders.org/articles/20130115-dutch-architect-to-build-endless-house-with-3d-printer.html (accessed January 26, 2013).

23. "Foster + Partners Works with European Space Agency to 3-D Print Structures on the Moon," Foster and Partners press release, January 31, 2013, http://www.fosterandpartners.com/news /foster-+-partners-works-with-european-space-agency-to-3d-print-structures-on-the-moon/ (accessed February 18, 2013).

24. 同上 ; "Building a Lunar Base with 3-D Printing," European Space Agency, January 31, 2013, http://www.esa.int/Our_Activities/Technology/Building_a_lunar_base_with_3-D_printing (accessed February 18, 2013).

25. Edwin Kee, "Urbee 2 to Cross Country on Just 10 Gallons of Ethanol," *Ubergizmo,* March 1 2013, http://www.ubergizmo.com/2013/03/urbee-2-to-cross-country-on-just-10-gallons-of-ethanol/ (accessed September 4, 2013).

26. "Automotive Case Studies: Prototyping Is the Driving Force behind Great Cars," *Stratasys,* http://www.stratasys.com/resources/case-studies/automotive/urbee (accessed June 27, 2013).

27. Henry Ford and Samuel Crowther, *My Life and Work* (Garden City, NY:

Garden City Publishing, 1922), 72.

28. Alexander George, "3-D Printed Car Is as Strong as Steel, Half the Weight, and Nearing Production," *Wired,* February 27, 2013, http://www.wired.com/autopia/2013/02/3d-printed-car/ (accessed June 2, 2013).

29. Mary Beth Griggs, "3-D Printers Spit Out Fancy Food, Green Cars, and Replacement Bones," *Discover Magazine,* March 26, 2012, http://discovermagazine.com/2012/mar/31-3-d-printers-spit-out-fancy-food-and-green-cars#.UnvIBPmkoSU (accessed November 7, 2013).

30. "Manitoba's Kor Ecologic Debuts Hybrid Urbee," *Canadian Manufacturing,* November 2, 2012, http://www.canadianmanufacturing.com/designengineering/news/manitobas-kor-ecologic-debuts-hybrid-urbee-11992 (accessed November 1, 2013).

31. Stewart Brand and Matt Herron, "Keep Designing—How the Information Economy Is Being Created and Shaped by the Hacker Ethic," *Whole Earth Review* (May, 1985): 44.

32. Deborah Desrochers-Jacques, "Green Energy Use Jumps in Germany," *Der Spiegel,* August 30, 2011, http://www.spiegel.de/international/crossing-the-20-percent-mark-green-energy-use-jumps-in-germany-a-783314.html (accessed August 7, 2013); Berlin and Niebull, "Germany's Energy Transformation: Eneriewende," *Economist,* July 28, 2012, http://www.economist.com/node/21559667 (accessed October 1, 2013).

33. "The Strategic Cooperation between Daimler and the Renault-Nissan Alliance Forms Agreement with Ford," Daimler, January 28, 2013, http://www.daimler.com/dccom/0-5-7153-1-1569733-1-0-0-0-0-0-16694-0-0-0-0-0-0-0.html (accessed March 31, 2013).

34. Marcel Rosenbach and Thomas Schulz, "3-D Printing: Technology May Bring New Industrial Revolution," *Der Spiegel,* January 4, 2013, http://www.spiegel.de/international/business/3d-printing-technology-poised-for-new-industrial-revolution-a-874833.html (accessed August 5, 2013).

35. Goli Mohammadi, "Open Source Ecology: Interview with Founder Marcin Jakubowski," *Makezine,* February 11, 2011, http://blog.makezine.com/2011/02/11/open-source-ecology-interview-with-founder-marcin-jakubowski/ (accessed June 17, 2013).

36. Rohan Pearce, "Open Source Ecology: Can Open Source Save the Planet?,"

Computerworld Techworld, December 15, 2011, http://www.techworld.com.au/ article/410193/open_source_ecology_can_open_source_save_planet_/ (accessed September 9, 2013).

37. "Marcin Jakubowski: Open-Sourced Blueprints For Civilization," *Huffington Post,* December 19, 2011, http://www.huffingtonpost.com/2011/12/19/ wiki-diy-civilization_n_1157895.html?view=print&comm_ref=false (accessed September 12, 2013).

38. Helen Pidd, "Indian Blackout Held No Fear for Small Hamlet Where the Power Stayed On," *Guardian,* September 10, 2012, http://www.guardian.co.uk/ world/2012/sep/10/india-hamlet-where-power-stayed-on (accessed September 29, 2013).

39. 同上。

40. Peerzada Abrar, "Gram Power: Yashraj Khaitan's 'Smart Microgrid' Produces, Stores Renewable Energy on Location," *Economic Times,* July 6, 2012, http://articles.economictimes.indiatimes.com/2012-07-06/news/32566187_1_ renewable-energy-innovation-pilferage (accessed September 29, 2013).

41. Pidd, "Indian Blackout Held No Fear."

42. "From Micro-Grids to Smart Grids," *Kidela,* November 20, 2012, http:// www.kidela.com/resources/blackout-from-micro-grids-to-smart-grids/ (accessed September 30, 2013).

43. 同上。

44. "Mahatma Gandhi on Mass Production," interview, May 16, 1936, http:// www.tinytechindia.com/gandhiji2.html (accessed April 21, 2013).

45. Surur Hoda, *Gandhi and the Contemporary World* (Indo-British Historical Society, 1997).

46. "Mahatma Gandhi on Mass Production."

47. 同上。

48. 同上。

49. Hoda, *Gandhi and the Contemporary World.*

50. "Mahatma Gandhi on Mass Production."

51. Hoda, *Gandhi and the Contemporary World.*

52. *The Collected Works of Mahatma Gandhi,* vol. 83, June 7, 1942–January 26, 1944 (New Delhi: Publications Division of the Government of India, 1999), 113, http://www.gandhiserve.org/cwmg/VOL083.PDF (accessed November 14, 2013).

53. Mahatma Gandhi, *The Mind of Mahatma Gandhi: Encyclopedia of Ghandi's Thoughts,* ed.R. K. Prabhu and U. R. Rao (Ahmedabad, India: Jitendra T Desai Navajivan Mudranalaya, 1966), 243–44.

54. Adam Smith, *An Inquiry into the Nature and Causes of the Wealth of Nations,* ed. Edwin Cannan (London: Methuen, 1961), 1: 475.

55. "Mahatma Gandhi's Views," TinyTech Plants, http://www.tinytechindia. com/gandhi4.htm (accessed June 14, 2013).

56. Prarelal, *Mahatma Gandhi: Poornahuti*, vol. 10: *The Last Phase*, part 2 (Ahmedabad, India: Navajivan Trust, 1956), 522.

第七章　慕课时代：零边际成本教育

1. "Skype in the Classroom," Skype, 2013, https://education.skype.com/ (accessed November 6, 2013); Sarah Kessler, "Skype CEO: Our Goal Is to Connect 1 Million Classrooms," Mashable, September 21, 2011, http://mashable. com/2011/09/21/skype-in-the-classroom-tony-bates/ (accessed November 12, 2013).

2. "Curriki at a Glance," Curriki homepage, April 2012, http://www.curriki. org/welcome/wp-content/uploads/2012/06/Curriki-At-a-Glance-04.04.12-update.pdf (accessed April 23, 2013).

3. "Einstein Middle School, 8th Grade," *Facing the Future,* http://www. facingthefuture.org/TakeAction/StudentsTakingAction/EinsteinMiddleSchool/ tabid/165/Default.aspx#.Ubj2AaIkLE1 (accessed April 18, 2013).

4. Jennifer Rebecca Kelly and Troy D. Abel, "Fostering Ecological Citizenship: The Case of Environmental Service-Learning in Costa Rica," *International Journal for the Scholarship of Teaching and Learning* 6(2) (2012), http://digitalcommons. georgiasouthern.edu/cgi/viewcontentcgi?article=1330&context=int_jtl (accessed November 8, 2013).

5. "Study Finds Environmental Education Programs Leads to Cleaner Air," Air Quality Partnership, April 13, 2009, http://www.airqualityaction.org/news. php?newsid=84 (April 11, 2013).

6. Kelly and Abel, "Fostering Ecological Citizenship."

7. "Campus Compact Annual Membership Survey Results," Campus Compact, 2011, http://www.compact.org/wp-content/uploads/2008/11/2010-Annual-Survey-Exec-Summary-4-8.pdf (accessed May 5, 2013).

8. William Morgan, "Standardized Test Scores Improve with Service-Learning,"

National Service-Learning Clearinghouse, 2000, http://www.servicelearning.org/library/resource/4752 (accessed May 1, 2013).

9. Andrew Martin and Andrew W. Lehren, "A Generation Hobbled by the Soaring Cost of College," *New York Times,* May 12, 2012, http://www.nytimes.com/2012/05/13/business/student-loans-weighing-down-a-generation-with-heavy-debt.html?pagewanted=all&_r=0 (accessed May 19, 2013).

10. Carole Cadwalladr, "Do Online Courses Spell the End for the Traditional University?," *Guardian,* November 10, 2012, http://www.theguardian.com/education/2012/nov/11/online-free-learning-end-of-university (accessed November 1, 2013).

11. Tamar Lewin, "College of Future Could Be Come One, Come All," *New York Times*, November 19, 2012, http://www.nytimes.com/2012/11/20/education/colleges-turn-to-crowd-sourcing-courses.html?pagewanted=all (accessed November 1, 2013).

12. Richard Pérez-Pefia, "Harvard Asks Graduates to Donate Time to Free Online Humanities Class," *New York Times,* March 25, 2013, http://www.nytimes.com/2013/03/26/education/harvard-asks-alumni-to-donate-time-to-free-online-course.html?_r=0 (accessed November 1, 2013).

13. Kathryn Ware, "Coursera Co-founder Reports on First 10 Months of Educational Revolution," *UVA Today,* February 21, 2013, http://curry.virginia.edu/articles/coursera-co-founder-reports-on-first-10-months-of-educational-revolution (accessed November 8, 2013); "Courses," Coursera, 2013, https://www.coursera.org/courses, (accessed November 12, 2013).

14. Cindy Atoji Keene, "A Classroom for the Whole World," *Boston Globe,* May 19, 2013, http://www.bostonglobe.com/business/specials/globe-100/2013/05/18/edx-president-anant-agarwal-aims-reach-billion-students-around-world/Kv5DZOiB0ABh84F4oM8luN/story.html (accessed October 30, 2013); Thomas L. Friedman, "Revolution Hits the Universities," *New York Times*, January 26, 2013, http://www.nytimes.com/2013/01/27/opinion/sunday/friedman-revolution-hits-the-universities.html?_r=0 (accessed October 31, 2013).

15. Cadwalladr, "Do Online Courses Spell the End."

16. 同上。

17. Josh Catone, "In the Future, The Cost of Education Will Be Zero," *Mashable,* July 24, 2013, http://mashable.com/2009/07/24/education-social-media/

(accessed August 6, 2013).

18. Tamar Lewin, "Universities Team with Online Course Provider," *New York Times,* May 30, 2013, http://www.nytimes.com/2013/05/30/education/universities-team-with-online-course-provider.html (accessed November 1, 2013).

19. "Costs for University of Maryland College Park," CollegeCalc, http://www.collegecalc.org/colleges/maryland/university-of-maryland-college-park/ (accessed June 28, 2013).

20. Geoffrey A. Fowler, "An Early Report Card on Massive Open Online Courses," *Wall Street Journal,* October 8, 2013, http://online.wsj.com/news/articles/SB10001424052702303759604579093400834738972 (accessed November 25, 2013).

21. Tamar Lewin, "Universities Reshaping Education on the Web," *New York Times,* July 17, 2012, http://www.nytimes.com/2012/07/17/education/consortium-of-colleges-takes-online-education-to-new-level.html?pagewanted=all (accessed October 28, 2013).

22. Kevin Carey, "Into the Future with MOOC's," *Chronicle of Higher Education,* September 3, 2012, http://chronicle.com/article/Into-the-Future-With-MOOCs/134080/ (accessed October 28, 2013).

第八章　最后一个站着的工人

1. Jeremy Rifkin, *The End of Work* (New York: G. P. Putnam's Sons, 1995), xv.

2. Jacob Goldstein and Lam Thuy Vo, "22 Million Americans Are Unemployed Or Underemployed," NPR, April 4, 2013, httpwww.npr.orgblogsmoney2013040417569781323-million-americans-are-unemployed-or-underemployed (accessed November 12, 2013).

3. Jenny Marlar, "Global Unemployment at 8% in 2011," Gallup World, April 17, 2012, http://www.gallup.com/poll/153884/global-unemployment-2011.aspx (accessed October 15, 2013).

4. "Difference Engine: Luddite Legacy," *Economist,* November 4, 2011, http://www.economist.com/blogs/babbage/2011/11/artificial-intelligence (accessed July 9, 2013).

5. 同上。

6. Michaela D. Platzer and Glennon J. Harrison, "The U.S. Automotive Industry: National and State Trends in Manufacturing Employment," Cornell

University ILR School, August 2009, 8, http://digitalcommons.ilr.cornell.edu/cgi/ viewcontent.cgi?article=1671&context=key_workplace (accessed July 7, 2013).

7. James Sherk,"Technology Explains Drop in Manufacturing Jobs," Heritage Foundation, October 12, 2010, http://www.heritage.org/research/reports/2010/10/ technology-explains-drop-in-manufacturing-jobs (accessed August 10, 2013).

8. Mark J. Perry, "The US Economy Is Now Producing 2.2% More Output than before the Recession, but with 3.84 Million Fewer Workers," American Enterprise Institute, November 6,2012, http://www.aei-ideas.org/2012/11/the-us-economy-is-now-producing-2-2-more-output-than-before-the-recession-but-with-3-84-million-fewer-workers/ (accessed September 3, 2013).

9. Boerje Langefors, "Automated Design," in Robert Colborn, *Modern Science and Technology* (Princeton, NJ: Princeton University Press, 1965), 699.

10. *Management Report on Numerically Controlled Machine Tools* (Chicago: Cox and Cox Consulting, 1958).

11. Alan A. Smith to J. O. McDonough, September 18, 1952, N/C Project Files, MIT Archives.

12. Peter Joseph, Roxanne Meadows, and Jacque Fresco, "The Zeitgeist Movement: Observations and Responses," *Zeitgeist Movement,* February 2009 http://www.bibliotecapleyades.net/socio politica/zeitgeist08.htm (accessed June 13, 2013).

13. Caroline Baum, "So Who's Stealing China's Manufacturing Jobs?," *Bloomberg,* October 14 2003, http://www.bloomberg.com/apps/news?pid=newsarch ive&sid=aRI4bAft7Xw4 (accessed July 1, 2013).

14. John Markoff, "Skilled Work, without the Worker," *New York Times,* August 18, 2012, http://www.nytimes.com/2012/08/19/business/new-wave-of-adept-robots-is-changing-global-industry.html?pagewanted=all&_r=0 (accessed July 1, 2013).

15. 同上。

16. "World Robotics 2012 Industrial Robots," International Federation of Robotics, http://www.ifr.org/industrial-robots/statistics/ (accessed May 26, 2013).

17. Russell Roberts, "Obama vs. ATMs: Why Technology Doesn't Destroy Jobs," *Wall Street Journal,*June 22, 2011, http://online.wsj.com/article/SB10001424 052702304070104576399704275939640.html (accessed May 26, 2013).

18. Katie Drummond, "Clothes Will Sew Themselves in Darpa's Sweat-Free

Sweatshops," *Wired,* June 8, 2012, http://www.wired.com/dangerroom/2012/06/darpa-sweatshop/ (accessed June 1, 2013).

19. Bernard Condon, "Millions of Middle-Class Jobs Killed by Machines in Great Recession's Wake," *Huffington Post,* January 23, 2013, http://www.huffingtonpost.com/2013/01/23/middle-class -jobs-machines_n_2532639.html?view=print&comm_ref=false (accessed July 21, 2013).

20. Joseph G. Carson, "US Economic and Investment Perspectives—Manufacturing Payrolls Declining Globally: The Untold Story (Part 2)," *AllianceBernstein* (October 2003).

21. "Postal Service Flexes Its Workforce Flexibility," USPS Office of Inspector General, June 10, 2013, http://www.uspsoig.gov/blog/postal-service-flexes-its-workforce-flexibility/, (accessed June 13,2013).

22. "Occupational Employment and Wages News Release," U.S. Bureau of Labor Statistics, March 29, 2013, http://www.bls.gov/news.release/ocwage.htm (accessed August 3, 2013).

23. Condon, "Millions of Middle-Class Jobs Killed by Machines in Great Recession's Wake."

24. Bill Siwicki, "Wal-Mart expands Self-Checkout in Stores via Its iPhone App," *Internet Retailer,* February 20, 2013, http://www.internetretailer.com/2013/02/20/wal-mart-expands-self-checkout-stores-its-iphone-app (accessed November 3, 2013).

25. Ricardo Sanchez, "Brick and Mortar vs. Online Retailers, A Decade Later...," *On Techies,* January 31, 2012, http://ontechies.com/2012/01/31/brick-and-mortar-vs-online-retailers-a-decade-later/ (accessed June 17, 2013).

26. 同上。

27. Sun Joo Kim, "How Will Brick and Mortar Stores Survive?," *Smart Planet,* October 19, 2012, http://www.smartplanet.com/blog/bulletin/how-will-brick-and-mortar-stores-survive/3122 (accessed June 19, 2013).

28. Barney Jopson, "Shoes Stores Sock It to Online Buyers," *Financial Times,* May 5, 2013, http://www.ft.com/cms/s/0/42893492-b385-11e2-b5a5-00144feabdc0.html#axzz2W1rGveQo (accessed November 7, 2013).

29. Campbell Phillips, "'Fit-lifters' Give Showrooming Shoe Browsers a Bad Name," *Power Retail,* May 6, 2013, http://www.powerretail.com.au/multichannel/fit-lifters-give-showrooming-a-bad-name/ (accessed July 6, 2013).

30. Jason Perlow, "In the Battle of Clicks versus Bricks, Retail Must Transform or Die," *ZDNet,* December 8, 2011, http://www.zdnet.com/blog/perlow/in-the-battle-of-clicks-versus-bricks-retail-must-transform-or-die/19418 (accessed August 3, 2013).

31. "Occupational Employment and Wages News Release," U.S. Bureau of Labor Statistics, March 29, 2013, http://www.bls.gov/news.release/ocwage.htm (accessed June 8, 2013).

32. John Markoff, "Armies of Expensive Lawyers, Replaced by Cheaper Software," *New York Times,* March 4, 2011, http://www.nytimes.com/2011/03/05/science/05legal.html?pagewanted=all (accessed October 20, 2013).

33. 同上。

34. Christopher Steiner, "Automatons Get Creative," *New York Times,* August 17, 2012, http://online.wsj.com/news/articles/SB10000872396390444375104577591304277229534#printprin (accessed June 30, 2013).

35. 同上。

36. "IBM Watson: Ushering in a New Era of Computing," IBM, http://www-03.ibm.com/innovation/us/watson/ (accessed October 22, 2013).

37. Brian T. Horowitz, "IBM, Nuance to Tune Watson Supercomputer for Use in Health Care," *EWeek,* February 17, 2011, http://www.eweek.com/c/a/Health-Care-IT/IBM-Nuance-to-Tune-Watson-Supercomputer-for-Use-in-Health-Care-493127/ (accessed October 22, 2013).

38. Associated Press, "Watson's Medical Expertise Offered Commercially," *Telegram,* February 8 2013, http://www.telegram.com/article/20130208/NEWS/102089640/0 (accessed October 22, 2013).

39. "Lionbridge Language Solution Provider Expands Opportunities with Translation Technology," Microsoft Case Studies, July 9, 2013, http://www.microsoft.com/casestudies/Bing/Lionbridge/Language-Solution-Provider-Expands-Opportunities-with-Translation-Technology/710000001102 (accessed September 4, 2013).

40. Niko Papula, "Are Translators Losing Their Jobs Because of Machine Translation?," Multilizer Translation Blog, April 13, 2011, http://translation-blog.multilizer.com/are-translators-losing -their-jobs-because-of-machine-translation/ (accessed September 6, 2013).

第九章 产消者和智能经济时代的来临

1. Harold Hotelling, "The General Welfare in Relation to Problems of Taxation and of Railway and Utility Rates," *Econometrica* 6(3) (July, 1938): 242.

2. 同上，258。

3. 同上，260–261。

4. 同上，242。

5. Ronald H. Coase, "The Marginal Cost Controversy," *Economica* 13(51) (August, 1946): 180.

6. 同上，173。

7. John F. Duffy, "The Marginal Cost Controversy in Intellectual Property," *University of Chicago Law Review* 71(1) (2004): 38.

8. Robert S. McIntyre, Matthew Gardner, Rebecca J. Wilkins, and Richard Phillips, "Corporate Taxpayers & Corporate Tax Dodgers 2008–10," Citizens for Tax Justice and the Institute on Taxation and Economic Policy, November, 2011, http://www.ctj.org/corporatetaxdodgers/CorporateTaxDodgersReport.pdf (accessed October 7, 2013).

9. "ICT Facts and Figures: The World in 2013," ICT Data and Statistics Division of the International Telecommunication Union, February 2013, 2, http://www.itu.int/en/ITU-D/Statistics/Documents/facts/ICTFactsFigures2013.pdf (accessed October 2, 2013).

10. United Nations Environment Programme, "Feed in Tariffs as a Policy Instrument for Promoting Renewable Energies and Green Economies in Developing Countries," ed. Wilson Rickerson, Chad Laurent, David Jacobs, Christina Dietrich and Christina Hanley, 2012, 4, http://www.unep.org/pdf/UNEP_FIT_Report_2012F.pdf (accessed October 21, 2013).

11. 同上。

12. Geert De Clercq, "Renewables Turn Utilities into Dinosaurs of the Energy World," Reuters, March 8, 2013, http://www.reuters.com/article/2013/03/08/us-utilities-threat-idUSBRE92709E20130308 (accessed August 30, 2013).

13. Dave Toke, "Community Wind Power in Europe and in UK," *Wind Engineering* 29(3) (2005).

14. De Clercq, "Renewables Turn Utilities into Dinosaurs."

15. 同上。

16. 同上。

17. "Smart Grid Investment Grant Program: Progress Report," U.S. Department of Energy, July, 2012, ii, http://www.smartgrid.gov/sites/default/files/doc/files/sgig-progress-report-final-submitted-07-16-12.pdf (accessed February 3, 2014).

18. Litos Strategic Communication, "The Smart Grid: An Introduction," U.S. Department of Energy, 2008, 5, http://energy.gov/sites/prod/files/oeprod/DocumentsandMedia/DOE_SG_Book_Single_Pages.pdf (accessed September 3, 2013).

19. "Technology," Transphorm, Inc., http://www.transphormusa.com/technology (accessed June 6, 2013).

20. "Estimating the Costs and Benefits of the Smart Grid: A Preliminary Estimate of the Investment Requirements and the Resultant Benefits of a Fully Functioning Smart Grid," Electric Power Research Institute, March 2011, 4, http://ipu.msu.edu/programs/MIGrid2011/presentations/pdfs/Reference Material - Estimating the Costs and Benefits of the Smart Grid.pdf (accessed February 3, 2014).

21. Michael Bame, "USS Gerald Ford Aircraft Carrier," About.com, 2013, http://defense.about.com/od/Navy/a/Uss-Gerald-Ford-Aircraft-Carrier.htm (accessed June 17, 2013); "Building an Energy Future: Annual Report," Royal Dutch Shell, December 31, 2012: 10, http://reports.shell.com/annual-review/2012/servicepages/downloads/files/entire_shell_review_12.pdf (accessed February 3, 2014).

22. Vaclav Smil, "Moore's Curse and the Great Energy Delusion," *American,* November 19, 2008, http://www.american.com/archive/2008/november-december-magazine/moore2019s-curse-and-the-great-energy-delusion (accessed June 6, 2013).

23. Scott DiSavino, "U.S. Smart Grid to Cost Billions, Save Trillions," Reuters, May 24, 2011, http://www.reuters.com/article/2011/05/24/us-utilities-smartgrid-epri-idUSTRE74N7O420110524 (accessed June 7, 2013); "Estimating the Costs and Benefits of the Smart Grid: A Preliminary Estimate." Electric Power Research Institute, March 2011, 21.

24. "Growing International Co-Operation Driving the Spread of Smart Grids," *GlobalData* (June, 2012): 1–7.

25. Katie Fehrenbacher, "For the Smart Grid, the Wireless Debates Are Over," *Gigaom,* January 23, 2012, http://gigaom.com/2012/01/23/for-the-smart-grid-the-wireless-debates-are-over/ (accessed July 5, 2013).

26. Dave Karpinski, "Making the 'Smart Grid' Smarter with Broadband Wireless Networks and the Internet," *Crain's Cleveland Business,* September 11, 2012, http://www.crainscleveland.com/article/20120911/BLOGS05/309119999 (accessed July 7, 2013).

27. 同上。

28. Sunil Paul and Nick Allen, "Inventing the Cleanweb," *MIT Technology Review,* April 2, 2012, http://www.technologyreview.com/news/427382/inventing-the-cleanweb/ (accessed August 17, 2013).

29. Paul Boutin, "The Law of Online Sharing," *MIT Technology Review,* January/February 2012.

30. Yuliya Chernova, "New York's Cleanweb Hackathon Sparks Green Ideas Where Cleantech and IT Intersect," *Wall Street Journal,* October 2, 2012, http://blogs.wsj.com/venturecapital/2012/10/02/new-yorks-cleanweb-hackathon-sparks-green-ideas-where-clean-tech-and-it-intersect/ (accessed September 3, 2013); Martin LaMonica, "Cleanweb Hackers Get Busy with Energy Data," *CNET,* January 23, 2012, http://news.cnet.com/8301-11128_3-57363873-54/cleanweb-hackers-get-busy-with-energy-data/ (accessed September 3, 2013).

31. Paul and Allen, "Inventing the Cleanweb."

32. "Green Button Data: More Power to You," U.S. Department of Energy, May 18, 2012, http://energy.gov/articles/green-button-data-more-power-you (accessed September 10, 2013).

33. "Statements of Support for Green Button Initiative," White Houe Office of Science and Technology Policy, last modified March 22, 2012, http://www.whitehouse.gov/administration/eop/ostp/pressroom/03222012-support (accessed August 22, 2013).

34. "Check Out the Social Energy App by Facebook, NRDC, Opower," *Alliance to Save Energy,* last modified March 20, 2012, http://www.ase.org/efficiencynews/preview-social-energy-app-facebook-nrdc-opower (accessed July 19, 2013).

35. Dominic Basulto, "The Cleanweb: Green Energy Meets Moore's Law," *Big Think,* May 15, 2012, http://bigthink.com/endless-innovation/the-cleanweb-green-energy-meets-moores-law (accessed July 19, 2013).

36. Cecilia Kang, "Tech, Telecom Giants Take Sides as FCC Proposes Public Wi-Fi Networks," *Cullman Times,* February 4, 2013, http://www.cullmantimes.com/local/x1303538507/Tech-Telecom-Giants-Take-Sides-as-FCC-Proposes-Public-Wi-

Fi-Networks (accessed November 3, 2013).

37. 同上。

38. 同上。

39. 同上。

40. 同上。

41. 同上。

42. "Radio Act of 1927," United States Early Radio History, February 23, 1927, http://earlyradiohistory.us/sec023.htm#part090 (accessed October 22, 2013).

43. "The Communications Act of 1934," U.S. Department of Justice, June 19, 1934, http://it.ojp.gov/default.aspx?area=privacy&page=1288#contentTop (accessed October 22, 2013).

44. "Unlicensed Spectrum Subcommittee Report," U.S. Department of Commerce, National Telecommunications and Information Administration, January 6, 2010, 4.

45. 同上。

46. 同上。

47. Carmela Aquino and Sarah Radwanick, "2012 Mobile Future in Focus," ComScore, February 2012, http://www.comscore.com/Insights/Presentations_and_Whitepapers/2012/2012_Mobile_Future_in_Focus (accessed October 23, 2013).

48. "Cisco Visual Networking Index: Global Mobile Data Traffic Forecast Update, 2010–2015," Cisco, February 1, 2011, 10, http://newsroom.cisco.com/ekits/Cisco_VNI_Global_Mobile_Data_Traffic_Forecast_2010_2015.pdf (accessed February 3, 2014).

49. "Cisco Visual Networking Index: Global Mobile Data Traffic Forecast Update, 2012–2017," Cisco, February 6, 2013, 11, http://www.cisco.com/en/US/solutions/collateral/ns341/ns525/ns537/ns705/ns827/white_paper_c11-520862.html (accessed February 3, 2014).

50. Yochai Benkler, "Open Wireless vs. Licensed Spectrum: Evidence from Market Adoption," *Harvard Journal of Law and Technology* 26(1) (2012), http://cyber.law.harvard.edu/publications/2012/unlicensed_wireless_v_licensed_spectrum (accessed October 23, 2013).

51. "Auctions," U.S. Federal Communications Commission, http://www.fcc.gov/topic/auctions (accessed June 4, 2013).

第十章 共享的喜剧

1. Garrett Hardin, "The Tragedy of the Commons," *Science* 162(3859) (December 13, 1968): 1244.

2. 同上，1243–1248。

3. Garrett Hardin, "Political Requirements for Preserving Our Common Heritage," in *Wildlife and America*, ed. Howard P. Brokaw (Washington, DC: Council on Environmental Quality, 1978), 310–17.

4. Carol Rose, "The Comedy of the Commons," *University of Chicago Law Review* 53(3) (1986): 720.

5. Crawford B. Macpherson, *Democratic Theory* (Oxford: Clarendon Press, 1973), 123–24.

6. Rose, "The Comedy of the Commons," 767.

7. 同上，768。

8. 同上，774。

9. 同上。

10. Elinor Ostrom, *Governing the Commons,* (Cambridge University Press, 1990), 58.

11. Hardin, "The Tragedy of the Commons," 1244.

12. Ostrom, *Governing the Commons,* 59.

13. 同上。

14. 同上，61–62。

15. 同上，62。

16. Robert McC. Netting, "What Alpine Peasants Have in Common: Observations on the Communal Tenure in a Swiss Village," *Human Ecology* 4(2) (1976): 135–46.

17. Ostrom, *Governing the Commons,* 62.

18. 同上，62–63。

19. Netting, "What Alpine Peasants Have in Common."

20. Ostrom, *Governing the Commons,* 64.

21. 同上，91–102。

22. Elinor Ostrom, "Beyond Markets and States: Polycentric Governance of Complex Economic Systems," Nobel Prize lecture, Workshop in Political Theory and Policy Analysis from Indiana University, Bloomington, IN, December

8, 2009, 424, 425, http://www.nobelprize.org/nobel_prizes/economic-sciences/ laureates/2009/ostrom_lecture.pdf (accessed November 3, 2013).

23. 同上。

24. Douglas Robinson and Nina Medlock, "*Diamond v. Chakrabarty*: A Retrospective on 25 Years of Biotech Patents," *Intellectual Property and Technology Law Journal* 17(10) (2005): 12.

25. Leonard S. Rubenstein, "Brief on Behalf of the Peoples Business Commission, Amicus Curiae," regarding *Diamond v. Chakrabarty,* no. 79-136, December 13, 1979, http://www.justice.gov/atr/public/workshops/ag2010/015/ AGW-14399-a.doc (accessed November 1, 2013).

26. 同上。

27. "New Forms of Life Can be Patented U.S. Court Rules," *Montreal Gazette* (Associated Press), June 17 1980, http://news.google.com/newspapers?nid=1946& dat=19800617&id=OokxAAAAIBAJ&sjid=dKQFAAAAIBAJ&pg=3169,3065019 (accessed July 20, 2013).

28. "A History of Firsts," Genentech, 2012, http://www.gene.com/media/ company-information/chronology (accessed June 19, 2013).

29. Keith Schneider, "Harvard Gets Mouse Patent, A World First," *New York Times,* April 13, 1988, http://www.nytimes.com/1988/04/13/us/harvard-gets-mouse-patent-a-world-first.html?pagewanted=print&src=pm (accessed June 25, 2013).

30. Marcy Darnovsky and Jesse Reynolds, "The Battle to Patent Your Genes," *American Interest,* September/October 2009, http://www.the-american-interest.com/ article-bd.cfm?piece=653 (accessedJuly 20, 2013).

31. "Porto Alegre Treaty to Share the Genetic Commons," UK Food Group, February 1, 2002, http://www.ukabc.org/genetic_commons_treaty.htm (accessed July 21, 2013).

32. John Roach, "'Doomsday' Vault Will End Crop Extinction, Expert Says," *National Geographic,* December 27, 2007, http://news.nationalgeographic.com/ news/2007/12/071227-seed-vault.html (accessed April 28, 2013).

33. Aaron Saenz, "Costs of DNA Sequencing Falling Fast—Look at these Graphs!," Singularity University, March 5, 2001, http://singularityhub. com/2011/03/05/costs-of-dna-sequencing-falling-fast-look-at-these-graphs/ (accessed June 19, 2013).

34. David Altshuler, John Bell, Todd Golub, et al, "Creating a Global Alliance

to Enable Responsible Sharing of Genomic and Clinical Data," *Broad Institute,* June 3 2013, http://www.broad institute.org/files/news/pdfs/GAWhitePaperJune3.pdf (accessed November 8, 2013).

35. Ariana Eunjung Cha, "Glowing Plants Illuminate Regulatory Debate," *Washington Post*, October 4, 2013, http://www.washingtonpost.com/national/health-science/glowing-plant-project-on-kickstarter-sparks-debate-about-regulation-of-dna-modification/2013/10/03/e01db276-1c78-11e3-82ef-a059e54c49d0_story.html (accessed November 8, 2013).

36. 同上。

37. Jeremy Rifkin, *The Biotech Century* (New York: Jeremy P. Tarcher/Putnam Books, 1998), 9.

38. Kendall Haven, *One Hundred Greatest Science Discoveries of All Time* (Westport, CT: Libraries Unlimited, 2007), 221.

39. Lydia Nenow, "To Patent or Not to Patent: The European Union's New Biotech Directive," *Houston Journal of International Law* 23(3) (2001): 25, http://www.thefreelibrary.com/To+patent+or+not+to+patent%3A+the+European+Union's+new+biotech . . . -a075908314 (accessed November 7, 2013).

第十一章 一场深刻的社会变革

1. William Henry Gates III, "An Open Letter to Hobbyists," February 3, 1976, http://www.blinkenlights.com/classiccmp/gateswhine.html (accessed February 3, 2014).

2. "What Is Free Software?," GNU Project–Free Software Foundation, June 18, 2013, http://www.gnu.org/philosophy/free-sw.html (accessed June 26, 2013).

3. 同上。

4. C. Arvind Kumar, *Welcome to the 'Free' World: A Free Software Initiative* (Hyderabad: Indian Universities Press, 2011), 28.

5. Lawrence Lessig, "Code Is Law: On Liberty in Cyberspace," *Harvard Magazine,* January-February 2000, http://harvardmagazine.com/2000/01/code-is-law-html (accessed June 13, 2013).

6. Eben Moglen, "Anarchism Triumphant: Free Software and the Death of Copyright," *First Monday* 4(8) (August 2, 1999), http://pear.accc.uic.edu/ojs/index.php/fm/article/view/684/594 (June 10, 2013).

7. Steven J. Vaughan-Nichols, "Fast, Faster, Fastest: Linux Rules

Supercomputing," *ZD Net,* June 19, 2012, http://www.zdnet.com/blog/open-source/ fast-faster-fastest-linux-rules-supercomputing/11263 (accessed June 13, 2013); Roger Parloff, "How Linux Conquered the Fortune 500," CNN Money, May 6, 2013, http://money.cnn.com/2013/05/06/technology/linux-500.pr.fortune/ (accessed November 13, 2013).

8. Moglen, "Anarchism Triumphant."

9. 同上。

10. "History of the OSI," Open Source Initiative, September 2012, http:// opensource.org/history (accessed June 13, 2013).

11. Richard Stallman, "Why 'Open Source' Misses the Point of Free Software," *Communications of the ACM* 52(6) (2009): 31.

12. 同上。

13. 同上，33。

14. Eric Steven Raymond, "The Cathedral and the Bazaar," UnderStone.net, August 22, 2001 http://www.unterstein.net/su/docs/CathBaz.pdf (accessed June 13, 2013).

15. Jeremy Rifkin, *The Empathic Civilization* (New York: Penguin Books, 2009), 266.

16. Elizabeth L. Eisenstein, *The Printing Revolution in Early Modern Europe* (Cambridge: Cambridge University Press, 1983), 95.

17. Lawrence Lessig, "Culture Wars: Getting to Peace," in *Copyright Future Copyright Freedom:Marking the 40th Anniversary of the Commencement of Australia's Copyright Act of 1968,* ed. Brian Fitzgerald and Benedict Atkinson (Sydney: Sydney University Press, 2011), 116.

18. "ICT Facts and Figures: The World in 2013," ICT Data and Statistics Division of the International Telecommunication Union, February 2013, http://www. itu.int/en/ITU-D/Statistics/Documents/facts/ICTFactsFigures2013.pdf (accessed June 20, 2013).

19. Lawrence Lessig, "Getting Our Values around Copyright Rights," *Educause Review* 45(2) (March/April 2010): 36.

20. 同上。

21. "History," Creative Commons, June 2013, http://creativecommons.org/ about/history, (accessed June 13, 2013).

22. "200 Million Creative Commons Photos and Counting!," Flickr, October

5, 2011, http://blog.flickr.net/en/2011/10/05/200-million-creative-commons-photos-and-counting (accessed June 26, 2013).

23. Dara Kerr, "YouTube breaks records with 4M Creative Commons Videos," CNET, July 25, 2012, http://news.cnet.com/8301-1023_3-57480300-93/youtube-breaks-records-with-4m-creative-commons-videos/ (accessed June 23, 2013).

24. "History," Creative Commons.

25. "Personal Genome Project—Homepage," Personal Genome Project, 2013, http://www.personal genomes.org/ (accessed June 23, 2013).

26. 同上 ; David Ewing Duncan, "On a Mission to Sequence the Genomes of 100,000 People," *New York Times,* June 7, 2010, http://www.nytimes.com/2010/06/08/science/08church.html (accessed November 13, 2013).

27. "Sharing Policies," Personal Genome Project, 2013, http://www.personalgenomes.org/sharing (accessed June 23, 2013).

28. Lessig, "Getting Our Values around Copyright Rights," 42.

29. James Boyle, "The Second Enclosure Movement and the Construction of the Public Domain," *Law and Contemporary Problems* 66(33) (2003): 37.

30. 同上, 40。

31. 同上, 48。

32. Nicholas Polunin and Jacques Grinevald, "Vernadsky and Biosphere Ecology," *Environmental Conservation* 15(2) (Summer 1988): 117–122.

33. 同上。

34. James E. Lovelock and Lynn Margulis, "Atmospheric Homeostasis By and For the Biosphere: The Gaia Hypothesis," *Tellus* 26 (1–2) (1974): 2–10.

35. Geoffrey Lean, "Focus: Trade Wars–The Hidden Tentacles of the World's Most Secret Body," *Independent,* July 18, 1999, http://www.independent.co.uk/life-style/focus-trade-wars—the-hidden-tentacles-of-the-worlds-most-secret—body-1107215.html (accessed July 1, 2013).

36. Kim Murphy and Lynn Marshall, "WTO Protesters Return to Seattle without the Violence of Last Year," *Los Angeles Times,* December 1, 2000, http://articles.latimes.com/2000/dec/01/news/mn-59763 (accessed October 22, 2013).

37. Sonny Bono Copyright Term Extension Act, PL 105–298, 105th Congress, 2nd Session, October 27, 1998, http://www.gpo.gov/fdsys/pkg/PLAW-105publ298/pdf/PLAW-105publ298.pdf (accessed June 13, 2013).

38. Digital Millennium Copyright Act, PL 105–304, 105th Congress, 2nd

零边际成本社会

406

THE
ZERO
MARGINAL
COST SOCIETY

Session, October 28, 1998, http://www.gpo.gov/fdsys/pkg/PLAW-105publ304/pdf/
PLAW-105publ304.pdf (accessed June 13, 2013).

39. Jay Walljasper, "From Middle East to Wall Street, Justice Depends
on Public Spaces," *Commons Magazine,* June 25, 2012, http://onthecommons.
org/magazine/middle-east-wall-street-justice-depends-public-spaces (accessed
November 7, 2013).

40. 同上。

41. Jonathan Rowe, "The Hidden Commons," *Yes! Magazine,* June 30, 2001,
http://www.yesmagazine.org/issues/reclaiming-the-commons/the-hidden-commons
(accessed June 16, 2013).

42. Mike Bergan, "The American Commons," 10,000 Birds, August 6, 2007,
http://10000birds.com/the-american-commons.htm (accessed July 2, 2013).

43. Yochai Benkler, "Coase's Penguin, or, Linux and *The Nature of the Firm,*"
Yale Law Journal 112(369) v.04.3 (August 2002): 1–2, http://www.benkler.org/
CoasesPenguin.PDF (accessed June 26, 2013).

44. Peter Barnes, *Capitalism 3.0: A Guide to Reclaiming the Commons* (San
Francisco: Berrett-Koehler Publishers, 2006), xiv.

第十二章　基础设施：重大经济变革的关键

1. Yochai Benkler, *The Wealth of Networks: How Social Production Transforms
Markets and Freedom* (New Haven, CT: Yale University Press, 2006), 470.

2. Brett M. Frischmann, "Cultural Environmentalism and *The Wealth of
Networks,*" *University of Chicago Law Review* 74(1083) (2001): 1132.

3. 同上，1133。

4. "Internet Corporations for Assigned Names and Numbers: Board of
Directors," ICANN, 2013, http://www.icann.org/en/groups/board (accessed June 13,
2013).

5. "Who Governs the Internet," Global Partners and Associates, 3, http://www.
global-partners.co.uk/wp-content/uploads/who-governs-internet_web2.pdf (accessed
June 13, 2013).

6. 同上。

7. Chengetai Masango, "About the Internet Governance Forum," Internet
Governance Forum, October 17, 2011, http://www.intgovforum.org/cms/aboutigf
(accessed June 13, 2013).

8. "Who Governs the Internet," 4.

9. 同上，7。

10. 同上，8。

11. Patricia O'Connell, ed. "Online Extra: At SBC, It's All about Scale and Scope," *Bloomberg Businessweek,* November 6, 2005, http://www.businessweek.com/stories/2005-11-06/online-extra-at-sbc-its-all-about-scale-and-scope.

12. Kevin O'Brien, "Limiting Data Use in Germany," *New York Times,* May 12, 2013, http://www .nytimes.com/2013/05/13/technology/deutsche-telekom-data-use-and-net-neutrality.html.

13. 同上。

14. "Open Internet," Federal Communications Commission, http://www.fcc.gov/openinternet#rules.

15. Brett Frischmann, *Infrastructure: The Social Value of Shared Resources* (New York: Oxford University Press, 2013), 349.

16. Tim Berners-Lee, "Long Live the Web: A Call for Continued Open Standards and Neutrality," *Scientific American,* November 22, 2010, http://www.scientificamerican.com/article.cfm?id=long-live-the-web&print=true.

17. 同上。

18. 同上。

19. 同上。

20. Matt Beswick, "Google Search Queries by the Numbers," *STAT,* July 27, 2012, http://getstat.com/blog/google-search-queries-the-numbers/.

21. "Internet and Search Engine Usage by Country," Globalization Partners International, 2011, http://ptgmedia.pearsoncmg.com/images/9780789747884/supplements/9780789747884_appC.pdf (accessed June 13, 2013).

22. Glenn Chapman, "Google 2012 Revenue Hits $50 Billion, Profits Up," *Dawn,* January 23, 2013, http://beta.dawn.com/news/780915/google-2012-revenue-hits-50-billion-profits-up.

23. "Social Media Market Share," KarmaSnack, 2013, http://www.karmasnack.com/about/social-media-market-share/ (accessed June 14, 2013); "Number of Active Users at Facebook Over the Years," *Yahoo! News* (Associated Press), May 1, 2013, http://news.yahoo.com/number-active-users-facebook-over-230449748.html.

24. Alexis C. Madrigal, "The Case for Facebook," *Atlantic,* May 29, 2012, http://www.theatlantic.com/technology/archive/2012/05/the-case-for-

facebook/257767/.

25. Robert Hof, "Poof! $1 Billion Slashed from 2012 Facebook Revenue Forecast," *Forbes,* August 30, 2012, http://www.forbes.com/sites/roberthof/2012/08/30/poof-1-billion-slashed-from-2012-facebook-revenue-forecast/.

26. Lisa O'Carroll, "Twitter Active Users Pass 200 Million," *Guardian,* December 18, 2012, http://www.guardian.co.uk/technology/2012/dec/18/twitter-users-pass-200-million.

27. Jonathan Erlichman and Brian Womack, "Twitter Said to Expect $1 Billion in Ad Revenue in 2014," *Bloomberg,* June 2, 2012, http://www.bloomberg.com/news/2012-06-01/twitter-said-to-expect-1-billion-in-sales-in-2014-on-ad-growth.html.

28. Hal Singer, "Who Competes with Google Search? Just Amazon, Apple, and Facebook," *Forbes,* September 18, 2012, http://www.forbes.com/sites/halsinger/2012/09/18/who-competes-with-google-in-search-just-amazon-apple-and-facebook/.

29. "Inside Amazon," Amazon.com, http://india.amazon.com/InsideAmazon.html (accessed June 28, 2013).

30. Justus Haucap and Ulrich Heimeshoff, "Google, Facebook, Amazon, eBay: Is the Internet Driving Competition or Market Monopolization?," Dusseldorf Institute for Competition Economics, no. 83, January 2013.

31. Alex Wilhelm, "eBay Beats Expectations with Q4 Revenues of $3.99 Billion, EPS of $0.70 on Back of Strong PayPal Performance," *TNW,* January 16, 2013, http://thenextweb.com /insider/2013/01/16/ebays-hitsmisses-with-q4-revenue-of-earnings-per-share-of/.

32. Paul Sawers, "Facebook Twitter, iTunes, and Google: The Rise of Digital Monopolies," *TNW,* October 2, 2011, http://thenextweb.com/insider/2011/10/02/facebook-twitter-itunes-and-google-the-rise-of-digital-monopolies/.

33. Tim Wu, "In the Grip of the New Monopolists," *Wall Street Journal,* November 13, 2010, http://online.wsj.com/article/SB10001424052748704635704575604993311538482.html.

34. 同上。

35. Lam Thuy Vo, "Another Ridiculous Number from the Patent Wars," *NPR Planet Money,* April 27, 2012, http://www.npr.org/blogs/money/2012/04/27/151357127/another-ridiculous-number-from-the-patent-wars.

36. Angus Johnston, "Still More Questions about Why Wikileaks Hasn't Trended on Twitter," *Student Activism,* December 5, 2010, http://studentactivism. net/2010/12/05/wikileaks-twitter-3/.

37. Tarleton Gillespie, "Can an Algorithm Be Wrong? Twitter Trends, the Specter of Censorship, and Our Faith in the Algorithms around Us," *Social Media Collective,* October 19, 2011, http://socialmediacollective.org/2011/10/19/can-an-algorithm-be-wrong/.

38. 同上。

39. Zeynep Tufekci, "Google Buzz: The Corporatization of Social Commons," *Technosociology,* February 17, 2010, http://technosociology.org/?p=102.

40. "From the New Deal to a New Century," Tennessee Valley Authority, http://www.tva.com/abouttva/history.htm (accessed June 14, 2013); Phillip F. Schewe, *The Grid* (Washington, DC: Joseph Henry Press, 2007), 101.

41. Harold Hotelling, "The General Welfare in Relation to Problems of Taxation and of Railway and Utility Rates," *Econometrica* 6(3) (July, 1938): 258.

42. 同上。

43. 同上。

44. 同上。

45. 同上，258–59。

46. R. H. Coase, "The Marginal Cost Controversey," *Economica,* 13(51) (August 1946): 176.

47. "Rural Electrification Administration," Next New Deal, February 25, 2011, http://www.nextnewdeal.net/rural-electrification-administration.

48. "Tennessee Valley Authority," United States History, http://www.u-s-history. com/pages/h1653.html.

49. "Vote for Republican Congressmen," *Chicago Tribune,* November 4, 1934, 46.

50. David E. Nye, *Electrifying America: Social Meanings of a New Technology, 1880–1940* (Cambridge, MA: MIT Press, 1991), 317.

51. 同上，318。

52. 同上，320。

53. 同上，322。

54. Ronald C. Tobey, *Technology as Freedom: The New Deal and the Electrical Modernization of the American Home* (Berkeley: University of California Press,

1996), 6.

55. Nye, *Electrifying America,* 321.

56. "Path to Prosperity," SEIU, January 2009, 9–10, http://www.seiu.org/images/pdfs/Path_to_Prosperity.pdf.

57. "Rural Energy Savings Program: Frequently Asked Questions," *Assistant Democratic Leader,* http://assistantdemocraticleader.house.gov/index.cfm?a=Files.Serve&File_id=c77509d5-0838-4371-bc47-d7e20f509375 (accessed October 28, 2013).

58. "Rural Electric," University of Wisconsin Center for Cooperatives, Research on the Economic Impact of Cooperatives, http://reic.uwcc.wisc.edu/electric/.

59. "Co-op Facts & Figures," National Rural Electric Cooperative Association, 2013, http://www.nreca.coop/members/Co-opFacts/Pages/default.aspx.

60. 同上。

61. "Cooperative Principles and Values," International Cooperative Alliance, 2011, http://www.cdi.coop/icaprinciples.html.

62. 同上。

63. "The Rochdale Principles," Rochdale Pioneers Museum, http://www.rochdalepioneersmuseum.coop/about-us/the-rochdale-principles.

64. "Cooperative Facts and Figures," International Cooperative Alliance, http://ica.coop/en/whats-co-op/co-operative-facts-figures (accessed September 4, 2013); "Cooperatives Around the World," 2012 International Year of Cooperatives, 2012, http://usa2012.coop/about-co-ops/cooperatives-around-world (accessed November 12, 2013).

65. Paul Hazen, "Remarks of Paul Hazen—White House Meeting, June 2, 2011," National Cooperative Business Association, June 2, 2011, http://www.ncba.coop/component/content/article/6-what-we-do/1087-remarks-of-paul-hazen-white-house-meeting-june-2-2011.

66. Joan Sanstadt, "Cooperatives Have Important Worldwide Role," *Agri-View,* October 11, 2012, http://www.agriview.com/news/regional/cooperatives-have-important-worldwide-role/article_09b0b020-13f1-11e2-ae03-001a4bcf887a.html.

67. 同上。

68. "Welcome to Land O'Lakes, Inc.," Land O'Lakes Inc., 2011, http://www.landolakesinc.com/company/default.aspx (accessed June 19, 2013); "National Grape

Cooperative," Welch's International, 2012, http://www.welchsinternational.com/resources/coop.shtml (accessed June 19, 2013).

69. "Profiles of a Movement: Co-operative Housing around the World," CECODHAS Housing Europe, April 2012, http://www.housingeurope.eu/issue/2577.

70. David Rodgers, "Housing Co-Operative: Some Comparative Statistics," Northern Ireland Co-operative Forum, May 9, 2012, nicoop-forum.co.uk/wp-content/ . . . /David-Rodgers-9th-May-20121.ppt.

71. "Profiles of a Movement."

72. 同上。

73. Hans Groeneveld and August Sjauw-Koen-Fa, "Co-Operative Banks in the New Financial System," Rabobank Group, October 2009, http://www.globalcube.net/clients/eacb/content/medias/publications/external_studies/cb_financial_system_Rabobank_2009.pdf.

74. Giselle Weybrecht, "2012 International Year of Cooperatives and Management Education–Introduction (part 1)," *Prime Time,* November 27, 2012, http://primetime.unprme.org/2012/11/27/2012-international-year-of-cooperatives-and-management-education-introduction-part-1/.

75. "International Co-operatives," *Year Book Australia,* 2012, http://www.abs.gov.au/ausstats/abs@.nsf/Lookup/by%20Subject/1301.0~2012~Main%20Features~International%20co-operatives~291.

76. "Statement for the Record of the House Financial Services Committee Hearing on Financial Literacy and Education: The Effectiveness of Governmental and Private Sector Initiatives," Credit Union National Association, April 15, 2008, http://ow.ly/mdE4I.

77. Catherine New, "Credit Union Deposits Outpaced Banks since WaMu Failure, Study," *Huffington Post,* August 2, 2012, http://www.huffingtonpost.com/2012/08/02/credit-union-deposits_n_1733448.html.

78. Credit Union Industry Assets Top $1 Trillion, National Credit Union Administration, March 2012, httpwww.ncua.govNewsPagesNW20120601AssetsTrillion.aspx (accessed November 13, 2013).

79. Clare Taylor, "Renewable Energy Cooperatives: Power to the People," *The Energy Collective,* February 15, 2013, http://theenergycollective.com/claretaylor/186416/power-people-growth-renewable-energy-cooperatives.

80. Bernward Janzing, "Energy Cooperatives Are Booming in Germany," *DW,*

July 6, 2012, http://www.dw.de/energy-cooperatives-are-booming-in-germany/ a-16076317.

81. Jeevan Vasagar, "German Farmers Reap Benefits of Harvesting Renewable Energy," *Financial Times,* December 2, 2013, http://www.ft.com/intl/cms/s/0/ f2bc3958-58f4-11e3-9798-00144feabdc0.html#axzz2nMj6ILk2 (accessed December 13, 2013).

82. Janzing, "Energy Cooperatives Are Booming in Germany."

83. "About Middelgrunden Wind Cooperative," Middelgrundens Vindmollelaug Windfarm, 2003, http://www.middelgrunden.dk/middelgrunden/?q=en/node/35.

84. Peter Jacob JØrgensen, "SamsØ: A Renewable Energy Island," *PlanEnergi* (2007): 7, 50, http://sallan.org/pdf-docs/Samso.pdf.

85. Tildy Bayar, "Community Wind Arrives Stateside," *Renewable Energy World,* July 5, 2012, http://www.renewableenergyworld.com/rea/news/ article/2012/07/community-wind-arrives-stateside.

86. Megan McKoy, "Tackling Climate Change: Renewing Innovation," *Rural Missouri,* May 2009, http://www.ruralmissouri.org/NRECAClimateChange/ ClimateChange11.html.

87. Susan Kraemer, "Rural Electric Cooperative Completes $240 Million Wind Farm in 4 Months," *Clean Technica,* January 1, 2010, http://cleantechnica. com/2010/01/01/rural-electric-cooperative-completes-240-million-wind-farm-in-4-months/.

88. 同上。

89. "Electric Cooperatives and Renewable Energy: Our Commitment to America," National Rural Electric Cooperative Association, March 2012, http:// www.touchstoneenergy.com/about/Documents/RenewableEnergyBrochure.pdf.

90. Jakob Miller and Jens Rommel, "Is There a Future Role for Urban Electricity Cooperatives? A Case of Greenpeace Energy," University of Berlin, http://academia.edu/603390/IS_THERE_A_FUTURE_ROLE_FOR_URBAN_ ELECTRICITY_COOPERATIVES_THE_CASE_OF_GREENPEACE_ENERGY.

91. "Facts at a Glance," Public Transportation Takes Us There, http://www. publictransportation.org/news/facts/Pages/default.aspx; "Statistics," International Association of Public Transport, http://www.uitp.org/knowledge/Statistics.cfm.

92. Benoit Montreuil, "Towards a Physical Internet: Meeting the Global Logistics Sustainability Grand Challenge," CIRRELT, January 2011, 2, https://www.

cirrelt.ca/DocumentsTravail/CIRRELT-2011-03.pdf.

93. "Potential for Energy Efficiency Improvement beyond the Light-Duty-Vehicle Sector," Office of Energy Efficiency and Renewable Energy, February 2013, http://www.nrel.gov/docs/fy13osti/55637.pdf, 12, 13.

94. "Manufacturing and Trade Inventories and Sales—April 2013," *U.S. Census Bureau News,* June 13, 2013, http://www.census.gov/mtis/www/data/pdf/mtis_current.pdf.

95. Montreuil, "Towards a Physical Internet," 5.

96. 同上，2。

97. 同上，2。

98. "Path to Prosperity," SEIU, 4, http://www.seiu.org/images/pdfs/Path_to_Prosperity.pdf.

99. Montreuil, "Towards a Physical Internet," 2–5.

100. 同上。

101. 同上，15。

102. Josie Garthwaite, "Smarter Trucking Saves Fuel over the Long Haul," *National Geographic,* September 23, 2011, http://news.nationalgeographic.com/news/energy/2011/09/110923-fuel-economy-for-trucks/.

第十三章　从所有权到使用权的转变

1. Amy Chozick, "As Young Lose Interest in Cars, G.M. Turns to MTV for Help," *New York Times,* March 22, 2012, http://www.nytimes.com/2012/03/23/business/media/to-draw-reluctant-young-buyers-gm-turns-to-mtv.html?pagewanted=all (accessed May 29, 2013).

2. Stephanie Steinberg and Bill Vlasic, "Car-Sharing Services Grow, and Expand Options," *New York Times,* January 25, 2013, http://www.nytimes.com/2013/01/26/business/car-sharing-services-grow-and-expand-options.html?_r=0 (accessed May 29, 2013).

3. "Growing Awareness of Peer-to-Peer Car Sharing Will Boost Car Sharing Rentals in Less Populated Areas in Europe, Says Frost & Sullivan," Frost & Sullivan, August 22, 2012, http://www.frost.com/ (accessed May 29, 2013); "Car Sharing—Driving the Way to a Greener Future, Says Frost & Sullivan," Frost & Sullivan, February 18, 2010, http://www.frost.com/prod/servlet/press-release.pag?Src=RSS&docid=193331843 (accessed May 29, 2013); Danielle Sacks,

"The Sharing Economy," *Fast Company,* May 2011, http://www.fastcompany. com/1747551/sharing-economy (accessed March 19, 2013).

4. Elliot Martin and Susan Shaheen, "The Impact of Carsharing on Household Vehicle Ownership," *ACCESS* 38 (Spring 2011): 24.

5. David Zhao, "Carsharing: A Sustainable and Innovative Personal Transport Solution with Great Potential and Huge Opportunities," Frost & Sullivan, January 28, 2010, https://www.frost.com/sublib/display-market-insight.do?id=190795176 (accessed May 29, 2013).

6. Elliot Martin and Susan Shaheen, "The Impact of Carsharing on Public Transit and Non-Motorized Travel: An Exploration of North American Carsharing Survey Data," *Energies* 4 (2011): 2094–2114.

7. Susan A. Shaheen et al., "Public Bikesharing in North America: Early Operator and User Understanding," Mineta Transportation Institute, June 2012, 1.

8. Susan A. Shaheen et al., "Bikesharing in Europe, the Americas, and Asia: Past, Present, and Future," *Transportation Research Record: Journal of the Transportation Research Board* 2143 (October 2010): 159–167.

9. Susan A. Shaheen et al., "Public Bikesharing in North America," 27.

10. 同上，16。

11. Anita Hamilton, "Will Car-Sharing Networks Change the Way We Travel?," *Time,* February 7, 2012, http://www.time.com/time/specials/packages/artic le/0,28804,2094921_2094923_2106141,00.html (accessed May 29, 2013).

12. Adam Cohen, Susan Shaheen, and Ryan McKenzie, "Carsharing: A Guide for Local Planners," *PAS Memo* (2008), http://pubs.its.ucdavis.edu/download_pdf. php?id=1240 (accessed February 3, 2014).

13. "Autolib' Brings Intelligent Car-Sharing to the Streets of Paris and Suburbs," Microsoft News Center, February 12, 2013, http://www.microsoft.com/ en-us/news/Features/2013/Feb13/02-12autolib.aspx (accessed May 29, 2013).

14. Dave Zhao, "Carsharing: A Sustainable and Innovative Personal Transport Solution with Great Potential and Huge Opportunities," Frost and Sullivan, January 28, 2010, http://www.frost.com/prod/servlet/market-insight-print. pag?docid=190795176 (accessed November 12, 2013).

15. Jeff Cobb, "GM Partners on Ground Floor Opportunity with RelayRides Carsharing," GM-Volt.com, October 10, 2011, http://gm-volt.com/2011/10/10/gm-partners-on-ground-floor-opportunity-with-relayrides-carsharing/ (accessed May 29,

2013).

16. "GM Enters Carsharing Business; Teams Up with RelayRides," GM News, October 5, 2011, http://media.gm.com/media/us/en/gm/news.detail.html /content / Pages/news/us/en/2011/Oct/1005_relay.html (accessed May 29, 2013).

17. Lawrence Burns, "A Vision of Our Transport Future," *Nature* 497 (May 9, 2013): 181–82.

18. 同上。

19. Joann Muller, "With Driverless Cars, Once Again It Is California Leading the Way," *Forbes,* September 26, 2012, http://www.forbes.com/sites/joannmuller/2012/09/26/with-driverless-cars-once-again-it-is-california-leading-the-way/ (accessed June 2, 2013).

20. Chris Urmson, "The Self-Driving Car Logs More Miles on New Wheels," *Google Blog,* August 7, 2012, http://googleblog.blogspot.com/2012/08/the-self-driving-car-logs-more-miles-on.html (accessed June 2, 2013).

21. Mary Slosson, "Google Gets First Self-Driven Car License in Nevada," Reuters, May 8, 2012, http://www.reuters.com/article/2012/05/08/uk-usa-nevada-google-idUSLNE84701320120508 (accessed June 3, 2013).

22. Alex Hudson, "Will Driverless Cars Mean Computer Crashes?," BBC News, October 1, 2012, http://news.bbc.co.uk/2/hi/programmes/9755210.stm (accessed June 2, 2013).

23. John Markoff, "Google Cars Drive Themselves, in Traffic," *New York Times,* October 9, 2010, http://www.nytimes.com/2010/10/10/science/10google.html?pagewanted=all&_r=0 (accessed June 2, 2013).

24. "2012 U.S. Automotive Emerging Technologies Study," J.D. Power and Associates, April 26, 2012, http://autos.jdpower.com/content/press-release/gGOwCnW/2012-u-s-automotive-emerging-technologies-study.htm (accessed June 3, 2013).

25. Jack Ewing, "A Benz with a Virtual Chauffeur," *New York Times,* May 16, 2013, http://www.nytimes.com/2013/05/19/automobiles/a-benz-with-a-virtual-chauffeur.html?pagewanted=all&_r=0 (accessed May 28, 2013).

26. Emi Kolawole, "A Win For Google's Driverless Car: Calif. Governor Signs a Bill Regulating Autonomous Vehicles," *Washington Post,* September 25, 2012, http://www.washingtonpost.com(accessedJune 2, 2013).

27. Jeremy Rifkin, *The Age of Access: The New Culture of Hypercapitalism*

Where All of Life Is a Paid-For Experience (New York: Tracher/Penguin, 2000), 6, 14.

28. Matthew Ruben, "Forgive Us Our Trespasses? The Rise of Consumer Debt in Modern America," *ProQuest,* February 2009, http://www.csa.com/discoveryguides/debt/review.php (accessed February 3, 2014).

29. Danielle Sacks, "The Sharing Economy," Fast Company, May 2011, http://www.fastcompany .com/1747551/sharing-economy (accessed November 12, 2013).

30. Rachel Botsman and Roo Rogers, *What's Mine Is Yours: The Rise of Collaborative Consumption* (New York: HarperCollins, 2010), xv–xvi.

31. Bruce Upbin, "Airbnb Could Have More Rooms than Hilton by 2012," *Forbes,* June 29, 2011, http://www.forbes.com/sites/bruceupbin/2011/06/29/airbnb-could-have-more-rooms-than-hilton-by-2012/ (accessed June 18, 2013).

32. "Airbnb at a Glance," https://www.airbnb.com/about (accessed June 18, 2013).

33. "Airbnb Global Growth," https://www.airbnb.com/global-growth (accessed June 18, 2013).

34. Andrew Cave, "Airbnb Plans to Be World's Largest Hotelier," *Telegraph,* November 16, 2013, http://www.telegraph.co.uk/finance/newsbysector/retailandconsumer/leisure/10454879/Airbnb-plans-to-be-worlds-larget-hotelier.html (accessed November 26, 2013).

35. "Couchsurfing: Statistics," Couchsurfing, 2013, https://www.couchsurfing.org/statistics (accessed June 19, 2013).

36. Cody Kittle, "Adventures in Couch Surfing: One Sojourner's Truth," *Time,* February 15, 2011, http://www.time.com/time/printout/0,8816,2045092,00.html# (accessed June 19, 2013).

37. "Couchsurfing: Sharing Your Life," Couchsurfing, 2013, https://www.couchsurfing.org/n/about (accessed June 19, 2013).

38. Cody Kittle, "Adventures in Couch Surfing."

39. "Couchsurfing: Statistics."

40. Katherine Boyle, "Why Buy that Dress, Movie, Car or Bike When You Can Rent?" *Washington Post,* March 4, 2012, http://articles.washingtonpost.com/2012-03-04/lifestyle/35449189_1_zipcar-rent-ties (accessed June 15, 2013).

41. "History and Background," The Freecycle Network, http://www.freecycle.org/about/background (accessed June 27, 2013).

42. Sarah Perez, "Kids' Clothing Consignment Service ThredUP Prepares to Take on Threadflip, Poshmark & More with Move into Women's Apparel," TechCrunch, February 20, 2013, http://techcrunch.com/2013/02/20/kids-clothing-consignment-service-thredup-prepares-to-take-on-threadflip-poshmark-more-with-move-into-womens-apparel/ (accessed June 18, 2013).

43. "ThredUP Jobs with Part-Time, Telecommuting, or Flexible Working," FlexJobs, http://www.flexjobs.com/jobs/telecommuting-jobs-at-thredup (accessed June 18, 2013).

44. Sarah Perez, "Kids' Clothing Consignment Service thredUP."

45. Benny Evangelista, "S.F.'s Yerdle: Sharing Not Shopping," *San Francisco Chronicle,* November 24, 2012, http://www.sfgate.com/technology/article/S-F-s-yerdle-sharing-not-shopping-4063638.php (accessed June 18, 2013).

46. Neal Gorenflo, "How Big Retail Could Mainstream Collaborative Consumption Overnight," *Shareable*, June 6, 2012, http://www.shareable.net/blog/how-big-retail-could-mainstream-collaborative-consumption-overnight (accessed June 19, 2013).

47. 同上。

48. 同上。

49. 同上。

50. Alex Pasternack, "SharedEarth.com: A Landshare Grapevine Linking Gardeners with Gardens," TreeHugger, April 29, 2010, http://www.treehugger.com/green-food/sharedearthcom-a-landshare-grapevine-linking-gardeners-with-gardens.html (accessed June 21, 2013).

51. 同上。

52. 同上。

53. Charlotte Howard, "The Temporary Calm," *Economist,* January 9, 2013, http://www.economist.com/blogs/democracyinamerica/2013/01/health-care-spending (accessed June 18, 2013).

54. Sarah Arnquist, "Research Trove: Patients' Online Data," *New York Times,* August 24, 2009, http://www.nytimes.com/2009/08/25/health/25web.html?pagewanted=all&_r=0 (accessed June 18, 2013).

55. Gilles J. Frydman, "Patient-Driven Research: Rich Opportunities and Real Risks," *Journal of Participatory Medicine* 1 (October 2009), http://www.medscape.com/viewarticle/713872 (accessed June 19, 2013).

56. 同上。

57. Bruce Upton, "PatientsLikeMe is Building a Self-Learning Healthcare System," *Forbes,* March 1, 2013, http://www.forbes.com/sites/bruceupbin/2013/03/01/building-a-self-learning-healthcare-system-paul-wicks-of-patientslikeme/ (accessed June 19, 2013); Frydman, "Patient-Driven Research."

58. "PatientsLikeMe Social Network Refutes Published Clinical Trial," PatientsLikeMe, April 25, 2011, http://news.patientslikeme.com/press-release/patientslikeme-social-network-refutes-published-clinical-trial (accessed June 20, 2013).

59. 同上。

60. Frydman, "Patient-Driven Research."

61. "Wikipedians," Wikipedia, https://en.wikipedia.org/wiki/Wikipedia:Wikipedians (accessed June 18, 2013).

62. Dan Hoch and Tom Ferguson, "What I've Learned from E-Patients," *PLOS Medicine* 2(8) (2005), http://www.plosmedicine.org/article/info:doi/10.1371/journal.pmed.0020206 (accessed June 19, 2013).

63. 同上。

64. 同上。

65. "Vice President Biden Announces Availability of Nearly $1.2 Billion in Grants to Help Hospitals and Doctors Use Electronic Health Records," White House Statements and Releases, August 20, 2009, http://www.whitehouse.gov/the-press-office/vice-president-biden-announces-availability-nearly-12-billion-grants-help-hospitals (accessed June 20, 2013).

66. Tim Carmody, "Google and CDC Show US Flu Epidemic among Worst in a Decade," *Verge,* January 10, 2013, http://www.theverge.com/2013/1/10/3861538/google-cdc-show-us-flu-epidemic-among-worst-in-decade (accessed June 19, 2013).

67. Brooke Jarvis, "Twitter Becomes a Tool for Tracking Flu Epidemics and Other Public Health Issues," *Washington Post,* March 4, 2013, http://articles.washingtonpost.com/2013-03-04/national/37429814_1_twitter-data-tweets-mark-dredze (accessed June 19, 2013).

68. Claire Barrett, "One Day It Will be Possible to 3-D-Print Human Heart," *Dezeen,* May 19, 2013, http://www.dezeen.com/2013/05/19/3d-printing-organs-medicine-print-shift/ (accessed July 12, 2013).

69. Scott Smith, "Coming Soon to a 3-D Printer near You: Human Tissue and

Organs," *Quartz,* April 30, 2013, http://qz.com/78877/how-soon-will-we-be-able-to-3-d-print-entire-human-organs-sooner-than-you-think/ (accessed July 11, 2013).

70. Stuart Gray, "3-D Printing Creates Synthetic 'Tissue,'" ABC Science, April 5, 2013, http://www.abc.net.au/science/articles/2013/04/05/3729985.htm (July 12, 2013).

71. Laura Ungar, "Researchers Closing in on Printing 3-D Hearts," *USA Today,* May 29, 2013, http://www.usatoday.com/story/tech/2013/05/29/health-3d-printing-organ-transplant/2370079/ (accessed July 11, 2013).

72. Mikayla Callen, "Scientists Advance 3-D Printing toward Fabrication of Living Tissues and Functional Organs," *Objective Standard,* May 9, 2013, http://www.theobjectivestandard.com/blog/index.php/2013/05/scientists-advance-3d-printing-toward-fabrication-of-living-tissues-and-functional-organs/ (accessed July 11, 2013).

73. "The Text of President Bush's Address Tuesday Night, after Terrorist Attacks on New York and Washington," CNN, September 11, 2001, http://archives.cnn.com/2001/US/09/11/bush.speech.text.

74. "Magna Global Advertising Forecast 2013," *Magna Global,* http://news.magnaglobal.com/magna-global/press-releases/advertising-growth-2013.print.

75. Katherine A. MacKinnon, "User Generated Content vs. Advertising: Do Consumers Trust the Word of Others over Advertisers?" *Elon Journal of Undergraduate Research in Communications* 3 (Spring 2012): 14.

76. Myles Anderson, "Study: 72% of Consumers Trust Online Reviews as Much as Personal Recommendations," *Search Engine Land,* March 12, 2012, http://searchengineland.com/study-72-of-consumers-trust-online-reviews-as-much-as-personal-recommendations-114152.

77. Kate Brown, "Review Websites: Is It a Genuine Review or Advertising in Disguise?," *Choice: The People's Watchdog,* January 23, 2013, http://www.choice.com.au/reviews-and-tests/money/shopping-and legal/shopping/review%20sites.aspx.

78. MacKinnon, "User Generated Content vs. Advertising."

79. Anderson, "Study: 72% of Consumers Trust Online Reviews."

80. "About," Consumr: The People's Product Guide, http://www.consumr.com/about (accessed November 4, 2013); "GoodGuide Delivered to Your Phone," *GoodGuide,* 2011, http://www.goodguide.com/about/mobile (accessed June 19,

2013).

81. MacKinnon, "User Generated Content vs. Advertising," 18.

82. Michael Learmonth, "As Fake Reviews Rise, Yelp, Others Crack Down on Fraudsters," *Advertising Age,* October 30, 2012, http://adage.com/article/digital/fake-reviews-rise-yelp-crack-fraudsters/237486/.

83. "Craigslist Factsheet," Craigslist, updated March 27, 2013, http://www.craigslist.org/about/factsheet.

84. Jeff Jarvis, "When Innovation Yields Efficiency," *BuzzMachine,* June 12, 2009, http://buzzmachine.com/2009/06/12/when-innovation-yields-efficiency/.

85. "Craigslist Factsheet."

86. Saul J. Berman, Bill Battino, Louisa Shipnuck, and Andreas Neus, "The End of Advertising as We Know It," IBM Global Business Services, 2007, 8, http://www-05.ibm.com/de/media/downloads/end-of-advertising.pdf.

87. Eric Clemons, "Why Advertising Is Failing on the Internet," *Tech Crunch,* March 22, 2009, http://techcrunch.com/2009/03/22/why-advertising-is-failing-on-the-internet/.

88. 同上。

89. "The End of the Free Lunch—Again," *Economist,* March 19, 2009, http://www.economist.com/node/13326158.

90. "Magna Global Advertising Forecast 2013"; "IAB Internet Advertising Revenue Report—2012 Full Year Results," PricewaterhouseCoopers, April 2013, http://www.iab.net/media/file/IAB_PWC_Internet_Advertising_Revenue_Report_FY_2012_Apr_16_2013.pdf.

91. Ki Mae Heussner, "Internet Advertising Still a Growth Business, but Pace Slows," *Gigaom,* October 11, 2012, http://gigaom.com/2012/10/11/internet-advertising-still-a-growth-business-but-pace-slows/.

92. Claire Cain Miller, "Google Grapples with Mobile," *International New York Times,* October 19–20, 2013, 14.

93. 同上。

94. "National Study Quantifies the 'Sharing Economy' Movement," *PRNewswire,* February 8, 2012, http://www.prnewswire.com/news-releases/national-study-quantifies-the-sharing-economy-movement-138949069.html (accessed March 19, 2013).

95. Neal Gorenflo, "The New Sharing Economy," *Shareable,* December 24,

2010, http://www.shareable.net/blog/the-new-sharing-economy (accessed March 19, 2013).

96. Bryan Walsh, "10 Ideas that Will Change the World: Today's Smart Choice: Don't Own. Share," *Time,* March 17, 2011, http://www.time.com/time/specials/packages/article/0,28804,2059521_2059717,00.html (accessed March 19, 2013).

97. Danielle Sacks, "The Sharing Economy," *Fast Company,* April 18, 2011, http://www.fastcompany.com/1747551/sharing-economy (accessed March 19, 2013).

98. Bob Van Voris, "Apple Battles E-Books Pricing Claims in Antitrust Trial," *Bloomberg,* June 3, 2012, http://www.bloomberg.com/news/2013-06-03/apple-to-fight-e-books-pricing-claims-in-antitrust-trial.html (accessed June 4, 2013).

99. Geert De Clercq, "Renewables Turn Utilities into Dinosaurs of the Energy World," Reuters, March 8, 2013, http://www.reuters.com/article/2013/03/08/us-utilities-threat-idUSBRE92709E20130308 (accessed August 30, 2013).

第十四章　众筹社会资本、民主化货币、人性化企业以及对工作的思考

1. Matthew Ericson, Elaine He, and Amy Schoenfeld, "Tracking the $700 Billion Bailout," *New York Times,* June 19, 2009, http://www.nytimes.com/packages/html/national/200904_CREDITCRISIS/recipients.html (accessed March 29, 2013).

2. "Peer-to-Peer Lending: How Zopa Works," Zopa, http://uk.zopa.com/about-zopa/peer-to-peer-lending (accessed June 11, 2013).

3. David Bornstein, "Crowdfunding Clean Energy," *New York Times,* March 6, 2013, http://opinionator.blogs.nytimes.com/2013/03/06/crowd-funding-clean-energy/ (accessed March 6, 2013).

4. "Amazon Payment Fees," Amazon, http://www.kickstarter.com/help/amazon (accessed June 11, 2013); "What Is Kickstarter?" Kickstarter, http://www.kickstarter.com/hello?ref=nav (accessed June 11, 2013).

5. "What Is Kickstarter?"

6. "Re-imagining US Solar Financing," Bloomberg New Energy Finance (June 4, 2012) from David Bornstein, "Crowdfunding Clean Energy," *New York Times* Opinion Pages, March 6, 2013, http://opinionator.blogs.nytimes.com/2013/03/06/crowd-funding-clean-energy/?_r=0 (accessed November 8, 2013).

7. 同上。

8. 同上。

9. Geert De Clercq, "Analysis: Renewables Turn Utilities into Dinosaurs of the Energy World," Reuters, March 8, 2013, http://www.reuters.com/article/2013/03/08/us-utilities-threat-idUSBRE92709E20130308 (accessed March 8, 2013).

10. Deborah L. Jacobs, "The Trouble with Crowdfunding," *Forbes,* April 17, 2013, http://www.forbes.com/sites/deborahljacobs/2013/04/17/the-trouble-with-crowdfunding/ (accessed April 18, 2013).

11. "Manipulating Peer2Peer Marketplaces: Controlling What You Aren't Supposed to Control," TaskUs, November 1, 2012, https://www.taskus.com/white_paper/manipulating-peer2peer-marketplaces-controlling-arent-supposed-control/ (accessed July 8, 2013).

12. Jenna Wortham, "Trading in Your Old Web Threads in the Web," *New York Times,* October 9 2009, http://bits.blogs.nytimes.com/2009/10/09/tradin-in-your-old-threads-on-the-web/ (accessed May 28, 2013).

13. "FAQ," TrustCloud, https://trustcloud.com/faq (accessed June 11, 2013).

14. Rachel Botsman and Roo Rogers, *What's Mine Is Yours: The Rise of Collaborative Consumption* (New York: HarperCollins, 2010), 179.

15. Cait Poynor Lamberton and Randall L. Rose, "When Is Ours Better than Mine? A Framework for Understanding and Altering Participation in Commercial Sharing Systems," *Journal of Marketing* 76(4) (July 1, 2012): 109–25.

16. "Who is the FDIC?," Federal Deposit Insurance Corporation, January 18, 2013, http://fdic.gov /about/learn/symbol/ (accessed June 27, 2013).

17. Ben Block, "Local Currencies Grow During Economic Recession," Worldwide Institute, January 8, 2009, http://www.worldwatch.org/node/5978 (accessed June 4, 2013).

18. Edgar Cahn, "Time Banking: An Idea Whose Time Has Come?," *Yes Magazine*, November 17, 2011, http://www.yesmagazine.org/new-economy/time-banking-an-idea-whose-time-has-come (accessed November 13, 2013).

19. Eric Garland, "The Next Money: As the Big Economies Falter, Micro-currencies Rise," *Atlantic,* May 16, 2012, http://www.theatlantic.com/international/archive/2012/05/the-next-money-as-the-big-economies-falter-micro-currencies-rise/257216/ (accessed June 4, 2013).

20. Anthony Migchels, "The Swiss WIR, or: How to Defeat the Money Power," Real Currencies, April 19, 2012, http://realcurrencies.wordpress.com/2012/04/19/the-swiss-wir-or-how-to-defeat-the-money-power/ (accessed November 13, 2013).

21. "US Community Uses Local Currency to Weather Financial Storms," Voice of America, November 6, 2011, http://www.voanews.com/content/us-community-uses-local-currency-to-weather-financial-storms-133374073/163272.html (accessed June 4, 2013).

22. Douglas Rushkoff, "Life Dollars: Finding Currency in Community," *Futurist,* September–October 2010, http://www.wfs.org/content/life-dollars-finding-currency-community (accessed June 5, 2013).

23. "US Community Uses Local Currency to Weather Financial Storms," VOAvideo, 2:31, November 7, 2011, http://www.youtube.com/watch?v=KRID85f-dmQ (accessed June 4, 2013).

24. Helena Smith, "Euros Discarded as Impoverished Greeks Resort to Bartering," *Guardian,* January 2, 2013, http://www.guardian.co.uk/world/2013/jan/02/euro-greece-barter-poverty-crisis (accessed January 3, 2013); Ariana Eunjung Cha, "Spain's Crisis Spawns Alternative Economy that Doesn't Rely on the Euro," *Guardian,* September 4, 2012, http://www.guardian.co.uk/world/2012/sep/04/spain-euro-free-economy (accessed June 4, 2013).

25. Saabira Chaudhuri, "Bitcoin Price Hits New Record High," *Wall Street Journal,* November 13, 2013, http://online.wsj.com/news/articles/SB10001424052702303789604579195773841529160 (accessed November 13, 2013).

26. Garland, "The Next Money."

27. 同上。

28. Judith D. Schwartz, "Alternative Currencies Grow in Popularity," *Time,* December 14, 2008, http://www.time.com/time/business/article/0,8599,1865467,00.html (accessed June 5, 2013).

29. Hugo Martin, "Outdoor Retailer Patagonia Puts Environment Ahead of Sales Growth," *Los Angeles Times,* May 24, 2012, http://articles.latimes.com/2012/may/24/business/la-fi-patagonia-20120525 (accessed February 27, 2013).

30. "What are B Corps?—Legislation," B Corporation, April 18, 2013, http://www.bcorporation.net/what-are-b-corps/legislation (accessed April 18, 2013).

31. John Elkington, "From the Triple Bottom Line to Zero," JohnElkington.com, http://www.johnelkington.com/activities/ideas.asp (accessed March 4, 2013).

32. Eleanor Shaw and Sara Carter, "Social Entrepreneurship: Theoretical Antecedents and Empirical Analysis of Entrepreneurial Processes and Outcomes," *Journal of Small Business and Enterprise Development* 14(3) (2007): 418–34,

http://www.emeraldinsight.com/journals.htm?articleid=1621426&show=abstract (accessed May 3, 2013).

33. "Capital Markets with a Conscious," *Economist,* September 1, 2009, http://www.economist.com/node/14347606 (accessed May 3, 2013).

34. "L3Cs—A Hybrid Low Profit Business Entity," Nolo, s.v., http://www.nolo.com/legal-encyclopedia/l3cs-a-hybrid-low-profit-business-entity.html (accessed May 3, 2013).

35. "Elective Curriculum: Course Descriptions," Harvard Business School, http://www.hbs.edu/coursecatalog/; "Introduction to Social Entrepreneurship," Harvard Law School, http://www.law.harvard.edu/academics/curriculum/catalog/index.html?o=64904 (accessed November 14, 2013).

36. Kate Koch, "The Business of Changing the World," *Harvard Gazette,* February 27, 2012, http://news.harvard.edu/gazette/story/2012/02/the-business-of-world-changing/ (accessed May 3, 2013).

37. "Ashoka: Frequently Asked Questions," Ashoka, https://www.ashoka.org/facts (accessed May 3, 2013); "Ashoka: About Us," Ashoka, https://www.ashoka.org/about (accessed November 13, 2013).

38. "Skoll Foundation: About," Skoll Foundation, www.skollfoundation.org/about/ (accessed May 3, 2013).

39. Ben Thornley, "Facts on U.S. Social Enterprise," *Huffington Post,* November 8, 2012, http://www.huffingtonpost.com/ben-thornley/social-enterprise_b_2090144.html (accessed May 4, 2013).

40. Mark Gould, "Taking Social Enterprise to New Heights," *Guardian,* January 26, 2010, http://www.guardian.co.uk/society/2010/jan/27/peter-holbrook-social-enterprise-coalition (accessed May 4, 2013).

41. Jo Barraket, Nick Collyer, Matt O'Connor and Heather Anderson, "Finding Australia's Social Enterprise Sector: Final Report," FASES, June 2010, http://www.socialtraders.com.au/finding-australias-social-enterprise-sector-fases-final-report (accessed May 4, 2013).

42. Lester Salamon, "Putting the Civil Society Sector on the Economic Map of the World," *Annals of Public and Cooperative Economics* 81(2) (June 2010): 187–88, http://ccss.jhu.edu/wp-content/uploads/downloads/2011/10/Annals-June-2010.pdf (accessed May 3, 2013).

43. 同上。

第十五章　可持续的富饶：当商品和服务免费之时

1. Catherine Brahic, "Americans Must Diet to Save Their Economy," *ABC News,* July 25, 2008, http://abcnews.go.com/Technology/story?id=5443470&page=1#.Ua3tYkDqkb0 (accessed June 3, 2013).

2. "Preventing Micronutrient Malnutrition: A Guide to Food-based Approaches," FAO, 1997, http://www.fao.org/docrep/x0245e/x0245e01.htm (accessed November 13, 2013).

3. "How to Feed the World in 2050," UN Food and Agriculture Organization, June 2009, 2, ftp://ftp.fao.org/docrep/fao/012/ak542e/ak542e00.pdf (accessed June 14, 2013).

4. Brahic, "Americans Must Diet to Save Their Economy."

5. Paul R. Ehrlich and Anne H. Ehrlich, "Can a Collapse of Global Civilization Be Avoided?" *Proceedings of the Royal Society B: Biological Sciences* 280 (2013): 2, http://rspb.royalsocietypublishing.org/content/280/1754/20122845.full.pdf+html (accessed February 8, 2013);Monique Gruten, et al., "Living Planet Report 2012: Biodiversity, Biocapacity, and Better Choices," World Wildlife Fund, 2012, 6, http://awsassets.panda.org/downloads/1_lpr_2012_online_full_size_single_pages_final_120516.pdf (accessed January 17, 2013).

6. Pyarelal, *Mahatma Gandhi,* vol. 10: *The Last Phase,* part 2 (Ahmedabad, India: Navajivan, 1956), 552.

7. "Ecological Footprint Accounting and Methodology," Global Footprint Network, http://www.footprintnetwork.org/images/uploads/Part_III_Technical_Document.pdf (accessed June 10,2013).

8. Michael Borucke et al., "National Footprints Accounts, 2011 Edition," Global Footprint Network, 2011, 5, http://www.footprintnetwork.org/images/uploads/NFA_2011_Edition.pdf (accessed June 10, 2013); Tim Radford, "How Many People Can the Earth Support?," *Guardian,* November 11, 2004, http://www.guardian.co.uk/science/2004/nov/11/thisweeksscience questions1 (accessed June 4, 2013).

9. Brad Ewing, David Moore, Steven Goldfinger, Anna Oursler, Anders Reed, and Mathis Wackernagel, "Ecological Footprint Atlas 2010," Global Footprint Network, October 13, 2010, http://www.footprintnetwork.org/en/index.php/GFN/page/ecological_footprint_atlas_2010 (accessed June 10, 2013).

10. Lester R. Brown, "Improving Food Security by Strategically Reducing Grain Demand," Earth Policy Institute, November 9, 2010, http://www.earth-policy. org/book_bytes/2010/pb4ch09_ss6 (accessed June 19, 2013); Mary Vanderkooi, M.D., *Village Medical Manual: A Layman's Guide to Healthcare in Developing Countries,* vol. 1 (Pasadena, CA: William Carey Library, 2000), 39.

11. Anup Shah, "Poverty Facts and Stats," *Global Issues,* January 7, 2013, http://www.globalissues.org/article/26/poverty-facts-and-stats (accessed January 23, 2013).

12. Tim Kasser, *The High Price of Materialism* (Chester, NJ: Bradford Book, 2002), 5, 14.

13. Alison Grant, "Money = Happiness? That's Rich," *Sun Herald,* January 8, 2005, http://www.unlimitedloveinstitute.org/news/pdf/money_and_happiness.pdf (accessed March 21, 2013).

14. Richard Layard, *Happiness: Lessons from a New Science* (New York: Penguin Press, 2006), 29–30.

15. Peter A. Corning, "The Fair Society: It's Time to Re-Write the Social Contract," *Seattle Journal for Social Justice* 11(1) (July 2012): 205, http:// digitalcommons.law.seattleu.edu/sjsj/vol11/iss1/17/ (accessed May 4, 2013).

16. Robert D. Putnam, *Bowling Alone: The Collapse and Revival of American Community* (New York: Simon and Schuster, 2001), 140.

17. William James, *The Principles of Psychology,* vol. 1 (New York: Henry Holt, 1890), 291, 327.

18. Juliet B. Schor, *Born to Buy: The Commercialized Child and the New Consumer Culture* (New York: Scribner, 2004), 31.

19. 同上，37。

20. Diane Swanbrow, "Empathy: College Students Don't Have as Much as They Used To," University of Michigan News Service, May 27, 2010, http:// ns.umich.edu/new/releases/7724 (accessed April 2, 2013).

21. Swanbrow, "Empathy"; Sara H. Konrath, Edward H. O'Brien, and Courtney Hsing, "Changes in Dispositional Empathy in American College Students over Time: A Meta-Analysis," *Personality and Social Psychology Review* 5(2) (2011): 180–81, http://www.sitemaker.umich.edu/eob/files/konrathetal2011.pdf (accessed April 2, 2013).

22. Morley Winograd and Michael D. Hais, *Millenial Makeover: MySpace,*

YouTube, and the Future of American Politics (Piscataway, NJ: Rutgers University Press, 2008), 5.

23. Kelsey Sheehy, "10 Colleges Where the Most Students Study Abroad," *U.S. News and World Report,* February, 26, 2013, http://www.usnews.com/ education/best-colleges/the-short-list-college/articles/2013/02/26/10-colleges-where-the-most-students-study-abroad (accessed February 26, 2013); Judi Lerman et al., "Millennials' Attitudes toward Immigrants and Immigration Policies," *The Opportunity Agenda,* 2011, 13-14, http://opportunityagenda.org/millennials_attitudes_immigrants (accessed March 14, 2013).

24. Emily Esfahani Smith and Jennifer L. Aaker, "Millenial Searchers," *New York Times,* December 1, 2013.

25. 同上。

26. 同上。

27. Kennon M. Sheldon and Holly A. McGregor, "Extrinsic Value Orientation and the Tragedy of the Commons," *Journal of Personality* 68(2) (2000): 383–411, http://web.missouri.edu/~sheldonk/pdfarticles/JP00trag.pdf (accessed June 16, 2013).

28. David Madland and Ruy Teixeira, "New Progressive America: The Millennial Generation," Center for American Progress, May 13, 2009, http://www.americanprogress.org/issues/progressive-movement/report/2009/05/13/6133/new-progressive-america-the-millennial-generation/(accessed March 14, 2013).

29. 同上。

30. Ronald Lee, "The Demographic Transition: Three Centuries of Fundamental Change," *Journal of Economic Perspectives* 17(4) (Fall 2003): 167–90.

31. "Kandeh K. Yumkella and Jeremy Rifkin Speaking about the Third Industrial Revolution," UNIDO video, 3:27, November 29, 2011, http://www.youtube.com/watch?v=wJYuMTKG8bc (accessed June 6, 2013).

32. Geoffrey Mohan, "Carbon Dioxide Levels in Atmosphere Pass 400 Milestone, Again," *Los Angeles Times,* May 20, 2013, http://www.latimes.com/news/science/sciencenow/la-sci-sn-carbon-dioxide-400-20130520,0,7130588.story (accessed May 21, 2013); "Why Are Humans Responsible for Global Warming?," Environmental Defense Fund, 2013, http://www.edf.org/climate/human-activity-causes-warming (accessed May 21, 2013).

33. "Climate Change Indicators in the United States: Atmospheric

Concentrations of Greenhouse Gases," U.S. Environmental Protection Agency, June 13, 2013, http://www.epa.gov/climate change/science/indicators/ghg/ghg-concentrations.html (accessed June 27, 2013).

34. Susan Joy Hassol, "Emissions Reductions Needed to Stabilize Climate," *Climate Communication* (2011): 1, 4, http://www.climatecommunication.org/wp-content/uploads/2011/08/presidentialaction.pdf (accessed June 28, 2013).

35. 同上，2。

36. Kevin E. Trenberth, "Changes in Precipitation with Climate Change," *Climate Research* 47 (March 2011): 123, http://nldr.library.ucar.edu/repository/assets/osgc/OSGC-000-000-000-596.pdf (accessed June 27, 2013).

37. Julia Whitty, "Gone: Mass Extinction and the Hazards of Earth's Vanishing Biodiversity," *Mother Jones,* May/June 2007, http://www.motherjones.com/environment/2007/05/gone (accessed May 3, 2013).

38. James Hansen et al., "Target Atmospheric CO2: Where Should Humanity Aim?," *Open Atmospheric Science Journal* 2 (2008): 217, http://pubs.giss.nasa.gov/docs/2008/2008_Hansen_etal.pdf (accessed June 25, 2013).

39. Bruce Campbell, "Serious About Climate Change? Talk About Agriculture," CNN, November 21, 2013, http://globalpublicsquare.blogs.cnn.com/2013/11/21/serious-about-climate-change-talk-about-agriculture/ (accessed November 25, 2013).

40. Erica Rex, "Catastrophic European Floods Raise Climate Concerns," *Environment & Energy Publishing,* June 10, 2013, http://www.eenews.net/stories/1059982544/ (accessed June 11, 2013).

41. Laura Stevens, "Flooded Europe Towns Brace for New Recovery," *Wall Street Journal,* June 9, 2013, http://online.wsj.com/article/SB100014241278873249 04004578535492504355754.html (accessed June 11, 2013).

42. Erica Rex, "Catastrophic European Floods Raise Climate Concerns," Environment & Energy Publishing, June 10, 2013, http://www.eenews.net/stories/1059982544/ (accessed June 11, 2013).

43. Gary Paul Nabham, "Our Coming Food Crisis," *New York Times*, July 21, 2013, http://www.nytimes.com/2013/07/22/opinion/our-coming-food-crisis.html?_r=0 (accessed November 25, 2013).

44. Brad Plumer, "What We Know About Climate Change and Drought," *Washington Post*, July 24, 2012, http://www.washingtonpost.com/blogs/wonkblog/

wp/2012/07/24/what-we-know-about-climate-change-and-drought/ (accessed November 25, 2013).

45. Justin Sheffield, Julio E. Herrera-Estrada, Kelly Caylor, and Eric F. Wood, "Drought, Climate Change and Potential Agricultural Productivity," NASA, http://www.nasa.gov/pdf/607932main_sheffield_et_al_drought_press_conf.pdf (accessed November 25, 2013).

46. "Impact of Climate Change on Agriculture—Fact Sheet on Asia," International Food Policy Research Institute, 2009, http://www.ifpri.org/publication/impact-climate-change-agriculture-factsheet-asia (accessed February 27, 2013); Lenny Bernstein, Peter Bosch, Osvaldo Canziani, et al., "Climate Change 2007: Synthesis Report," Intergovernmental Panel on Climate Change, November 12, 2007, 20–21, http://www.ipcc.ch/pdf/assessment-report/ar4/syr/ar4_syr_spm.pdf (accessed March 3, 2013).

47. "Impact of Climate Change on Agriculture—Fact Sheet on Sub-Saharan Africa," International Food Policy Research Institute, 2009, http://www.ifpri.org/publication/impact-climate-change-agriculture-factsheet-sub-saharan-africa (accessed February 27, 2013).

48. "Impact of Climate Change on Agriculture—Fact Sheet on Middle East and North Africa," International Food Policy Research Institute, 2009, http://www.ifpri.org/publication/impact-climate-change-agriculture-factsheet-middle-east-and-north-africa (accessed February 27, 2013).

49. "Impact of Climate Change on Agriculture—Fact Sheet on Latin America and the Caribbean," International Food Policy Research Institute, 2009, http://www.ifpri.org/publication/impact-climate-change-agriculture-factsheet-latin-america-and-caribbean (accessed February 27, 2013).

50. Wolfram Schlenker and Michael J. Roberts, "Nonlinear Temperature Effects Indicate Severe Damages to U.S. Crop Yields Under Climate Change," *Proceedings of the National Academy of Sciences of the United States of America* 106(37) (September 15, 2009), http://www.ncbi.nlm.nih.gov/pmc/articles/PMC2747166/ (accessed July 22, 2013).

51. Andy Newman, "Hurricane Sandy vs. Hurricane Katrina," *New York Times,* November 27, 2012, http://cityroom.blogs.nytimes.com/2012/11/27/hurricane-sandy-vs-hurricane-katrina/ (accessed June 11, 2013).

52. 同上。

53. "Status of the Nuclear Reactors at the Fukushima Daiichi Power Plant," *New York Times,* April 29, 2011, http://www.nytimes.com/interactive/2011/03/16/ world/asia/reactors-status.html (accessed June 22, 2013); Mitsuru Obe, "Japan Finds Radiation Spread over a Wide Area," *Wall Street Journal,* August 31, 2011, http:// online.wsj.com/article/SB1000142405311190433280457 6540131142824362.html (accessed June 22, 2013).

54. "Transport, Infrastructure, and Building Russia: Vulnerabilities— Pipelines," Centre for Climate Adaption, http://www.climateadaptation.eu/russia/ transport-infrastructure-and-building/ (accessed May 23, 2013).

55. Dirk Rubbelke and Stefan Vogele, "Impacts of Climate Change on European Critical Infrastructures: The Case of the Power Sector," *Environmental Science and Policy* 14(1) (2011); Anita Elash, "Heat Spells Trouble for France's Nuclear Reactors," NPR, August 21, 2007, http://www.npr.org/templates/story/story. php?storyId=13818689 (accessed February 2, 2013).

56. "Six Sources of Energy—One Energy System," Vattenfall, 2013, http:// www.vattenfall.com/en/file/Nuclear_power-ENG.pdf_16469558.pdf (accessed November 14, 2013).

57. "New York Subway Repairs Border 'on the Edge of Magic,'" *New York Times,* November 8, 2012, http://www.nytimes.com/2012/11/09/nyregion/new-york- subways-find-magic-in-speedy-hurricane-recovery.html?pagewanted=all (accessed June 11, 2013).

58. "Infrastructure, Engineering and Climate Change Adaptation—ensuring services in an uncertain future," Engineering the Future (London: Royal Academy of Engineering, 2011), 21, https://www.gov.uk/government/publications/infrastructure- engineering-and-climate-change-adaptation-ensuring-services-in-an-uncertain- future (accessed June 27, 2013).

59. James Neumann, "Adaptation to Climate Change: Revisiting Infrastructure Norms," Resources for the Future Issue Brief 09-15 (December 2009): 4, http:// www.rff.org/RFF/Documents/RFF-IB-09-15.pdf (accessed November 14, 2013).

60. James A. Lewis, "Assessing the Risks of Cyber Terrorism, Cyber War, and Other Cyber Threats," Center for Strategic and International Studies, 2002, 1, http:// csis.org/files/media/csis/pubs/021101_risks_of_cyberterror.pdf (June 15, 2013).

61. Nicole Perlroth and David E. Sanger, "Cyberattacks Seem Meant to Destroy, Not Just Disrupt," *New York Times,* March 28, 2013, http://www.nytimes.

com/2013/03/29/technology/corporate-cyberattackers-possibly-state-backed-now-seek-to-destroy-data.html?pagewanted=all&_r=0 (accessed March 29, 2013).

62. Jamie Miyazaki, "Power Up on Smart Grid Cyber Security," *Wall Street Journal,* February 25, 2010, http://blogs.wsj.com/source/2010/02/25/power-up-on-smart-grid-cyber-security/(accessed July 16, 2013); "Global Cybersecurity Market to Reach $61 Billion This Year," *Infosecurity,* January 30, 2012, http://www.infosecurity-magazine.com/view/23548/ (accessed July 16, 2013).

63. "Report of the Commission to Assess the Threat to the United States from Electromagnetic Pulse (EMP) Attack," EMP Commission, April 2008, vii, http://www.empcommission.org/docs/A2473-EMP_Commission-7MB.pdf (accessed February 3, 2014).

64. 同上。

65. Stew Magnuson, "Feds Fear Coordinated Physical, Cyber-Attacks on Electrical Grids," *National Defense,* September 2012, http://www.nationaldefensemagazine.org/archive/2012/september/Pages/FedsFearCoordinatedPhysical,Cyber-AttacksonElectricalGrids.aspx (accessed July 16, 2013).

66. "Cybersecurity," *Congressional Record* 158, no. 103 (July 11, 2012): 7, http://www.fas.org/irp/congress/2012_cr/whitehouse-cyber2.html (accessed July 16, 2013).

67. Matthew L. Wald, "A Drill to Replace Crucial Transformers (Not the Hollywood Kind)," *New York Times,* March 14, 2012, http://www.nytimes.com/2012/03/15/business/energy-environment/electric-industry-runs-transformer-replacement-test.html (accessed July 16, 2013).

68. Matthew L. Wald, "Terrorist Attack on Power Grid Could Cause Broad Hardship, Report Says," *New York Times,* November 14, 2012, http://www.nytimes.com/2012/11/15/science/earth/electric-industry-is-urged-to-gird-against-terrorist-attacks.html?_r=0 (accessed July 16, 2013).

69. April Mara Major, "Norm Origin and Development in Cyberspace: Models of Cybernorm Evolution," *Washington University Law Review* 78(1) (2000):78–79; "Paul Baran and the Origins of the Internet," RAND Corporation, 2013, http://www.rand.org/about/history/baran.html (accessed November 14, 2013).

70. Diane Cardwell, "Solar Companies Seek Ways to Build an Oasis of Electricity," *New York Times,* November 19, 2012, http://www.nytimes.com/2012/11/20/business/energy-environment/solar-power-as-solution-for-storm-

darkened-homes.html (accessed February 2, 2013).

71. "SPIDERS Microgrid Project Secures Military Installations," Sandia National Laboratories, February 22, 2012, https://share.sandia.gov/news/resources/ news_releases/spiders/ (accessed May 29, 2013).

第十六章　人类的未来：生物圈生活方式

1. Robin Dunbar, *Grooming, Gossip, and the Evolution of Language* (Cambridge, MA: Harvard University Press, 1998), 70.

2. Roger B. Beck et al., *World History: Patterns of Interaction* (Boston: McDougal Littell, 2006), 27, http://www.ltisdschools.org/cms/lib/TX21000349/ Centricity/Domain/287/Chapter2.pdf (accessed November 6, 2013).

3. Georg Wilhelm Friedrich Hegel, *Lectures on the Philosophy of World History* (Cambridge: Cambridge University Press, 1975), 79.

结　语

1. Adam Smith, *An Inquiry Into the Nature and Causes of the Wealth of Nations* (London: W. Strahan and T. Cadell, 1776).

2. Toby Elwin, "The Cost of Culture, a 50% Turnover of the Fortune 500," Toby Elwin, February 4, 2010, http://www.tobyelwin.com/the-cost-of-culture-a-50-turnover-of-the-fortune-500/ (accessed November 6, 2013).

Adams, Richard Newbold. *Energy and Structure: A Theory of Social Power.* Austin: University of Texas Press, 1924.

Anderson, Benedict. *Imagined Communities: Reflections on the Origin and Spread of Nationalism.* London: Verso, 1983.

Anderson, Chris. *Free: How Today's Smartest Businesses Profit By Giving Something For Nothing.* New York: Hyperion, 2009.———. *Makers.* London: Random House, 2012.

Anderson, Robert. *Fundamentals of the Petroleum Industry.* Norman: University of Oklahoma Press, 1984.

Anielski, Mark. *The Economics of Happiness.* Gabriola Island BC,CA: New Society Publishers, 2007.

Appleby, Joyce. *The Relentless Revolution.* New York: W.W. Norton, 2010.

Aries, Philippe. *The Hour of Our Death.* New York: Oxford University Press, 1981.

Axelrod, Robert. *The Evolution of Cooperation.* New York: Basic Books, 1984.

Ayres, Robert and Edward Ayres. *Crossing The Energy Divide.* Upper Saddle River, NJ: Wharton School Publishing, 2010.

Ayres, Robert and Benjamin Warr. *The Economic Growth Engine: How Energy and Work Drive Material
Prosperity. Laxenburg: The International Institute for Applied Systems Analysis,.*

Oct 31, 2010.

Bakan, Joel. *The Corporation: The Pathological Pursuit of Profit and Power.* New York: Free Press, 2004.

Banks, James A. and Cherry A. McGee Banks, eds. *Multicultural Education: Issues and Perspectives.* 6th ed. Hoboken, NJ: John Wiley & Sons, 2007.

Barlow, Maude and Clarke Tony. *Blue Gold.* New York: The New Press, 2002.

Barnes, Peter. *Who Owns The Sky?* Washington, DC: Island Press, 2001.

Belgin, Stephen and Bernard Lietaer. *New Money for a New World.* Boulder, CO: Qiterra Press, 2005.

Beniger, James R. *The Control Revolution: Technological and Economic Origins of the Information Society.* Cambridge, MA: Harvard University Press, 1986.

Benkler, Yochai. *The Wealth of Networks: How Social Production Transforms Markets and Freedom.* New Haven, CT: Yale University Press, 2006.

Bentham, Jeremy and Etienne Dumont. *Theory of Legislation.* London: K. Paul, Trench, Trubner & Company Limited, 1908.

Berle, Adolf A. and Gardiner C. Means. *The Modern Corporation & Private Property.* New Brunswick: Transaction Publishers, 2010.

Blanning, Tim. *The Romantic Revolution.* New York: Modern Library, 2011.

Bok, Derek. *The Politics of Happiness.* Princeton, NJ: Princeton University Press, 2010.

Bollier, David. *Silent Theft: The Private Plunder of Our Common Wealth.* New York: Rutledge, 2003. ———. *Viral Spiral.* New York: The New Press, 2008.

Bonpasse, Morrison. *The Single Global Currency.* Newcastle, ME: Single Global Currency Association, 2006.

Borbely, Anne-Marie and Jan F. Kreider. *Distributed Generation: The Power Paradigm for the New Millennium.* Washington DC: CRC Press, 2001.

Botsman, Rachel and Roo Rogers. *What's Mine Is Yours: The Rise of Collaborative Consumption.* New York: HarperCollins, 2010.

Boyle, James. *Cultural Environmentalism and Beyond.* San Francisco: Creative Commons, 2007.

Brewer, Richard. *Conservancy: The Land Trust Movement in America.* Hanover, NH: Dartmouth College Press, 2003.

Brock, Gerald W. *The Telecommunications Industry: The Dynamics of Market Structure.* Cambridge,

零边际成本社会

436

THE
ZERO
MARGINAL
COST SOCIETY

MA: Harvard University Press, 1981.

Bryant, John. *Thermodynamics: A Thermodynamic Approach to Economics.* 2nd ed. Herts, UK:

VOCAT International Ltd, 2011.

Brynjolfsson, Erik and Andrew MaAfee. *Race Against the Machine: How the Digital Revolution Is Accelerating Innovation, Driving Productivity, and Irreversibly Transforming Employment and the Economy.* Lexington, MA: Digital Frontier Press, 2011.

Burger, Christoph and Jens Weinmann. *The Decentralized Energy Revolution.* New York: Palgrave Macmillan, 2013.

Carr, Nicholas. *The Big Switch.* New York: W.W. Norton, 2009.

Chambers, Ann. *Distributed Generation.* Tulsa: PennWell Corporation, 2001.

Chandler Jr., Alfred D. *The Visible Hand: The Managerial Revolution in American Business.* Cambridge: The Belknap Press of Harvard University Press, 1977.

Chesbrough, Henry. *Open Innovation.* Boston: Harvard Business School Press, 2006.

Christman, John. *The Myth of Property: Toward an Egalitarian Theory of Ownership.* New York: Oxford University Press, 1994.

Daly, Herman. *Beyond Growth.* Boston: Beacon Press, 1996.

Daly, Hermen E. and John Cobb Jr. *For The Common Good.* Boston: Beacon Press, 1999.

Danielian, Noobar Retheos. *AT&T: The Story of Industrial Conquest.* New York: Vanguard Press, 1939.

Darwin, Charles. *The Variation of Animals and Plants Under Domestication.* Vol. 1. London: John Murray, 1899.

De Forest Sackett, Ross. *Time, Energy, and the Indolent Savage: A Quantitative Cross-Cultural Test of the Primitive Affluence Hypothesis.* Los Angeles: University of California, 1996.

De Grazia, Sebastian. *Of Time, Work, and Liesure.* Garden City, NJ: Anchor Books, 1964.

De Soto, Hernando. *The Mystery of Capital.* New York: Basic Books, 2011.

Dobb, Maurice. *Studies in the Development of Capitalism.* New York: International Publishers, 1947.

Doctorow, Cory. *Over Clocked: Stories of the Future Present.* New York: Thunder's

Mouth Press, 2007.

Dugger, William and James Peach. *Economic Abundance: An Introduction.* New York: M.E. Sharpe, 2009.

Dunbar, Robin. *Grooming, Gossip, and the Evolution of Language.* Cambridge, MA: Harvard University Press, 1998.

Eisenstein, Charles. *Sacred Economics: Money, Gift and Society in the Age of Translation.* Berkeley, CA: Evolver Editions, 2011.

Eisenstein, Elizabeth L. *The Printing Revolution in Early Modern Europe.* Cambridge: Cambridge University Press, 1983.

Elkington, John. *The Zeronauts: Breaking the Sustainability Barriers.* Washington, DC: EarthScan, 2012.

Epstein, S. R. and Maarten Prak. *Guilds, Innovation and the European Economy, 1400–1800.* Cambridge: Cambridge University Press, 2008.

Faraone, Chris. *99 Nights With the 99 Percent.* United States: Write To Power, 2012.

Ford, Martin. *The Lights in the Future.* United States: Acculant Publishing, 2009.

Frey, Bruno S. *Happiness: A Revolution in Economics.* Cambridge, MA: MIT Press, 2010.

Frieden, Jeffry A. *Global Capitalism.* New York: W.W. Norton, 2006.

Frischmann, Brett M. *Infrastructure: The Social Value of Shared Resources.* USA: Oxford University Press, 2013.

Fyfe, Aileen. *Steam-Powered Knowledge: William Chambers and The Business of Publishing, 1820– 1860.* Chicago: University of Chicago Press, 2012.

Ganksky, Lisa. *The Mesh.* New York: Penguin Portfolio, 2010.

Gershenfeld, Neil. *Fab.* New York: Basic Books, 2005.

Ghosh, Rishab. *Code.* Cambridge, MA: MIT Press, 2005.

Gimpel, Jean. *The Medieval Machine: The Industrial Revolution of the Middle Ages.* London: Penguin, 1977.

Graham, Carol. *The Pursuit of Happiness: An Economy of Well-Being.* Washington, DC: Brookings Institution, 2011.

Grazia, Sebastian de. *Of Time, Work, and Leisure.* New York: Anchor Books, 1964.

Greco Jr., Thomas H. *Money: Understanding and Creating Alternatives to Legal Tender.* White River Junction, VT: Chelsea Green, 2001.

Gupta, Shanti. *The Economic Philosophy of Mahatma Gandhi.* New Delhi: Concept Publishing Company,1994.

Haber, Samuel. *Efficiency and Uplift: Scientific Management in the Progressive Era 1890–1920.* Chicago: University of Chicago Press, 1964.

Habermas, Jurgen. *The Structural Transformation of the Public Sphere.* Cambridge, MA: MIT Press, 1991.

Haidt, Jonathan. *The Happiness Hypothesis.* New York: Basic Books, 2006.

Hannesson, Rognvaldur. *The Privatization of the Oceans.* Cambridge, MA: MIT Press, 2004.

Hart, Sura and Victoria Kindle Hodson. *The Compassionate Classroom: Relationship Based Teaching and Learning.* Encinitas, CA: Puddle Dancer Press, 2004.

Havelock, Eric A. *Preface to Plato.* Cambridge, MA: Belknap Press, 1963.

Hawken, Paul, Amory Lovens, and L. Hunter Lovins. *Natural Capitalism.* New York: Little, Brown, 1999.

Hegel, Georg Wilhelm Friedrich. *Lectures on the Philosophy of World History.* Cambridge: Cambridge University Press, 1975.

Henderson, Hazel. *Ethical Markets.* White River Junction, VT: Chelsea Green, 2006.

Hess, Charlotte and Elinor Ostrom, eds. *Understanding Knowledge as a Commons: From Theory to Practice.* Cambridge, MA: MIT Press, 2007.

Hippel, Eric Von. *Democratizing Innovation.* Cambridge, MA: MIT Press, 2005.

Hobsbawm, E. J. *The Age of Capital 1848–1875.* London: Penguin, 1980.

Hobsbawm, E. J. *The Age of Empire 1875–1914.* New York: Vintage Books, 1987.

Hobsbawm, E. J. *The Age of Revolution 1789–1848.* New York: Mentor, 1962.

Hoeschele, Wolfgang. *The Economics of Abundance: A Political Economy of Freedom, Equity, and Sustainability.* Surrey, UK: Gower, 2010.

Hoyt, Robert S. *Europe in the Middle Ages.* 2nd ed. New York: Harcourt, Brace & World, 1966.

Hume, David. *An Enquiry Concerning the Principles of Morals.* London: Printed for A. Millar, 1751.

Jackson, Tim. *Prosperity Without Growth: Economics for a Finite Planet.* Washington, DC: Earthscan, 2009.

Jean-Claude Debeir, Jean-Paul Deleage, and Daniel Hemery, *In the Servitude of Power: Energy and Civilization Through the Ages.* London: Zed Books, 1992.

Kanigel, Robert. *The One Best Way: Frederick Winslow Taylor and the Enigma of*

Efficiency. New York: Penguin, 1997.

Keen, Andrew. *The Cult of the Amateur.* New York: Doubleday, 2007.

Kellmereit, Daniel, and Daniel Obodovski. *The Silent Intelligence: The Internet of Things.* San Francisco: DND Ventures LLC, 2013.

Keynes, John Maynard. *The General Theory Of Employment, Interest, and Money.* San Diego: Harcourt Brace, 1964.

Kleindorfer, Paul R. and Wind Yorman with Robert E. Gunther. *The Network Challenge.* Upper Saddle River, NJ: Wharton School Publishing, 2009.

Klinenberg, Eric. *Going Solo.* New York: Penguin Press, 2012.

Kramer, Matthew H. *John Locke and the Origins of Private Property.* Cambridge: Cambridge University Press, 1997.

Kropotkin, Petr. *Mutual Aid: A Factor of Evolution.* Boston: Extending Horizons Books, 1914.

Kumar, C. Arvind. *Welcome to the 'Free' World: A Free Software Initiative.* Andhra Pradesh: Indian Universities Press, 2011.

Kurzweil, Ray. *The Singularity is Near.* New York: Viking, 2005.

Lane, Robert E. *The Loss of Happiness in Market Democracies.* New Haven, CT: Yale University Press, 2000.

Lanier, Jaron. *You Are not a Gadget.* New York: Vintage Books, 2011.

Layard, Richard. *Happiness: Lessons From a New Science.* New York: Penguin Press, 2005.

Le Goff, Jacques. *Time, Work, & Culture in the Middle Ages.* Chicago: University of Chicago Press, 1980.

Lefebvre, Georges, et al. *The Transition from Feudalism to Capitalism.* London: Versa, 1976.

Lessig, Lawrence. *The Future of Ideas.* New York: Random House, 2001.

Linebaugh, Peter. *The Magna Carta Manifesto.* Berkeley: University of California Press, 2008.

Locke, John. *Two Treatises of Government.* London: Printed for Whitmore and Fenn, Charing Cross; and C. Brown, Duke Street, Lincoln's-Inn-Fields, 1821.

Louv, Richard. *The Nature of Money.* Chapel Hill, NC: Algonquin Paperbacks, 2011.

Lovelock, James. *Gaia: A New Look at Life on Earth.* Oxford: Oxford University Press, 1995. ———. *The Ages of Gaia: A Biography of Our Living Earth.* Oxford: Oxford University Press, 1988.

零边际成本社会

440

THE ZERO MARGINAL COST SOCIETY

Lovins, Amory and The Rocky Mountain Institute. *Reinventing Fire.* White River Junction, VT: Chelsea Green, 2011.

Lukacs, John. *Historical Consciousness: The Remembered Past.* New Brunswick, NJ: Transaction, 1994.

MacKinnon, Rebecca. *Consent of the Networked.* New York: Basic Books, 2012.

Macpherson, Crawford B. *Democratic Theory.* Oxford University Press, 1973.

Margulis, Lynn. *Symbiotic Planet.* New York: Basic Books, 1998.

Marsh, Peter. *The New Industrial Revolution.* London: Yale University Press, 2012.

Marvin, Carolyn. *When Old Technologies Were New: Thinking About Electric Communication in the Late Nineteenth Century.* New York: Oxford University Press, 1988.

Marx, Karl. *Capital.* Oxford, UK: Oxford University Press, 1995.

Mason, Paul. *Why It's Kicking Off Everywhere.* London: Verso, 2012.

May, Christopher. *A Global Political Economy of Intellectual Property Rights.* New York: Routledge, 2000.

McMahon, Darren M. *Happiness: A History.* New York: Grove Press, 2006.

More, Thomas. *Utopia.* Rockville, MD: Arc Manor, 2008.

Noble, David F. *Forces of Production: A Social History of Industrial Automation.* Oxford: Oxford University Press, 1984.

Nye, David E. *Electrifying America: Social Meanings of a New Technology, 1880–1940.* Cambridge, MA: MIT Press, 1991.

Ollman, Bertell. *Alienation: Marx's Conception of Man in Capitalist Society.* London: Cambridge University Press, 1971.

Ong, Walter J. *Orality and Literacy.* New York: Methuen, 2002.

Ostrom, Elinor, et al., eds. *The Drama of the Commons.* United States: National Academy of Sciences, 2002.

Ostrom, Elinor. *Governing the Commons: The Evolution of Institutions for Collective Action.* Cambridge: Cambridge University Press, 1990.

Packard, Vance. *The Hidden Persuaders.* Brooklyn: Pocket Books, 1980.

Petrini, Carlo. *Terra Madre.* White River Junction, VT: Chelsea Green, 2009.

Polanyi, Karl. *The Great Transformation: The Political and Economic Origins of Our Time.* Boston: Beacon Press, 1944.

Randall, John Herman Jr. *The Making of the Modern Mind: A Survey of the Intellectual Background of the Present Age.* Cambridge, MA: Riverside Press,

1940.

Raymond, Eric. *The Cathedral and the Bazaar: Musing on Linux and Open Source by an Accidental Revolutionary.* Sebastopol, CA: O'Reilly Media, 2001.

Rifkin, Jeremy. *Biosphere Politics.* New York: Crown, 1991.

Rifkin, Jeremy. *The Age of Access.* New York: Tarcher/Putnam, 2000.

Rifkin, Jeremy. *The Biotech Century.* New York: Tarcher/Putnam, 1998.

Rifkin, Jeremy. *The Empathic Civilization.* New York: Penguin, 2009.

Rifkin, Jeremy. *The End of Work.* New York: Penguin, 1995.

Rifkin, Jeremy. *The Third Industrial Revolution.* New York: Palgrave Macmillan, 2011.

Rowe, Jonathon. *Our Common Wealth.* San Francisco: Berret-Koehler, 2013.

Sahlins, Marshall. *Stone Age Economics.* New York: Aldine De Gruyter, 1972.

Sandel, Michael. *What Money Can't Buy.* New York: Farrar, Straus and Giroux, 2012.

Schewe, Phillip F. *The Grid.* Washington, DC: Joseph Henry Press, 2007.

Schlatter, Richard. *Private Property: The History of an Idea.* New Brunswick, NJ: Rutgers University Press, 1951.

Schor, Juliet B. *Born to Buy: The Commercialized Child and the New Consumer Culture.* New York: Scribner, 2004. ———. *Plenitude: The New Economics of True Wealth.* New York: Penguin Press, 2010.

Schuler, Douglas and Peter Day. *Shaping the Network Society.* Cambridge, MA: MIT Press, 2004.

Sedlacek, Thomas. *Economics of Good and Evil: The Quest for Economic Meaning from Gilgamesh to Wall Street.* Oxford: Oxford University Press, 2011.

Shiva, Vandana. *Water Wars: Privatization, Pollution, and Profit.* Cambridge, MA: South End Press, 2002.

Simmel, Georg. *The Philosophy of Money.* London: Routledge, 2004.

Slater, Gilbert. *The English Peasantry and the Enclosure of the Commons.* New York: A.M. Kelley, 1968.

Smith, Adam. *An Inquiry into the Nature and Causes of the Wealth of Nations.* Edinburgh: Thomas Nelson, 1843.

Sobel, Robert. *Panic on Wall Street: A History of America's Financial Disasters.* Washington, DC: Beard Books, 1999.

Solomon, Elinor Harris. *Virtual Money.* New York: Oxford University Press, 1997.

Spence, Michael. *The Next Convergence.* New York: Farrar, Straus and Giroux, 2011.

Spencer, Herbert. *The Principles of Biology.* Vol. 1. London: Williams and Norgate, 1864.

Sperber, Jonathan. *The European Revolutions, 1848–1851.* Cambridge: Cambridge University Press, 1994.

Stein, Janice Gross. *The Cult of Efficiency.* Toronto: Anansi, 2001.

Steinberg, Theodore. *Slide Mountain.* Berkeley: University of California Press, 1995.

Steiner, Christopher. *Automate This: How Algorithms Came to Rule Our World.* New York: Penguin Group, 2012.

Stover, John F. *American Railroads.* Chicago: University of Chicago Press, 1961.

Suárez-Orozco, Marcelo, ed. *Learning in the Global Era: International Perspectives on Globalization and Education.* Berkeley: University of California Press, 2007.

Surowiecki, James. *The Wisdom of Crowds.* New York: Doubleday, 2004.

Tapscott, Don and Anthony Williams. *MacroWikinomics: Rebooting Business and the World.* New York: Portfolio Penguin, 2010.

Tawney, R. H. *Religion and the Rise of Capitalism.* New Brunswick, NJ: Transaction, 2011. ———. *The Acquisitive Society.* New York: Harcourt, Brace & Co., 1920.

The Dalai Lama and Howard Cutler. *The Art of Happiness.* London: Hodder and Stoughton, 2009.

Thirsk, Joan. *Tudor Enclosures.* London: Historical Association, 1958.

Thompson, E. P. *The Making of the English Working Class.* New York: Vintage Books, 1966.

Tobey, Ronald C. *Technology as Freedom: The New Deal and the Electrical Modernization of the American Home.* Berkeley: University of California Press, 1996.

Turkle, Sherry. *Alone Together.* New York: Perseus Books, 2011.

Turner, Frederick Jackson. *The Frontier in American History.* Tucson: University of Arizona Press, 1994.

Useem, Micheal. *Investor Capitalism.* New York: Basic Books, 1996.

Vietor, Richard H. K. *Contrived Competition: Regulation and Deregulation in America.* Cambridge, MA: Harvard University Press, 1994.

Walljasper, Jay. *All That We Share*. New York: New Press, 2010.

Wann, David. *Simple Prosperity*. New York: St. Martin's Press, 2007.

Weber, Max. *Economy and Society: An Outline of Interpretive Sociology*. Berkeley: University of California Press, 1978. ———. *The Protestant Ethic and the Spirit of Capitalism*. New York: Charles Scribner's Sons, 1958.

Weber, Steven. *The Success of Open Source*. Cambridge, MA: Harvard University Press, 2004.

White, Leslie A. *Modern Capitalism Culture*. Walnut Creek, CA: Left Coast Press, 2008.

White, Lynn Jr. *Medieval Technology and Social Change*. London: Oxford University Press, 1962.

William, James. *The Principles of Psychology*. Vol. 1. New York: Henry Holt, 1890.

Wilson, Edward O. *The Social Conquest of Earth*. New York: Liveright, 2012.

Wu, Tim. *The Master Switch*. New York: Vintage Books, 2009.

Yergen, Daniel. *The Prize*. New York: Simon and Schuster, 1992.

零边际成本社会

444

THE
ZERO
MARGINAL
COST SOCIETY

非常荣幸，我们有机会承担《零边际成本社会》一书的翻译工作，不仅因为它是美国著名社会学家杰里米·里夫金继《第三次工业革命》之后的又一力作，而且因为这本书所倡导的"协同共享"社会模式将从根本上动摇资本主义现行经济模式的根基。

鉴于此，赛迪研究院高度重视这本书的翻译工作，成立了以党委书记宋显珠为组长的专家翻译小组，认真挑选了各章节的翻译人员和全书的审校专家，希望把一部高质量的译著奉献给读者。

本书的翻译过程历时半年，其间作者几番修订英文原稿。为了有利于中国读者更好地理解创建零边际成本社会的意义，作者在原版基础上增加了大量有关中国协同共享实践的材料和数据，还特别撰写了中文版序。作者饱含热情地提出，如果说英国是第一次工业革命的翘楚，美国是第二次工业革命的表率，那么中国有可能成为第三次工业革命的集大成者。

从某种意义上讲，《零边际成本社会》是《第三次工业革命》的补充和延伸。说它是补充，是因为在这本书里，里夫金为《第三